Rebirthing
"O Novo Yoga"

MA PREM UNMANI
SW BODHI NISHKAM

Rebirthing "O Novo Yoga"

O YOGA DA VIDA ETERNA "DA LONGEVIDADE À IMORTALIDADE FÍSICA"

EDITORA PENSAMENTO
São Paulo

Capa: Guilherme Jahara.
Ilustrações da capa: Brasílio T. Matsumoto.
Fotos e Manipulação de imagens da capa: StudioLeco.

O primeiro número à esquerda indica a edição, ou reedição, desta obra. A primeira dezena à direita indica o ano em que esta edição, ou reedição, foi publicada.

Edição	Ano
1-2-3-4-5-6-7-8-9-10	01-02-03-04-05-06

EDITORA PENSAMENTO-CULTRIX LTDA.
Rua Dr. Mário Vicente, 368 — 04270-000 — São Paulo, SP
Fone: 272-1399 — Fax: 272-4770
E-mail: pensamento@cultrix.com.br
http://www.pensamento-cultrix.com.br

Impresso em nossas oficinas gráficas.

Este livro é dedicado a nossos filhos, Guilherme, Bernardo, Úrsula, Cristhiano, Natasha e Aldo, que são nossos maiores mestres e a razão de toda a nossa busca espiritual, e a todas as crianças e filhos do mundo. Que ele possa colaborar para o crescimento pessoal e o desenvolvimento do potencial, inclusive para a Imortalidade Física, de cada um deles.

Sumário

"Quando você aprende a respirar e a relaxar
na presença de seus sentimentos,
você se une à sua natureza, cura o fluxo da sua vida,
sua consciência é expandida,
antigos padrões de comportamento desaparecem
e doenças físicas
são substituídas por saúde e jovialidade."

UNMANI

Prefácio

Mensagem de Amor a Você e ao Mundo

Depois de mais de dez anos de Rebirthing, praticando a respiração como iniciantes ou como profissionais, muitas coisas ocorreram em nossa vida. Realmente, se pararmos e olharmos para trás, ao longo da nossa caminhada, poderemos escrever quantos livros quisermos sobre nossa vida com o Rebirthing.

O movimento do Rebirthing é sagrado e ilimitado, implica de fato você se conectar com a Existência Infinita. A partir do momento em que Leonard Orr, junto com os pioneiros, começou a praticar a respiração conectada consciente de energia, o Rebirthing se propagou em progressão geométrica, gerando um processo de consciência em todo o mundo, pois as pessoas que entraram em contato com o Rebirthing tiveram sua vida inteiramente transformada.

O Rebirthing, consagrado como "*The New Yoga*" ("*O Novo Yoga*") — *O Yoga da Vida Eterna* — é um movimento que gera o amor, a vida, a saúde, a alta autoestima, a prosperidade, a autoconfiança, a harmonia e o prazer de desfrutar tudo na vida, o qual todos nós queremos e necessitamos para desvendar nossos mistérios pessoais e cósmicos. Com esse processo de autoconhecimento, temos a certeza de que não viemos aqui a este planeta apenas para nascer, crescer, ir à escola, casar, ter filhos, trabalhar, envelhecer e morrer... a vida realmente não pode ser só isso, pois se essa é a verdade da vida, por que adoecer, se drogar, se embebedar, desejar tanto se matar? Algo muito mais profundo está por trás de tudo isso, e nós sabemos e sentimos isso, só não sabemos é definir como, e o Rebirthing nos dá a confirmação verdadeira disso, por nos colocar em contato direto com o Divino ou o Espírito Eterno, e nos fazer perceber a grandeza de nós mesmos, de nosso poder, de todo este Universo e a contribuição de cada um de nós para a evolução de todo o Cosmos.

Nós, Unmani e Nishkam, somos eternamente gratos a todos aqueles que contribuíram para o nosso desenvolvimento pessoal.

Eu, Nishkam, agradeço profundamente a cada um que foi guiado pela Energia Cósmica a me orientar neste caminho, como o Rudi, que foi a primeira pessoa a me introduzir no Renascimento; a Samwara Bodewig, responsável por minha primeira formação em Terapia da Respiração no Brasil, o que me fez despertar para procurar o verdadeiro Rebirthing criado pelo norte-americano Leonard Orr.

Eu, Unmani, agradeço profundamente ao Nishkam, que, depois de seu deslumbramento com o impacto de sua experiência, me colocou em contato com a respiração consciente de energia, o que me despertou para a procura da fonte do processo com o fundador Leonard Orr.

Nós, Unmani e Nishkam, estamos agradecidos a Sondra Ray, que nos deu o diamante, por sua maestria, durante os seminários que fez, pela sua humildade em poder dar atenção a dois Rebirthers "malucos" vindos do Brasil, e a todos os componentes do LRT — Loving Relationship Training — da Espanha, que fizeram parte de nossa formação. O nosso agradecimento também a Jaume Guash, diretor da Inspiration University of Leonard Orr em Barcelona, na Espanha, que nos guiou para a maestria na área do Rebirthing e do Vivation. A todos os que escreveram sobre suas experiências diretas com Leonard, na confirmação dos efeitos do Rebirthing enquanto processo, como Bob Mandel, Phil Laut, Jim Leonard. E, particularmente, agradecemos à pessoa mais marcante em nossa vida e em todo esse processo, o próprio fundador do Rebirthing — Leonard Orr, que demonstrou perícia extrema e nos ensinou como fluir pela vida, durante nossa formação com ele na Espanha, nos Estados Unidos e na Índia.

Agradecemos, também, a todos os nossos clientes até este momento, que apoiaram, com amor, nosso desenvolvimento.

E o maior agradecimento devemos a Osho, nosso grande mestre, que nos indicou todo esse caminho, e a Babaji, o *maha* mestre imortal do Rebirthing, que tudo ensinou a Leonard e nos atraiu e nos gratificou com este tão divino e sagrado conhecimento, que gera a sabedoria e o contato com a Energia Eterna, apresentando-nos ao bem-aventurado conhecimento sobre a Imortalidade Física e todas as técnicas maravilhosas de Purificação Espiritual que domina.

Falar de Rebirthing nos estimula, nos reanima pelo seu poder criativo, que faz todos os seus praticantes e seguidores se realizarem em sua vida e ajudarem os outros a se realizar.

O que o Rebirthing nos proporcionou foi a possibilidade de viajar pelo mundo, a serviço da humanidade, para poder divulgar e ampliar esse nosso trabalho, fazendo com que todas as pessoas do mundo pratiquem ou pelo menos saibam da existência do Movimento do Rebirthing, como forma de avivar todos os poderes do homem.

O Rebirthing lhe mostra o que você já é em seu mais íntimo Ser, sua tendência natural. Esse é o nosso principal legado e compromisso com o Rebirthing e com a Humanidade, pois o Rebirthing é realmente a fonte de Deus Onipotente, é a Sua Presença. Que muitos outros interessados no mistério da vida possam se juntar a nós, para que possamos, unidos, engrandecer nosso Planeta e muito mais ainda nosso Universo.

Eu, Unmani, como psicóloga, tenho trabalhado com psicoterapia clínica por muitos anos e venho aqui revelar que meu coração e minha alma estão totalmente ligados ao REBIRTHING. Esse sistema de cura é muito elevado para meus clientes e para mim particularmente. Apesar de já estar usando essa técnica de autoconhecimento com meus clientes há dez anos, só agora me vi pronta a escrever este livro em agradecimento ao grande mestre Imortal Babaji e ao meu grande mestre Imortal Leonard Orr, que me introduziu no Rebirthing e me tornou uma Imortal.

Rebirthing é um "muito especial" presente reservado para fatos inesquecíveis e no momento certo, que você não escolhe, mas é escolhido por ele.

A cada sessão de Rebirthing que ofereço a alguém, meu Ser se sente totalmente ligado ao "Ser Divino" e ao espírito de meu cliente. O sentimento é muito profundo para ser expresso em palavras. O espaço criado no ambiente de trabalho é uma presença viva de Deus e a energia de cura é libertada para o resultado do trabalho, para os "insights", para a elevação espiritual e a paz. O agradecimento surge no meu coração por tudo isso.

Aqui estou feliz por estar partilhando tudo isso com muito mais pessoas e espero beneficiar um grande número delas, fazendo que compreendam e vivam essa experiência, unindo-se à mais fascinante energia do Universo, para que unidos possamos purificar não só a nós mesmos, mas a todo o planeta.

Em 1992, fizemos parte da ECO — RIO, com o tema que ainda me comove e me incita a continuar a divulgar e atrair pessoas para estarem conosco nessa esplêndida e tão importante missão: *"Purificação Espiritual e Ambiental para a Imortalidade Física na Nova Era."*

Isso quer dizer que, no Rebirthing, nos movemos interiormente, ampliando esse movimento até nosso exterior, que descobrimos através da respiração consciente, o qual também faz parte de nós, caso contrário não existiríamos.

CUIDADO

O Rebirthing Pode Destruir a sua Miséria,
Pode Acabar com Toda a sua Desgraça!

Com **VERDADE, SIMPLICIDADE E AMOR,**
Unmani e Nishkam

SER O SER

Deixa sair de teu corpo
Este Ser que quer Ser.
Deixa fluir em teu corpo
Este ar que quer ar.
Sente em teu peito
Esta dor que não é dor.
Sente roer em teu peito
Este ódio que é amor.
Sente arder em tua boca
Este fel que é mel.
Deixa surgir em teu Ser
O sabor de viver,
O prazer de se ver,
A paixão por sentir,
O clarão do Luar,
O calor do Solar,
O sentido do Amor.

Om Namaha Shivaya
Unmani
Portugal, 1991

Introdução

Por Que Escrever Algo Sobre "Rebirth" — Renascer?

Renascer... a primeira vez que ouvimos falar em REBIRTHING — Renascimento — o que sentimos gerou algo incrível internamente, que nos intimou a conhecer mais de perto o que seria isso.

Depois disso, tiveram início as experiências de uma técnica de respiração simples, mas bela, que nos leva a liberar todos os nossos bloqueios corporais e mentais, que nos estorvam a vida.

No momento em que você "acorda", o Todo se torna um mistério. De repente, todo o conhecimento evapora como pequenas gotas numa manhã de sol. Pela primeira vez, seus olhos estão cheios da admiração própria de uma criança. É um segundo nascimento! Na Índia, o homem que conhece o mistério da existência é chamado de *dwij* — nascido duas vezes.

Jesus disse para Nicodemus: "A *menos que você nasça outra vez, você não entrará no reino de Deus.*" Ele também disse: "A *menos que você seja como uma criança, você não entrará no reino de Deus.*" O que isso significa? Isso simplesmente significa que **um renascimento é necessário.**

Renascer significa que você pode ver o aqui e o agora, pode enxergar tudo a sua frente de modo claro, sem mais "nuvens" nem máculas do passado que lhe embaçam a visão, diminuem-lhe a audição, confundem-lhe o tato; significa purificar a mente de pensamentos que falseiam a sua verdade, o seu verdadeiro sentido de Ser, perceber este Ser e adorá-lo, não desejando em hipótese nenhuma colocar máscaras nem disfarces, mas querendo que o mundo e você mesmo reconheçam e admirem a sua individualidade e sintam a sua essência perfumando o nosso planeta.

Renascer significa respirar em totalidade com força, com vontade de viver intensamente; voltar a fazer e sentir exatamente o que você veio fazer e sentir aqui, e que lhe foi vedado desde o primeiro momento de seu nascimento, pelo grande susto que você levou ao receber as boas-vindas com um grande "tapa no traseiro", com muitas luzes artificiais em torno, muitas pessoas apavoradas e ansiosas à sua volta, em meio à correria e aos pensamentos negativos de preocupações, absorvidos pelo seu corpo e sua mente, e por todos os outros "sustos" no decorrer de seu crescimento, e em cada susto um "engolir seco", um "prender a respiração", um "contrair o corpo" — *um grande medo de respirar. Respirar significa realizar*, porém, desde sua primeira realização — o nascimento — você vem sendo frustrado, bloqueado nessa realização: você começou a nascer sozinho, você era o único que sentia e sabia como queria vir a este mundo, começou a avançar, se agitar, a se dirigir para a saída do seu pequeno mundo — o útero — a este grande mundo — a Terra —, e logo apareceram mãos, "instrumentos", etc., para interrompê-lo e fazer da maneira como o *outro* deseja. Assim, você liga o "*realizar com o respirar*", e então é melhor nem respirar, pois, se fizer isso, poderá mostrar o seu Ser, mas não ser aceito por aí. Sem respirar, no entanto, você não vive. Surge assim a sensação de que você poderá voltar àquele mundinho gostoso e quentinho onde tudo era permitido — o útero —, surge, então, a urgência de morte, a impossível volta, que inconscientemente lhe parece possível. Já que, *quanto mais bloqueios da respiração menos vida*, mais doenças você terá, mais dificuldades o corpo enfrentará.

Por isso surgiu o *Rebirthing ou Respiração Consciente de Energia*, que o leva a desbloquear, conscientemente e com muito prazer, sua respiração e liberar juntamente todas as memórias — até mesmo a do nascimento —, as quais estão provocando o respirar irregular e, assim, turvando-lhe a visão da verdade da vida.

Depois de termos vivido tudo isso e de reaprendermos a compreender a ação de nossa mente e de tudo ao nosso redor, além de aprender a renascer a cada instante sem temores nem remorsos, começamos a perceber quantos "milagres" vão ocorrendo em nossa existência; assim surgiu uma vontade enorme de querer ver os outros sentirem a mesma alegria e uma sensação gostosa em função de prestar serviço a toda humanidade e poder gritar:

"*Alô! Você pode, deve e veio aqui para ser feliz, muito feliz. Celebre a vida, encare-a, olhe-a de frente e veja como ela é maravilhosa. Você pode, sim! Venha... Venha renascer, agora mesmo, sem nenhum medo, em totalidade.*"

É isso o que lhe oferecemos aqui, por meio do Rebirthing.

Unmani e Nishkam

O Que é Rebirthing?

Por Nishkam

Rebirthing é uma experiência biológica com a Existência, com Deus, com o Ser Infinito ou como você quiser chamar, na qual você participa de um contato íntimo com a energia que rege o Universo. Depois de tantos anos afastado dessa energia, seu Ser perde a sensibilidade, seu potencial para a vida fica reprimido, dando vazão somente ao Ego, por meio da dúvida, do sofrimento, da doença, da morte.

Rebirthing é uma abertura para o seu Ser, a partir do momento em que você começa a inspirar a Energia Divina e a expirar a Energia do Ego; é uma troca, uma opção pela vida, que ativa todas as suas células para participarem de uma comunhão Divina.

Rebirthing é o elo perdido pelo homem, desde que ele optou por viver uma vida afastada de Deus, da criação, de seu próprio meio. Esse processo liga-o a toda a sua Divindade, através do ato primordial da vida — *a respiração*. Quando respiramos, absorvemos, além do oxigênio, a Energia Cósmica e com isso alimentamos o nosso Ser com a conexão mais poderosa do Universo, que implica ligar a inspiração com a expiração em um ritmo profundo e relaxado de forma consciente. Porque, quando nascemos, a partir do trauma de nascimento e outros fatores, que serão mencionados nos próximos capítulos, reprimimos a nossa respiração, com a idéia de que respirar nos faz mal; porém, a respiração é o que nos traz a vida e, se diminuirmos nossa respiração, estaremos sobrevivendo, mas nossa vida será insuficiente no que tange ao amor, à alegria, à felicidade... não será integral ou total.

O propósito do Rebirthing é liberar a sua respiração, de modo que você respire plena e conscientemente, sabendo que o ato de respirar une-o com Deus e lhe proporciona a maior de todas as dádivas, a vida no seu mais alto teor. *Viver para servir à Humanidade.*

O Rebirthing realiza uma purificação no nível físico, mental e espiritual, e você vai transformando o seu Ser, à medida que você vai se tornando consciente e responsável pelos atos básicos do Ser Humano: respirar conectado, pensar positivamente e estar "aberto" a Deus ou à Existência, para que você possa exercer o seu trabalho aqui neste Planeta.

Nossa Era no Planeta é regida por grandes devastações, violência, falta de consciência quanto à divindade em cada um. Vivemos uma época influenciada por forças involuntárias, porém, a toda ação corresponde uma reação: enquanto milhares de pessoas pensam em destruir o Planeta, outras milhares pensam em preservar e construir o Planeta, não só como se dizia antigamente: "para preservar para os nossos filhos". Atualmente, o caos está tão acelerado, que temos de preservar rapidamente para nós mesmos, e o Rebirthing nos afirma sempre que "*a vida é resultado de um pensamento chamado Deus e a morte é conseqüência de um pensamento chamado Ego"*. Essa é a oportunidade de transformarmos o nosso corpo, nossa mente e, conseqüentemente, dar luz total ao nosso espírito, para que ele cumpra o seu papel.

Quando você respira, acontecem certas mudanças no seu Ser, que está sendo regido por uma série de crenças negativas, fatores limitantes ditados pelo Ego, que é um constructo social que você adquiriu para sobreviver nas instituições sociais.

O Ego envolve uma série de fatores limitantes que substituíram a sua divindade, a sua intuição, e passaram a atuar como sua voz interior, sua intuição; porém, isso não é verdade; você não precisa ser mentiroso, não precisa enganar para ganhar, não precisa oprimir as pessoas. No mundo, há abundância em tudo. O homem com seu ego é quem cria suas crenças e acredita no ego porque está afastado de Deus. Quando conectamos nossa respiração, liberamos memórias físicas, emocionais e espirituais que aderiram ao nosso Ser na forma de pensamentos negativos, crenças limitantes, doenças, etc. Essa energia negativa é expelida por meio da respiração conectada e, quanto mais apegado você estiver a esses pensamentos, mais difícil e doloroso será sua liberação, e é assim que surge a Síndrome de Hiperventilação, caracterizada pelo medo de liberar seus pensamentos negativos, pois eles são as características da sua pessoa e você se aferra a eles e sofre ao se desprender deles; mas, quanto mais se apegar, mais difícil será a liberação; em contrapartida, quando a pessoa aceita essas lembranças, e quanto mais se entrega inteiramente ao momento, sem medo, com mais facilidade se libera das energias negativas.

Esse apego a velhas formas de pensar causam a sensação de formigamento, de frio, enrijecimento das mãos, dormência, dores localizadas. Com a energia bloqueada, emoções como o choro, o riso, a tristeza, etc. são freqüentes. Inúmeras experiências podem surgir, como memórias de momentos em que você sofreu qualquer trauma.

O objetivo do Rebirthing é fazer com que todos se iluminem através da liberação contínua de memórias retidas no corpo, até você reviver o seu nascimento, porém não é para você ficar respirando e revivendo traumas, mas para resolver esses traumas e transformá-los em prazer — principalmente o trauma de nascimento, que é muito forte e influencia diretamente sua vida. O Rebirthing não pára por aí, ele é um processo contínuo que libera todas as emoções negativas, desta e de outras vidas, liberta-o da idéia de que a morte é inevitável, liberta-o dos padrões paternos adquiridos e faz que você tenha domínio sobre sua vida. Você se torna o seu próprio mestre em contato permanente com o cosmos.

O Rebirthing não é só dor, sofrimento, experiências traumáticas e sim um ato de prazer, um ato no qual o corpo vibra radiantemente e você sente todo o seu poder, toda a sua conexão com o Universo. *Respirar Energia é como fazer amor com o Universo e ter um êxtase total.* A cada sessão de Rebirthing você se sente mais leve, com muito mais energia.

O Rebirthing é a ciência que envolve aceitar a entrada de energia, da sabedoria e do amor de Deus.

Om Namaha Shivaya
Nishkam

Por Unmani

"Por que fazer Rebirthing ou qualquer outro tipo de terapia? Você já se perguntou por que existem diversas modalidades de psicoterapias e terapias físicas? Por terapia, temos que entender o que significa tratamento. Por que o homem precisa de tratamento? O que o homem está fazendo consigo mesmo, que necessita se tratar, que tem estado doente, física e psicologicamente? A doença não pode ser inata ao ser humano. O que podemos concluir é que esse homem sofre pressões na sociedade, que o fazem criar enfermidades para o corpo, para a mente em particular, para o espírito. Quem vem criando lemas ou regras que pressionam e limitam a atuação humana em sua mais ampla expressão?

Para mim é como: um Grande Pensamento, um Pensamento Divino, irradia certa energia para este mundo com um objetivo, isto é, este espírito ou energia sabe por que está escolhendo vir a este mundo, sabe por que está escolhendo certo lugar, certa forma e certo meio de vir até aqui. E quando aqui chega com esses motivos e essa certeza de seu papel neste grande palco mundial, alguma outra grande energia controladora sente, vê e diz: "*Ei, olha aí mais um, não o deixe lembrar por que está aqui, imediatamente controle-o, hipnotize-o para que funcione apenas como queremos, e não como ele quer ou precisa ser para realizar o que sabe que* deve *realizar. Comece já a influenciá-lo, faça-o esquecer todos os motivos por que veio aqui. Vamos, comece a agir já, ele acabou de nascer, destrua sua essência, seu valor, sua missão, apague tudo isso de sua mente, comece logo a impor* o que queremos, *comece logo* a hipnotizá-lo para que ele faça o que desejamos. *Daqui para a frente, a missão dele será a nossa e ele será mais um dos nossos, mais um dos nossos robôs*". E tudo começa aí, nós adormecemos, somos hipnotizados e ficamos agindo e vivendo o tempo que esta sociedade quer, para trabalhar e funcionar para ela e só ela. Nunca a favor do Planeta, nunca a favor do Ser Indivíduo, nunca a favor da Energia Única e Divina, muito menos a favor da evolução do Universo no sentido mais amplo de Unidade e Crescimento. *Tornamo-nos todos uns bonecos*. Mas, como o *Ser Puro* NUNCA esquece por completo, fica nos "cutucando", nos deixando deprimidos, ansiosos, inquietos, doentes, infelizes. Nós sabemos que algo não está bem, mas não sabemos o que realmente é. Por isso, precisamos nos terapeutizar, nos "des*ipnotizar*" — daí tantas terapias e tratamentos. Porque não Somos. Porque não podemos Ser.

Rebirthing está aí, é uma dessas técnicas, uma das mais belas técnicas, simples e complexa ao mesmo tempo; você apenas respira e a vitalidade retorna, você só respira e todas as lembranças afloram, você respira e todo o seu Ser se manifesta, PURO, exatamente como ele é. Por isso, libera, por isso gostamos e queremos mais. E com a Energia Pura fluindo pelo corpo, a Pura Energia Divina se une a ela, pois ELA é a mesma energia que começa a fluir livre dentro de você. Na verdade, *ela está sempre aí, dentro de você, dentro de mim, dentro de nós;* o que ocorre é que ela está presa, bloqueada, e você só a desbloqueia respirando, e então se conscientiza de tudo, de todo o jogo social que o tornou mais um dos robôs, e começa a agir como realmente É e veio aqui para agir, você se torna feliz e, assim, não necessita mais das doenças, das ansiedades, das depressões... para quê? *Agora, você É. Agora, você se deixa Ser. E tudo se transforma. Agora, você* PODE RESPIRAR!

A energia está bloqueada devido a todas as emoções reprimidas em nós. Continua se reprimindo, e nós estamos nos bloqueando sempre por causa da energia do Não, sendo transmitida a cada dia, a cada minuto, a cada segundo em nossa vida. São pensamentos que nos penetram e emocionam a todo instante, e que não nos permitimos extravasar; assim, bloqueamos a respiração, bloqueamos a energia, interrompemos o fluxo natural de energia em nosso corpo. Um dia, uma voz grita dentro de nós: "*Ai, não agüento mais! Ai, preciso fazer algo, senão, como posso continuar a viver?*"

Se você quer se libertar, se quer continuar a VIVER, acolha a experiência que me libertou totalmente, para ver o que vai lhe acontecer. Pela primeira vez, você sentirá o seu verdadeiro Ser brotando, renascendo de dentro para fora, intacto, perfeito, e o sorriso vai lhe surgir espontâneo — O VERDADEIRO SORRISO. Experimente o Rebirthing, só ele vai liberar sua respiração, tão presa há tanto tempo, talvez desde que você nasceu. Só ele *pode* liberar sua respiração e conseqüentemente sua energia.

No Rebirthing respiramos peitoralmente, região onde prendemos nossas emoções, e a certo momento liberamos a respiração a um tal nível, que toda nossa energia se desbloqueia e flui num fluxo contínuo e solto por cada parte de nosso corpo, a tal ponto que nos traz a consciência total disto, e naturalmente nossa consciência vai sendo acesa a cada renascimento, a cada Rebirthing. Realmente é um renascer a cada momento. É renascer a consciência a cada instante, transformando-nos, positivando-nos a cada minuto em nossas vidas. É iluminar ou acender a cada segundo nossa consciência. É belo! Muito BELO!

Rebirthing é um ORGASMO TOTAL! E é isso que sempre procuramos no sexo, por isso estamos tão voltados para o sexo, porque procuramos um orgasmo total para acender nossa consciência. Por isso estamos tão arraigados ao sexo, porque queremos acordar nossa consciência, nos colocar alertas. Mas, como é de relance, não é um orgasmo total sempre, e nem sempre para todos, pois todos estão interessados apenas no ato sexual, por desconhecerem o que está por trás de tudo isso, por desconhecerem que a superfície é sempre uma ilusão e o que é real é o que está por trás, o que na verdade ilumina. Por isto ninguém prepara o corpo todo para que isso aconteça — no sexo rápido a consciência vem só de relance e num instante se apaga, voltamos a querer sexo e mais sexo, e nunca damos o devido valor ao contato, ao *amor*.

Com o Rebirthing constante vamos desejando mais o amor e ficamos mais tranqüilos em relação ao sexo. Assim, a energia sobe, muda, corre, se libera do Mooladhara Chakra (centro de energia básico de nosso corpo) para despertar os outros chakras de nosso corpo. O sexo torna-se mais divino e belo e todo o corpo estará pronto para receber o ORGASMO TOTAL e toda a consciência estará sempre alerta.

Rebirthing não é só respirar, não é só voltar ao útero, não é só ver o nascimento, é VER TUDO, pois sua consciência fica totalmente acesa."

Om Namaha Shivaya
Unmani

Por Leonard Orr

Rebirthing, como o Maha Yoga — o mais elevado Yoga —, é a experiência direta e intuitiva de Deus por meio da respiração humana. Unir a inalação e a exalação em um ritmo calmo gera a consciência de uma percepção mental direta do espírito, um sentimento emocional do espírito e uma sensação física da real energia de vida, a qual é o todo-poderoso Deus ou a Essência Divina fluindo através da carne.

Babaji, o mestre do Rebirthing, disse a Leonard, certa vez: "O velho Yoga está concluído! O Rebirthing é o Novo Yoga"; como novo Yoga, o Rebirthing não é uma disciplina. É uma inspiração. Não se trata de ensinar a uma pessoa como respirar — trata-se da atitude intuitiva e tranqüila de aprender a respirar conforme o ritmo natural da respiração. Implica conciliar inspiração e expiração num ritmo relaxado e contínuo, até que a respiração interior, que é o espírito e a fonte da respiração nela mesma, se mescle com o ar... da respiração exterior. O Rebirthing une o espírito e a matéria, em um método simples e científico de respiração espiritual, que é finalmente uma das formas mais elevadas e mais diretas de Yoga-Ciência de Vida ou União com Deus.

Um Rebirther — "renascedor" — é um guia da respiração com prática o bastante para iniciar a outra pessoa nessa ciência. Normalmente, são necessários de 5 a 10 minutos para que um Rebirther leve uma pessoa a um ritmo que seja suficientemente harmonioso, calmo e relaxado a ponto de fazer com que se sinta a presença de Deus na mente e no corpo, mas, uma vez que se tenha realizado essa conexão, é desejável entregar-se ao espírito da respiração humana até que se experimente um ciclo completo de energia, o qual acontece aproximadamente em uma hora ou mais para os que começam. Essa sessão de Rebirthing pode apresentar dramáticas trocas emocionais ou físicas que podem assustar o principiante. Essas trocas são algumas vezes classificadas pela classe médica como a síndrome de hiperventilação. Realmente, o que acontece é que o espírito está purificando, equilibrando e nutrindo a mente e o corpo humano. Essas trocas na aura humana — a mente — podem ser fotografadas com o método kirlian. As trocas físicas podem medir-se pela análise do ar da respiração e pela química do sangue. O Rebirthee — "renascido" — experimenta normalmente uma profunda sensação de purificação interior e reequilíbrio dos sentimentos.

O Rebirthing é muito rápido e profundo. A Respiração de Vida é, sempre foi e sempre será um dos mais simples, diretos e eficazes métodos de purificação. Simplesmente conectar a inalação à exalação em um ritmo calmo é o grande segredo para apropriar-se de um expediente prático, para chegar à Todo-Poderosa Respiração de Vida. Se Deus não a tivesse tornado fácil, ninguém a teria aprendido.

A Respiração de Vida pode enviar a mente e o corpo a uma viagem através do Cosmos. *O Rebirthing tem sido chamado de iluminação espiritual instantânea e consciência cósmica.*

Antes de me encontrar com Babaji em pessoa, compreendi que a respiração em cooperação com a mente era a chave para a saúde física e mental. Concluí que a Respiração de Vida poderia ser a "Fonte da Juventude" e, portanto, a chave da vida eterna do corpo e da mente. Pelo fato de Babaji ter dominado a vida eterna do espírito, da mente e do corpo — mesmo com milhares de anos — sua aparência é a de um homem jovem.

Assim, um dia, em janeiro de 1978, reuni suficiente energia para pôr à prova minhas conclusões sobre o meu trabalho com o Rebirthing em companhia de Babaji. Eu tinha de reunir todo o valor que podia porque, se alguém na Terra pudesse invalidar minha apreciada lógica, esse seria Babaji. Eu havia discutido minhas idéias com gente de grande capacidade, mas ele era o primeiro imortal genuíno que eu havia encontrado.

Eu lhe perguntei: "O Rebirthing gera Mritenjaya?" (Mritenjaya significa "vitória sobre a morte"). Ele me respondeu: "Rebirthing gera Mahamritenjaya." (Mahamritenjaya significa "vitória suprema sobre a morte"). E eu perguntei: "Quer dizer que, já que o Prana é eterno, o corpo pleno de Prana é eterno?"

Ele me disse: "Isso está claro." E se retirou, como se a conversa não tivesse nada de especial.

Ao chamar o Rebirthing de "O Novo Yoga", Babaji fez uma homenagem a um americano como descobridor e mestre do espírito, e à simplicidade da tradição e à cultura hindus. Esse reconhecimento de pronto fez com que eu me sentisse humilhado. Eu correra o mundo em busca de uma pessoa que compreendesse o que eu estava fazendo. Aqui, com Babaji, finalmente encontrei um homem que apreciou meu trabalho, mas que, ao fazer isso, demonstrou ser muito maior que eu, que me sentia honrado e insignificante ao mesmo tempo.

O paradoxo da sabedoria espiritual é que, enquanto tem valor por si mesma, ela é irrelevante a menos que seja partilhada com as massas. A mais alta sabedoria e poder são insignificantes a menos que sejam também comuns e acessíveis. Deus é tão normal que ninguém repara nele.

Babaji nunca me disse nada sobre o porquê do Rebirthing, sobre onde o aprendi, nem sobre seus estilos. Provavelmente porque não queria acabar com a alegria de minha ilusão de havê-lo descoberto. De toda forma, fazia as seguintes declarações:

> *"Rebirthing gera Mahamritenjaya."*
> *"O velho Yoga terminou; Rebirthing é o Novo Yoga."*
> *"Você, hoje em dia, é o maior yogue que há sobre a Terra."*
> *"O Rebirthing é o Maha Yoga."*
> *"O domínio da respiração é a jóia dos yogues."*

O Rebirthing é intuitivo. Descobrir o Rebirthing é descobrir Deus. Mas, já que Deus é Um, é possível que uma pessoa leve a outra à percepção intuitiva de Deus por meio da respiração. Perceber Deus em nossa própria respiração torna mais fácil ver Deus em todas as partes, e a todo momento, já que respiramos a maior parte do tempo. É fácil ver Deus na respiração dos outros e ajudá-los a perceber Deus por meio de sua própria respiração.

Mas Rebirthing também implica ser o mestre de sua consciência total e o preencher toda a mente e todo o corpo com luz e vivacidade — nova vida. Implica desvendar o ciclo vida-morte, que inclui a liberação da síndrome de desaprovação parental e das emoções desagradáveis desta e de vidas anteriores. Implica o uso consciente da poderosa respiração humana, a vida eterna, a saúde e o êxito do equilíbrio do espírito, da mente e do corpo. Portanto, o Rebirthing implica todos os métodos de purificação espiritual.

Podemos chamar o Rebirthing de "ritmo da respiração científica ou respiração espiritual". Descrito detalhadamente, é um ritmo de respiração relaxada intuitiva e conectada, no qual a inalação se conecta à exalação e a respiração interna se funde com a externa. Essa fusão da energia pura de vida com o ar envia vibrações através do sistema nervoso e do sistema circulatório, purificando o corpo e a aura humana, nutrindo e equilibrando a mente e o corpo humano.

Rebirthing é algo especial. É o poder de Deus para a salvação do corpo e a purificação da mente. Rebirthing é um método de purificação espiritual, que em uns poucos minutos acarreta a experiência religiosa mais profunda.

O Kriya Yoga foi uma técnica do século IX que utilizava esse poder de respiração em um sério jogo de práticas disciplinares, com o propósito de proteger as pessoas das dramáticas trocas fisiológicas e emocionais que o poder da respiração realiza nas personalidades humanas, quando purifica. Mas, hoje, essas formas de proteção e disciplinas elaboradas já não são apropriadas. Atualmente, nos Estados Unidos, em geral as pessoas vão diariamente ao hospital devido a essas mudanças físicas e emocionais. Essas trocas geralmente são chamadas de Síndrome de Hiperventilação. Creio que o aumento de casos de hiperventilação espontânea é causado pela intensidade da verdade e da luz, da ampla difusão da evolução espiritual e da iluminação de nossa cultura.

Quando você está consciente, nada mais pode acontecer-lhe senão a cura e o desenvolvimento de forças.

A Imortalidade Física é a liberação total...

A Imortalidade Física é necessária para a sensatez e a divindade moderna.

A doutrina da Imortalidade Física é a religião perfeita, porque não permite hipocrisias. Se você morre, é um hipócrita, e se vive para sempre não pode bradar "o que tenho feito", porque o para sempre nunca termina. Trata-se da religião eterna de um Deus vivo, um Deus que ama sua criação física e sua beleza.

O nascimento e as frustrações da infância, a hostilidade e a raiva podem elevar a consciência. É importante se dar conta de que esses são sentimentos psicanalíticos que se podem deixar de lado sem violência para consigo mesmo, para com os amigos ou com relação a tudo ao nosso redor.

As frustrações são sentidas muitas vezes como ódio, algumas vezes como desesperança, impotência, depressão, etc. Algumas vezes como aborrecimento, e outras, como fraqueza ou cansaço.

"A Imortalidade é dada àquele ou àquela que toma consciência da ignorância de sua juventude."

O objetivo do Rebirthing é lembrar e reexperienciar o nascimento, é reviver fisiológica, psicológica e espiritualmente o momento em que a pessoa respirou pela primeira vez e superar o trauma que isso lhe causou. A experiência começa numa transformação da impressão do subconsciente do nascimento, da dor primordial, em prazer. O efeito sobre a vida é imediato: os padrões de energia negativa presos em nossa mente e no corpo se dissolvem, o rejuvenescimento substitui o envelhecimento e a vida se torna uma diversão. Trata-se de aprender a preencher o corpo físico de energia divina de maneira prática e diária.

O Rebirthing é 99% prazeroso. Muitas pessoas dizem que é divertido. O 1% do Rebirthing que não dá prazer é devido ao desejo de não abandonar sua miséria interior. Todo mal-estar que possa surgir com o Rebirthing deve-se a não abrir mão da negatividade, da tristeza, da miséria interna ou da dor. A Divina Energia que flui em sua mente e em seu corpo durante o Rebirthing é sua própria força de vida purgando as impurezas de sua alma e de seu corpo. Essa energia o libera de todo dano, tornando-o consciente de como você se machuca a cada dia (se você o faz), para que você supere essas tendências.

Uma das definições do Rebirthing é aprender a respirar energia tão bem quanto se respira o ar. A outra é superar o ciclo de nascimento e morte e integrar o corpo e a mente na vida consciente do Espírito Eterno, para se tornar uma expressão consciente do Espírito Eterno.

Uma experiência de Rebirthing significa comumente a liberação da dor psicanalítica e a absorção de energia de cura, durante a vivência da respiração conectada consciente. Esse processo pode instantaneamente acabar com o sofrimento físico e mental.

Uma sessão de Rebirthing não causa dor nem envolve emoções fortes, mas geralmente é prazerosa, divertida e interessante — simplesmente maravilhosa.

Rebirthing não é uma religião, nem uma organização, nem nada estranho, é um método de autoconhecimento baseado na simples lição da respiração, imediatamente acessível a todos, para reaprender a conectar inalação e exalação em um ritmo relaxado e a voltar ao primitivo estado de perfeição, cura, bem-estar e felicidade.

Praticar a respiração na presença de um Rebirther (renascedor) é uma garantia de êxito na experiência, com um guia que orienta quanto ao ritmo da respiração até o final da sessão. Como resultado de sua experiência, os Rebirthers — "renascedores" — têm a capacidade de dar assistência intuitiva e inteligente de muitas formas valiosas.

Para a maioria das pessoas, Rebirthing será uma experiência de libertação, compreensão, cura e amor, uma aventura emocionante, prazerosa e de grande valor desde a primeira sessão.

Om Namaha Shivaya
Leonard Orr,
criador do Rebirthing

A CIÊNCIA DO REBIRTHING

↓

PROCESSO PESSOAL

↓

USANDO TÉCNICA RESPIRATÓRIA

↓

PARA PURIFICAR

↓

FÍSICO
MENTAL → PENSAMENTO
EMOCIONAL → SENTIMENTO
BLOQUEIOS
STRESS

↓

ESPECIALMENTE PARA AQUELES
COM TRAUMA DE NASCIMENTO E
TRAUMAS DE INFÂNCIA

↓

POR QUÊ?

↓

ORIGEM DA MAIORIA DAS DIFICULDADES
COMPORTAMENTAIS

↓

EXPERIÊNCIA DO NASCIMENTO E DA INFÂNCIA

↓

OBJETIVO

↓

ATIVAR ESSAS EXPERIÊNCIAS TRAUMÁTICAS
PASSADAS, SUPRIMIDAS NO SUBCONSCIENTE,
PARA DESPERTAR A CONSCIÊNCIA

↓

DEIXAR PARTIR ESSAS EXPERIÊNCIAS PARA
ALCANÇAR O PRAZER TOTAL E
INTEGRAR AS ENERGIAS

↓

A INTEGRAÇÃO AUMENTA O PRAZER
EM TODOS OS ASPECTOS DE SUA VIDA

CRIANÇA — PURA MAGNIFICÊNCIA

Criança Natureza
Energia Pura
Brilho Constante
Sorriso Total
Alegria Extasiante
Ser como deve Ser o Ser

Criança Paz
Pairar sem ar
Estar
Silenciar

Criança Respirar
Ar no Ar
Inspirar
Exalar
Conectando-se ao Universo
Seu Ser Puro
Com o Puro do que é Ser.
Ser Total
Entrelaçado à Totalidade Universal.

Criança Deus
Uno... Único
O que é, é.
Como é e quer ser
Sorriso, dentro-fora, fora-dentro
Entrecruzado, trançado
Integralmente integrado.
Um no Um...
Um no **Um**.
Um, Único
Um Só
E nada mais...

Om Namaha Shivaya
Unmani
Portugal, 1991

Primeira Parte

Primeira Parte

1

História e Evolução do Rebirthing

O Rebirthing é tão antigo quanto o próprio Homem. A arte de respirar energia tão bem quanto o ar é amplamente difundida nas tradições orientais, principalmente na chinesa e indiana. Os Yogues foram os primeiros "renascedores" do mundo. Têm praticado a técnica de respiração de Energia Consciente por milhares de anos. Todas as culturas orientais, que visam o auto-aperfeiçoamento, dão ênfase ao *Prana* — *energia vital*, absorvido através de movimentos respiratórios. O *Prana* é a vida, o *Prana* é a evolução do Ser Humano, pois é por meio dele que se queima e se produz a vida.

Antigamente, não se pensava em respiração da maneira como ela foi desenvolvida no Rebirthing. Havia aspectos relacionados, mas que estavam dissociados. A partir do momento em que esses aspectos foram registrados, o Rebirthing atual começou a se desenvolver.

Rebirthing é uma palavra que tem muitos significados. Duas significações são das mais importantes: uma é "*Aprender a respirar energia tão bem quanto o ar*", a outra é "*Liberar o ciclo de nascimento e morte e integrar o corpo e a mente na consciência da vida, do espírito eterno, e tornar-se uma expressão consciente do Espírito Eterno*".

Algumas pessoas usam a palavra Rebirthing para expressar uma liberação das emoções ou algum fluxo de energia no corpo que estimula a respiração.

Leonard Orr, o fundador do Rebirthing, liberou toda sua urgência de morte, seu trauma de nascimento e padrões familiares antes de aprender a respirar do modo específico do Rebirthing. No entanto, hoje aprendemos a respirar primeiro, para depois disso liberar todos esses fatores. Esse é o caminho mais fácil, pois a respiração consciente provoca essa liberação.

Leonard Orr diz: "Eu liberei a mim mesmo de toda a minha urgência de morte, do trauma do nascimento e de padrões familiares, antes mesmo que eu aprendesse a respirar como no Rebirthing. Hoje, muitas pessoas, no entanto, aprendem a respirar primeiro, e liberar tudo depois. Esse, porém, é o caminho mais fácil. A história sobre o Rebirthing é uma história da descoberta de todo um processo. Eu sou conhecido como o fundador do movimento do Rebirthing."

A primeira experiência do Rebirthing foi em 1962, quando Leonard Orr estava na banheira e não conseguia sair, apesar de ter um compromisso importante. Ele permaneceu lá por 2 horas. Ele precisava sair, pois estava com muita pressa, estava atrasado para sua reunião de trabalho. Nessa época, Leonard Orr pesquisava sobre a Imortalidade Física, o que ativou determinados processos relacionados ao ciclo de energia.

A principal descoberta ocorreu entre 1974 e 1975. A cada ano Leonard aprendia mais sobre respiração e libertação espiritual das formas mais variadas.

Primeiro, aprendemos a respirar energia e depois podemos praticar isso diariamente também dentro da banheira. Uma experiência de Rebirthing se refere comumente à liberação da dor psicanalítica e receber uma energia saudável, enquanto se realiza um ritmo de respiração conectada. Esse processo de liberação por si só não é normalmente doloroso nem dramático. O ritmo de respiração conectada pode, instantaneamente, acabar com o sofrimento físico ou espiritual. A respiração conectada tem sido usada até como anestesia, em caso de fraturas, de queimaduras e de dores em geral. Ela faz com que a Energia Divina flua no corpo e libera essa energia. Isso significa respirar liberando concentrações de energia negativa, purificar e equilibrar nossa energia corporal — a alma, a aura, o corpo emocional.

Uma sessão de respiração do Rebirthing significa alcançar um ritmo simples de respiração conectada no qual a inalação se liga à exalação em um círculo ininterrupto. Isso significa reaprender a respirar energia tão bem quanto o ar, do mesmo modo como fazíamos inconscientemente quando éramos crianças. Precisamos reaprender a respirar, porque nos tornamos adultos respirando sobre os pensamentos negativos e experiências limitadoras. É difícil encontrar um adulto, a não ser que seja um Yogue imortal, que não tenha necessidade de aprender a respirar.

Quando fazemos o ritmo respiratório conectado, sentimos uma energia de vida pura fluindo através de nosso corpo, dissolvendo tensões e concentrações energéticas. As sessões de *respirações conectadas* não são dolorosas nem dramáticas. Comumente, são muito prazerosas, engraçadas e interessantes — simplesmente maravilhosas.

A maioria das pessoas pode aprender a respirar energia conscientemente, em 10 sessões, com um bom Rebirther (renascedor).

O primeiro centro de Rebirthing foi em Walton, uma pequena cidade do estado de Nova York, em 1975. Walton foi onde Leonard Orr nasceu.

Em 1974, Leonard deu um seminário de psicologia espiritual. Falou sobre as lembranças de seu nascimento, e muitas pessoas que estavam assistindo quiseram se lembrar do seu também. Ele então lhes disse que entrassem em suas banheiras e ficassem sentadas lá até sentirem que era o momento de saírem, ou que continuassem lá por 30 minutos a uma hora. O sentimento que costumamos ter é o de grande dificuldade e, cada vez que enfrentamos essa barreira, logramos uma enorme compreensão de nós mesmos e de outros programas que estão nos controlando. Esse foi o começo do Movimento do Rebirthing. *Essa foi a primeira técnica do Rebirthing: simplesmente sentar e meditar numa banheira sobre os obstáculos na sua vida.*

Muitas das pessoas que passaram por isso liberaram suas emoções e partilharam com os outros o que lhes ocorreu. O que aconteceu lá foi de grande impacto.

Algum tempo depois, Leonard teve a idéia de usar um *snorkel* e *clips* para o nariz na banheira quente. No momento em que as pessoas são colocadas na água, elas entram em contato com um ambiente semelhante ao útero e, instantaneamente, regressam ao nascimento e a estados de consciência pré-natal. As pessoas que foram colocadas na água no início do movimento do Rebirthing não apenas tiveram lembranças, mas regressaram a estados psicofísicos. Isso era uma experiência espiritual, mental e física completa. Essas pessoas completavam o ciclo de energia integrado a uma experiência de cura. Leonard permanecia com cada uma dessas pessoas até elas sentirem paz. Elas sentiram essa paz que transcende todo entendimento.

As pessoas começaram a criar um ciclo de energia por meio da respiração, pois estavam totalmente submersas, apenas respirando pelo *snorkel*, e as lembranças reprimidas alteravam o processo respiratório, sobretudo quando aflorava uma lembrança traumática ou alguma sensação mais forte, a respiração voltava a se equilibrar, as pessoas relaxavam e liberavam essas lembranças.

Nesse momento, observou-se, assim, que a respiração era o fator fundamental para a consciência, bem como a água. O ambiente da banheira simulava o espaço do útero e, conseqüentemente, liberava lembranças e emoções de infância, de nascimento e pré-natal. A isso se chamou de CICLO COMPLETO DE ENERGIA — quando a pessoa respira e ativa lembranças, purificadas nesse processo, durante o qual a pessoa se sente calma e relaxada, como se tivesse expirado memórias traumáticas e aliviado o corpo, a mente e o espírito.

Foi esse grupo de pessoas que levou Leonard Orr a adquirir a mansão vitoriana em San Francisco que veio a ser conhecida como "Theta House". Ali, foi criado o *Seminário de Um Ano (OYS,* isto é, *One Year Seminar).* Esse é um trabalho do Rebirthing em que um mesmo grupo de pessoas se encontram, durante um ano, por um dia, uma vez por mês, das 10 horas da manhã às 10 horas da noite. A partir daí, foi criada uma família espiritual. Fazer em um ano o que os membros de um grupo têm a intenção de realizar, apoiando-se mutuamente na superação do ciclo de nascimento e morte. O primeiro OYS ou SUA era um grupo interessado no aprendizado do domínio da Imortalidade Física e na Transfiguração. *Transfiguração significa capacidade para desmaterializar e materializar o corpo e superar a morte física.* Depois de tudo isso, o grupo teve um sentimento de total liberdade e iluminação. Esse grupo de pessoas chamou-se "*Pioneiros do Rebirthing*", os quais deram vida ao que é o Rebirthing hoje. O Movimento do Rebirthing evoluiu tecnicamente a partir da Casa de Theta, pois foi criado um sistema por meio da experiência de várias pessoas, de acordo com os seus ciclos de Respiração de Energia Conectada. Essas pessoas, que eram em número de oito, são atualmente, junto com Leonard Orr, os profissionais de maior experiência na área do Rebirthing, e entre eles estão Sondra Ray, Phil Laut, Jim Leonard, Bob Birdsall e Bob Mandell.

O Rebirthing foi desenvolvido no contexto do grupo do Seminário de Um Ano, no qual as pessoas aprenderam a maestria de sua própria mente e sentimentos. Nós, Rebirthers, sempre pedimos que todos os que desempenham essa função procurem criar uma comunidade de apoio para seus clientes. Mas essas boas maneiras têm sido largamente ignoradas e muitos Rebirthers tratam seus clientes como máquinas que respiram. Alguns Rebirthers estão nisso só por dinheiro, sem nenhuma compaixão e motivação humanitária.

O Seminário de Um Ano começou então a se desenvolver espontaneamente por todo o mundo. Centenas de pessoas completaram juntas seu ano de trabalho de autoconhecimento. Algumas participaram ano após ano. Leonard Orr viajou continuamente durante seis anos, a cada sábado e domingo, para algum lugar, para encontrar um grupo. O Seminário de Um Ano sustentou e ainda sustenta o "coração" da maioria das comunidades de Rebirthing estáveis. As pessoas que procuram a qualidade do Rebirthing sempre voltam a se ligar à fonte ou ao grupo central onde funciona o centro do Rebirthing, junto a Leonard Orr ou a qualquer de seus representantes pelo mundo, os quais mantêm a qualidade.

Em 1975, depois de centenas de sessões de Rebirthing na banheira de água quente, Leonard Orr percebeu que as pessoas estavam tendo uma experiência de "Cura do Respirar". Ele observou que os mecanismos de respiração de cada um deles eram transformados e seu relacionamento mente, espírito, corpo se alterava para sempre. Essa cura acontecia e acontece para todos, depois de várias sessões — quando as pessoas se sentem salvas o bastante para reviver o momento de sua primeira respiração. A maioria dessas pessoas sente medo durante esse momento e tem a necessidade de segurança e de estar a salvo. Todas as pessoas respiraram em certo ritmo. Era um ritmo conectado, no qual a inalação está unida à exalação durante o ato de respirar. Era a unidade do Ser experienciado fisiologicamente. *É a união da respiração interior — energia de vida — com a respiração exterior — o ar e o mecanismo da respiração.*

A partir desse momento, ao perceber que o efeito das reações não advinha da água quente nem da simulação do útero, mas do ritmo respiratório, que trazia as lembranças da primeira respiração e do trauma do nascimento, Leonard Orr propôs que se respirasse fora da água, observando que, com o ritmo contínuo da respiração, as reações eram as mesmas, mas vividas mais suavemente. Assim, nasceu o "*Rebirthing a seco*". Desde então, percebeu-se que era melhor fazer as primeiras 10 sessões de respiração conectada, de 1 a 2 horas, fora da água, antes de realizar uma sessão em água quente com *clip* no nariz e *snorkel*. Respirar em água quente nu, apenas com um *snorkel* e um *clip* no nariz e reviver o nascimento era bastante "esotérico" para muitas pessoas. Mas, agora, todos poderiam estar deitados e respirar, e poderiam ter a mais maravilhosa experiência de sua vida, além de estar, após essas 10 sessões iniciais, prontas para vivenciar o Rebirthing em água quente sem constrangimentos. A experiência demonstrou que a maioria das pessoas aprende o ritmo da respiração conectada, e como respirar energia tão bem como o ar, em 10 sessões, de 1 a 2 horas cada, com um bom Profissional de Rebirthing.

Pessoas de todas as idades já passaram pela experiência do Rebirthing, de crianças a idosos até de 90 anos, e todas as demais idades entre estas. Rebirthing é excelente para qualquer um que respira ou tem um corpo, independentemente da idade. Por intermédio dele, aprende-se a relaxar e a respirar melhor. A respiração é totalmente inofensiva, mas a mente humana não é.

Desde que o movimento do Rebirthing começou, se tornou um sucesso e começou a ser procurado em todo o mundo, Leonard Orr percebeu como treinar Profissionais de Rebirthing e como treinar treinadores para Profissionais de Rebirthing. Em vinte anos, o Rebirthing ou Respiração Conectada Consciente de Energia se desenvolveu e espalhou mundo afora, sendo usado por cerca de 10 milhões de pessoas. Assim foi criada uma nova profissão de saúde. Há pelo menos mais de 100.000 profissionais nessa área atualmente. Porém, com a demanda, ficou impossível controlar a qualidade, e muitos charlatães têm-se infiltrado na área denominando-se Rebirthers ou Renascedores, mas fazendo coisas estúpidas que não têm nada que ver com o verdadeiro Rebirthing, porque ignoram essa prática.

Um bom Rebirther é apenas um guia da respiração conectada, é quem permite que sua própria energia de vida flua na sessão, é quem cria um ambiente saudável para que a pessoa possa sentir o milagre da Energia Divina. Os bons Rebirthers podem, também, ser um canal de energia e tornar a sessão mais eficiente e prazerosa. O verdadeiro profissional de Rebirthing sabe da necessidade de se trabalhar o conceito da *Imortalidade Física,* logo à primeira sessão, antes mesmo de começar a respirar, pois a respiração conectada nos faz entrar em contato com nossa urgência de morte, e se não temos consciência da Imortalidade Física, temos a tendência de pararmos de respirar por completo durante a sessão, por medo, e buscarmos nosso impulso de morte, isto é, desejarmos morrer, e com isso limitarmos ainda mais o processo da respiração em nossa vida. O bom profissional sabe da importância da colocação dos *Princípios Metafísicos da Psicologia Espiritual* e sua completa compreensão durante o processo do Rebirthing, para o seu sucesso e desenvolvimento, e sabe, também, da importância dos ensinamentos sobre a Purificação Espiritual, que são a base para alcançar a Imortalidade Física. O bom profissional nessa área nunca omite nenhum desses conceitos — partes integrantes do processo do Rebirthing — por não saber como apresentá-los ou por medo de fazê-lo, por desconhecimento ou muito menos por medo de perder clientes e, conseqüentemente, perder dinheiro. Um bom Rebirther segue os pré-requisitos que ensinamos no Manual do Profissional de Rebirthing, no final deste livro, no Capítulo 18.

Um grande número de profissionais de saúde tem aprendido Rebirthing e incorporado essa técnica a seu trabalho com seus clientes. Porque o Rebirthing, agora, tem grande aceitação pública, essa mesma popularidade pode esconder a corrupção. Por isso, é recomendado às pessoas que querem aprender e aplicar o Rebirthing que entrevistem de três a quatro profissionais nessa área, antes de iniciar suas 10 sessões.

O movimento do Rebirthing é a maior contribuição para a paz no mundo e para a transformação da energia do planeta. Todo Rebirther é um "aspirador de limpeza", curador do planeta, "lavando" a humanidade com uma clara, pura e nova energia de vida. O movimento do Rebirthing é um manancial de vida. Mesmo assim, não se iluda facilmente com todos os Rebirthers, pois muitos dos que se dizem profissionais não têm conhecimento de todo o processo, são até muito superficiais e inconscientes de seu próprio valor.

O Rebirthing renova o ciclo de nascimento e morte assim que você aprende a respirar energia nas primeiras 10 sessões. Você ganhará de 25 a 100 anos ou até muito mais, porque isso implica livrar-se do trauma do nascimento, da consciência da infância, dos padrões familiares e da urgência de morte. Isso também envolve os mistérios da mente e do corpo.

É fácil liberar emoções negativas, sintomas físicos e dores, os quais são causados pelas concentrações de energia, quando se tem capacidade para respirar energia. A gripe comum, por exemplo, normalmente é causada pelo trauma de nascimento. A maioria das pessoas não acredita em trauma de nascimento e tem gripes. Muitas pessoas que têm gripe todos os anos começam a respirar energia e, nesse primeiro ano, têm poucas gripes; e depois de um a dois anos de respiração consciente, passam o ano todo sem gripe. O Rebirthing não é considerado um processo de cura para a gripe comum, nem para nenhum tipo de doença, porém dá combate a essas doenças debelando a causa da maioria delas, inclusive de vários tipos de câncer.

O Rebirthing pode ser considerado o ativador de uma série de memórias fisiológicas. Depois de várias experiências, você poderá liberar a "luz branca" do corpo, sentir o Divino em você na maior parte do tempo e amar plenamente a vida. Uma sessão de Rebirthing pode nos livrar de nossa infelicidade por toda a vida. Muitas novas leis ou padrões de pensamentos vêm para serem clareadas durante cada sessão.

A prática diária purifica a energia negativa das emoções mais profundas tão rapidamente quanto das superficiais. Respirar energia conscientemente e outras técnicas de purificação espiritual são práticas muito importantes para a total saúde da mente, do corpo e do espírito.

Muitas pesquisas psicológicas recentes revelam que 100% dos jovens que cometem suicídio tiveram dificuldades no nascimento. Traumas de nascimento e tendências suicidas andam sempre juntos, porque o trauma de nascimento cria um distúrbio interior que não pode ser resolvido, exceto através da morte ou do Rebirthing. O Movimento do Rebirthing tem impedido milhares de suicídios, libertando pessoas de conflitos e padecimentos.

Com o Rebirthing, Leonard Orr curou a si mesmo de enxaquecas de que havia anos era acometido. Diz ele que, um dia, quando teve uma terrível dor de cabeça, começou a respirar consciente e conectadamente, e lhe veio a intuição de que deveria se abaixar ao chão, apoiado nas mãos e nos joelhos, a cabeça quase tocando o chão. Então, teve uma lembrança do nascimento e imediatamente a dor parou. O Rebirthing tem curado muitas pessoas com enxaquecas freqüentes, durante o primeiro ano de prática, e sempre durante as 10 primeiras sessões. A explicação é simples: a causa da raiz das enxaquecas é o cordão umbilical que foi cortado muito cedo e acarretando, assim, privação de oxigênio no cérebro. Quando essa memória é reativada, a pessoa tem dor de cabeça, e tende a reagir a um estímulo de sobrevivência e a colocar em alerta os mecanismos de defesa da vida; é por isso que geralmente são comuns as dores de cabeça ou as enxaquecas quando é preciso tomar decisões importantes. A *dor de cabeça é exatamente um mecanismo reflexo adquirido pela deficiência de oxigênio no cérebro e pela representação de uma memória corpo-mental.* Se o seu cordão foi cortado tão logo você nasceu, foi o que o "sufocou" desde então. Observe os sintomas durante a sua vida.

Desde o começo, todo o objetivo do Rebirthing tem sido tornar as pessoas espiritualmente auto-suficientes com a Energia da Respiração. Isto é, fazer com que passem por várias sessões até que possam renascer.

Quase todos se referem à paz que supera toda compreensão no final da maioria das sessões. E essa paz continua para sempre. Qualquer um pode respirar por si mesmo como em uma sessão e sentir-se feliz. Uma sessão de respiração de energia é, muitas vezes, chamada de *experiência biológica de Deus, orgasmo cósmico* ou de *plenitude do Espírito Sagrado.* Não é à toa que, mesmo que o preço das sessões chegue a R$60 ou passe disso, essa técnica tenha beneficiado aproximadamente 10 milhões de pessoas nos últimos vinte anos.

Muitos profissionais cobram de R$60 a R$150 por sessão. Quando você as termina, percebe que esse foi o melhor investimento em sua vida. Porém, é sempre recomendado que os Rebirthers negociem quando necessário e atendam os desfavorecidos, de modo que eles também possam aprender a respirar tão bem quanto os de maior poder aquisitivo, transformando sua vida e ajudando a transformar o nosso planeta como um processo de cura. O Rebirthing pode ser praticado e usado todos os dias da sua vida, quando você quiser, contanto que você de fato o tenha aprendido. Portanto, o relacionamento com o Rebirther é bem importante, mas temporário.

Por outro lado, o Rebirthing o faz superar o ciclo de nascimento e morte para sempre. Um Rebirther só pode ensinar técnicas básicas de curar nossa mente e nossas emoções. Mas os Rebirthers que continuam seu treinamento, aprendendo e ensinando técnicas básicas de purificação espiritual relacionadas à terra, ao ar, à água, ao fogo e ao relacionamento — técnicas fundamentais de Yoga Oriental desenvolvidas no Rebirthing por Leonard Orr, como resultado de seu contato com imortais do Oriente — podem capacitar-se a maestrar a si mesmos, isto é, a conseguir liberação espiritual, imortalidade física e transfiguração.

Atualmente existem muitas variações do Rebirthing, como o *Vivation* criado por Jim Leonard e o *LRT — Loving Relationships Training* criado por Sondra Ray.

O *Rebirthing* hoje em dia é uma das técnicas mais modernas, avançadas e eficazes de desenvolvimento pessoal e de potencial humano em geral.

Om Namaha Shivaya

NASCER

Das entranhas da Terra,
surge o espírito,
envolto pelo corpo,
como uma planta,
que nasce e embeleza
este Planeta.
Através da fala,
emitimos sons
elaborados pela mente.

A Mente pertence ao corpo.
O corpo é o todo
que engloba cada parte.

A Mente por si só mente.
A dádiva primeira é o Movimento.
Locomovendo-nos,
corremos mundo.
Ouvindo nosso corpo
entramos em êxtase,
quando nos deparamos com a liberdade.
Pois o corpo é o espírito
e o espírito é o corpo.
Este é o SER.

Om Namaha Shivaya
Unmani
Rio de Janeiro, 1989

2

A Ciência Metafísica do Rebirthing

O Universo Cósmico espera o dia no qual a Ciência e a Religião, o Renascimento e a Medicina andarão de mãos dadas, através do visível e do invisível, do lógico e do ilógico, do físico e do metafísico.

A Ciência propõe o método científico por meio de uma teoria na qual se desenha uma experiência; a partir desta dá-se uma verificação e, mediante diversas verificações, ela tem de provar que sempre obtém o mesmo resultado — só então pode chegar a uma lei.

A Religião, por sua vez, não entra no campo científico e sim no campo existencial do crescimento humano, por meio de um descobrimento de uma realidade interior infinita, onde habitam todos os mistérios da vida.

Ciência e Religião devem trabalhar uma em prol da outra, pois *a ciência se baseia em leis imutáveis objetivas*, enquanto *a religião se baseia em leis imutáveis subjetivas*. A Religião, por sua vez, é o fundamento de toda a existência espiritual, porque é a continuação do direcionamento interior de uma realidade suprema, enquanto a Ciência é o fundamento de toda a existência material, porque é a continuação do direcionamento exterior como conseqüência dessa realidade suprema (não estamos falando, aqui, em "entidade religiosa", mas em religião como religiosidade ou fé religiosa).

No momento atual, porém, a Ciência se recusa a aceitar os valores intangíveis, que não têm base adequada para os valores de que ela tem conhecimento.

Vamos supor que a Inteligência Criativa do Universo decidisse criar o homem em condição de escravidão e o agrilhoasse. Isso seria uma desonra para o poder criador, o qual chamamos de Deus. Imaginar o homem como ser individual, sem a descoberta de seu Ser Interior, seria uma impossibilidade, pois a individualidade deve ser espontânea, não pode ser automatizada, pois a semente de liberdade foi plantada nas profundezas do ser humano. Assim como um Ser em evolução, o homem deve buscar a grande descoberta de si mesmo

Constatamos a abundância do Universo, e nos é impossível contar os grãos de areia de uma simples praia: a terra tem riquezas incontáveis, o ar vibra de energia e poder e a criatividade se agita na alma do homem.

Qual será a razão de o homem estar doente, pobre e amedrontado?

A Ciência Metafísica do Rebirthing se preocupa com essas questões.

O Plano Divino é regido pela liberdade; a escravidão não é um legado de Deus.

Liberdade é o ressurgimento da luz em cada ser humano — todos nós, inconscientemente, sentimos isso. Os pontos da verdadeira liberdade são regidos por uma lei natural, inerente à natureza do homem, e essa lei faz dele um descobridor de sua própria natureza.

Por meio de uma voz interior, procuramos a nossa energia de liberdade e, através de nosso poder, contamos com uma vida maravilhosa segundo uma visão de amor, o qual fundamenta nosso espírito.

O grande amor do Universo é traduzido pela sua própria lei, e aborda o amor através dessa mesma lei. Este é, pois, o primeiro ensinamento: *amor é lei.* Como o amor de Deus é perfeito, a lei de Deus ou do Universo Natural também é perfeita, e devemos entender ambas as coisas.

O estudo da Ciência Metafísica do Rebirthing é um estudo da causa primeira, um estudo do espírito, da mente, da essência invísivel. *A mente é a casa suprema da inteligência; é o centro do poder da criação dos pensamentos, de onde se origina qualquer coisa ou tudo no Universo.* A partir do momento em que aceitamos esse poder e acreditamos nele, o que necessitamos é saber mais sobre ele e como usá-lo, comprovando por nós mesmos essa verdade. Sabemos que estamos trabalhando com um princípio definido, portanto, pelo uso consciente desse conhecimento, podemos lograr certo resultado. Tratar com a Metafisica é tratar com algo de grande poder, mas muito abstrato. Porém, não são os resultados que importam realmente? Os fundamentos estão sempre ocultos à primeira vista. Aceitamos a dedução da ciência mediante o que ela tem provado, e reconhecemos que ele se apóia em situações imutáveis, e em princípios invisíveis, princípios dos quais derivam todas as coisas; porém, estamos habituados a seguir certas crenças e pensamentos em nossa vida. Há certeza de como se chega a esse resultado? Não, não sabemos como se chega a esses resultados. O mais sábio dos homens não sabe por quê.

Não Existe Sorte nem Azar

Acreditamos que só os grandes pensadores têm conhecimento profundo da metafísica, porém é preciso lembrar que também somos pensadores. O pensamento profundo de todas as eras está latente dentro de nós, em todos os meios de vida: aqui está a energia e a possibilidade da mais alta potencialidade, que o intelecto não pode medir.

Os princípios universais estão disponíveis a todas as pessoas, pois no universo não existem favoritos, não existe nenhuma preferência por esse ou aquele, em função da raça, da religião; o poder está mesmo disponível para todos, basta ter o conhecimento das leis que o regem e ser fiel a elas.

Nada é Oculto no que Tange ao Estudo da Vida

Deixe-nos abordar a ciência da psicologia espiritual, com todo o respeito, mas não com medo, com uma verdadeira atitude de experiência e de descoberta, e não com o sentido de que não temos valor.

Abordando isso natural e alegremente, desejando aceitar as experiências e acreditando nas conseqüências de nossos esforços, devemos aprender com as leis naturais da vida, e como elas se aplicam ao indivíduo e ao seu relacionamento com o esquema universal de coisas.

Esse é o significado simples do verdadeiro ensinamento da ciência da psicologia espiritual, no qual o estudo da vida é a lei criada pelo pensamento, e há sempre uma consciência de que vivemos num universo espiritual, onde a Energia Divina ou Deus está dentro, através e ao redor de nós.

Nada é misterioso no estudo da vida do ponto de vista Metafísico. O que hoje parece sobrenatural, quando for compreendido plenamente, não o será mais.

Sabemos que muitos têm sido curados de doenças físicas pelo pensamento. Analisemos por que alguns são curados pelo pensamento e outros não. Como podemos acreditar que existe um Universo no qual um indivíduo realiza coisas com seu pensamento e outro não? É muito duvidoso acreditar que o Universo responda ao pensamento de um em prejuízo do outro.

O sol nasce para todos. A resposta para essa questão não tem nada que ver com o Universo e sim com o próprio indivíduo.

ALÉM DA MENTE: ESSE É O CAMINHO

"O que é a mente?"
"Como a mente funciona?"
"O que é Mente Cósmica?"
"O que é pensamento?"
"Como funcionam os pensamentos em sua mente?"
"O que é memória?"
"Como estar além da mente?"

O que é a Mente?

Nenhum ser vivo sabe. O que podemos saber sobre a mente é apenas aquilo de que ela trata, mas não o que ela é em si mesma. Não podemos localizar a mente no corpo, ela está por todo o corpo, não podemos isolar a mente. Nós a definimos como consciência, e a estamos usando neste momento. No estágio em que estamos, o corpo é um veículo necessário para a consciência enquanto nós estamos aqui.

Não existem duas mentes, e sim dois nomes, duas classificações. Existem dois nomes que são empregados, isto é, a descrição de ***dois estados de consciência***: o **objetivo** ou **consciente** e o **subjetivo** ou **subconsciente.** O **Estado Subconsciente da Mente** às vezes é chamado de *Estado Inconsciente* — é esse estado da mente que está em movimento como uma coisa criativa através do estado consciente. ***A mente subconsciente age sobre nossos pensamentos***. É a lei mental de nosso Ser, e o fator criativo dentro de nós. Portanto, em nós há uma *lei mental*, trabalhando além dos desejos e propósitos de nossos pensamentos conscientes. A GRANDE MENTE SUBCONSCIENTE é individual e a base de todas as leis mentais e de todas as ações é o "Servidor do Espírito Eterno em todas as épocas", "um Poder sem limites".

Cada um de Nós Traça a Própria Vida com o que Pensa em sua Mente Subconsciente

A mente está além da nossa compreensão, está além do nosso alcance, e, já que é definida como infinito, nunca podemos abrangê-la em totalidade. Assim como nunca podemos compreender e definir Deus, a não ser estar sempre com Deus e dentro de Deus.

SÓ EXISTE UMA MENTE

Só existe UMA Mente, na qual todos "vivemos, nos movemos e temos o nosso Ser". Não são coisas separadas, a Sua Mente, a Minha Mente e a Mente de Deus ou Mente Infinita. Aquilo que chamamos *nossa Mente Subjetiva* é na realidade nossa identidade com a Mente Infinita. Ela é o resultado de nossas atitudes mentais. A **Mente Universal Subjetiva** é nossa atmosfera mental, ou nosso centro. Nela é que retemos todas as imagens, impressões, tendências hereditárias e sugestões raciais. Assim, podemos ver que nossa Mente Subjetiva é o *mediano* pelo qual as experiências nos ocorrem.

O que São e o que Fazem as Coisas na Realidade?

As coisas são, na realidade, idéias em forma ou idéias sólidas. O que mais elas poderiam ser? As coisas não poderiam ser nada mais senão idéias. No início, não vemos nada visível; há apenas uma Possibilidade Infinita, uma Imaginação Ilimitada, uma Consciência — a ação única dessa Consciência sendo Idéia.

Uma Só Causa é o que existe — **Espírito, Alma e Corpo — Causa, Mediano e Efeito; o Pai, o Filho e o Sagrado Espírito.** A TRIUNIÃO NATURAL de Um Só Deus — não três deuses. Uma Causa. Pensamos no Espírito como Absoluto, Inteligência Autoconsciente; pensamos na Alma como receptiva para a Inteligência e a inteligência sempre agindo por debaixo disto. Espírito e Alma se influenciam mutuamente e são onipresentes. O Espírito do Universo permeia a Alma do Universo, impregnando-a eternamente de idéias. A Alma do Universo é o "Útero Sagrado da Natureza", que produz as formas que aparecem no universo manifesto.

O Corpo do Universo é a conseqüência do pensamento do Espírito, operando através da Alma mediana. O Pai é Absoluto, a Inteligência Positiva; o Filho é a Herança do Pai; o Sagrado Espírito é o "Servo do Espírito Eterno através dos anos". O Espírito é Inteligência Absoluta, operando através da Alma da Inteligência Receptiva, impregnando-A com "as Idéias Divinas".

A Criação é o Resultado do Modo de Ação Única do Espírito

Todos os elementos do Universo — Terra, Água, Ar, Fogo e Relações — são importantes, mas o mais importante entre eles é o Relacionamento, pois existe em todos os outros elementos e entre tudo o que há no Universo. A principal causa de tudo é o equilíbrio do ***Prana* do relacionamento.*** Porém, o mais interessante é que ninguém sabe de sua existência, ninguém o percebe, devido a sua não-imagem — invisibilidade — ao seu caráter impalpável e, por ser muito mais sutil do que o Ar. Por isso é que tem sido ignorado por milhões de pessoas. No entanto, esse elemento é a própria VIDA, o que contém todas as leis naturais, a mais imperceptível e importante consciência para os homens, principalmente no que concerne ao relacionamento com a Totalidade ou o Ser Divino.

O princípio de qualquer ciência é a invisibilidade ou as teorias, o que é tanto invisível quanto a nossa idéia de Espírito. *Quem pode ver Deus? Quem pode ver a Vida? Quem pode ver a Inteligência? Quem pode ver a Beleza ou a Harmonia ou a Força? Quem pode ver o Pensamento ou a Mente?*

Tudo o que podemos é experienciar a manifestação disso. SENTIR. Não podemos ver a Vida, podemos VIVER — ter a experiência da Vida. Todas essas manifestações são Pranas ou Energias da Existência. Essências Divinas.

Entre todos esses Pranas, a maior Percepção do Homem foi a de que ele pode PENSAR — foi o **PENSAMENTO** — percebido por meio do sentimento de que "Eu Existo". A partir disso, toda a evolução deu-se entre o relacionamento de união do

* Prana — Energia vital; *esse conceito será mais bem explicitado mais adiante.*

homem com a vida. E por trás de tudo isso está o Maior Desconhecido, mas sensibilizadamente conhecido como **Deus** ou o **Amor**.

Depois de perceber que podia pensar, o homem descobriu que podia realizar esse pensamento, com isso toda a civilização da Terra desenvolveu-se; assim, o homem percebeu que toda a Natureza trabalha através *dele*, em função de trabalhar para *ele*. Por isso, tantas conquistas se seguiram ao redor do mundo. Toda a conscientização do homem depois da percepção do pensamento deveria ser em torno de conhecer-se a si mesmo.

Foi então que o homem chegou à suposição de que o órgão do pensamento era o cérebro. Percebeu que, se o pensamento pertencia ao cérebro, então, quando o cérebro fosse removido do corpo, deveria continuar a pensar, o que não ocorre quando um homem perde o cérebro. Isso provou que *o cérebro é só um canal de comunicação e que há um pensador por trás do pensamento* — ***a esse pensador denominou-se*** **MENTE.**

A **Mente** foi a grande percepção do homem em todos os tempos. Provou-se, assim, que o corpo não funciona sem a **Mente.**

Foi a partir da percepção da Mente que se compreendeu a **memória** como uma coisa ativa, algo que se pensou em algum momento e que volta à mente de quando em vez, como um depósito de todos os pensamentos que passaram pela mente. A memória ativa a volta dos pensamentos já pensados.

A Mente é a parte interna do corpo e este é a parte externa da Mente. Por isso, qualquer coisa pode começar ou no corpo ou na mente, ou vice-versa.

Foi por meio da conclusão sobre o que é **o pensamento,** a **mente** e a **memória** que o homem percebeu que, ao *mudar o pensamento, poderia remodelar seus resultados; e que, por meio do pensamento, poderia trazer a condição desejada para a sua vida.* ***Essa foi a descoberta mais significativa do Homem em relação à vida.***

Como a Mente Funciona?

A Mente funciona por meio de ondas elétricas sutis. Isso já foi comprovado em função de pesquisas científicas que dizem que a mente funciona em quatro estados:

1. A Mente ***beta***: esta é a mente em estado de vigília, e perfaz de dezoito a trinta ciclos por segundo. Quando você está acordado e realizando atividades, você se acha no estado ***beta.***

2. A Mente ***alpha***: quando você está apenas relaxando, num estado de não atividade, não fazendo nada especificamente, apenas ouvindo música ou meditando, a atividade da mente se torna mais lenta e apresenta entre catorze e dezoito ciclos por segundo. Quando você está acordado, mas passivo, desperto, mas não muito alerta, num estado de profundo relaxamento, em que os pensamentos não estão em agitação, mas apenas fluem tranqüilamente, você vive o estado ***alpha.***

3. A Mente ***theta***: quando a atividade é ainda mais lenta, a mente funciona entre oito a catorze ciclos por segundo. É quando você está dormindo. Num estado de

profunda meditação ou no Rebirthing, você se encontra nesse estado, isto é, passa do estado ***alpha*** para o ***theta.*** Mas isso acontece apenas em estados bastante profundos, quando você começa a "tocar" esse terceiro estado em que se sente bem-aventurado. O que os drogados ou bêbados tentam alcançar é esse estado de bem-aventurança, mas o estado ***theta*** nunca é alcançado por meio do álcool nem das drogas, porque há necessidade de total alerta, e vícios NUNCA nos deixam alertas ou conscientes — apenas passivos, mas não alertas; o estado ***theta*** só é alcançado parcialmente, pois a bem-aventurança não é desfrutada, e o momento é perdido. Assim, você busca o caminho errado tentando chegar a esse estado por meio de efeitos químicos. Bem-aventurança só se consegue quando se chega ao estado ***theta*** completamente alerta e consciente. Diminuindo a atividade da mente e permanecendo totalmente alerta, você poderá facilmente chegar a esse estado.

4. A Mente ***delta***: quando a atividade da mente é ainda mais profunda e lenta, essa mente apresenta de zero a quatro ciclos por segundo. É quando ela quase não funciona, e há momentos em que pode atingir o ponto zero, em absoluta tranqüilidade; esse é o estado em que nem mesmo quando você vai dormir sua mente está parada, estado em que nem mesmo os sonhos funcionam. Este é o estado que os budistas, os hindus ou os yogues chamam de ***Samadhi.*** Patanjali, o criador do Yoga, define esse estado **delta** ou *samadhi* como um sono com consciência, alerta. A consciência precisa estar presente para ser um estado ***delta.*** No Ocidente, a princípio, acreditava-se que esse estado fosse impossível, porém houve um indiano iluminado que foi submetido a testes de EEG (eletroencefalograma) durante sua meditação, e registrou-se que a atividade da mente havia cessado, e traços de ondas foram observados enquanto ele dormia, tudo porque ele estava em profunda meditação, parecendo dormir, ainda que estivesse em total alerta, o que foi comprovado também por ele ter relatado tudo o que ouviu ao seu redor durante o processo. Em alguma parte do seu Ser ou Centro, o corpo permanece em sono ou dormindo, enquanto você permanece perfeitamente consciente — esse é o estado ***delta.*** Com a prática constante da *meditação,* você poderá atingir esse estado delta, e por meio da prática diária do Rebirthing, que é uma espécie de meditação profunda, e da auto-análise, você chegará ao estado ***delta*** em totalidade; por isso, dizemos que o Rebirthing é trazer Deus para dentro de si mesmo.

Somos multipsíquicos, isto é, temos muitas mentes em união — uma mente com muitas mentes —, muitas mentes de uma só mente. Temos um só coração e muitas mentes — observe como elas mudam constantemente. Num momento, a mente está cheia de crenças, em outro, está cheia de dúvidas e em outro ainda está cheia de crenças de novo. Às vezes está cheia de amor, outras de raiva. Comece a observar quantas mentes operam em você: uma hora, você pensa que não vai mais fumar, em outro momento, está comprando um pacote de cigarros.

O coração é só um, sempre um; por isso, observe seus sentimentos: o coração significa a consciência em você, significa observar a sua consciência. Assim, enquanto respira no Rebirthing ou meditando, atente para seus sentimentos — a linguagem de seu coração, que NUNCA lhe mente, mas é sempre a verdade. Há um ditado que afirma que "o amor está no coração" e, se sentimos amor por alguém e o coração bate mais forte, isso é porque ele não sabe mentir, isso não é próprio dele. Sua especialidade é a VERDADE, a SIMPLICIDADE e o AMOR.

A mente, contudo, é um fluxo contínuo de muitas mentes ou "mentiras". E é por isso que os que vivem na mente vivem uma vida desintegrada, fragmentada.

Tudo é criação da mente. O tempo é criação da Mente. A mente é nosso "computador" interno: damos uma ordem ou temos um pensamento, e ela nos responde com informação visual ou auditiva, tátil ou olfativa — exatamente como um computador construído pelo homem à imagem de sua mente. Com um computador, dá-se uma ordem e recebe-se a resposta. Assim é a mente: dá-se a ordem e recebe-se a resposta. "CRIE O EFEITO E A CAUSA VIRÁ."

O tempo é mente; a mente é tempo.
A vida apenas é.

Você não tem tempo. Você apenas é. É um grande escultor — esculpiu seu corpo, instalou-se nele, mas sempre FOI, É e SEMPRE SERÁ.

Mas a Mente mente para você ao afirmar que você não É, que você ESTÁ, e para Estar você tem de ser EU — EGO — e o ego lhe diz: "Eu estou, o Espírito É." Aí, está criada a dualidade.

Seu corpo foi construído com uma Mente. Compreenda: **a Mente mente.**

A Mente está. Ela sempre está. Ou está aqui, ou está ali. Ela é a mentira. Quer isso ou quer aquilo. Ou diz isso ou diz aquilo. Acha isto ou aquilo. A Mente mente. ***"É a mente-ira"*** (mentira ou mente em ira).

A Mente dá ordens, diz que nada disso existe; a resposta vem de acordo com a ordem.

A Mente é limitada. Existe para nos criar os limites necessários, apenas para que possamos vir a este Planeta, porque, para nascermos neste mundo, entramos no corpo feminino, o qual nos mostra uma limitação, implicando também um tempo limite — e tempo é mental — para nascer e sobreviver enquanto corpo. Mas nós nos identificamos com a mente e nos tornamos limitados como ela. ***Nós não somos a Mente. Nós somos o Espírito. E o Espírito é ilimitado.***

Porque a Mente é limitada, temos a ilusão de que tudo o que existe é limitado. O próprio corpo nos parece uma limitação da expansão do espírito. E podemos até limitá-lo, se estamos na mente — mentais — nos identificando com ela, pois assim bloqueamos o fluxo da energia do espírito. É como acharmos que a casa é nossa limitação para a vida. Lá estão as paredes, mas, se nos identificamos com esse espaço limitado, e aparentemente limitante, nos bloqueamos, nos prendendo a ele e limitando a nossa vida. A Mente funciona como ego — é **egoísta** —, considera-se a poderosa; ela mente ao lhe dizer que ela é o poder, mas o poder é do Espírito, e este está ciente de sua limitação enquanto corpo, enquanto forma, e consciente de seu Poder Ilimitado. Você tem de aprender a transcender a Mente, estar além dos desejos da Mente, que deseja se apegar cada vez mais a tudo.

A vida simplesmente é. A vida é a verdade. Ela é o que é. "É a vida." O amor esteve, está e sempre estará em você — em Deus. O Sucesso, a Felicidade, a Força, a Verdade, a Harmonia estão aí, sempre estiveram e sempre estarão em você — em Deus.

Não creia na ordem que nega a verdade. A Mente sempre cria truques para vencer a verdade. Mas **a Verdade é imbatível. A Verdade é imortal.** Tudo existe, está, sempre esteve e estará em seu Ser, independentemente de você querer negar ou não. Para negar, você precisa fazer um grande esforço para reforçar o que não é; precisa ficar negando para rechaçar a verdade; mas **a verdade É;** é impossível expulsá-la, pois é impossível que não exista. **É a Verdade.** Tudo É como deve SER. Se bloqueamos, apenas deixamos acontecer, mas tudo continua Sendo. Se quiser é só RESTITUIR, sem se esforçar; apenas deixar que a Verdade, o Divino, se manifestem, e se deixar SER.

Deus não nasce, não morre.
Deus está eternamente.
É o agora.

Mantenha a sua observação e você estará no coração; assim, poderá observar os "movimentos" de sua mente. O coração é o sentimento, é o amor, é Deus.

Precisamos aprender a não julgar a situação, mas sentir com o coração. A olhar o real. A ouvir o real. E a apreciar a vida como ela é, como ela se apresenta, porque, quando apreciamos realmente a vida como ela é, confiamos em tudo o que ela nos reserva em nossa existência.

O que é Mente Cósmica?

Quando morremos, não temos mais a mente pessoal — a mente ego — mas somos, apenas, a ***Mente Cósmica, a Mente-Deus ou Mente Divina.*** Então, podemos influenciar tudo o que queremos, materializar tudo o que desejamos. Quanto mais desenvolvemos nossa Mente-Unitária na vida, mais influência temos de uma Mente Cósmica-Unitária quando o corpo morre.

Devemos viver do modo como ficamos ao morrer, isto é, **sem Mente Pessoal ou Ego,** em total unidade com a **Mente-Deus ou Mente Cósmica.** Quanto mais nos tornamos conscientes disso, mais podemos materializar tudo ao nosso redor, e ver além de nós.

A Mente Cósmica não é a sua Mente, não é a mente de que você ouve falar. Ela é exatamente a ausência de sua Mente. Nossa mente, por melhor que seja, é *sempre* um obstáculo para a Mente-Deus. Devemos buscar *o "além da mente"*. Temos de nos tornar **não-mente,** vazio — só assim a Mente Divina vem a nós.

Portanto, temos de viver, mas "estar mortos". Não devemos fazer nada sem nosso ESPÍRITO, nossa ENERGIA-DEUS, porque devemos estar completamente mortos, isto é, ***matar totalmente*** o EGO. **NÃO MAIS "EU".**

Estar morto, mas VIVO. Estar mais vivo agora do que quando o ego estava vivo, mas com o espírito "morto". **O EGO MORTO E O ESPÍRITO VIVO. VIVER MORTO, MAS VIVO!**

Isso significa: quando você abre a boca, não abre mais a boca — o **PODER-DEUS** é que lhe abre a boca. Quando levanta os braços, não é VOCÊ que faz isso, VOCÊ não existe mais. Seus braços são erguidos por Deus, seu Espírito Divino. Ele lhe dá o PODER, o PRANA, o KI, a ENERGIA. Você não faz nada para isso. O poder dentro de você em união com o Poder da Existência realiza tudo através do seu corpo. Assim, VOCÊ, ou o seu EGO, não tem mais PODER.

Se você se livra do seu Ego, o outro estará falando com você, pensando que está falando com você, e que você responde através do seu corpo, porque o outro ainda é ELE — o EGO. Por isso, ELE pensa que VOCÊ está lá. Mas, se você matou seu VOCÊ, seu Ego, esse VOCÊ não está mais aqui. Portanto, quando o outro estiver falando com você, na verdade estará falando com DEUS. E quando o outro ouvir a voz que sair da sua boca, esta será a voz de DEUS. Porque agora que você se "entregou", agora que se "rendeu", **DEUS PODE USAR O SEU CORPO PARA COMUNICAR COISAS A VOCÊ E A TODOS OS DEMAIS.**

Se o outro ama o "VOCÊ" — o seu EGO — adeus. Ao se entregar, ao se render, você, enquanto ego, não existe mais; portanto, o VOCÊ está MORTO. Não existe mais. O outro, agora, tem de querer falar com Deus, tem de amar DEUS.

Mente Cósmica significa a Mente-Deus, a Mente do Todo, a Mente do Total, a Mente Divina. Você deve se dissolver nela, como a gota no Oceano. Sua mente é como uma gota, a Mente Cósmica é o Oceano. Não tenha medo. Não deixe a mente medrosa dizer "Eu vou desaparecer", "Vou perder minha identidade", "Vou morrer". Todo esse medo é infundado, porque, uma vez que a gota se desfaz no meio do Oceano, ela se torna o próprio Oceano. A gota não perde nada, pelo contrário, ganha. Da gotícula passa a ser vasto oceano.

Com a Mente Cósmica, a Mente-Deus, você nada perde — o que tem a perder? Com a **Mente Cósmica em união com o seu Ser,** você sairá da prisão, pois todas as suas barreiras virão abaixo. **A única liberdade possível está nessa união. Não mais limitações na sua vida.**

O que é Pensamento?

É um movimento na mente de um indivíduo, que reage com uma linha definida de meditação, sobre um objeto específico.

Pensamento é o poder ilimitado à disposição do homem.

O homem realmente tem à sua disposição um poder sem limites — **a mente subjetiva.** Isso porque ele é UNO com o TODO, em termos de vida subjetiva. O pensamento do homem em sua mente subjetiva une-se à Mente Subjetiva Universal e torna-se a lei de sua vida, por meio de uma grande lei de toda a vida.

Não existem duas leis subjetivas; há apenas uma mente subjetiva e o que nós chamamos de *nossa mente subjetiva* é realmente o uso que estamos fazendo da LEI ÚNICA. Cada pessoa mantém sua identidade nessa lei, por meio do uso pessoal que faz dela. Pois ***cada um faz sua vida de acordo com o que pensa sobre ela.***

Aprender como pensar é aprender como viver.

Todos os nossos pensamentos devem estar entre o que é Infinito em sua capacidade para fazer e Ser. Por meio do pensamento, o homem pode trazer para sua experiência de vida qualquer coisa que deseje, se pensa corretamente e se se torna uma personificação de seus pensamentos. Isso não significa *controle de pensamentos*, mas, *conhecer a verdade.*

No nosso Ser existe um campo criativo, o qual chamamos mente subjetiva, e ao redor de nós existe um campo criativo, o qual chamamos de Subjetivo. *Um é universal e o outro é individual*, porém, na realidade eles são Um. **O universo é regido por *uma* Lei Mental, e quando nós, seres humanos, usamos essa Lei Mental, ela se torna nossa Lei, porque nós a individualizamos.**

A mente individual reside na mente universal, a qual não tem limites e se encontra em uma expansão sem fim. Cada Ser é universal em termos de subjetividade e individual somente ao ponto de percepção consciente. O mistério aqui é compreendido: *o poder criativo da mente universal está presente e é usado a cada momento em que estamos usando a nossa própria mente.*

"TODO PENSAMENTO É CRIATIVO"

A verdade absoluta é traduzida pelo seguinte axioma:

"O Pensador é Criativo com seus pensamentos"
ou "O Pensamento é Criativo".

No princípio era o Verbo e o Verbo estava com Deus e o Verbo era Deus. O Verbo é a palavra e a palavra reflete o nosso pensamento e o nosso pensamento reflete o nosso Universo. Desse modo, podemos afirmar que ***a verdade absoluta*** é traduzida pelo seguinte axioma:

"O Pensador é Criativo com seus pensamentos", pois os pensamentos produzem resultados. Se você pensa positivamente, tem resultados positivos. Se pensa negativamente, tem resultados negativos. Caso você não acredite nesse axioma, poderá verificar que essa sua crença é um pensamento, e esse pensamento um resultado, no qual você não acredita que o pensamento é criativo.

Pela mente humana fluem, aproximadamente, 50.000 pensamentos por dia. A nossa mente tem possibilidades ilimitadas e um poder criativo ilimitado, pois todas as mentes são originárias da Inteligência Infinita.

Os pensamentos negativos têm um poder limitante, pois são originários de uma força limitante chamada "EGO", o constructo social, que tenta ser um fator de integração ao meio social; e só que, a partir de sua evolução, ele interrompe e inibe totalmente a nossa ligação com a Inteligência Infinita, diminuindo o nosso poder intuitivo e criativo. Passamos a pensar e a criar um Universo limitado, pois os pensamentos negativos produzem resultados negativos, que nos levam à miséria, à doença, à dúvida, ao afastamento da nossa Consciência Divina. A morte é um pensamento limitante proveniente do Ego, que nos impede de fluir para o êxito e para a vida.

Os pensamentos positivos têm um potencial ilimitado e são originários de uma força ilimitada chamada SER, em conexão total com a Inteligência Infinita, que nos abastece com pensamentos de Saúde, Prosperidade, Êxito, Criatividade e Imortalidade Física. A Inteligência Infinita é criativa, e isso significa que é positiva em sua totalidade. Por essa razão, ao pensarmos positivamente ou criativamente, nos tornamos criativos em nossa complexidade e UNIDOS integralmente à Inteligência Infinita.

Os pensamentos formam a nossa realidade ou experiências de vida. Podemos analisar a pessoa através de seus pensamentos, pois eles refletem toda uma história, que ao mesmo tempo pode ser transformada, pois somos frutos de nossos pensamentos. Se queremos nos transformar, devemos transformar a qualidade de nossos pensamentos.

Vivemos em uma sociedade negativista. Uma era de violência, dúvidas, doenças, uma era de pensamentos limitantes originários do Ego.

O objetivo da ciência do Rebirthing é que todos se iluminem espiritualmente, e a iluminação implica conhecer, compreender e vivenciar conscientemente a verdade absoluta. A verdade absoluta é a única verdade em toda parte e para todos. *Qual é a verdade absoluta?* ***A verdade absoluta é que o pensador é criativo com os seus pensamentos.*** Sendo essa a verdade, não podemos dizer que um pensamento é criativo e outro não. É preciso saber que todo pensamento é criativo, de acordo com sua natureza, impulso, emoção ou convicção que estão por trás dele.

O pensamento cria uma energia psíquica na mente subjetiva, na qual a idéia é aceita e posta em prática, gerando o poder de acordo com o pensamento. O desconhecimento desse fator não exime ninguém de seus resultados, a partir do momento em que estamos tratando com a Lei e não com uma mente que devaneia.

A mente consciente está em plano superior à mente subjetiva, e podemos conscientemente usar isso. Por um lado, o poder do subconsciente é ilimitado e sempre favorece um movimento do pensamento consciente para encontrar o caminho da liberdade.

A **Lei Kármica** não é destino, e sim **causa e efeito.** O karma não existe quando você tem consciência do pensamento como fator de causa e efeito. É escravidão da ignorância. O sábio é "akármico".

A compreensão de que o pensamento é criativo é o fator dominante para a criação de uma vida akármica, adequada ao nível físico, mental e espiritual.

O objetivo da Ciência Metafísica do Rebirthing é fazer com que todos se desenvolvam espiritualmente transformando suas vidas e o mundo. Como conseqüência, hoje em dia, o ser pensante que não tem conhecimento das leis universais está vivendo de maneira retrógrada e se deixando levar pelos pensamentos inconscientes da vida, rumo a um destino limitante e perdendo o vínculo com essa força interior.

A Inteligência Infinita representa a globalidade de todos os pensamentos possíveis no universo, todos os pensamentos possíveis que têm sido pensados e aqueles que não tivemos ainda. O pensador existe entre os nossos pensamentos, mesmo quando não estamos pensando. O pensador é o mais poderoso "guru", ele está em você, pode ensinar-lhe qualquer coisa, e você pode imaginar um monte de coisas que você não imaginou ainda.

Os pensamentos sempre têm resultados; então, **devemos perceber o que estamos pensando: se são pensamentos positivos ou construtivos ou se são pensamentos negativos ou destrutivos. Se você pensa positivamente, você consegue resultados positivos, e se você pensa negativamente você tem resultados negativos.**

O pensamento mais negativo é o de que a morte é inevitável — tal é a raiz de todas as doenças, de toda limitação, de toda pobreza e angústia humana. Eis aí o que limita o poder de sua mente e o torna um ser incapaz de realizar sua missão na vida.

Outro pensamento limitante é o de que "o homem está separado de Deus"; esse pensamento gera resultados negativos, como a baixa auto-estima, em função da qual você é um pecador e o Universo ou Deus está pronto para punir você.

As coisas são simples. Você pode ter resultados positivos em sua vida, pode converter seus pensamentos negativos limitantes em pensamentos positivos. Você pode trocar seus sentimentos do mesmo jeito, contanto que seus sentimentos são apenas pensamentos — os pensamentos nós podemos mudar. Uma vez compreendido esse conceito, isso é irreversível, quer você o entenda ou não. Você tem de persistir com o pensamento positivo até dissolver os pensamentos negativos. A chave da questão: ***"o pensamento sempre produz resultados"***, é o que você deve sempre lembrar. Como o homem é um pensador, viver uma vida espiritual significa afirmar sempre o positivo em face do negativo, pois o mundo é espiritual e a Inteligência Infinita é positiva e não tem favoritos. A paz é o seu objetivo, por meio da harmonia de nossos pensamentos.

Você não tem nada a perder quando começa a mudar seus pensamentos negativos para pensamentos de qualidade, de vida, de prosperidade; a única coisa que pode acontecer é acabar com sua miséria e deixar de ser infeliz. Se você não acredita que o pensamento é criativo, isso também é um pensamento, e você já supõe que o pensamento de nada serve, mas, a partir do momento que você muda o pensamento e acredita, você semeia um pensamento — uma energia psíquica. ***O Universo sempre apóia o pensador e cria uma ação para que os pensamentos gerem um resultado.*** **O Universo sempre diz SIM a tudo o que você pensa.** Você pode criar tudo em sua vida, seu nascimento, seu sucesso, seu fracasso, suas doenças, sua pobreza e sua morte.

O pensamento é a causa de tudo, de todos os fenômenos visíveis e invisíveis, mutáveis e imutáveis. ***"O pensamento é criativo"*** — isso é absolutamente verdade, porque a própria vida foi criada pelo pensamento da Inteligência Infinita.

A Bíblia nos diz: "*No princípio era o Verbo e o Verbo estava com Deus e o Verbo era Deus*" e não existia nada que não fosse criado através do Verbo — **a palavra**. A palavra é o símbolo do pensamento; portanto, o começo de tudo deu-se com o pensamento. Você tem de pensar em um começo, antes de você ter um começo.

Os efeitos do pensamento são eternos, mesmo quando não são pensados conscientemente. Alguma coisa que você pensou uma vez, em algum momento de sua vida, continua a produzir resultados, mesmo quando você não está pensando nela. Daí a importância da observação de seus pensamentos a todo segundo — "estar alerta". ***Os efeitos dos seus pensamentos vão para um lugar — o subconsciente — onde não há importância se você está pensando neles ou não.***

BUDA *diz três coisas:*

"*Suas palavras surgem na sua mente.* ***Seja cuidadoso em relação às palavras. Seja mestre de seus pensamentos. Domine sua mente, nunca deixe que seu corpo reaja mal, em função de sua mente.*** *O corpo tem origem animal, é animal. Agrada-lhe a violência. Esteja consciente disso. Não deixe que ele seja violento. Não permita que ele faça mal a ninguém, porque, se você agride os outros, a agressão volta para você mais cedo ou mais tarde.* ***Esta é toda a teoria do Karma:*** *o que você fizer aos outros será feito a você. Assim, faça aos outros somente aquilo que você desejaria que fosse feito a você.*"

A Estrada para a Liberdade não é Misteriosa

A grande descoberta de todos os tempos é que a tendência subjetiva da inteligente Lei de força criativa — "o pensamento é criativo" — pode ser conscientemente dirigida e definitivamente usada, como a experiência tem-nos ensinado.

A lei da mente é uma lei natural no mundo espiritual. A estrada para a liberdade é alcançada, não através de mistérios nem de realizações ocultas, mas do uso inteligente de leis e forças da natureza.

Mas o que significa **mundo espiritual**? Queremos dizer o **mundo da inteligência consciente.** O subjetivo é um mundo da Lei e da ordem mecânica; em nossa vida, isso é uma reação em grande parte, um efeito, um caminho.

Temos uma mente consciente que opera em um campo subjetivo, que é criativo. **A mente consciente é Espírito, a mente subjetiva ou subconsciente é Lei.** Uma complementa a outra e nenhuma individualidade real poderia ser expressa sem a combinação de ambas.

Nenhum homem nunca alcançou as profundezas nem da vida consciente nem da vida subjetiva ou subconsciente. Em ambas as direções, alcançamos o Infinito. Deveríamos estar sempre expandindo e aumentando nossa capacidade para conhecer e ter experiências. Não necessitamos perguntar *por que* essas coisas são assim. Talvez não haja um porquê de a Verdade ser verdade.

Não criamos leis nem princípios, porém os descobrimos e deles fazemos uso. Quando aceitarmos essa posição relativa às leis da Mente e do Espírito, veremos o que poderemos fazer com elas — ou melhor, como nós podemos evitar o inevitável. Nossa mente e nosso espírito são o eco da "Coisa Eterna" nela mesma e quanto mais cedo percebemos esse fato, mais cedo nos libertamos e ficamos felizes.

O Universo está preenchido com o Espírito e com a Lei. Um reage ao outro. Nós somos Espirítos e somos a Lei. A lei da nossa vida reage ao nosso conceito espiritual ou ao material e constrói e reconstrói de acordo com as nossas crenças e fé.

Confiar: O Caminho para a Felicidade

Todos os homens buscam uma relação com a Mente Universal, a Sobre-Alma, ou o Espírito Eterno, o qual chamamos DEUS. A vida revela-se para quem é receptivo a isso. Pensadores profundos de todas as épocas sempre chegaram à conclusão de que vivemos em um Universo Espiritual, que inclui o universo físico ou material, e que esse Universo Espiritual deve ser um Universo de pura Inteligência e de vida perfeita, dominada pelo Amor, pela Razão e pelo poder de criar. Esta parece ser uma conclusão inevitável.

Há um Poder no Universo que honra a nossa fé nisso. Existe uma Lei no Universo que mostra com exatidão "o que está mais distante". Todos nós queremos acreditar que o poder por trás de todas as coisas é bom e criativo, uma Inteligência Eterna e Estável, através da qual o homem vive, se move e tem seu Ser. Sabemos, intuitivamente, que todo homem, em seu estado natural, é parte ou manifestação desse Princípio Eterno e que os problemas de limitação, vibrações negativas, sofrimento e incerteza não são uma ordem de Deus, mas o resultado da ignorância.

Sempre se escreveu que a Verdade nos libertará, contanto que saibamos a verdade, e nós notamos que a evolução da consciência do homem acarreta a aquisição de novos poderes e grandes possibilidades.

Podemos perceber como as pessoas estão cercadas por confusão, por conflitos, pelo sentimento de anulação, pela emoção, bloqueadas pelo medo, pelo orgulho. Estamos com medo do Universo em que vivemos, suspeitando das pessoas ao nosso redor, em dúvida com respeito à liberdade de nossa própria alma. Todas essas coisas agem negativamente e causam problemas físicos.

A escravidão da humanidade deve ser o resultado de ignorarmos a verdadeira natureza da realidade. A natureza parece esperar a nossa compreensão, já que é governada por leis imutáveis — a ignorância é o principal fator pelo qual nenhum homem é perdoado. A natureza pode ser preenchida com o bem, porém esse bem é vedado ao ignorante. A chave para alcançá-lo está guardada na Inteligência da Mente, trabalhando de acordo com a Lei Universal. Através da experiência, o homem aprende o que é realmente bom e satisfatório, o que verdadeiramente é valioso. Assim que sua inteligência e sua capacidade para compreender as delicadas leis da natureza aumentam, ele gradualmente se torna livre. Assim que ele aprende a Verdade, esta automaticamente o liberta.

Quando aprendermos a confiar no Universo, seremos felizes, prósperos, saudáveis e afortunados. Devemos aprender a viver sob o Divino Governo e a aceitar o fato de que a mesa da natureza sempre será farta. Nunca existirá o Cósmico faminto. ***"O finito só tem adoecido e sofrido, o infinito se baseia num longo e agradável repouso."*** DEUS é sempre DEUS. Não há problema igual ao desequilíbrio das emoções, ou igual à nossa situação objetiva; talvez exista algo escondido em nosso Ser interior, que nunca foi violado. Podemos deixar de realizar algo, mas sempre há a Voz Eterna sussurrando em nosso ouvido as coisas que são questões eternas, as coisas que cantam para sempre.

A Natureza Divina Está em Todo Homem

A Natureza existe dentro de cada indivíduo, o qual faz parte da natureza do Todo Universal ou DEUS. Existe dentro de nós, é parte da natureza do Ser Divino e, se é parte da natureza do Ser Divino, nós somos Divinos. Isso vem para nós de acordo com a nossa crença nisso e é uma Lei imutável entre nós.

Nossa alma nunca mudará nem violará a sua própria natureza, a negação nunca mudará isso, a afirmação sobre isso nunca fará alguma coisa mais do que isso é. Mas, desde que isso é como isso é, e funciona da maneira que funciona, aparece para cada um através de suas crenças. É feito para cada um de nós, de acordo com o que nós acreditamos.

Assim, podemos dizer que, em espírito, o homem é UNO com DEUS. Mas qual é a grande Lei do Universo? Se nós realmente somos Unos com o Todo, devemos ser Unos com a Lei do Todo, assim como Unos com o Espírito do Todo.

Se tentamos alcançar algo difícil de obter, nós nunca deveríamos alcançar isso, pois sempre pensaremos nisso como algo incompreensível. A mente que descobrimos dentro de nós é a *Mente que governa tudo*. Essa é a mais pura verdade e devemos reconhecê-la com simplicidade.

Portanto, o ***Pensamento*** é uma Energia, uma Força, um Poder "concentrado", que emite raios ou vibrações, mas o poder do pensamento depende de sua energia, quanto mais energia você envia ao pensamento, mais ele vive.

O pensamento é um parasita; ele o explora e pode possuir todo o seu Ser.

Os Pensamentos fluem como um rio, num movimento horizontal. A consciência cresce do mais baixo para o mais alto, como uma árvore, num movimento vertical, só se a energia corporal não está envolvida com os pensamentos.

Faça a seguinte experiência: pare por um instante e observe seus pensamentos. Você verá o que ocorre. A partir de uma imagem surge outra e mais outra... a partir de uma palavra surge outra e outra... a partir de um pensamento surge outro e assim sucessivamente. O que quer que se origine em sua mente se desenvolve em progressão geométrica, com uma rapidez absurda. São mesmo pensamentos **absurdos**, e a mente é formada de absurdos; se não compreendemos esses absurdos, podemos nos tornar um deles, no meio deles. É como uma árvore, da semente nascem as raízes, das raízes surge o tronco, deste, os galhos e, dos galhos, mais e mais galhos... Quanto mais você pensar, mais será levado para longe, para muito longe do presente, da existência, a caminho do sonho. Quanto mais você pensa, mais sonha; as coisas vão-se tornando confusas. Quanto mais você pensa mais longe você vai.

Os problemas de sua vida só podem ser resolvidos quando você não está apegado aos seus pensamentos e quando está integrado totalmente à Inteligência Infinita. Isso o leva à *consciência* e à *bem-aventurança*, que surgem de um só Centro, de uma só "moeda". Da mesma forma surgem *inconsciência* e *miséria;* numa face, está a inconsciência, na outra, a miséria. *É impossível que você esteja inconsciente e sinta a bem-aventurança, assim como é impossível sentir a miséria quando se está consciente.* ***À bem-aventurança segue-se a Consciência e, à Miséria, a Inconsciência.***

Mente significa pensamentos. Só os mestres sabem usar a mente, pois sabem como transcendê-la.

VOCÊ É UM MESTRE EM SI MESMO. Busque transformar a sua energia envolvida no pensamento em consciência. Torne-se consciente dele, não envolvido por ele. Não se identifique com seu pensamento, você não é ele. Observe-os, simplesmente observe-os, como se você estivesse assistindo a um filme, vendo a cada momento uma paisagem, sem que você se apegue a nada, pois isso só seria possível se você parasse o filme; assim, você deve observar sua mente com indiferença, sem se deter nos pensamentos que vêm e vão, sem se apegar a nenhum deles; desse modo, você poderá assistir a um fluxo contínuo de milhares de pensamentos em poucos segundos. Eis o truque: deixe-os passar e um dia você estará além da mente, além do poder da mente. Você a dominará.

Não se perca na "multidão" de seus pensamentos. Com a observação contínua você perceberá que os pensamentos em sua mente virão, sempre virão, mas não haverá mais confusão neles. Os pensamentos se tornarão enfraquecidos, na mesma proporção em que estavam fortalecidos, porque ***a força do pensamento depende de sua concentração neles, de sua identificação com eles, pois você envia energia onde se concentra, e seus pensamentos necessitam de sua energia para alimentá-los.***

Não há fogo sem combustão; assim, não pode haver confusão onde há **silêncio.** O Silêncio é o NADA, o VAZIO. ***O segredo é buscar o Silêncio*** — o não-pensamento. Ele é o total, pois o põe em contato direto com a morte e ao mesmo tempo com a vida. Somente estando em silêncio, você poderá perceber e compreender a vida, sentindo a verdade sobre a morte. Um silêncio não só exterior, mas também interior.

Primeiro, aprenda o silêncio exterior; pare, não fale, a fim de que possa ouvir e compreender os outros — o mundo. Agora, pare, faça silêncio interiormente, totalmente. Pare de dialogar com a mente e entre em contato consigo mesmo, ouça a si mesmo, percebendo-se, compreendendo-se intimamente.

Para isso, devemos nos tornar mais alertas, mais conscientes do nosso processo de pensamento, distantes, separados dos pensamentos. Quanto mais distantes, mais nos sentimos em divindade, em amor por nós, por tudo. Pois só assim há espaço em nosso corpo para a bem-aventurança — porque ele foi esvaziado. Acontece o **Silêncio**, a **Paz:** não mais os pensamentos, os desejos, a imaginação inútil, não mais memórias, pois a Paz não é humana, **é Divina.** Quando você se esvazia, cria espaço para o que em seu corpo está bloqueado: a DIVINDADE.

Como Funcionam os Pensamentos na sua Mente?

Enquanto você pensa, vão-se formando raios coloridos, que criam a imagem do pensamento fora da mente — "ao redor de si". Enquanto você está "pintando" a imagem com seu pensar, vai concentrando as vibrações de energias (elétrons, prótons, etc.) da Terra para o Céu. Quando toda a imagem está completa, é hora de formar a **Forma — o "Processo de materialização"**, a energia de pensamento, que se foi criando ao nosso redor, porque somos essa energia também. ***Nós ficamos no Interior da Imagem.*** Vivendo, participando do Exterior, com o pensamento exteriorizado.

Devemos visualizar e formar um pensamento para o Futuro no qual queremos estar.

Se criamos um pensamento no qual não gostamos de estar, não devemos reclamar, porque quisemos pensar assim até o processo de *formá-lo* ou *materializá-lo.* Então, **não devemos *pensá-lo* se não queremos *vivê-lo.*** Uma vez dentro dessa imagem, vamos formando pequenas imagens de acontecimentos que queremos viver; essas imagens minúsculas são rápidas de se FORMAR — são pensamentos breves, rápidos, simples, mas de forte vibração real — o MOMENTO.

Alertas a cada pensamento do momento, nós os vamos pintando, formando no mesmo momento do pensamento, dentro da GRANDE IMAGEM, criada ou formada mais lentamente. TRATA-SE DE UM SÓ PENSAMENTO *vibrando pequenos pensamentos e criando em cada um deles outros pequenos pensamentos.*

UM SÓ PENSAMENTO OU GRANDE ENERGIA (CÓSMICA UNIVERSAL), que emite todos os outros.

Todos os pequenos pensamentos dependem do MAIOR — O GRANDE PENSAMENTO.

O GRANDE PENSAMENTO depende de todos os pequenos. Cada pequeno pensamento ajuda, colabora na formação do GRANDE.

Se todos concordamos com o Pensamento Cósmico, vamos fortalecendo a Energia Cósmica; se discordamos, enfraquecemos a força do Cósmico, e novas vibrações começam a ser emitidas, até mudar toda a imagem que estava sendo formada. Do Grande Pensamento se irradiam novos pensamentos em nova vibração. Todos serão da mesma vibração. Cada pensamento formado a partir da imagem do momento vai criando a Imagem Cósmica. É como um pintor pintando uma paisa-

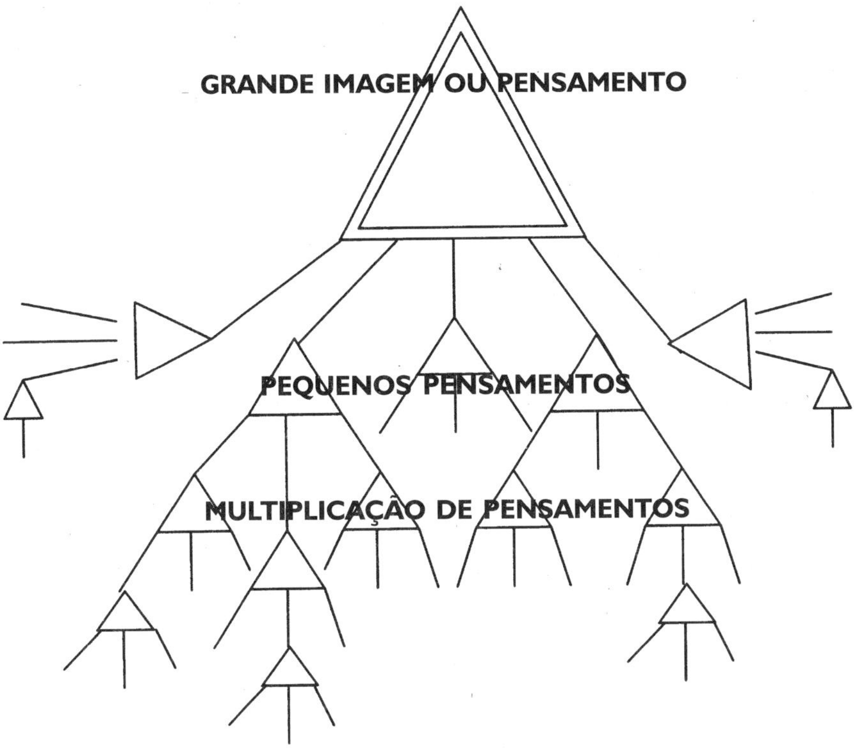

gem: a cada momento, ele pinta um novo detalhe da paisagem ou do quadro, até que toda a obra esteja pronta.

Assim, é importante estar alerta a cada pensamento, para que pensamentos de negação ao Cósmico não ocultem a imagem Geral ou o Grande Exterior ao nosso redor.

O Exterior ao nosso redor corresponde ao Grande Pensamento e todas as vibrações são os pequenos pensamentos: *nossos detalhes materializados que colaboram na formação da imagem geral.*

Então, se pensamos, fazemos isso com uma mesma imagem que queremos FORMAR. Ela vai-se colorindo, colorindo, até toda a imagem estar pintada — então, o pensamento está FORMADO ou MATERIALIZADO.

Se queremos formar algo que desejamos realizar e paramos de pensar, de enviar energia a esse pensamento, por desconfiarmos de alguma coisa ou por não acreditarmos mais nele, então as vibrações dessa imagem diminuem, e ela vai-se desfazendo, enfraquecendo, e até desmancha a Energia Geral, Central. A partir disso, ela se transforma em novo *Pensamento Central,* e este começa a emitir novas vibrações. Só assim é que algo que se começou a pensar não se realiza. Se pensamos e desfazemos a imagem do que queremos, e pensamos a todo instante, substituindo-a por novos pensamentos ou objetivos, nunca realizamos nada.

Se queremos, acreditamos ou confiamos, então, cada vez que pensarmos sobre o que queremos, mais se fortalecerá a Energia Central, que emitirá mais vibrações ou raios coloridos, até a imagem estar COMPLETA e ter PODER, para, só então, criar a FORMA ou MATERIALIZAR, e você estar **envolvido** nela. Vontade Dinâmica, essa é a lei.

**Se não quer que lhe aconteça algo negativo,
pare de pensar nesse algo.**

Se não pensamos diferentemente do pensamento Cósmico, se relaxamos e entramos em acordo com a Grande Energia, nos deixamos vibrar em harmonia com o pensar da Grande Energia, deixamos esse pensar vibrar como tem de vibrar. Cada raio ou vibração — nossa mente — será emitido (através de cada um) como deve ser emitido com o pensamento GERAL ou CÓSMICO ou ETERNO.

É como uma máquina de filmar que foi criada à imagem da nossa mente. O filme vai passando e ela vai emitindo raios até formar todo o colorido e disso advir a ação — "dentro do filme" — aí, ele é real.

Cada pessoa está envolvida por raios ou vibrações. Nossas filmadoras — Mentes — vão pensando e emitindo raios ou vibrações, formando as cores e imagens até estarem prontas para a ação — a Forma — a MATERIALIZAÇÃO, nos envolvendo e agitando em nosso interior.

Observe cada momento em detalhes, para ver se é isso mesmo que você quer pensar, pintando a imagem, para depois ***materializar ou formar a forma e criar a ação***, exatamente como aquilo que você quis pensar.

Todo o trabalho do Rebirthing é um trabalho Corpo-Mente-Espírito para CLAREAR a Mente, para que ela esteja alerta, e assim saiba reconhecer o pensamento que de fato quer imaginar e materializar.

O que é Memória?

Memória não significa inteligência. Uma boa Memória é uma coisa mecânica, uma boa inteligência é totalmente diferente. Existem muitas pessoas com muita inteligência e pouca memória, e pessoas com muita memória e pouca inteligência.

Temos uma **Memória Verdadeira** e uma **Memória Psicológica.**

A **Memória Verdadeira** é perfeitamente normal. A **Memória Verdadeira** é *o resultado do pensamento consciente — apesar de ser uma operação inconsciente — o qual foi uma vez um pensamento consciente.*

A **Memória Psicológica** é a que vai oprimindo, pesando, bloqueando sua vida. Ela destrói sua liberdade, destrói sua vida. A memória psicológica existe desde a origem do ego, enquanto ele existe.

Buda diz: "*Sempre me lembro perfeitamente de que alguém esteve comigo ontem, mas também me lembro de que nem esse alguém nem eu somos os mesmos de ontem.*"

A **Memória Verdadeira** ou de fato acaba quando o fato se deu, ficando apenas a lembrança do que já foi.

A **Memória Psicológica** implica trazer em si o VALOR da memória por toda a vida. Alguém lhe falou alguma coisa há dez ou vinte anos e você ainda traz em si essas palavras. Seu pai bateu em você quando você era criança, o que o fez sentir muita raiva e carregar essa raiva até hoje, passados trinta, quarenta ou cinqüenta anos.

Quando você elimina a memória psicológica, a verdadeira se aguça, porque a memória psicológica confunde as suas lembranças. Se você está perturbado, como pode se ligar a alguma coisa vivida? Se você não tem memórias psicológicas, pode lidar apenas com os fatos, e nada, nenhuma fantasia será acrescentada, nada será mudado, não há necessidade, porque você traz em si muitas ficções em sua mente. "*Quem conta um conto um fato aumenta.*" Esse é um ditado conhecido e verdadeiro. A realidade sempre é distorcida.

A **Memória Verdadeira** é para ser lembrada, ela faz parte de seu presente, e tudo o que lhe ocorreu faz parte de sua vida agora, está em você — sua infância, sua juventude, tudo está aí em você. Seu momento presente traz em si todo o seu passado e futuro. Porque o passado que aconteceu transformando-o e o futuro que acontecerá está em seu presente, pois depende da maneira como você vive agora, em seu presente. Compreenda isso: a maneira como você está vivendo aqui e agora terá um grande impacto sobre sua vida futura. **A Eternidade é o agora.**

Portanto, não é para você esquecer todo o seu passado — apenas não se perturbe com nenhum fato passado. Da mesma maneira, não é para você não ser capaz de lembrar-se — lembrar é necessário. "Na Natureza, nada se cria, tudo se transforma." A cada dia, a cada hora, a cada minuto, a cada segundo, tudo se transforma, **nada permanece como antes, tudo sempre É novo *agora.***

O Rebirthing se ocupa de integrá-lo, de fazer com que suas memórias psicológicas aflorem, isto é, fazer com que você não seja mais perturbado por essas memórias, para que possa aguçar definitivamente suas memórias verdadeiras, suas memórias fatuais e se iluminar, pois só um iluminado sabe o que um fato verdadeiro é. Você não precisará mais suprimir nem moldar suas memórias para não sentir a intensidade emocional no momento presente. Depois de vivenciar o Rebirthing, todas as Memórias Traumáticas ou Psicológicas serão revividas até as do seu nascimento, até as de vidas passadas, o que acabará com os bloqueios em relação a elas, para que se transformem em Memórias Verdadeiras, e possam, assim, unir seu Ser ao Ser Infinito. Só dessa forma é que você terá uma visão clara da realidade.

Como Estar Além da Mente?

Isso não implica deixar de pensar, de refletir e tornar-se indiferente, pois, assim, você não se torna sabedor, não se torna consciente.

Implica apenas não deixar o seu pensamento comandar-lhe o Ser, mas deixar que seu Ser comande o pensamento — dê-lhe as diretrizes certas e, assim, o faça conhecer sempre mais, conscientize-se dos fatos que ocorrem ao seu redor.

Implica PERCEBER que quem deve realmente se expressar nesse seu eu é o **"Não-Eu"**, isto é, o **seu espírito ou o seu Deus.** E **o Espírito é o NADA.**

Foi justamente o NADA que entrou nesse corpo e lhe deu vida — portanto, ele é que é o mestre da vida.

Oriente sua vida "novamente" para o NADA, pois Ele é o sabedor. Sua Mente está no "volante", mas, cuidado: ela é perigosa, não sabe aonde levá-lo, está embriagada e a tendência é destruí-lo.

O **NADA** é sinônimo de construção ou proteção.

O **NADA** o construiu, deu-lhe vida. O NADA é NADA e TUDO ao mesmo tempo. É toda energia que existe no Universo. É a sabedoria, a sua consciência, o seu movimento, a sua vida.

Portanto, é o que lhe dá a consciência, o movimento.

É a FORÇA DO UNIVERSO.

É o MOVIMENTO DO UNIVERSO.

Se continuarmos a sufocá-lo, a vida parará, a Terra morrerá.

O Universo continua, pois o que sufoca é a Terra, ou melhor, o Homem da Terra sufoca essa energia vibrante no mundo, em seu Hábitat. A tendência realmente é a explosão, o dessecar — o fim, o enfraquecimento.

Essa energia não pode apresentar sua força total, nem se mostra de todo enfraquecida. Precisa estar no limiar, pois, assim, se torna leve, fluida, pura, viva, penetrante, irradiante, iluminada, maravilhosamente NADA — nem força, nem fraqueza — plena, mediana, esplendorosamente LIBERTA.

Não devemos nem podemos pressionar essa energia de forma nenhuma, nem no corpo, nem na mente, por meio de negações, de pensamentos prisioneiros. Devemos buscar a libertação da mente por meio da Unidade com a Mente Cósmica. Devemos nos render, nos deixar aprisionar pela Mente-Deus. Isso é o **ALÉM DA MENTE.**

Só visualizar o ALÉM já basta para que você siga além da mente. Sinta o Além se deixando ficar apenas em silêncio, sem palavras, além do corpo, além da mente, além de tudo o que existe neste seu mundo. Abandone tudo, esqueça de tudo o que está atrás de si, busque encontrar o espaço, o vazio, lá, onde sua consciência realmente existe, lá, onde não há nada de que se tornar consciente. Onde só a consciência, a pura consciência, se encontra. **Isso é o Divino. É Deus. Aí se está e não se está. Este é o NADA. O Além de Tudo. Onde você deve estar, para poder Ser.**

O REBIRTHING o leva **ao além da mente,** o faz desmanchar a mente Ego e dissolver-se na Mente Cósmica. O Rebirthing é o encontro com Deus, é respirar Deus e trazê-lo para dentro de nosso corpo, para dentro de nossa mente, ao redor de nosso corpo-mente. Rebirthing é respirar o Prana, e Prana é Deus.

OS TRUQUES DA MENTE "QUE LHE TIRAM A CONSCIÊNCIA QUANTO A SEUS PENSAMENTOS"

Supressão

Suprimir *é decidir considerar algo como desagradável e, no esforço de se sentir bem, anular esse algo da consciência. É tentar esquecer algo não compreendido. A mente subconsciente* NUNCA *esquece nada. Ela grava todas as suas experiências, as bem vividas e as mal vividas. A mente subconsciente grava por todo o seu corpo as experiências vividas que você deseja suprimir.* Portanto, mesmo que você ache que, por causa da supressão, já esqueceu algo que não lhe agradou, seu corpo não esqueceu isso, que está gravado "a ferro" em você. Daí advêm as doenças, sejam quais forem. Se você não se lembra de seu nascimento, você tem um trauma de nascimento — todos nós temos. Sua supressão começou de lá. Só o Rebirthing pode acabar com essa supressão.

A Sociedade se Baseia na Supressão

Mentes saudáveis não precisam criar doenças. O que você deve buscar ***é não suprimir nada***, mas enfrentar o seu presente, encarar, "enxergar", "assimilar", detalhadamente tudo o que lhe acontecer, para que esse "tudo" possa ser bem "digerido" enquanto está "quente", transformando a energia rapidamente em energia positiva para sua vida, caso contrário ela "esfriará", já que não foi "triturada", e lhe será difícil "engoli-la", o que prejudicará ainda mais o seu corpo, sem que você possa compreender o que o está debilitando. Quanto mais o tempo passa, torna-se mais difícil a sua mente consciente lembrar-se onde foi e o que foi que ela guardou sem compreender totalmente.

A Supressão Faz com que Você Suprima o seu Prazer de Viver

A supressão é traduzida no corpo em forma de *stress* e tensão ocorridos devido a conflitos mentais, criados no nível mental ao tentarmos apagar as lembranças de situações traumáticas. As supressões colaboram para as memórias psicológicas, pois o que pensamos que suprimimos são justamente os fatos que nos irão perturbar no nível mental e corporal. Portanto, nada pode ser realmente anulado, só suprimido. E quando usamos a **supressão** para tentar anular algo, esta atua como uma energia bloqueadora do nosso fluxo natural de amor, prazer e paz interior. Maior consumo de energia é requerido para se manter algo suprimido no corpo ou na mente, o que traz cansaço, doenças, desânimo, depressão, ansiedade e até mesmo a morte. Assim, podemos entender que a supressão é uma urgência de morte, e enquanto não nos livrarmos de nosso material suprimido, não atingiremos a Imortalidade Física, porque a supressão permanecerá queimando energia corporal por meio das tensões a cada minuto em nossa vida, e nem o sono ou o descanso normal poderá eliminar essas supressões, a não ser que aprendamos a respirar com o Rebirthing e a integrar essas emoções.

Você nunca estará livre da supressão, porque ela simplesmente vai para seu subconsciente e pode voltar a qualquer instante. Tudo o que foi suprimido sempre espera por alguma oportunidade para vir à tona, mais cedo ou mais tarde.

A supressão não precisa necessariamente de uma imagem inteira; ela se faz fragmentada em várias partes. Você pode, por exemplo, ter guardado a cor do vestido de sua mãe no momento em que ela lhe deu uma surra e, sempre que se deparar com essa cor, tenderá a lembrar-se daquele momento. Isso definimos como padrão de energia criado no momento da supressão. Observe, assim, como a mente subconsciente exerce forte influência sobre o processo do pensamento da mente consciente e lhe influencia as ações.

Seu corpo está cheio de bloqueios energéticos que são supressões gravadas, pois sua mente se estende por todo o seu corpo, não está só em sua cabeça — está em cada célula e grava as situações suprimidas em cada célula de seu corpo. Portanto, cada pensamento tem sua correspondência em todo o corpo.

O Rebirthing fará com que a sua mente consciente atente para o que há na sua mente subconsciente e organizará as partes subconscientes, levando-o a conscientizar-se dessas partes e a transformá-las em função de seus objetivos, e a desfrutar, celebrar todos os acontecimentos em sua vida.

Todas as formas de vício são elementos supressivos. Todo vício é um meio de supressão de emoções.

São estas as supressões sociais:

- ***Os cigarros*** são supressores das frustrações e da raiva. Estas dilatam as veias sangüíneas, o que faz com a pessoa fique ruborizada facilmente. A nicotina contrai as veias, o que faz ocorrer a supressão dessa emoção no nível físico. Muitas pessoas fumam para suprimir a frustração de serem fumantes viciados. Assim, com vícios supressores dá-se o mesmo que ocorre com todo mecanismo supressivo: buscamos a supressão para algum fato, e depois sentimos necessidade de suprimir essa supressão. Isto é, uma vez que há supressão, esta tende a crescer mais e mais.
- ***O álcool*** suprime o medo. Este contrai as veias sangüíneas, e a pessoa fica pálida. O álcool dilata as veias, e a pessoa se sente melhor por tempo limitado. Toda pessoa que bebe muito tem medo de mostrar seus medos, prefere morrer de tanto beber a expressá-los.
- ***A cafeína*** suprime as supressões, mantendo-as estruturalmente, e compensando a energia consumida pelas supressões temporariamente, o que vem a acar-

retar, após a ilusão do efeito energético, uma supressão da própria energia vital; geralmente ela suprime emoções familiares, e as pessoas se tornam viciadas em café ou em outra substância com cafeína para manter esse nível de supressão familiar, o que as faz sentir-se tranqüilas.

- *A maconha ou outras drogas* são supressoras da tristeza. As drogas psicodélicas suprimem a tristeza e suprimem a supressão. As drogas têm efeito supressor. Qualquer coisa que destrua o corpo ou a mente é uma forma de supressão, de uma maneira ou de outra.
- *A aspirina ou qualquer tipo de pílulas para as dores* as suprimem, com seu reflexo nas emoções e, em vez de administrarmos a pílula, deveríamos buscar entender que emoção estamos suprimindo em função da dor neste momento. Qualquer tipo de dor está relacionado com a tristeza; por isso as drogas "permitidas" ou as pílulas fazem efeito temporariamente. Tranqüilizantes suprimem as funções da mente e do corpo, acalmando-as tanto quanto aos músculos. Pílulas para dormir nos revelam o alto nível de supressão da sociedade.
- *A anestesia*, como a administrada nos hospitais ou em dentistas, são supressoras de dores físicas, e do problema que deu origem à necessidade da anestesia. Seja por cirurgia ou acidentes, o que nos levou a tal?
- *Qualquer forma de vício* é supressão. Até mesmo qualquer tipo de diversão que se torne um vício, como *assistir à tevê compulsivamente*. Há pessoas que, quando em casa, não podem passar o dia sem sair da frente da tevê e não suportam o silêncio. *Comer em excesso compulsivamente*. Há pessoas que comem o tempo todo, têm de estar mastigando algo, mesmo sem fome. *Dormir em excesso:* acordar pode ser uma maneira de ver suas supressões e repressões; portanto, é melhor dormir. *Falar em excesso compulsivamente:* parar de falar o fará ouvir a si mesmo.
- *Qualquer tipo de dor ou doença é supressão emocional*, portanto, bloqueio energético, o que pode acarretar deficiência de energia — Prana ou Ki — devido à diminuição do fluxo natural da energia ou ativação da energia em zonas específicas, relacionadas muitas vezes com a localização física significativa da supressão. Qualquer tipo de tratamento para a dor ou doença que empregue técnicas para equilibrar a energia, como a acupuntura, o shiatsu, a yogaterapia, as técnicas de massagens terapêuticas, bioenergéticas e principalmente o Rebirthing, é indicado devido à ativação energética, o que, portanto, ajuda a desbloquear a energia e, conseqüentemente, a despertar a emoção característica que deu origem à supressão. No livro "*Você pode curar a sua vida*" de Louise Hay, você pode encontrar toda uma série de pensamentos supressores, relacionados com as doenças que eles criam, e suas respectivas afirmações positivas para mudanças de padrões.

O REBIRTHING TEM POR OBJETIVO CURAR AS CAUSAS, NÃO OS SINTOMAS

Repressão

Reprimir equivale a suprimir no subconsciente idéias e emoções inaceitáveis, em função da sociedade. A repressão é ditada do exterior, o que difere da supressão, que vem do interior, apesar de ambas envolverem supressão de emoções.

A **repressão,** assim como a supressão, não é o caminho para a liberdade.

Como vem de "fora", a repressão não é tão estressante, isto é, não lhe causa cansaço o tempo todo. A repressão ocorre em relação a algo que você não viveu, por isso não o aborrece, você foi condicionado, só foi hipnotizado para isso.

A pessoa reprimida se torna patológica, não-natural. Torna-se bem difícil sair do não-natural para o total natural. O Rebirthing trabalha anulando suas repressões. Nada é bom, nada é mau, o importante é viver criativamente.

O **Tantra** afirma:

- *A repressão equivale a viver a vida que você não foi destinado a viver.*
- *Repressão é fazer as coisas que você jamais quis fazer.*
- *Repressão é ser a pessoa que você não é.*
- *Repressão é o caminho para destruí-lo.*
- *Repressão é suicídio, lento, lógico, mas letal.*
- *Expressão é vida. Repressão é suicídio.*

Osho nos diz: "Não viva uma vida repressiva; caso contrário, você não viverá. Tenha uma vida de expressão, de criatividade, de prazer. Viva o caminho que Deus quer que você viva. Viva de maneira natural. Ouça seus instintos, ouça seu corpo, seu coração, sua inteligência. Tudo depende de você; seja espontâneo, e você chegará às portas do Divino."

As religiões com suas regras repressoras têm perturbado todos os seus centros. A sociedade que segue essas regras impostas quase na totalidade tem colaborado com tal perturbação. Assim, você já não sente mais nada, ignora a maior parte das coisas, já não sabe a função de seu coração, a função real de seu centro sexual, a função do amor.

Gurdjieff diz que todos os nossos centros estão misturados, são confusos, interferem uns nos outros, e que nós não distinguimos uma coisa da outra. Cada centro tem sua beleza própria, sua própria função, mas quando um começa a interferir no outro, surge uma grande dificuldade — todo o sistema se torna neurótico.

Tomemos, como exemplo, o centro sexual: sua função é bem definida. Mas, por meio da repressão, dos tabus, poucas pessoas sabem que existe um centro sexual em seus genitais — a maioria o deslocou para "a cabeça". Daí a necessidade de tantos filmes e revistas pornográficos, pois a visualização se tornou extremamente importante para despertar o instinto sexual, pois o centro sexual foi deslocado para a cabeça. Sentir o centro sexual em seus órgãos genitais É PROIBIDO, e tocá-los É FEIO! Por isso, foram transferidos para a cabeça, ninguém os pode ver ao **pensar** em sexo. Assim, a maioria necessita ver um filme "pornô" para despertar o interesse sexual ou o "tesão". Muitos maridos fazem sexo pensando em belas atrizes. Você vê um ator ou uma atriz e de repente deseja fazer sexo com seu parceiro. Isso não passa de masturbação. Você não consegue fazer sexo com seu parceiro, você se masturba, fantasiando, e pensa que está ali, naquele momento, só porque tem outra pessoa ao seu lado. Isso tudo porque foi criado um pseudocentro sexual na sua cabeça.

Deixe de lado a repressão, seja natural e observe o seu corpo detalhadamente; que a função de sua cabeça seja a razão, a do coração o sentimento, a do centro sexual o sexo ou os genitais. Não deixe que os mecanismos se misturem. Aceite cada função e, assim, você terá uma energia límpida fluindo pelo corpo, terá harmonia nele. Dessa forma, você poderá ouvir um som perfeito em seu organismo.

O Rebirthing acaba com a repressão na sua mente e no seu corpo, libertando-lhe o espírito. Quando você respirar, nada mais haverá de falso, pois a mentira só existe porque você não sabe respirar. ***Respiração é vida, verdade e amor.***

Doença

A doença é simplesmente um processo de autopurificação do corpo. Se estamos empenhados em trabalhar para fazer do consciente inconsciente, indubitavelmente entregamos nosso poder à doença. Nosso corpo é nosso veículo, devemos voltar toda a nossa consciência para o nosso corpo, buscando compreendê-lo detalhadamente.

Depressão

Concentração e depressão são oposições. A concentração intensifica a energia; a depressão enfraquece. No Rebirthing, a conscientização da respiração intensifica a nossa concentração, criando calor na mente, o qual desfaz a lerdeza ou a depressão, aumentando nossa vontade ou motivação, e isso aumenta ainda mais a concentração. Trata-se de ganhar a batalha contra a morte. Essa espécie de energia nos permite alcançar nosso objetivo de estarmos conscientes ao acordar, sonhando ou em profundo sono. A depressão se deve ao alto nível de medo: medo de não alcançar o planejado, medo de falência, de ser machucado, de não ser hábil, de ter energia de alguma maneira. Quando nos conscientizamos, nos abrimos profundamente, primeiro a uma única coisa, e então a todas as energias, livres "para explorar novos mundos".

Dúvida

A natureza da mente é a dúvida. Ela é bipolar. Usa sua energia rodando em círculos, caindo sempre no mesmo lugar. Temos de acabar com a dúvida em nossa mente, a dualidade, o "pingue-pongue" da mente. *É preciso concentrar a mente em uma coisa que seja a mais importante... concentrar-se no "terceiro olho", que é melhor que os olhos físicos, e no "ouvido interno", localizado bem acima da cabeça, o qual é melhor do que os ouvidos físicos.* Podemos encontrar o Único Ponto, além do qual os dois pontos chegam e começam a esgotar nossas energias. Esse Único Ponto está no Mundo Sutil. Transmutamos nossa consciência para a Unidade. Concentrar a mente em uma única coisa soluciona todos os problemas de dualidade. A mente é fundamentalmente elétrica; ela corre ao longo de linhas magnéticas e elétricas. Nós trocamos dentro da nossa mente o pensamento do tipo "ou... ou" para o pensamento do tipo "ambos... e" quando vemos a unidade em todas as coisas — a UNIDADE DO SER.

Negligência

A negligência envolve não dar atenção ao lugar onde estão o nosso corpo e a nossa mente, à pessoa ao nosso lado, ao que estamos fazendo em todos os aspectos da vida, aos motivos de nossos problemas. Perdemos uma vasta quantidade de energia se não estamos alertas e conscientes do que estamos fazendo. Se somos descuidados, há uma boa chance de termos acidentes — ferimentos físicos, problemas em nossos relacionamentos, em nosso trabalho, etc. Complicações físicas, emocionais e sociais contribuem para desviar a nossa atenção da prática de técnicas que nos levem à cura, como o Rebirthing, o Yoga ou a Meditação, técnicas que nos mantêm em estado de alerta. Nosso desejo de sermos cuidadosos demonstra nossa sinceridade em estarmos alertas. *Só nós criamos os acidentes e os problemas para nós mesmos.* Se estamos envolvidos com pessoas que nos complicam a vida e não vivem conscientemente, que tampouco procuram a bem-aventurança, nem se preocupam em conhecer a si mesmas, mas só se voltam às coisas materiais da vida, sendo agressivas e doentias em sua maneira de ser, convém perguntar se estamos sendo sinceros em nosso empenho de sermos alertas e de viver uma vida em unidade com a Mente Cósmica. Atentar para as percepções e pensamentos em nossa mente e para as atividades nas quais participamos, relacionando-as com o nosso processo interior, é o início da transformação. A prática do Rebirthing é um caminho honesto nessa busca. Devemos sempre procurar conhecer a nós mesmos, atenciosamente, para que toda energia que criamos por intermédio do Rebirthing ou de qualquer outra técnica de desenvolvimento da consciência não venha a colaborar com nossas neuroses, em vez de com a nossa intenção de nos alertar, pois a energia que criamos tanto vai para a nossa consciência, se temos uma vida harmoniosa, como contribui para a confusão, se agimos de forma inconsciente. **Nós somos responsáveis por tudo o que acontece conosco.**

Preguiça

A preguiça é simplesmente a relutância em olhar para nós mesmos e fazer algo sobre isso quando necessário.

Materialismo

O materialismo envolve estar voltado apenas para coisas do mundo material. Nós nos apegamos a elas e esquecemos tudo o mais em nossa vida. Para termos êxito, precisamos estar interessados *no objetivo e no propósito do Rebirthing — temos de nos conhecer, nos amar e nos unir à Inteligência Infinita — acima de qualquer outra coisa.* Devemos nos concentrar em nossos objetivos. Grandes músicos são pessoas que têm profundo sentimento pelo seu instrumento, e se tornam UNOS com seu instrumento; assim, seus sentimentos podem ser expressos.

Ilusão

Ilusão é apegar-se a uma única idéia do que seja a realidade, o que acarreta grande insegurança no que tange à nossa imortalidade. A ilusão ativa nossa urgência de morte e mascara o medo de sermos dispensáveis. Nós iludimos a nós mesmos em vez de perceber o que está por trás de toda a nossa vida — o estado eterno que flui com a criação. Esse fluxo é reconhecido de imediato quando nos percebemos envolvidos em alguma atividade importante e criativa para nós.

Não-Realização de uma Etapa

Muitas pessoas iniciam o trabalho do Rebirthing, aprendem a maestrar a mente, percebem, mais coisas e se iludem pensando que já completaram essa etapa, que podem parar e buscar uma coisa nova. Eles querem chegar logo ao final da jornada sem passar pelas etapas intermediárias. Pretendem escapar da etapa mais dolorosa. É importante conhecer todos os estágios necessários ao crescimento total e ao processo como um todo.

Instabilidade

Certo dia funcionamos 100%, estamos nos sentindo 100%; num outro dia funcionamos e nos sentimos 10%. Se queremos acabar com nossos condicionamentos, precisamos gerar energia. A fim de produzir energia, devemos ser estáveis, coerentes, firmes, procurando manter o equilíbrio. Se produzimos muita quantidade de energia por meio do Rebirthing, mas sem a observação e a consciência de nossa mente, energizamos nossa negatividade, aumentando nossa tensão.

20 PASSOS PARA VOCÊ SIMPLESMENTE SER:
(para ficar *além da mente*)

1. ORDEM (na desordem tudo se perde — até as grandes oportunidades)
2. DISCIPLINA (estar pronto para aprender com qualquer experiência)
3. SENTIR E CRER NA INTUIÇÃO
4. ESTAR PRESENTE NO PRESENTE
5. EXECUTAR AS IDÉIAS
6. FAZER DA VIDA UMA ARTE (a cada dia pintar uma parte colorida e bela no quadro da sua vida)
7. CONFIAR
8. VERDADE E HONESTIDADE
9. ESTAR UNIDO A DEUS EM CADA SEGUNDO (ao que eu SOU)
10. AGRADECER A TUDO O QUE ME ACONTECE
11. PERDOAR A MIM E A TODOS
12. NÃO JULGAR OU CRITICAR A MIM NEM AO OUTRO
13. ACEITAR E AMAR A MIM, A TODOS E A VIDA
14. RELACIONAR-ME COM AMOR
15. SERENIDADE E JOVIALIDADE
16. FORÇA E PERSEVERANÇA
17. SILÊNCIO E OBSERVAÇÃO
18. PAZ INTERIOR E EXTERIOR
19. VIVER INTENSA E ETERNAMENTE
20. SERVIR À HUMANIDADE

OM NAMAHA SHIVAYA ("Eu reverencio o Deus que existe em mim")

Leia isso todos os dias pela manhã ao acordar.
Comprometa-se com você mesmo a seguir
todos os dias cada um dos passos aqui descritos.

Trata-se apenas de uma "brincadeira", um "jogo" com a mente, que lhe trará respostas que darão sentido à sua vida. A mente se sentirá no comando dessa "brincadeira" mental, mas em breve você estará além da mente, sem que "ela" sinta isso. Seu Ser comandará totalmente a sua mente.

A mente não deve comandar o seu Ser. ***Você pode estar com a mente, além da mente, mas nunca*** SOB ***a mente.***

A QUALIDADE da sua vida está diretamente relacionada à qualidade dos seus pensamentos.

Você pode, também, começar a observar seus ***Reais pensamentos*** — *os que estão no fundo da sua mente e que o comandam, por meio de seus atos, suas palavras e seus sentimentos. Observe-os, leia-os e troque os que o estão bloqueando* — escrevendo todos os seus pensamentos, pela manhã, assim que você acordar, por 10 min., e positivando-os.

Não só leia todos os dias, como também comece a executar cada passo. Pouco a pouco, tudo isso se tornará natural e você estará, assim, fluindo com o que você realmente É.

Milagre? Tudo na vida é um milagre.
A própria vida é um milagre.
Cada momento é um milagre.

Você não deve "estar"; apenas manifeste o divino e simplesmente SEJA. Assim, tudo ao seu redor (para os inconscientes) parecerá milagre, mas é simplesmente a vida se manifestando — porque ***a vida por si só já é o maior milagre.***

Não acorde no momento da morte:
procure viver e ver a vida AGORA.

SOCIEDADE OU HOSPÍCIO?

O Homem criou uma sociedade
tensa, agora estuda
meios para a distensionar.
O Homem criou uma
"tensãociedade",
tensionou-se e não sabe, agora, se
"distensiociedar".
O Homem criou uma "saciedade",
saciou-se, cansou-se, tensionou-se;
agora, precisa de ajuda,
mas precisa estudar muito
para se ajudar.

O Homem criou uma sociedade
tensa,
se afastou da vida,
se afastou da natureza,
se uniu à morte.
O Homem é um animal,
mas, porque criou sua sociedade
tensa,
se diz o "tal", se diz Deus.
Mas, com sua tensão, é uma "Fera".

Os animais estão em contato
o tempo inteiro com a Natureza,
não têm tensões, não têm médicos.

O Homem, que é o "tal",
trouxe os animais para a sua cidade,
para a sua "tensãociedade",
mas, agora, esses animais
precisam dos homens,
adoeceram como os homens,
precisam de "Veterinários Humanos".
Médicos cães, médicos leões,
médicos gatos,
não existem na sociedade dos cães
ou de qualquer outro animal.

O Homem criou uma Civilização,
criou uma Educação para se diferenciar,
para se "desanimizar",
mas se "desumanizou".
Criou algo para ser o que não é,
criou algo para se mascarar,
se negar, estar em conflito,
se tensionar.
Mas dissipou sua energia,
esqueceu sua existência.
Agora, procura algo para voltar às
suas raízes, sair do "Hospício",
saber quem realmente É.

E descobre que o conflito
não é com nada,
a tensão não é do mundo,
não é da vida.
Descobre que o conflito
é com sua própria dúvida,
a tensão é com sua própria invenção,
sua própria confusão.

Homem! Seja Humano!
Seja o humano que você realmente é,
seja o Deus que existe
dentro de você.
Não invente, não crie com seu "Ego",
deixe esse Deus surgir, brotar, criar,
dê a si mesmo "alta"
e saia desse "Hospício",
saia e destrua esse "Hospício",
para que comece AGORA, desde já,
a ser o que realmente você é,
e possa perceber o quanto
você JÁ é feliz,
o quanto você já É
o que você tanto deseja SER.

Om Namaha Shivaya

Unmani
Brasil, 1997

3

Psicologia Espiritual

Como já dissemos, ***a verdade absoluta*** é traduzida pelo seguinte axioma: **"O Pensador é Criativo com os seus pensamentos."** Se você pensa positivamente ou construtivamente, obtém resultados positivos ou construtivos, e se você pensa negativa ou destrutivamente, obtém resultados negativos ou destrutivos.

O objetivo do Rebirthing é o crescimento pessoal por meio de uma consciência total, na qual a verdade absoluta do pensamento criativo permite a você a iluminação espiritual, porque, se os pensamentos produzem resultados, você pode, por meio de pensamentos positivos, produzir as coisas que deseja em sua vida. O poder do pensamento reflete uma força inesgotável, totalmente desconhecida pela maioria dos povos, pois os pensamentos são originários da Inteligência Infinita, um poder indefinível, imensurável, que engloba todos os pensamentos possíveis. Um pensamento não pertence a ninguém; ele flui através de ondas eletromagnéticas emitidas e captadas pela mente humana. Os pensamentos são totalmente imparciais. Independentemente de serem ou não utilizados, continuam fluindo e retornam à Inteligência Infinita.

Quando somos concebidos, captamos pensamentos originários da Inteligência Infinita e de nossos pais, parentes próximos e pessoas envolvidas durante a fase de concepção, de gestação e nascimento. A partir daí, começamos a formar nossas crenças sobre a vida. Entretanto, como estamos unidos à Consciência Infinita, ficamos protegidos por essa Força Divina Criadora, que nos ampara dos pensamentos limitadores que possam surgir do nosso meio ambiente.

Nas experiências realizadas com o Rebirthing, observou-se que existem fatores psicológicos mais arraigados que são os maiores responsáveis pela infelicidade no mundo. São fatores que, no entender do Rebirthing, contribuem plenamente para a formação de pensamentos limitadores e, conseqüentemente, para a infelicidade.

Nós os chamamos de os ***"oito grandes fatores de infelicidade"***. São eles:

1. O Trauma do Nascimento.
2. A Síndrome da Desaprovação Paterna.
3. O Impulso Inconsciente de Morte (volta ao útero) ou Urgência de Morte.
4. Fatores Negativos Concretos.

5. Outras Vidas.
6. Trauma Escolar.
7. Trauma Religioso.
8. Síndrome da Ignorância das Práticas Fundamentais de Purificação Espiritual.

OS OITO GRANDES FATORES DA INFELICIDADE

1. O Trauma do Nascimento

- O que é o trauma do nascimento?
- Como o trauma do nascimento pode afetar-lhe a vida?

Antes mesmo de falar do trauma de nascimento propriamente dito, vamos ampliar nossa abordagem, porque falar sobre o trauma do nascimento implica também o período de concepção, gestação e o nascimento. O trauma de nascimento é o fator que, provavelmente, dá origem a 90% dos nossos medos, pois é o primeiro momento em que saímos do útero de nossa mãe e iniciamos a nossa vida neste mundo exterior.

Primeiramente, é certo afirmar que o Ser, antes mesmo de sua concepção, já é fruto de um pensamento que cria um miasma psíquico, o qual, por sua vez, e por atração magnética psíquica, determina a concepção desse Ser. Existem pensamentos pré-verbais e uma inteligência pré-verbal. O pensamento exerce influência antes, determinando o momento de evolução de cada Ser. Existem seres humanos que sofrem influências negativas psíquicas, que atraem pais com deficiências genéticas, com deficiências hormonais ou deficiências psicossomáticas, as quais podem ser geradoras de seres com deficiências físicas ou mentais, que podem também ser resultantes do momento do nascimento.

Do nosso ponto de vista, todos escolhemos nossa vida, que pode ser diminuída ou aumentada durante o trauma do nascimento, porém, quando nos tornamos conscientes do nosso Karma* e das leis que influenciam o pensamento, já não estamos à mercê da nossa inconsciência e sim criando uma vida próspera com saúde e felicidade, pois nos tornamos donos do nosso destino.

Como podemos visualizar a pré-concepção, a concepção, a gestação e o nascimento de um Ser?

Em primeiro lugar, as forças criativas da natureza devem-se reunir, deve haver uma atração do princípio ativo masculino Yang e do princípio passivo feminino

* Karma: *Lei de causa e efeito.*

Yin. Essa atração se dá de acordo com os nossos padrões mentais, herdados de nossos pais, pois tendemos a recriar o ambiente em que vivemos ou em que nascemos nas mesmas condições. Podemos afirmar que existem pensamentos que se atraem e que quase acidentalmente unem as pessoas, porém, isso não é um acidente, e sim o princípio de ação e reação realizado pela mente humana. Quando atraímos uma pessoa para uma vida conjugal, na realidade estamos trazendo para a superfície uma série de pensamentos que estão em nosso subconsciente, e esse relacionamento deve ser vivido e encarado como uma fase de pré-concepção, pois, se sabemos que somos atraídos pelos nossos pensamentos, a nossa vida, a nossa relação e os nossos filhos serão aquilo em que acreditamos. Existe um elã, uma energia psíquica, que influencia toda a concepção, a gestação e o parto, porque o ambiente em que foram vividas essas experiências fica guardado na memória psíquica desse novo Ser que está sendo gerado (*mais detalhes sobre isso no Capítulo 11 — As origens pré-natais, os nascimentos e suas influências*).

A partir do momento em que ocorre a concepção, energias vibracionais são sentidas por esse Ser, durante a gestação, antes mesmo da verbalização. À medida que o corpo vai se formando, todas essas vibrações são sentidas e ficam memorizadas no nosso Ser — por exemplo, o modo como ele foi concebido — se com amor, com prosperidade, com saúde, enfim, todas as condições de seguranca que propiciam vibrações adequadas de harmonia e carinho, ou em situações que envolvem violência, desamor, condições precárias de saúde, financeiras, etc. Tudo fica guardado em memórias corporais, emocionais, mentais e espirituais, por isso estamos em constante evolução. Enquanto não tomarmos consciência do poder de nossa mente aliada à Inteligência Infinita, não conseguiremos dominar o nosso Karma, isto é, estar além de nosso Karma e não submetidos a ele.

Existem pensamentos pré-verbais que são gerados a partir da concepção. Esses pensamentos são frutos da conexão com a Inteligência Infinita, que provêem o feto de toda uma proteção e uma dotação Divina para toda a vida. Trata-se de uma conexão interior relacionada com o Karma, que rege as influências diretas de vidas anteriores e, por outro lado, de uma conexão externa diretamente ligada aos pais, parentes próximos, ou seja, com pessoas afins. *O pensamento é uma soma de energia que é propagada até seus receptores*, ou seja, o feto recebe todas essas vibrações e, a partir daí, começa a formar toda uma série de crenças em relação à vida.

Durante a concepção, a gestação e o nascimento, ocorrem experiências que produzem alterações no nível do afeto, da temperatura, do ruído, da alimentação, etc. A função do útero é proporcionar as condições básicas de vida e o amor, criando um ambiente acolhedor a esse Ser Divino.

A relação com a mãe, com o pai, com a família e com o meio ambiente é fundamental para o feto, pois através dela o feto começa a ter impressões diretas da vida. Por isso, é importante durante a concepção a criação de um ambiente agradável, afetuoso e harmonioso, pois o feto absorve todas as vibrações de pensamentos, tais como o sentimento de não ser querido, das dificuldades financeiras, dos desentendimentos, de o bebê não ter sido do sexo que os pais queriam, do trabalho, da saúde, etc.

Em condições normais, a concepção deve ser a mais harmoniosa, e é importante ter pensamentos elevados para que sejam absorvidos pelo bebê, pois eles são de grande valor, já que ajudam a formar a sua estrutura mental e física.

O principal fator que marca a vida de uma pessoa é o seu nascimento. Partindo da premissa de uma concepção e gestação harmoniosas, agradáveis, cheias de amor, chega, então, o momento importante que é a saída, a despedida desse mundo harmonioso, cálido e acolhedor, onde o bebê é o centro de todas as atenções. O momento do nosso nascimento é o mais importante de nossa vida, pois é a hora em que respiramos pela primeira vez; até então, estávamos em um útero cheio de calor, onde todas as necessidades eram supridas. Em um determinado momento, somos postos fora de lá, colocados de cabeça para baixo, "agredidos" com palmadas para respirarmos pela primeira vez, muito prematuramente (o recém-nascido deveria ficar deitado sobre o peito da mãe até ir se adaptando à sua nova respiração); em vez disso, somos violentados com aparelhos de sucção, que nos enfiam pelo nariz e pela boca para limpar a secreção de muco nas vias respiratórias. A primeira respiração é dramática, pois os alvéolos estão ainda colados e, no momento em que o ar entra pelos pulmões de modo forçado, provoca dores e certa sensação de "queimação", aliada a um pensamento, que gera uma emoção unida a esse pensamento, como por exemplo: "RESPIRAR É DOLOROSO"; "ESTAR FORA DO ÚTERO É DESAGRADÁVEL"; "EU NÃO POSSO RESPIRAR"; "TODA VEZ QUE RESPIRO SINTO DOR"; "SE ISTO É VIDA, EU NÃO QUERO ESTAR AQUI"; "O MUNDO É UM LUGAR CRUEL"; "VIVER É DIFÍCIL", etc... Por isso, as pessoas se acostumaram a realizar uma respiração curta e superficial, que limita o seu Poder Divino e reprime emoções e sensações, devido à associação de que a vida está baseada na dor, nos fatores limitantes, na sensação de não ser amado, de ter de sofrer para viver. É nesse momento que você cria o que denominamos de ***Lei Pessoal***, o pensamento unido à emoção, aliados à sensação de queimação, às dores e ao trauma pelo abandono do útero em seu nascimento.

Esses são pensamentos pré-verbais e de pré-inteligência, que vão determinar as bases do relacionamento pessoal com você mesmo, porque, a partir da crença de que respirar é doloroso, cria-se um padrão de medo de respirar, e esse medo gera um comportamento de negação que influenciará toda a vida. Um pensamento que provocará sempre uma emoção negativa em determinadas situações da vida que requerem decisão e que trará sensações corporais relativas a essas emoções. Isso tudo porque o parto é o momento em que o bebê saiu de um ambiente acolhedor para um ambiente frio, cheio de luzes, barulhento, onde lhe dão palmadas, lhe põem colírio nos olhos, lhe dão alfinetadas nos pés, lhe cortam prematuramente o cordão umbilical e onde o afastam da mãe também precocemente, como ocorre num parto dito normal, ou em outros tipos de partos ainda mais dolorosos *(tudo isso é abordado mais adiante, no Capítulo 11)*.

O trauma do nascimento é uma das razões pelas quais a maioria das pessoas não gosta de levantar-se da cama de manhã. A cama simula a experiência do útero. No processo do acordar, a memória das dores do nascimento são estimuladas próximo à consciência. Essas memórias eliminam o medo de experienciar de novo o nascimento. Banhos quentes também estimulam a memória da experiência do útero. Certas pessoas escolhem o hospital como substituto para o útero ou o Céu. O hábito de fumar pode representar um retorno ao útero, no sentido de que se liga à experiência uterina de estar com os pulmões cheios. A impaciência, a hostilidade e a suscetibilidade a doenças e acidentes podem muitas vezes estar relacionadas ao trauma do nascimento. A maioria das pessoas sente muito calor ou frio e nunca sente o real conforto físico durante toda a vida, por causa de uma experiência de nascimento desagradável. A descrição tradicional teológica do Céu é simbólica do útero — as pessoas esperam ir para o Céu como uma volta ao útero. Querem isso porque não têm tido muito prazer desde que saíram do útero materno — por causa das decisões negativas que elas tomaram ao nascer, as quais têm conseqüências negativas. O Rebirthing foi criado para fazer as pessoas repetirem a experiência do nascimento, se livrarem dela e terem uma vida de amor, prosperidade e saúde.

No ato de respirar não se absorve apenas o oxigênio, mas também o Prana ou a Energia Divina. A respiração une o corpo ao espírito e é uma ponte invisível que nos consagra a Energia Divina, pois somos Criaturas Divinas e temos em nosso Ser uma força divina, responsável por nossas características e aptidões espirituais, mentais e físicas. Desse modo, o ato de respirar nos liga à Inteligência Infinita, com Deus e todo o Universo. Quando respiramos conscientemente, ampliamos o nosso poder às capacidades ilimitadas, e realizamos uma purificação no nível físico, mental e espiritual.

O Rebirthing afirma que o trauma de nascimento é responsável por uma era de violência, de dúvidas, de doenças e de desencontros entre os seres. *O nascimento deve ser cada vez mais natural e proporcionar uma chegada harmoniosa ao mundo, buscando eliminar cada vez mais esse trauma e transformá-lo em prazer, pois o trauma impregna as células e produz um pensamento negativo limitante, que efetiva uma programação limitante a esse Ser, o qual passa a repetir esse programa por toda a vida, perpetuando o sofrimento a futuras gerações.*

A UNIDADE é Absoluta. Mas... você se esqueceu disso, e se esqueceu por causa do trauma do nascimento. Quando a criança nasce, ela se lembra perfeitamente de tudo o que lhe aconteceu na vida passada; ela sabe disso. Mas o trauma e a dor do nascimento são muito grandes... A pessoa viveu no útero confortavelmente por nove meses — nunca mais encontrará tal conforto, nem mesmo um imperador pode ter tal conforto.

Você estava flutuando em um líquido quente, tudo o que tinha e tudo aquilo de que precisava estava presente, sem que você tivesse responsabilidade nem preocupações. Você estava apenas dormindo e sonhando, sonhando coisas doces. Estava completamente protegido, seguro. Tudo acontecia de acordo como você queria; você não precisava fazer nada.

De repente, um dia, após nove meses, todo esse mundo é destruído. Você é, por assim dizer, banido. Você estava ligado ao útero, à sua mãe; agora, perdeu seu vínculo com ela. E você deve passar pelo canal de nascimento, que é estreito. Toda criança sente uma dor insuportável nesse momento. Essa dor a faz ficar inconsciente. Isso cria um mecanismo na mente — toda vez que algo se torna insuportável, a mente simplesmente o desliga. É errado dizer que você sente algo como insuportável, porque toda vez que depara com uma dor insuportável você se torna inconsciente, como o fez no nascimento — portanto, você nunca soube o que é uma dor insuportável e, se está consciente, ela é suportável. Uma vez que ela chega a um ponto em que se torna insuportável, imediatamente todo o mecanismo para a consciência é desligado. É como entrar em coma — uma anestesia natural.

Assim, toda criança "entra em coma" quando nasce e perde suas lembranças de vidas passadas e do porquê de ter vindo a este mundo. Por isso, ela começa a fazer as mesmas coisas da mesma maneira, achando que está fazendo algo novo. Ninguém está fazendo nada novo. Tudo o que você está fazendo agora já fez milhares de vezes, milhões de vezes. Nada é novo. Essa raiva, essa ganância, o sexo, a ambição, a possessividade — você passa por isso milhões de vezes. Mas, por causa do trauma de nascimento, houve uma descontinuidade, uma lacuna; você esqueceu o motivo de ter voltado aqui; seu passado não lhe está mais disponível, devido a essa lacuna.

Por intermédio do Rebirthing, seu passado pode se tornar disponível. Se você voltar ao trauma do seu nascimento, poderá lembrar-se de suas vidas passadas. Mas terá de voltar ao seu trauma de nascimento sem medos. Uma vez que tiver voltado ao estado de útero em sua consciência, de repente verá toda a sua autobiografia. E ela na maioria das vezes é a narração de angústias, falências e frustrações, mas também do empenho para superar isso, caso contrário você não estaria agora tentando, por meio deste livro, descobrir suas falhas, tudo o que está vivendo agora, que é tudo o que tem vivido há milhares de anos.

2. Síndrome da Desaprovação Paterna

A partir do momento que a criança nasce, começa a ocorrer a **Síndrome da Desaprovação Paterna**, devido ao constructo social — EGO — que tenta moldar a criança à sociedade, não permitindo SER o que aqui veio SER.

A criança é um Ser Divino, pois tem um coração puro e está cheia dessa Força Superior. Esse Ser tem suas características e uma individualidade que deve ser mantida, para que todas as suas potencialidades inatas se desenvolvam e permaneçam durante toda a sua existência.

Em outro extremo estão os pais que, por sua vez, foram alvo da desaprovação dos pais deles na infância.

Síndrome da Desaprovação Paterna ***é o conjunto de procedimentos limitadores, que geram comportamentos também de limitação em seus filhos e que são transmitidos de geração em geração.*** Os pais, durante a infância, foram alvo de desaprovação quanto à sua maneira de Ser, pois cada indivíduo tem a sua forma de viver, seu ritmo, suas preferências. As crianças nascem sábias, são divinas, sabem quando têm de comer, dormir, etc.; refletem o Poder Divino. Por outro lado, os pais têm um ritmo de vida social e não prestam atenção ao ritmo individual de seus filhos, inculcando-lhes as suas vontades e preferências. Assim, a criança fica sufocada e reprimida. Os pais se projetam nos filhos, determinando o que esses filhos devem fazer, sem levar em conta o potencial próprio de cada um. Essas coisas podem ocorrer: ou a criança é obrigada a aceitar a preferência dos pais, reprimindo sua vontade em troca do carinho e da aprovação desses pais, ou se permite seguir o ritmo natural da vida e ser totalmente desaprovada pelos pais a cada momento em que como Ser está seguindo a sua intuição. A desaprovação geralmente ocorre porque as crianças não têm poder de persuasão, são fracas fisicamente e precisam dos pais para sobreviver. Só resta às crianças nutrir um sentimento de ódio ou vingança pelos próprios pais todas as vezes que são desaprovadas, causando-lhes um ressentimento por anos seguidos, o que lhes impede de fluir pela vida como deveria ser.

A desaprovação paterna causa medo e gera inúmeros pensamentos negativos, que refletirão fatores limitantes, os quais serão repetidos durante toda a vida, como uma programação. Ex.: *"Eu não sou capaz"*; *"Ninguém me ama"*; *"Devo seguir o que me mandam"*. A desaprovação paterna fortalece as crenças limitadoras semeadas durante a concepção, a gestação e o parto, pois o pensamento negativo atrai mais fatores negativos para confirmar e fortalecer essas crenças.

O objetivo desse tópico não é apontar culpados nem crucificar os pais, pois eles também foram alvo da desaprovação dos pais deles, que, por sua vez, passaram por situação idêntica. Não existem culpados e sim uma ***inconsciência coletiva*** devido ao afastamento de Deus ou Ser Criativo Original, isto é, ao distanciamento de sua própria essência e da Essência Universal, da Inteligência Infinita, o que não os deixa perceber que esta é sempre positiva e, portanto, criativa. Não cabe culpar ninguém, porque a culpa gera o ódio e a vingança, mas, sim, perdoar nossos pais, para que nos livremos de todo ressentimento e purifiquemos o coração.

A desaprovação dos pais gera raiva e vingança em relação a eles. Como essa vingança não se pode concretizar, ela fica latente e aflora quando a criança se torna adulta, se relaciona com outro sexo e tem filhos. Essa raiva aflora e a pessoa em questão também começa a desaprovar os filhos, transferindo para eles o ódio antigo, num processo que perpetua essa síndrome gerações afora.

A hora da comida, da toalete e de dormir são momentos em que a desaprovação em geral ocorre.

A hora da comida, não raro, é a hora em que a família está reunida, discutindo seus problemas; é o momento em que se obriga a criança a comer. Quando ela não come, é repreendida, não é amada, mas castigada até. A criança sabe tudo. A ansiedade dos pais e a crença de que toda criança com saúde deve ser "gordinha" prejudicam-lhe a intuição e o desenvolvimento, porque, quando ela come, é amada e, assim, associa comer a prazer. Quando cresce, transfere o prazer à comida, e, quando se sente privada de algo, recorre à comida para ter prazer. Eis a origem de algumas causas da obesidade.

O treino da toalete precoce é outra prática que limita a criança, que tem todo um ritmo de vida enquanto aprende a controlar o esfíncter anal e urinário. Assim, a criança é submetida a esse treinamento, atendendo às expectativas dos pais, geralmente da mãe, pois o pai está no trabalho. Enquanto a criança não controla o esfíncter, sofre recriminações e cresce frustrada, até no nível da sexualidade, pois só é amada quando faz "suas necessidades" devidamente. O treino precoce da toalete provoca uma tensão na musculatura genital, levando à predisposição para doenças intestinais, aos relacionamentos sexuais insatisfatórios e à não aceitação dos órgãos genitais.

A hora de dormir é outro fator que gera pensamentos negativos, porque, quando ocorre qualquer tipo de desaprovação, o castigo geralmente é: ir para o quarto ou para a cama. A criança tem uma energia vibrante e não adianta mandá-la dormir se ela não estiver com sono. A cama também pode gerar sensações desagradáveis, a ponto de tornar o ato sexual uma experiência fastidiosa e levando, às vezes, ao extremo de a pessoa só se relacionar sexualmente com prazer em carros, escadas, ruas, nas mesas...

A criança é um ser iluminado que ativa o material negativo inconsciente dos pais, causando-lhes transtornos com isto, por eles não estarem acostumados a essa informação. Todas as crianças são superdotadas e têm um poder intuitivo ilimitado, e os pais que têm filhos pequenos devem prestar mais atenção a eles, escutá-los e aprender com eles — já que perdemos o contato com o Ser Divino ou o Deus do Universo. Eles têm muito mais a nos ensinar do que nós a eles, porque são puros e estão ligados ao Ser Divino ou à Inteligência Infinita. **As crianças são nossos MESTRES.** Uma vida de felicidade, saúde e êxito só é possível quando estamos unidos à Natureza Divina, e assim estão todas as crianças.

3. O Impulso Inconsciente de Morte

A crença de que a morte é inevitável tem matado mais gente do que qualquer outra causa. O impulso inconsciente de morte nada mais é do que um desejo da volta ao útero, fortalecido pelo trauma do nascimento, pela síndrome da desaprovação paterna e pela crença de que "a morte é inevitável".

A morte tem gozado de prestígio durante séculos, sem que ninguém tenha a coragem de contestá-la, porém, na história, existem muitos casos de pessoas que vivem milhares de anos por praticar técnicas de purificação espiritual muito simples. Entretanto, a filosofia mortalista nos impede de entrar em contato com esses Mestres Imortais por não acreditarmos na Imortalidade Física.

A partir do momento em que temos contato com a verdade absoluta de que nossos pensamentos têm conseqüências, de que **"O Pensamento é Criativo"**, concordamos que o nosso corpo também é resultado de nossos pensamentos. ***"Nós somos o que pensamos."***

O problema é que crescemos com a crença de que a morte é inevitável; porém, se o nosso corpo é resultado de nossos pensamentos, nós o podemos controlar com o pensamento e, sendo assim, toda morte se torna um suicídio. Se com os nossos pensamentos podemos conservar o corpo pelo tempo que quisermos, podemos também fazer com que as nossas células rejuvenesçam em vez de envelhecer.

Os grandes Mestres Imortais estão nos afirmando que existe uma alternativa à morte física, e essa alternativa é a Imortalidade Física.

A vida é a energia mais poderosa do Universo e estamos negligenciando viver com amor, alegria, prosperidade, felicidade. Todos somos Seres Divinos e, por sermos assim, temos o poder de controlar nossa vida, nosso corpo, nosso envelhecimento e, conseqüentemente, nossa mente. ***Você cria sua vida com seus pensamentos.***

4. Fatores Negativos Concretos

Os Fatores Negativos Concretos são estruturas negativas formadas a partir da concepção, da gestação e do nascimento. Esses fatores nos acompanham durante a vida toda, influenciando as relações do dia-a-dia, padronizando e cristalizando comportamentos, emoções e sensações. Existem muitos fatores negativos concretos, e o mais importante é a nossa **lei pessoal**, que surge com o trauma do nascimento, criando uma mentira em torno da vida: "*Eu não posso*"; "*A vida é um sofrimento*"; "*Para viver tenho que lutar*". Essas são algumas mentiras gravadas em nosso subconsciente e captadas pelo Universo, pois **o Universo ou Existência sempre diz SIM a tudo o que pensamos**. Todos os nossos pensamentos são absorvidos pelo Universo, e, como sabemos, eles produzem resultados. Os fatores negativos concretos estão sendo afirmados pelo Universo e, enquanto não são transformados em pensamentos positivos e elevados, continuam produzindo resultados inadequados. Os fatores negativos são liberados na purificação do corpo, da mente e do espírito, quando nos valemos de Afirmações, do Rebirthing e de Práticas de Purificação Espiritual.

5. Outras Vidas

Todos poderíamos dispor de dados de nossas vidas passadas não fosse o trauma do nascimento. Quase todo mundo ficou inconsciente ao nascer, e experimentou drogas, dores e hipnose que o fizeram perder a consciência de suas outras vidas. Em um estado inconsciente, quando começamos a examinar ou explorar nossas vidas passadas, geralmente o que queremos é ampliar o ego. Por esta vida ser vista como tão penosa, tão difícil, queremos nos ligar a nossas vidas passadas na esperança de que tenham sido melhores. A finalidade e a importância de conhecer vidas passadas são óbvias: não é necessário passar de novo pelos traumas que ocorreram nelas. Outro motivo seria o de perceber capacidades que tivemos antes. Diante dessas revelações, estamos aptos a programar nossos objetivos usando referenciais positivos de outras vidas e transformando os negativos por meio de pensamentos positivos. Desse modo, eliminamos nesta vida a Lei do Karma (causa/efeito — repetições), purificando todas as ações de vidas anteriores.

Outro aspecto importante no exame consciente de vidas anteriores é poder compreender algumas crenças nossas muito arraigadas, o que possibilita estabelecer relações com respeito ao nosso impulso inconsciente de morrer. Veremos com clareza que todas as maneiras de morrer em nossas vidas anteriores não funcionaram. Sendo assim, podemos evitar de maneira consciente essas formas de morte em nossa vida atual. Podemos ver, também, depois de termos morrido de todas as maneiras imagináveis, que ao final poderemos renunciar à morte, criando um corpo capaz de viver eternamente.

Como diz Bob Birdsal: "*Se você teve outra vida que tenha sido mais importante que esta, estaria naquela e não nesta.*" A questão é que explorar as vidas anteriores pode ser benéfico, se é isso o que queremos fazer, e se tiramos partido disso, procurando um especialista em vidas passadas e desfrutando desse momento com amor, verdade e simplicidade, pois, só pelo fato de nos curarmos de nosso trauma de nascimento, já estamos facilitando o processo de exploração de vidas passadas.

6. Trauma Escolar

Escola significa educar. E o que é educar? O que é EDUCAÇÃO?

Assim como no trauma do nascimento, quando você saiu de um ambiente "quentinho" — o útero — você sai agora do aconchego do lar, um tanto cheio de "Nãos", para um ambiente desconhecido, um mundo que lhe parece hostil, com sua linguagem inquisitiva, possessiva, mais do que a que você ouvia em casa, com seus pais, pois agora não se trata de apenas duas pessoas — um pai e uma mãe — mas de diversas pessoas que lhe vêm confirmar o pensamento que acompanha a sua lei pessoal — de que "*para viver, é necessário inventar muitas mentiras*". Aqui, surge o **trauma escolar.**

O trauma escolar começa quando nossos pais são substituídos por nossos professores, pessoas que da mesma maneira sofreram a desaprovação dos pais e que vivenciaram, também, o trauma do nascimento, tendo por isso uma Lei pessoal (o que será explicado mais adiante). Essas pessoas são mentalmente condicionadas e pertencem à sociedade negativista, pouco preparadas para nos fazer superar os traumas da primeira infância. Pelo contrário, nos incutindo mais pensamentos negativos e medrosos sobre a vida, na maioria das vezes colaborando para diminuir a nossa auto-estima. São novos modelos em nossa vida, com novos medos e carências.

Somos todos inocentes nesta sociedade doentia.

O trauma escolar pode ser visto como uma continuação da síndrome de desaprovação dos pais, só que mais forte, devido à influência da sociedade e da religião, que tanto reprimem e assustam.

O real propósito da Educação deveria ser ajudar a encontrar a essência, ajudar a crescer física, mental e espiritualmente. Mas o sistema educacional é filho do sistema social, e por isso realiza exatamente o oposto. Em vez de nos deixar crescer com nossa pura essência, nos impõe situações, nos força a coisas fora de nós. O que vem colaborar com a personalidade — a palavra ***personalidade vem do grego, significando "máscara".***

Educação, em sua raiz, significa trazer algo não-natural para fora, mas o que ocorre é realmente o contrário — algo não-natural é absorvido. Educar está sendo visto como moldar. EDUCAR NÃO É MOLDAR, EDUCAR É LAPIDAR. Moldar leva às repressões e conseqüentemente a traumas, que acarretam supressões e toda sorte de "truques" que a mente começa a realizar para conseguir SOBREVIVER, o que impede a pessoa de VIVER no sentido mais profundo. A pessoa deixa de sentir as coisas, pois sentir significa *Ser*, e como ela está aprendendo a *Estar* como todos querem que ela Esteja, é difícil para ela apenas Ser; ela tem de inventar o "*Como deve Ser*", em vez de "*Ser como É*". Assim, como pode "sentir"?

É fácil perceber o que vem a ser trauma escolar, e você mesmo pode fazer uma análise de seu tempo escolar apenas fechando os olhos e conectando a respiração suavemente, sentindo o corpo liberar memórias, dores, alegrias, enfim, todas as suas lembranças do tempo escolar. Qualquer sensação de frustração advirá de pensamentos limitadores, produtos de momentos em que você foi condicionado, de acordo com uma educação externa hipócrita e totalmente sem valores internos. Você pode lembrar a época das provas, inúteis e sob pressão, quando aprendeu a competir, o que o levou desde cedo à dualidade, numa época em que deveria estar aprendendo a cooperar, e perceber a unidade da vida.

Somos fruto dessa educação, que se baseia nas teorias do comportamento e nas boas maneiras, em vez de se preocupar com uma educação humanitária, que educa se pautando pelas coisas básicas da vida — o diálogo, a liberdade de pensamento e de ação, o Ser aquilo que nos foi destinado.

A tríade ou seqüência na qual é iniciada na família pela desaprovação paterna é amplamente apoiada pela escola. Vê-se que o pensamento filosófico ou psicológico que rege a educação e a família é a religião.

Por pensamento filosófico e psicológico entendemos o estudo do comportamento humano que, aliado à religião, produz influências danosas na sociedade. Por isso, a sociedade está morta, devido a seus princípios morais, sociais, educacionais, psicológicos e religiosos, que estão regidos por princípios "do dominador ao dominado", em função dos quais o favorecido é sempre o dominador.

Educação é trazer o seu Ser à superfície e torná-lo consciente da sua essência, permitir-lhe manifestar-se enquanto corpo, mente e espírito, enquanto Deus; é fazê-lo ativo, dinâmico em sua raiz, para que "tronco, galhos e frutos" sejam puros, maduros, poderosos.

Porém, o sistema educacional é enganoso, duvidoso, confuso, assim como o sistema social — nada mais lógico, pois o primeiro pertence ao segundo. O sistema educacional vem atolando as pessoas com idéias, pensamentos intencionais e propositais, em vez de deixar que cada um descubra sua identificação com o aqui e agora.

Primeiro que tudo, nunca devemos impor coisa nenhuma às crianças. Devemos apenas ajudá-las a Ser o que elas São, ajudá-las a demonstrar o melhor de sua essência. Devemos, antes de mais nada, APRENDER A SER COM AS CRIANÇAS, e não desejar ensinar-lhes nossas idéias, tão arraigadas na mente. Se mentalmente condicionados, não sabemos usar a inteligência, pois esta, a nós que julgamos usá-la crendo que compreendemos as coisas ao nosso redor, é apenas uma *imitação da ilusória inteligência*, porque já está provado que usamos apenas 10% da nossa capacidade de percepção. Utilizar a Inteligência total significa estar unido à Inteligência Infinita e permitir-lhe a expressão através de nossa forma física, pois Ela é a

Inteligência "100% inteligente", e Ela está aí mesmo, dentro de você, não fora — nada está fora — por isso, o que temos mesmo de aprender é nos conectar com essa Inteligência Sábia. Quando o trauma psicológico se instala, a energia da inteligência fica bloqueada pelo emocional. Os supostos educadores não têm conhecimento nem capacidade para compreender isso, devido a uma série de interferências na vida de cada um deles — SÃO TODOS INOCENTES, GERADOS POR UMA SÍNDROME DE DESAPROVAÇÃO SOCIAL. Com essa falta de compreensão, abafam, bloqueiam ainda mais, inocentemente, o Ser que começa a desabrochar. Muitas vezes, observamos casos graves de crianças com bloqueios, que amiúde não conseguem ter uma vida de prazer, alegria, saúde e sucesso.

O Rebirthing lhe facilita o contato com toda a consciência que não lhe foi permitido conhecer. O Rebirthing traz em si a consciência em detalhes do corpo, da mente, das emoções e sensações, do espírito ou da alma e o faz amar a si próprio enlouquecidamente. Só assim você pode amar tudo e todos na vida. Ajude as pessoas a compreender toda a energia negativa que um dia lhes foi imposta e a ter êxito na vida. O Rebirthing tem como base a Respiração, a **Única** coisa necessária para entrarmos em contato direto com a vida, com a Existência e com Deus.

7. Trauma Religioso

O seu trauma religioso aconteceu no momento em que você foi batizado — seja em que religião for —, pois dessa época datam as formas de medo e repressão que lhe foram introjetadas.

Se você não foi batizado em nenhuma igreja, seu trauma religioso começou assim que você foi introduzido numa religião.

A família é entendida como a célula básica da sociedade, e a filosofia da sociedade é regida pela religião e pela política. Mesmo diferindo em alguns aspectos, as maiores religiões do mundo estão baseadas na filosofia religiosa católica.

A filosofia das religiões é repressora, é a filosofia do "Não-Pode", do Bem e do Mal, do Feio e do Bonito. **Religião em sua raiz significa reunião**. Porém, a exemplo do sistema educacional, que tem como base o sistema religioso, este está deturpado em sua compreensão, pois não realiza o que prega — a reunião — e sim a separação. A partir do momento em que nos diz que Deus está fora de nós, que Ele é algo melhor e maior, que a Deus nada é impossível, nos anula, rebaixa, diminui nossa auto-estima, diz que não somos ninguém, que temos de "abaixar a cabeça" e dizer "Amém" a tudo o que não alcançamos. Desse ângulo, somos pecadores, não podemos ser quem somos, devemos nos submeter a Deus — a Deus ou aos ditos religiosos. Submeter-se não significa para eles render-se, deixar-se levar pela vida, pela existência; significa *rebaixar-se*. Ensinamentos que tais nos separam de Deus, em vez de nos aproximar dEle.

Deus é a nossa Essência. A nossa Força.
O nosso Poder. O Amor.

Deus está aqui, bem dentro de nós — tudo está dentro, nada fora. Nossa Essência é Deus. Nossa Força é Deus. Nosso Poder é Deus. Nosso Amor é Deus.

Deus é a Essência do Universo. Deus é a Força do Universo.
Deus é o Poder do Universo. Deus é o Amor do Universo.

Mas **Deus está aqui, também, em torno de nós.** A Essência do Universo é Deus. A Força do Universo é Deus. O Poder do Universo é Deus. O Amor do Universo é Deus.

Deus está dentro de nós. Deus está em torno de nós.
Deus é Energia. Deus é PRANA.
Deus é o Nada em torno e dentro de nós.
Deus é Tudo no Universo.

Porém, no instante em que aprendemos que "Deus está no Céu", como ensinam as religiões, que existe um "Papai do Céu", que ele é bom e nós "pecadores", nos sentimos confusos, pois vemos que ele também é mau, porque nos é ensinado que o "papai do céu nos castiga", que precisamos andar "na linha", senão seremos castigados, seremos punidos se não seguirmos as regras da igreja, iremos para o inferno; que brincar é mau e que é pecado, que tudo o que fazemos é pecado, já nascemos em pecado — o "Pecado Original" — e, se não nos batizamos, morremos em pecado. ISSO TUDO É UM GRANDE TRAUMA. Cria o pensamento de que "EU SOU O PRÓPRIO PECADO". Não posso viver, pois viver significa pecar. Atentem para quantos pensamentos são impostos pela Igreja. Quantos pensamentos mentirosos...

Desde pequenos, ouvimos coisas como: "*Menino, não faça isso. Menino, não faça aquilo. Papai do Céu castiga, você vai ver. Vá se confessar, você está cheio de pecados*"; ou "*Não ande com essa roupa, é feio, é indecente. O corpo é para ser coberto, etc...*"; *ou mesmo* "*Sexo é feio, não olhe para isto, tire desse canal de TV, tem sexo, tem palavrão, criança não pode saber dessas coisas,* É PECADO!". Ou "*Você vai morrer*", "*a morte é inevitável*" e "*quando você morrer, irá para o Céu se for bonzinho, se não fizer nada e for uma pessoa totalmente diferente do que É, pois tudo o que tem vontade de fazer é pecado; ou vai para o inferno, se for mau e fizer tudo o que você quiser fazer, ou se for o que realmente É*". ***O que é pecado? Viver?*** **Tudo isso vai criando medos e mais medos...**

Com todos esses "pecados", não só criamos um **trauma religioso, mas também ativamos nossa Urgência de Morte.**

O Rebirthing o ensinará a respirar e integrar todas as suas repressões. Vai ajudá-lo a transformar esses "pecados" em divindades e prazeres da vida, SEM CULPA! O Rebirthing o conecta com Deus, o faz compreender, perceber e sentir Deus dentro de si e em torno de si, a sentir seu Poder, sua Força, sua Essência e Amor.

8. Síndrome da Ignorância das Práticas Fundamentais de Purificação Espiritual

Ninguém conhece a importância da purificação espiritual e da prática das técnicas para essa purificação.

Numa abordagem metafísica, devemos entender a vida a partir de uma visão psicofisicoespiritual, e aprender a olhar, ver e decifrar metafisicamente o que nos acontece nos momentos de nossa vida. Devemos nos habituar a observar e analisar todos os lados dos acontecimentos e a decifrar o que está além do real, além da euforia, que é a mensagem por trás dos acontecimentos em nossa vida. Sabemos em primeiro lugar que somos ***espírito/mente/corpo,*** e toda missão espiritual de nossa vida está aliada ao que pensamos, ao que comemos, ao que bebemos, ao que respiramos, ao que falamos, ao que escutamos, ao nosso convívio com as pessoas, umas mais positivas e outras negativas — enfim, o nosso aqui e agora, que é a soma de todos esses detalhes entre outros e que é o resultado de nosso dia-a-dia.

Por **Síndrome da Ignorância das Práticas de Purificação Espiritual** entendemos a ignorância e o desconhecimento dos sinais e sintomas que refletem nossa situação na vida, que aumentam em função da separação de Deus, do conflito, do medo, da raiva, da dor, do sofrimento, da negação da vida, do desconhecimento das leis da mente, do cultivo de pensamentos limitadores, da doença e, por fim, do pensamento de que a morte é inevitavel.

"Nem tudo o que reluz é ouro"; "Dize-me com quem andas e te direi quem és". Esses são ditados populares que definem exatamente o que falamos, pois a vida não é só aparências, e as aparências enganam. Devemos focalizar nosso "espírito/mente/corpo" no Espírito Divino imortal, ilimitado, imensurável e incognoscível. Nossa vida deve-se concentrar no despertar do Ser Divino em nosso interior, a fonte de todo o amor, vitalidade, inteligência, paz, segurança, harmonia, saúde, certeza, felicidade, que favorece a vida em todas as suas manifestações.

As ***técnicas de purificação espiritual*** o levam exatamente ao processo inicial de retomada do seu Ser Interior, o fazem compreender a importância de você selecionar seus pensamentos, seus relacionamentos, estar protegido da energia psíquica negativa que emana das pessoas negativas; atentar ao que você bebe, come, escuta, vê, e principalmente observar o que fala, pois é nisso que você acredita, e nisso que pensa, com sua mente consciente e subconsciente. **Cuidado!** Atente ao que pensa e fala, a quais são as suas atitudes perante a humanidade, e a uma série de fatores que contribuem e fortalecem as crenças de cada Ser.

Babaji, nosso Mestre Avatar Imortal, é quem nos lembra (pois, de uma forma ou de outra, já tivemos algum contato com tais técnicas em outras vidas) e nos ensina as simples técnicas de purificação para que cada um de nós desenvolva o seu potencial interior segundo o amor, a verdade e a simplicidade, porque, quando realizamos essas técnicas simples, estamos aumentando nossa conexão com o Espírito Infinito, a fonte de tudo, e, por outro lado, estamos ajudando a purificar a humanidade em seu caminho de descoberta da grande evolução espiritual.

Babaji nos ensina técnicas de Purificação pela água, pelo fogo, pela terra, pelo ar, pela mente e pelas relações.

A técnica de purificação pelo ar dá-se por meio da **Respiração Consciente,** por ser uma técnica poderosa para facilitar a Iluminação Espiritual, a saúde holística e a transformação pessoal, estabelecendo uma ponte entre o corpo físico e o energético, liberando tensões e pensamentos negativos padronizados que nos limitam a experiência de prazer e de expressão criativa, além de liberar a mente subconsciente, colocando-a em contato com sua Divindade Natural. Envolve respirar energia tão bem quanto o ar. É também chamada **Rebirthing** — ***Renascimento*** — porque respirar sempre traz imagens e memórias de experiências desde o nascimento (muitas vezes, até mesmo de vidas passadas). E uma auto-análise é sempre muito importante em nosso caminho de transformações. (A Respiração Consciente é um processo simples de respiração, o qual será detalhadamente explicado no próximo capítulo.)

A técnica de purificação pela terra propõe disciplinas básicas que incluem um dia de jejum por semana; fazer exercícios na terra — primeiramente através do Karma-Yoga — implica usar o corpo para exercícios físicos ou para o trabalho enquanto se recorda o nome de Deus (Babaji, o Mestre da Purificação Espiritual, recomenda repetir o OM NAMAHA SHIVAYA) e alimentar-se de comida vegetariana. Praticando as técnicas de Purificação na natureza, a saúde aumenta. O jejum permite a purificação de cada um dos sistemas do corpo, o digestivo, o circulatório e os demais. Em um dia de jejum semanal só líquidos são consumidos. A comida vegetariana é importante, por manter seu corpo sempre equilibrado energeticamente, o que lhe confere vida saudável, com mais vigor físico e, conseqüentemente, mental e espiritual.

A técnica de purificação pela água envolve tomar consciência de que a água não só o limpa por fora, mas o purifica energeticamente, isto é, espiritualmente também. O banho consciente o faz renascer tanto quanto a Respiração Consciente. Babaji nos ensina que tomar no mínimo dois banhos por dia — um pela manhã, antes do nascer do sol (o que purifica a energia corporal após uma noite de sono, isto é, desperta totalmente o corpo) e outro à tarde, antes do pôr-do-sol (o que limpa e integra a energia absorvida durante o dia) são recomendados como meio de purificação. Com esse sistema, você se sente muito mais vibrante, portanto, mais vivo e imortal todos os dias.

A técnica de purificação pelo fogo limpa o corpo e a mente da depressão, da raiva, do ódio, da dor, da urgência inconsciente de morte e da concentração de energia negativa que absorvemos dos grupos e o impulso de morrer. Essa técnica muda essas energias negativas em positivas, em paz e amor. O fogo é um elemento poderoso. Nessa técnica pode-se utilizar uma vela, uma lareira ou uma fogueira, mas o importante é fazer tudo com segurança. A purificação pelo fogo o põe muito mais consciente, pois requer um estado de alerta constante, para sua proteção. Por isso, é uma técnica de purificação de auto-supressão excelente, pois purifica e cura tanto o corpo energético como a mente e o corpo físico. Só estando a sós com o fogo com o fim de meditar frente a ele e sua energia em Deus é que é possível entender-lhes os mistérios.

A técnica de purificação pela mente: "O PENSAMENTO É CRIATIVO." Aumente a qualidade de seus pensamentos e você aumentará a qualidade de sua vida. Por isso, a alta qualidade de pensamento é um dos mais poderosos métodos de purificação espiritual. Por meio dessa técnica, Babaji nos ensina a integrar a mente com o corpo e o espírito, a pensar, agir e sentir numa mesma sintonia. Ao observar sua mente por meio de práticas de purificação espiritual, você pode identificar a lei pessoal e os pensamentos negativos que o estão fazendo passar por situações desagradáveis na vida, e deixar de cometer os mesmos erros, a fim de que suas experiências sejam mais proveitosas.

A técnica de purificação pelas relações (a família espiritual) implica amar incondicionalmente, o que é um aspecto primário do Ser Infinito. Se você se ama incondicionalmente, você se vê como realmente É. O amor realmente agita as moléculas de seu corpo. Não existe nada que o amor não consiga e se você se ama verdadeiramente está pronto para amar e relacionar-se com todos amorosamente. Purificação Espiritual do Relacionamento é tornar-se consciente do amor incondicional por si e do amor pela vida ao seu redor. Todas as relações encarnam, ao menos em parte, nossos condicionamentos passados, até que nos vemos livres deles. Por isso, técnicas de purificação pelas relações o ensinam a livrar-se de seu passado, por meio da auto-análise do Rebirthing, e a viver o seu presente, sabendo que deste depende o seu futuro, compreendendo como criar uma atmosfera de amor e de apoio a si e aos outros.

Lembre-se: você é responsável por tudo o que acontece com você. Assim, é você quem tem de querer purificar-se ou não. Mas, se você não faz isso, a morte fará. A Morte Física é um sistema involuntário de Purificação Espiritual.

É pela prática diária das técnicas de Purificação Espiritual que dissolvemos nossos traumas e energias negativas, e desenvolvemos toda uma nova vida em direção ao sucesso. Não apenas o sucesso em relação às finanças, coisa em que pensamos imediatamente. Falamos aqui de ***sucesso em viver***, viver completamente integrado ao "*corpo-mente-espírito*", CELEBRANDO CONSCIENTEMENTE, pois você veio a este Planeta para VIVER, e é sua tarefa realizar isso e MUITO BEM.

OITO GRANDES FATORES QUE CAUSAM A INFELICIDADE

1. O Trauma do Nascimento.
2. A Síndrome da Desaprovação Paterna.
3. O Impulso Inconsciente de Morte (volta ao útero) ou Urgência de Morte.
4. Fatores Negativos Concretos.
5. Outras Vidas.
6. Trauma Escolar.
7. Trauma Religioso.
8. Síndrome da Ignorância das Práticas Fundamentais de Purificação Espiritual.

PRINCÍPIOS METAFÍSICOS

Como Você Pode Mudar a sua Vida?

Você está satisfeito com a sua vida? Realmente está desfrutando de tudo em sua vida? Estas são questões fundamentais para uma tomada de consciência e para ver como está o seu nível de qualidade de pensamento.

Você criou o seu universo com os seus pensamentos; somos seres em evolução espiritual e criamos nossa vida de acordo com a nossa missão aqui neste planeta, neste momento. Criamos tudo, somos os verdadeiros responsáveis por nossa vida desde o momento em que estamos desencarnados. Nosso espírito e nossa alma existem no nível das vibrações energéticas, que estão em aperfeiçoamento espiritual desde que o Cosmos e toda a existência foram concebidos durante o momento de nossa concepção. Escolhemos os nossos pais, o nosso país, a nossa situação financeira, enfim, nosso espírito sabe do nosso estágio de evolução, sabe daquilo a que vamos sucumbir ou ao que vamos superar para a nossa evolução espiritual. O objetivo de nossa vida é ir ao encontro do Todo, superando o nosso karma.

Se não temos consciência das leis naturais do universo, vivemos como barcos sem leme, à deriva, e sob o efeito de nossos pensamentos inconscientes, ou levados por pensamentos alheios.

Já tivemos milhares de pensamentos, e cada um deles continua a exercer seu efeito para sempre, até mesmo quando não são pensados conscientemente. Os pensamentos se alinham e se estruturam segundo um corpo de conhecimentos, que chamamos de estrutura de pensamento. Essas estruturas formam um sistema chamado de lógica emocional.

Todos os pensamentos que tivemos estão "competindo" pela atenção da nossa consciência. Quando uma estrutura de pensamento negativo se move para a consciência, percebemos o universo através dessa estrutura de pensamento negativo. Quando você começa a ver as coisas negativamente, surge uma cadeia de negatividade, que atrai adversidades, e você afirma que a situação está "preta", o que se concretiza, já que **o Universo sempre diz Sim a tudo o que você acredita.** Mas se você acha que tudo o que lhe possa acontecer não lhe fará diferença, isso é um pensamento positivo, e as coisas começam a melhorar, porque você ativa uma série de estruturas de pensamentos positivos, que geram outros pensamentos positivos. Por outro lado, se você afirma negativamente que é estranho que esteja bom demais, então você desperta novamente energias negativas, e a sua vida novamente piora.

Chamamos isso de ***estado de euforia*** e ***depressão mental*** causados pela inconsciência das leis mentais. Você pode manter o seu alto nível de pensamento selecionando e eliminando os pensamentos negativos de seu inconsciente.

Se os pensamentos criam o seu universo, quais são os pensamentos que criaram a sua realidade pessoal? Para descobrir isso, você usa *o* ***Princípio da Análise de***

seus Pensamentos. Milhares de pessoas têm certas estruturas que se relacionam e se organizam em superestruturas chamadas ***leis pessoais*** ou ***fatores dominantes da consciência***.

Se os pensamentos criaram o seu universo, como você pode mudá-los, quando você quer mudar o seu universo? Para isso, você usa o ***Princípio da Sugestão.***

Você tem pensamentos inconscientes, que estão produzindo efeitos que você não quer. Você pode usar o ***Princípio das Afirmações*** para trazer pensamentos inconscientes negativos para a consciência, onde eles são liberados com mais rapidez. A sua vida é a sua mente, e esta é a soma de tudo o que você acredita ou a soma de seus pensamentos. A sua combinação de crenças (pensamentos) faz de você uma pessoa diferente e única. Se você quer conhecer alguém, procure saber, então, como são seus pensamentos. Se você estudar os seus pensamentos, entenderá como está a sua vida.

Se os seus pensamentos criaram o seu universo, qual o tipo de pensamento que você deve ter para mudar o rumo da sua vida e, assim, mudar o seu universo? Nesse caso, você deve usar o ***Princípio dos Objetivos.***

De onde surge a negatividade? Podemos observar a negatividade em muitos fatores do nosso dia-a-dia, como a televisão, os jornais, os filmes de violência, a própria violência urbana. A negatividade está nas pessoas em todo lugar, e a nossa sociedade é uma sociedade negativa.

Os **Princípios Metafísicos do Rebirthing** serão explicados em detalhes no Capítulo 10.

Nem tudo o que reluz é ouro.
Nem tudo o que tem fim acaba.
Toda limpeza sempre deixa resíduos.
Todo vazio contém o cheio.
Todo cheio contém o vazio.
A superfície é sempre uma ilusão.

Unmani

4

Respiração Conectada Consciente

- *O que é respiração?*
- *Por que respirar?*
- *Por que o respirar nos faz saudáveis e felizes?*
- *Por que respiramos pobremente?*
- *Por que precisamos respirar corretamente?*
- *O que é e por que respirar conscientemente?*
- *O que é Prana?*

A **respiração** é a fonte do todo o nosso universo físico. É a ponte entre nossa alma e nosso corpo. O simples ato de respirar é a maior cura para o corpo humano. Se você não é um mestre yogue, nunca pode deixar de respirar por mais que poucos minutos, caso contrário morre. Sem a respiração, o organismo humano morreria sufocado e por envenenamento tóxico.

O oxigênio é a primeira necessidade de todas as criaturas vivas sobre a Terra. Nada pode viver sem ele. A respiração traz o oxigênio para os seres vivos. Sem a respiração, as células de um corpo vivo morreriam, as células de nosso corpo não sobreviveriam.

A Respiração é a responsável pelo transporte de oxigênio do ar para as células, e pela eliminação do dióxido de carbono de nosso corpo. O oxigênio é trazido para as células através do sangue, e o dióxido de carbono é levado para fora das células e expelido do corpo. Apesar de a troca ser efetuada por meio dos pulmões, é nos tecidos e nas células do corpo que o oxigênio é utilizado, não nos pulmões. O oxigênio é consumido ou queimado continuamente dentro das células vivas do corpo. Esse processo é conhecido por oxidação e tem sido também chamado de "Chama da Vida".

Para assegurar um constante suprimento de oxigênio, precisamos ter uma correta respiração. Esta faz o sistema respiratório trabalhar com total eficiência e prover suficiente oxigênio para a vida de nosso corpo.

O Sistema Nervoso Central é responsável pela ação da respiração; esta é normalmente um processo automático, mas pode se tornar voluntário e consciente.

Normalmente, respiramos em torno de 50 vezes por minuto e inalamos aproximadamente de meio a um litro de ar a cada inspiração.

Em uma respiração profunda, entretanto, em vez de exalar cerca de 1 ½ litro de ar, o volume total chega a ser 4 litros ou mais. Mesmo após uma expiração mais profunda, porém, há sempre algum ar deixado nos pulmões, e isso geralmente é em torno de 1 ½ litro... Assim pode-se calcular em uma respiração insatisfatória a quantidade a mais do ar não desejado pelo corpo que será deixado nos pulmões.

O corpo tem um sistema respiratório, que começa no nariz, com narinas que contêm pêlos, que são purificadores de ar, afastando partículas de poeira.

Portanto, é essencial respirar pelo nariz, preenchendo o abdômen e o tórax. A *maioria de nós tem a respiração curta*, inspirando e expirando rapidamente.

A ***respiração correta*** permite ao sistema respiratório trabalhar com total eficiência e prover oxigênio suficiente para a vida do corpo.

Os pulmões suportam cerca de 3 litros de ar; assim, um sexto do ar é trocado cada vez que respiramos. Durante os exercícios, muito mais quantidade é trocada.

Duas ocorrências são observadas na respiração correta durante a **INSPIRAÇÃO:**

1) A *expansão da parede frontal do abdômen, e o diafragma exercendo pressão sobre a cavidade peitoral;*
2) A *expansão da região torácica e das costelas para cima e para fora.*

Tudo o que realmente ocorre, por meio desses dois movimentos, recai sobre a expansão da cavidade abdominal e peitoral.

Os pulmões seguem esses movimentos muito proximamente. Numa respiração profunda, esses movimentos são acentuados. Isso aumenta o volume dos pulmões, aos quais são acrescentados pelo menos 2 litros extras de ar.

Duas ocorrências são observadas na respiração correta durante a **EXPIRAÇÃO:**

1) A *contração da parede frontal da caixa torácica, ou cavidade peitoral, para dentro e a pressão para baixo do diafragma na cavidade abdominal;*
2) A *contração da cavidade abdominal para dentro e para cima.*

A contração pode ser acentuada tanto quanto possível. Isso faz expelir uma quantidade extra de ar, talvez até mais de um litro e meio do ar desnecessário — ou de dióxido de carbono.

A Relação entre o seu Tempo de Vida e o seu Modo de Respirar

Os antigos yogues ou praticantes do Yoga, ciência milenar da Índia, viveram em florestas e em regiões bem exclusas; por isso, foram capazes de estudar e observar os animais selvagens, nos mínimos detalhes. Assim, notaram que os animais com ritmo lento de respiração, como os elefantes, por exemplo, ou as serpentes, têm uma longa vida; e animais com respiração de ritmo rápido, como por exemplo, os cachorros, os pássaros, os coelhos, etc., vivem somente poucos anos. Por isso, eles perceberam a importância da respiração lenta e afirmaram que cada um de nós vem a este mundo com um número fixo de respirações em sua vida; portanto, o tempo de vida de uma pessoa, para os yogues, não é medido em anos, mas pelo número de respirações de cada pessoa. Afirmaram, também, que a vida de um indivíduo é aumentada com respirações mais longas. *Respirando profundamente, o indivíduo é capaz de ganhar mais vitalidade ou* ***prana*** *com cada respiração.*

Aquele que respira curto e rápido, com ligeiros intervalos entre a inalação e a exalação, propende a ter uma vida mais curta do que a pessoa que respira lenta e profundamente, sobretudo com consciência.

A respiração está, também, diretamente ligada às batidas do coração, portanto, está ligada diretamente ao tempo de vida. O coração de um rato, por exemplo, bate mil vezes por minuto; ele tem respirações curtas e vida curta. O coração de um elefante bate apenas cerca de 25 vezes por minuto — ele tem respirações lentas e vida muito longa. A respiração lenta e profunda provoca batidas lentas do coração, o que leva a uma vida longa e saudável.

Se você não está respirando totalmente bem, não pode viver totalmente. **Respiração é vida.** Quando sua respiração é perfeita tudo o mais vai bem. Mas as pessoas ignoram isso, elas nem sequer se preocupam com a respiração, nunca prestam atenção a esse processo que traz a vida. E qualquer mudança que venha a ocorrer em sua vida dá-se porque houve uma mudança em sua respiração, embora você nem sequer observe isso.

A maioria de nós respira incorretamente, usando apenas uma pequena parte da capacidade dos pulmões. Nossa respiração é superficial e o resultado é que nosso corpo e cérebro estão famintos, o que é completamente desnecessário, considerando o abundante suplemento de oxigênio que nos envolve. Através da respiração superficial, também acumulamos ar estagnado na região mais baixa dos pulmões. Isso pode acarretar várias doenças nos pulmões, como a tuberculose, a pneumonia, as bronquites, e também por todo o corpo, devido à falta de oxigenação e do Prana no organismo. Por isso, devemos aprender a respirar apropriadamente para termos saúde. Lembre-se, sem respiração não podemos viver; ao respirarmos pela metade, só podemos viver pela metade.

No ***nível físico*** a grande importância da respiração é óbvia e simples, porém ninguém nunca nota seu poder imenso. A respiração é responsável por 75% da função excretora do corpo e praticamente por todo o funcionamento de nosso organismo, principalmente pelo nosso sistema circulatório e, conseqüentemente, pelo sistema energético.

No ***nível psíquico***, transformamos nossos pensamentos pelo desenvolvimento da consciência humana quanto ao ato da respiração.

No ***nível espiritual***, a respiração é o vínculo entre a Força ou — Energia da Vida-PRANA — e o corpo físico. Por meio da respiração, trazemos o PRANA do Universo Cósmico para o nosso corpo e equilibramos esse PRANA nos planos orgânico e áurico.

A experiência profissional do Rebirthing tem-nos mostrado que no Ocidente não há quem não necessite aprender a respirar corretamente. Aliás, podemos afirmar que as únicas pessoas que sempre respiram corretamente são os Mestres Yogues Imortais da Índia.

O nascimento e a infância parecem o período mais traumático da nossa vida. Provavelmente desde o seu nascimento você vem respirando erradamente, conhece apenas uma "sombra da respiração". Já está comprovado que obtemos energia e ar pelo cordão umbilical, e que também o oxigênio é obtido a princípio no líquido amniótico. Mas, ao sairmos do útero e ao nos cortarem demasiado rápido o cordão umbilical, temos de respirar ou morrer. O cordão umbilical, ao ser cortado antes das 2 horas após o nascimento, prejudica a capacidade de respirar, pois o ar penetra antes do tempo nos brônquios, causando muita sensação de ardência e, conseqüentemente, medo de respirar — é assim a respiração, reprimida desde o nascimento. Os bebês têm mais um sistema de manutenção de vida durante nove meses. É lógico e perfeitamente normal que se dê uma hora de transição aos recém-nascidos, antes de cortar o cordão umbilical. Porém, quase ninguém tem tido o "luxo" de manter o cordão umbilical por algumas horas após o parto. Portanto, quase todos têm o mecanismo da respiração bloqueado desde o nascimento, pois é prática comum nos países civilizados cortar o cordão umbilical entre os 10 e 20 minutos posteriores ao nascimento. Isso cria uma grande ansiedade e sentimento de urgência.

A infância está cheia de traumas, de proibições e formas de condicionamento. A infância tem sido cheia de traumas, de desaprovações, cheia de "**nãos**" e de "*é feio isso, é feio aquilo*", uma escola do ódio, em que é possível perder todo o amor-próprio, deixar totalmente de SER. Por isso você está tão tenso, por isso sua musculatura vem-se tornando cada vez mais rígida... Você vem, a cada dia, se tornando alguém que não exercita o corpo há muito tempo — as pernas vão respondendo cada vez menos à sua vontade de andar, os músculos doem, o sangue flui a cada dia com mais dificuldade. De repente, você quer caminhar e percebe que já não anda como antes, quando criança. Mas isso vem de longe. Desde sua infância você vem sendo obrigado a se reprimir, ou seja, a reprimir sua respiração. É desde o seu nascimento que você vem respirando erroneamente, porque toda a sociedade é baseada em **nãos**. Por exemplo, uma criança quer chorar e sua mãe lhe diz "*não chore!*", a criança pára de respirar, porque esse é o único meio de ela parar de chorar, de suas lágrimas não rolarem. E a cada vez que ela ouve um: "*Não fique com raiva*", "*Não faça isto*", "*Não faça aquilo*", ela pára de respirar e, assim, vai aprendendo a respirar, "*bem baixinho, bem presinho, bem engolidinho, bem controladinho*"; e se ela resolve respirar mais forte e alto e ser ela mesma, é chamada de rebelde e leva "palmadas". Na maioria das vezes, resolve não respirar, e isso é o mesmo que não expressar o seu Ser. É respirando que seus músculos se movem, é respirando corretamente que se vive. Por isso, você precisa aprender a respirar outra vez. Precisa abandonar todos os hábitos, todos os NÃOS, todas essas energias negativas, relaxar por meio de sua NOVA RESPIRAÇÃO.

As experiências negativas inibem nossa capacidade de respirar. Todas as experiências negativas, sejam dolorosas ou desagradáveis, vão-se acumulando em forma de pensamentos e sentimentos. Esses pensamentos e sentimentos negativos reprimem nossa respiração. Desde o primeiro ano de vida vimos tendo experiências negativas, portanto, desde lá temos tido uma perda significativa de nossa capacidade natural de respirar. Assim, sem dúvida nenhuma, TODAS as pessoas respiram inibidamente.

A respiração inibida é uma enfermidade mundial (porque a sociedade mundial é uma sociedade inibidora) e uma das causas principais de outras doenças. A síndrome de hiperventilação é um conjunto de sintomas físicos, provocados pela respiração inibida. Logo, o nome não é correto — hiperventilação, "respirar demais" — pois respirar demais não é a causa de outros sintomas. A pessoa respira demais porque o corpo muitas vezes tem fome de oxigênio. O termo médico Hiperventilação foi dado a uma doença, isso porque respirar demais é proibido; portanto, respirar demais tornou-se uma doença. Para a sociedade, você deve mesmo é respirar "de menos", e fazer isso o levará nada mais direto à crença popular de que "a morte é inevitável", e respirando de menos não há jeito para que este pensamento social não se confirme. Respirar menos o leva à morte. Respirar mais o leva à vida, e, assim, a crença de que "a morte é inevitável" não pode se confirmar. ***(Quem estará ganhando com essas mentiras?)***

Enquanto não se corrige o trauma do nascimento, o principal ao lado dos traumas de infância, seguimos com uma ansiedade constante. A capacidade de relaxar, estudar, observar, escutar e viver é determinada primordialmente pela capacidade de respirar.

A intenção do Rebirthing é liberar sua respiração por meio da tomada de consciência do mecanismo do processo respiratório. Quando você toma consciência de sua respiração, de imediato você a prolonga e, em conseqüência, prolonga a vida. A intenção do Rebirthing é libertá-lo, fazê-lo imortal, viver eternamente.

Buda diz: "*Simplesmente observe a sua respiração; faça a sua respiração conscientemente; não é necessário mudá-la; apenas observe como está respirando, e as menores coisas serão percebidas por você, porque, ao fazer isso, será fácil para você observar a mente, os pensamentos; assim, na sua vida tudo se transformará.*"

O caminho da ciência é a experimentação. Experimentar com a respiração do seu próprio corpo faz de você um grande cientista.

Respirar saudavelmente não é difícil — é até muito agradável.

O que é e por que Respirar Conscientemente?

RESPIRAÇÃO CONSCIENTE é: "PARE" E OBSERVE a entrada e a saída do ar durante sua respiração; ***tome consciência do movimento cíclico do processo da respiração;*** observe a passagem do ar ao entrar nas narinas na inspiração; observe a passagem do ar ao sair pelas narinas ao exalar. Conscientize-se do processo respiratório e de sua importância para seu corpo e para sua vida.

A Respiração Consciente é uma experiência física, mental e espiritual; principalmente física e espiritual, porque os sentimentos são sempre ricos e intensos: o aspecto racional não pesa tanto. Fisicamente, é conectar a inspiração à expiração em um ritmo relaxado. Conectar a inspiração e a expiração significa integrá-las de maneira que a respiração pareça um círculo ininterrupto. Respirar relaxadamente significa que a inspiração e a expiração são plenas e naturais. A respiração é realizada mormente pelo nariz, apesar de que se pode respirar pela boca de vez em quando de modo nem demasiado rápido, nem demasiado lento. A **Respiração Consciente** é feita sobretudo com o peito, colocando-se a ênfase da respiração nos pulmões em vez de respirar com o diafragma ou com o ventre.

Os cursos de Educação Física ensinam a respirar, mas sem consciência.

A Respiração Consciente é a resposta verdadeira para todas as perguntas sobre respiração. A prática das **Vinte Respirações Conectadas**, ensinadas no próximo capítulo, e a prática do Rebirthing, lhe darão todas as respostas.

A Respiração Consciente refresca o corpo e a mente, refresca a energia vital do corpo, limpa o sistema nervoso e o sistema circulatório, nutre as células e os órgãos e equilibra a aura humana. Esta, que já é de conhecimento popular, devido à fotografia Kirlian, é também denominada de corpo de energia ou emocional, corpo-íris (por suas cores), e constitui um campo de energia em constante movimento ao redor do corpo humano; o campo é influenciado pelos pensamentos e pela respiração.

Quando respira, você relaxa, sua mente e suas emoções se acalmam, e você se sente seguro, por isso a Respiração Consciente é totalmente inofensiva. A maestria da respiração é o caminho mais fácil para alcançar a maestria de si mesmo. Quando você começa a praticar e respira conscientemente a cada dia, a respiração se torna plena e livre.

Torne-se consciente de sua respiração e você ficará surpreso quando a sua respiração se tornar calma e silenciosa, bem como a sua mente. Portanto, ao se conscientizar de sua respiração, você se tornará capaz de perceber mais o processo de sua mente.

O centro da questão está na **dimensão espiritual da respiração consciente.** O objetivo da respiração consciente não é o movimento do ar e sim o **movimento da energia ou Prana.**

E o que é PRANA?

Ao respirar conscientemente, você se dá conta de que o ato de respirar é apenas exterior, é a manifestação exterior do **Prana.** A respiração é grosseira, **o Prana é sutil.** Assim, ao controlar conscientemente a respiração, podemos controlar **o Prana interno ou Energia interna**, e controlar o **Prana** significa controlar a mente, pois é **o Prana que move a mente.** Rebirthing foi também chamado Respiração Conectada Consciente de Energia, porque, se você pode controlar conscientemente a respiração exterior, facilmente controla a **força vital interior ou Prana interno** e, assim, equilibra o organismo, pois, **quando o Prana flui livremente, ele elimina toxinas e impurezas do corpo.**

PRANA *é a soma total da energia, a força etérica manifestada no Universo. É a soma total das forças na natureza e dos poderes latentes no homem e em torno dele; Prana é mais sutil que o ar, é a energia essencial que está dentro de tudo em todo o Cosmos. Calor, luz, eletricidade, magnetismo, são manifestações do Prana; qualquer coisa que se move ou tem vida é uma expressão ou manifestação de Prana.*

Tudo é pura energia.
Tudo é Prana.

O próprio mundo é formado por Prana — Energia.

Existe uma energia ainda maior que move o mundo e todas as coisas vivas da Terra. Uma energia que vem de cima faz vibrar e traz vida a tudo o que vive. **O próprio termo vida é energia, é Prana**, e, assim, cria uma aura em torno de todas as coisas vivas que se movem — e das não-vivas, que não têm movimento.

O próprio homem, com sua energia vinda do Universo, coloca energia transformando objetos em vibração, em energização, em movimento.

O próprio termo movimento — ação — é energia, que também move cada coisa, envolve cada planeta no espaço sem fim e sombrio do Universo.

Existe um "Deus" interior em cada um de nós ou em cada energia formada, que nos vem gerar, que nos leva a transmitir a nossa própria energia aos objetos e a torná-los móveis, apesar de parecerem imóveis.

Assim, também, existe um "Deus" ou energia central em tudo o que se apresenta no Universo, isto é, existe uma energia central no próprio Universo que coloca ou transforma a energia em cada corpo ou em formas diversas no Infinito, transformando-os em movimentos, assim como colocamos em movimento os objetos.

Desse ângulo, existe energia — aura ou vida, como se quiser chamar — em todas as pequenas coisas, pois ***tudo é energia que gera energia***. Os objetos têm energia geradas por nós, energia que se torna sua. Por isso, por exemplo, as cartas do Tarô dizem algo, pois têm a nossa própria energia Universal, já que a irradiamos aqui e a Energia Universal nos trouxe aqui; portanto, tudo é cíclico. ***Um sai de dentro do outro... um sai de dentro do outro...***

Essa é a verdade da vida. Por isso, não vamos nem viemos, sempre estivemos aqui. Apenas cessa um movimento e um outro se forma, isto é, apenas desfaz-se um corpo com uma forma para que se crie outra "forma". Deixa-se um corpo e se vai para outro — físico, etérico, astral, mental.

"Deus", ou a Energia Central, está concentrado no Sol, a energia mais forte do nosso sistema planetário, a fonte mais pura de Prana. Ele gera todas as energias, pois é fogo — e fogo gera calor, o calor gera energia.

Ele — o Sol — é o "MOODLAHARA"* do Universo, que faz subir a energia cósmica até o topo e brilhar, explodindo a luz da vida.

O mesmo se repete em todas as energias vivas, porque no "Moodlahara" está o início de nossa vida, de cada vida: o SOL, o FOGO, o SEXO, o GERADOR, e essa energia vai durante anos subindo até o alto da cabeça — até o "SAHASHARA"** — fluindo a luz Divina, a Luz Universal, fundindo-se ao próprio Universo, ao Infinito, ao Ser Total.

"Mediante a conscientização da respiração e do Prana, podemos nos conscientizar e controlar eficazmente todas as diversas funções corporais. Podemos controlar e desenvolver muito fácil e rapidamente o corpo, a mente e a alma. Podemos dominar nosso caráter e harmonizar conscientemente a vida individual universal com a vida cósmica", afirma o Mestre Yogue Sri Swami Sivananda.

Se você realizar durante alguns minutos a respiração conectada e rítmica, sentirá uma corrente de Prana ou energia dinâmica passando pelo corpo, isto é, a fusão do espírito com a matéria, que não tem nada que ver com a rapidez da respiração nem com sua amplitude. O poder das correntes de energia é determinado pelo estado de iluminação espiritual e pela intuição de seu guia do Rebirthing. A corrente de energia é denominada de **ciclo completo de energia** e é reconhecida por uma sensação de "formigamento" ou vibração em algumas partes do corpo ou na totalidade do corpo. A um **ciclo completo de energia** se chama experiência biológica de Deus, pois a respiração consciente produz uma experiência física do espírito e uma experiência fisiológica da aura humana.

O propósito básico da Respiração Consciente é purificar, conservar e equilibrar diariamente o Prana total ou energia interna e externa do nosso corpo. Isso é tão importante quanto tomar banho, escovar os dentes e comer... Você sabe o que é que faz funcionar o sono? Todos nós fazemos respirações conectadas em meio ao sono profundo. As vantagens que temos por realizar a respiração conectada enquanto acordados e conscientes são bem maiores que durante o sono. Respiramos voluntária e involuntariamente durante as 24 horas do dia. Porém, respirar conscientemente é uma fonte de energia muito mais importante que a alimentação diária; mas a maioria das pessoas nem percebe isso, porque não sabe respirar.

A conservação consciente do Prana do corpo mantém-nos em um estado eterno de saúde. A maioria das pessoas ignora que temos uma energia no corpo e muito menos sabe cuidar dela. Prana conserva a vida ao que, de outra forma, não teria vida. O ar que respiramos é o veículo do Prana mais sutil. A Respiração Consciente assegura que o fluxo do Prana seja livre e desempedido e é isso o que conserva o corpo saudável e vivo. Há uma conexão íntima entre respiração, correntes nervosas e o controle do Prana interno ou força vital. O Prana se torna visível no plano físico, como movimento e ação e no plano mental como pensamento.

* *Moodlahara* — O primeiro Chakra (centro de energia corporal), situado na base da espinha dorsal; o chakra do Sexo.

** *Sahashara* — O sétimo Chakra, situado no topo da cabeça, em direção à espinha dorsal; o chakra da Iluminação.

O Rebirthing é a tentativa de realizar, em nosso pequeno corpo, toda a vida cósmica, para chegar à perfeição de ter acesso aos poderes do Universo. O Sol é energia, é a maior fonte de Prana da Terra. Toda a natureza é plena de Prana e necessita do Prana para sua existência; nós somos natureza, precisamos nos reabastecer constantemente de Prana, e para isso devemos utilizar todas as fontes naturais de Prana de nosso Universo: Ar, Terra, Fogo, Água e Relações.

"*A respiração consciente é uma inspiração e não uma disciplina. Não é a marca de um produto. É ter consciência da respiração. É um poder maravilhoso dentro de nós, uma potência que sempre tivemos, que ministra uma energia especial para manter o ritmo da respiração. Essa energia especial é o Sopro da Vida, uma energia que cura e alimenta. Por meio da meditação ou do ritmo da respiração, você pode alcançar essa energia. É provável que seja o medo inconsciente e as lembranças psicofísicas que nos impedem de ter acesso a esse poder mais freqüentemente. A unidade na respiração provoca uma experiência física de unidade com o Ser*", *disse* Leonard Orr.

Esteja certo: só se pode aprender os segredos da respiração respirando!

A Respiração Consciente deveria ser ensinada em todos os níveis do sistema educativo. Deveria ser ensinada às mulheres grávidas e aos papais "grávidos" para que os bebês nasçam mais saudáveis, de pais saudáveis. Deveria ser ensinada nas indústrias. Deveria ser ensinada em todas as partes e em todas as profissões, pois respirar conscientemente aumenta a inteligência; assim, a qualidade de vida e o desempenho no trabalho melhoram. Aprender a respirar correta e plenamente, com toda nossa capacidade, é o que mais contribui para a felicidade no mundo.

5

As Vinte Respirações Conectadas Ensinadas por Leonard Orr

A prática das VINTE RESPIRAÇÕES CONECTADAS é um simples exercício de ***respiração consciente.***

Leva somente trinta segundos executar este exercício; por isso, ele é ideal para a vida agitada que vivemos hoje. ***Só 30 segundos*** de **respiração conectada consciente de energia** trazem ao corpo e à mente nova energia vital. O exercício pode ser feito no princípio do dia ou no final, ou em ambos os períodos. Recomendo que faça esse exercício uma vez por dia na primeira semana. Lembre-se de que, se você não tem respirado conectadamente, seu corpo tem fome de oxigênio; uma vez no dia, no início, é o suficiente. Depois de muita prática, quando seu corpo já estiver habituado a grandes quantidades de oxigênio e Prana, você poderá executar as Vinte Respirações Conectadas em qualquer momento que quiser ou quando se sentir tenso ou ansioso em alguma situação, para que sua energia rapidamente se refaça e você fique sempre tranqüilo e relaxado para resolver qualquer problema.

Agora, você não tem mais desculpas para não cuidar da energia do seu corpo! Só 30 segundos de **Respiração Consciente Conectada de Energia** e seu corpo estará refeito, sua mente lúcida e serena.

PARA EXECUTAR AS VINTE RESPIRAÇÕES CONECTADAS

1. Faça quatro respirações curtas.
2. Ao fim de cada série de respirações curtas, faça uma respiração longa.
3. A inalação e a exalação devem ser feitas pelo nariz.
4. Faça quatro respirações curtas e uma longa, quatro vezes, SEM PARAR.

Agora, faça uma experiência:

Una a inspiração à expiração em um ciclo contínuo, como uma espiral, SEM PAUSAS.

As vinte respirações devem estar conectadas.

O propósito das respirações curtas é enfatizar a conexão e a união da inspiração com a expiração em um círculo completo ininterrupto.

O propósito da respiração longa é encher de ar os pulmões, chegar ao máximo de inalação e liberar ao máximo na exalação.

Neste momento, antes de continuar lendo, faça cinco respirações conectadas (quatro curtas e uma longa). As cinco, unidas, são como uma só respiração.

Observações:

1. *Não retenha a inalação nem force a exalação.*
2. *A respiração deve ser natural. Não a force nem controle.*
3. *O ritmo da respiração deve ser fluido.*
4. *Ao respirar corretamente, você sente a energia e o ar movendo-se em seu corpo. É a Energia da Respiração Consciente. Pode-se restringir o fluxo do ar quando se respira energia.*
5. *Tome consciência de que está respirando energia desde a primeira vez que você praticar as Vinte Respirações Conectadas. Você notará como a quarta respiração longa é mais plena e maior que a primeira.*

Agora, leia este capítulo desde o início outra vez, descubra o ritmo da respiração que lhe é apropriado e faça as vinte respirações conectadas.

Este exercício é simples, completamente inofensivo e seguro para qualquer pessoa que goste de viver. Em outras palavras, é excelente para sua saúde. Se você tem planos de continuar vivendo, terá de continuar respirando. Com a prática, você notará que o exercício se torna cada vez mais agradável.

Você teve alguma sensação física?

Algumas pessoas têm a sensação de formigamento nas mãos, no estômago e em outras partes do corpo. As pessoas com maus hábitos de respiração experimentam sensações raras e insinuantes quando respiram conectadamente.

Faça essas vinte respirações todos os dias, atentando para as diferentes sensações físicas a cada dia. Isso significa que você está aprendendo a respirar.

Outras Observações Importantes:

1. A respiração é totalmente inofensiva, a mente não.
2. Qualquer sensação diferente proveniente da respiração desaparece completamente quando você continua respirando.
3. A respiração traz relaxamento.
4. O relaxamento libera tensões.
5. As tensões causam sensações.
6. Nem a respiração nem o relaxamento causam sensações. São as tensões armazenadas e a poluição da mente que as causam. Você se sentirá relaxado e em paz.
7. Cada inalação e exalação induzem involuntariamente ao relaxamento.

8. A respiração é totalmente segura e doadora de vida.
9. Se você relaxa demasiadamente, por respirar conectadamente por muito tempo, pode ter sensações fortes que podem assustá-lo.
10. É recomendado que se faça somente VINTE RESPIRAÇÕES CONECTADAS por dia, nos primeiros sete dias.
11. O objetivo dessa recomendação é diminuir no início as sensações que possam assustá-lo.
12. A respiração é muito simples e eficaz.
13. Se você praticar demasiado rápido e se se assustar, por favor, leia a seção sobre Hiperventilação imediatamente. Não se preocupe!

Se você praticar as VINTE RESPIRAÇÕES CONSCIENTES CONECTADAS durante um ano, uma vez por dia, você conseguirá uma enorme consciência da respiração, e, assim, terá respirado muito mais do que no ano anterior. A prática das VINTE RESPIRAÇÕES CONSCIENTES CONECTADAS uma vez ao dia, pelo menos por um ano, lhe dará muito mais consciência da respiração do que você tem tido em toda a sua vida até agora.

Esse simples exercício nos faz compreender que sempre temos algo a aprender sobre a respiração.

A respiração consciente de energia é o principal elemento de cura de todas as doenças. A maioria das pessoas mais cedo ou mais tarde recorda o momento de sua primeira respiração e muitos outros fatos envolvendo o nascimento. Respirar corretamente é uma fonte contínua de milagres. A respiração tem-se mostrado bastante eficiente para o problema de viciados em drogas, principalmente adolescentes, pois alivia as emoções e os pensamentos que levam uma pessoa a depender de drogas e vícios em geral; é excelente no processo de aprendizagem, porque permite usufruir e relaxar, tanto os alunos como os professores, aumentando a inteligência, a concentração e a memória na aprendizagem.

Todas as pessoas que se tornam "respiradores conscientes" são mais calmas e inteligentes, além de mais saudáveis física e mentalmente.

Ciclos Completos de Energia

Com a continuação da prática das Vinte Respirações Conectadas, você atingirá mais facilmente o **Ciclo Completo de Energia** e perceberá como é divertido e prazeroso respirar conscientemente. Um **Ciclo Completo de Energia** geralmente leva de 1 a 2 horas de respiração ininterrupta, é uma sessão de Rebirthing e é mais fácil fazê-la com um instrutor ou guia de Rebirthing experimentado, que pode ajudá-lo a passar por sentimentos fortes, sensações físicas, medo ou dor, e que pode lembrá-lo de que deve respirar sempre que você pára ou se distrai durante o processo. Isso porque o Ciclo Completo de Energia pode causar sensações físicas poderosas, inclusive assustadoras e dolorosas; mas que você pode estar certo de que são temporárias e sempre desaparecem se você se concentra na respiração e continua a respirar, porque, com a respiração consciente, você relaxa, e *o relaxamento é o inimigo fundamental da dor.*

Um **Ciclo Completo de Energia** purifica os sistemas circulatório, o nervoso e a aura ou corpo de energia. Seus pulmões podem ser uma fonte de paz e prazer. Você deve ver para crer. Trata-se de uma experiência bela e maravilhosa. Quando você passar por alguns ciclos completos de energia, poderá saber realmente o que é respirar. Respirar está muito além das palavras — vivencie isso, e as palavras não serão mais necessárias. Você não precisará sair atrás de provas, pois os mais de 100.000 mestres em Rebirthing ou respiração consciente têm inteira certeza de tudo isso. O mais fácil é que você pode aprender com um bom profissional, um guia ou mestre de Rebirthing, que tenha experiência em respiração.

O **Ciclo Completo de Energia** é o maior milagre por que podemos passar, e ele é causado apenas pela respiração. Durante o ciclo completo de energia, a pessoa tem a sensação de que o corpo é "respirado" por um poder maravilhoso, muito maior que ele mesmo, no momento em que o espírito da respiração ou energia vital pura toma conta da respiração. Quando a respiração conectada rítmica é realizada corretamente, o ciclo completo de energia acontece naturalmente. Respirar corretamente é uma inspiração e não uma disciplina, significa respirar livre e facilmente em vez de controladamente, isto é, respirar intuitivamente em vez de se concentrar na contagem ou no ritmo. O que não quer dizer respirar rápido nem hiperventilar, mas respirar suavemente, sentindo o fluxo de energia por todo o corpo.

A experiência da Respiração Consciente e dos Ciclos Completos de Energia produz muito mais energia em nossa vida; nos induz ao relaxamento mais facilmente; assim como à meditação, à música e às artes; a fazer amor ou sexo com mais prazer; à leitura; aos relacionamentos amorosos com toda a natureza; ao sono; à maior criatividade e dedicação no trabalho, nos estudos e nos esportes; aos pensamentos positivos e construtivos em nossa vida, nos deixando mais aptos a ouvir, a compartilhar, a participar e a servir a humanidade.

A LIBERAÇÃO DA RESPIRAÇÃO

A cada sessão de Rebirthing, renovamos mais nossa respiração, até a liberarmos por completo, e, juntamente com essa liberação, nossa infância divina renasce a cada sessão, nos músculos, nervos, tecidos, em cada célula de nosso corpo. Por isso, essa técnica foi designada Rebirthing — que na língua portuguesa é traduzida por Renascimento.

Passar de novo pelo nascimento é necessário, sobretudo quando isso se liga à inibição do mecanismo de respiração; tão logo você libera essa inibição da respiração, você libera também o trauma de seu nascimento, e todos os seus traumas subseqüentes são desvendados e resolvidos devido à Integração. Isso porque a inibição básica do mecanismo da respiração foi implantada na consciência de cada um de nós, no momento do nascimento, durante a primeira respiração, e todas as supressões emocionais por que passamos contribuem para uma inibição respiratória maior. É como fecharmos uma torneira, interrompendo o fluxo natural da água. Seu trauma de nascimento foi sua primeira supressão e seu primeiro bloqueio respiratório. A cada supressão, bloqueios diferentes ocorrem na área dos pulmões, dos músculos peitorais, abdominais, dos ombros e da coluna, da traquéia, etc., os quais não só queimam a energia sem necessidade, mas também inibem a alimentação de oxigênio, devido à respiração insuficiente. Assim que parte desse material é integrado, o mecanismo da respiração se libera. A **Liberação da Respiração** ocorre quando integramos o trauma do nosso primeiro ato respiratório, que foi conseqüentemente acompanhado por sufocação, o que é seguido por uma grande abertura e relaxamento da respiração.

Torna-se claro, assim, por que a **Liberação da Respiração** é o aspecto mais importante do Rebirthing. Em conjunção com a liberação da respiração há, também, uma liberação de toda a sua resistência à vida.

Porém, a liberação da respiração só vai ocorrer quando você se sentir seguro o bastante para reviver o momento de sua primeira respiração, intimamente ligado ao seu trauma de nascimento e, logicamente, à sua Lei Pessoal. Você revive o momento em que começou a respirar pela primeira vez, em totalidade, isto é, fisiológica, psicológica e espiritualmente. A partir disso, o mecanismo de sua respiração é transformado e você pode perceber o seu grau de inibição respiratório e ter condições de se corrigir.

Só essa experiência anulará o poder do trauma de nascimento da mente e do corpo.

"*A porção da respiração liberada provavelmente toma conta de toda a experiência genuína do Rebirthing, mas o clímax ocorre quando a energia vibrante flui pela garganta, não raro causando constrição e choque, como num estrangulamento, assim como o dos fluidos amnióticos, quando você respirou pela primeira vez. Essa é a parte mais assustadora do Rebirthing, pois a pessoa volta ao primeiro instante de sua vida, quando teve de esforçar-se para respirar, enquanto sufocava, tentando retirar o líquido amniótico dos condutos respiratórios e introduzir ar neles. Isso é o que se deve eliminar para que a pessoa se sinta segura, pois, para ela, a sensação foi de estar perto da morte, não do nascimento. Fazer com que a pessoa supere esse momento é que é a arte do Rebirthing e a primeira regra para um bom Rebirther*", afirma Leonard Orr.

Ao liberar a sua respiração, o cuidado deve estar em atentar para o que você pensa. Esteja alerta a seus pensamentos nesse instante, pois o poder de sua força vital passa, agora, a seus pensamentos. O profissional de Rebirthing deve apoiar seu cliente nesse momento, dizendo-lhe positivas e fortes afirmações, que o ajudem a superar com sucesso essa passagem tão importante. Isso porque o perigo de ter o total poder da vida sem a sabedoria da consciência pode interferir no seu renascimento, pois temos observado que as pessoas negativas se bloqueiam, negam essa experiência e não renascem. Com isso, tornam a prender a respiração, têm de novo o medo de respirar livremente e só perderão esse medo se renunciarem às idéias destrutivas e se se renderem à experiência da mudança, pois a liberação da respiração vem junto com a liberação de pensamentos negativos.

O Rebirthing é um método científico de regeneração. Devemos reconhecer que somos parte de Deus, parte deste Universo. Somos Deus. Somos o Universo. Está mais do que provado que os seres humanos têm poderes que desconhecem. Você já percebeu o quanto o homem domina as coisas que quer ao seu redor, a natureza, tudo aquilo em que se concentra e que o motiva tornando-se seu objetivo? Vemos isso nas mais diversas modalidades de esporte e em todo tipo de motivação. Nosso poder é indiscutível. Só devemos usar esse **poder** construtivamente, para avançarmos em nossa evolução, e não destrutivamente, como na maioria das vezes fazemos. Utilizarmos nosso poder com amor, não com ódio.

A liberação da respiração ocorre facilmente para aqueles que compreendem seu impulso inconsciente de morte e que desenvolveram uma filosofia que inclua o conceito de Imortalidade Física. Por isso é tão importante a explanação sobre este tema antes de sua segunda sessão de respiração, quando todo o processo passa a ser intenso.

Seu trauma do nascimento pode ser a situação mais próxima da morte física por que você já passou, se o seu cordão umbilical foi cortado antes de 2 horas após você nascer, isto é, antes de você ter aprendido a respirar e depois de quase ter morrido sufocado em seu próprio líquido amniótico. Por isso você pode ter de aprender a respirar de novo — suas memórias ficaram gravadas e você tem medo de voltar a sofrer como antes. Assim, enquanto você não toma consciência de seu impulso de morte, você não libera totalmente a sua respiração. Um bom profissional é necessário no início do processo, em função dessas memórias, e é ele que o tranqüilizará para que tudo corra bem durante o processo de reaprender a respirar para reaprender a viver plenamente.

Por outro lado, as pessoas que atingem a liberação da respiração estão aptas a deixar de ter medo da morte, e sua conexão com seu corpo físico às vezes se torna tão prazerosa, que a imortalidade física espontaneamente se torna concebível e desejável, pois todo o desejo que você tem é o de continuar a respirar, respirar, respirar...

O Rebirthing deve, portanto, contribuir com sua vivacidade e fazê-lo dominar a **Imortalidade Física.**

SÍNDROME DE HIPERVENTILAÇÃO

A **hiperventilação** ocorre nas primeiras sessões de Rebirthing. É um processo inicial da liberação da respiração que colabora para que essa aconteça.

Logo que foi descoberto, o Rebirthing era só mais uma técnica de respiração, assim, o processo de hiperventilação ocorria sempre. Porém, com o seu desenvolvimento, quando se atentou mais nesse processo e se percebeu a integração da respiração conectada consciente e dos cinco elementos do Rebirthing, realizada curta e rapidamente, esta síndrome ainda ocorre; mas, como profissionais eficientes, sabemos acalmar e fazer a pessoa integrar e desfrutar esse momento.

A **hiperventilação** é definida por uma grande perda de dióxido de carbono no sangue, o que resulta em uma respiração profunda e rápida. Os sintomas sempre são seguidos de tontura e sentimentos de pânico.

Assim, se a pessoa está muito assustada, se sua respiração é curta, rápida e não alivia a sua tensão, ela poderá também ser tratada oferecendo-se-lhe um saco de papel para respirar, ou mesmo orientando-a para que use suas próprias mãos em concha, para que assim volte a seu sangue o dióxido de carbono, através de sua própria respiração, que contém alta taxa dele.

A hiperventilação sempre ocorre devido à inibição da respiração. É impossível verificar a hiperventilação quando a pessoa respira livremente e sem bloqueios. Mas, como falamos antes, todos nós, sem exceção, temos certa inibição na respiração, uns mais outros menos. O que difere é a intensidade, a depender do grau de inibição respiratória no momento do nascimento, do grau do trauma do nascimento e da quantidade e qualidade de supressão. Por isso, ***todos temos uma subventilação***, que é considerada uma respiração normal, pela medicina e também por leigos.

O que chamamos de **Síndrome de Hiperventilação** é uma parte natural do Rebirthing. Leonard Orr desenvolveu uma nova teoria sobre a hiperventilação, depois de renascer sobre 10.000 pessoas, e essa teoria já foi aceita pelos médicos que se submeteram ao Rebirthing. Para ele, o ***Rebirthing ativa a hiperventilação; por isso, é, atualmente, a cura para a subventilação.***

Além da inibição da respiração, devido às causas mostradas acima, a hiperventilação ocorre, também, porque o praticante força demais ou amplia a expiração. Geralmente, isso acontece com as pessoas que estão muito assustadas com os pensamentos ou os sentimentos que estão tendo, e que começam a expirar em demasia, sob tensão, no momento em que materiais suprimidos começam a vir "à tona", tentando se livrar de coisas ou sensações consideradas ruins, que vão surgindo no corpo.

Quando a expiração está completamente livre e relaxada, nunca ocorre a hiperventilação, por isso, depois das primeiras sessões em que o cliente já aprendeu a relaxar mais, já aprendeu a integrar suas supressões, quando praticamente superou seu trauma de nascimento, liberando sua respiração e estando mais confiante, quando respira quase sem medo, esse problema desaparece.

A hiperventilação sempre foi tratada pelos médicos como uma doença, como já dissemos no capítulo sobre a respiração consciente — pois eles acreditam que nós temos uma respiração normal, devido ao fato de desconhecerem completamente o processo de respiração interior e a intensidade da respiração consciente. Eles normalmente levam em consideração só uma parte da respiração, isto é, a respiração exterior, porém, nada nesta vida pode existir apenas como sendo uma parte, as coisas só existem de modo INTEGRAL, TOTAL.

Muitas pessoas têm medo da hiperventilação; portanto, é importante discutirmos esse assunto antes mesmo de iniciarmos a primeira sessão, pois, se não, a experiência do Rebirthing se tornará para elas mais difícil do que realmente é.

Já dissemos que, devido ao trauma do nascimento, inibimos o mecanismo da respiração, gerando uma respiração superficial. Quando a pessoa respira normal, profunda e livremente pela primeira vez, sem medo, automaticamente produz algumas mudanças no corpo e passa a ter certa tranqüilidade, estímulo, sente-se salva para completar o processo. Portanto, o bom profissional sempre avisa o cliente sobre esse acontecimento e o prepara antecipadamente; ele também deve orientar o cliente durante a respiração, para que este fique calmo, respire naturalmente e procure relaxar enquanto revive seus traumas e medos, para que essa experiência não acarrete, pela segunda vez, medos nem traumas (eles ocorreram pela primeira vez quando você nasceu; o seu renascimento deve ser prazeroso). Se isso é encarado com medo tanto pelo Rebirther quanto pelo cliente, ou se esse processo é interrompido, o resultado poderá ser um medo eterno, não havendo mais uma solução, ou liberação, para a hiperventilação; por causa disso o praticante bloqueará ainda mais seu mecanismo de respiração e, não raro, não voltará às consultas seguintes, ou, se o fizer, não levará adiante o processo de liberação de traumas e da respiração; pelo contrário, poderá sentir medo continuamente, o que fará com que sua respiração volte a ser curta, às vezes mais curta que antes, e isso acentuará na pessoa o desejo de morrer, que será acompanhado do pensamento: "*Respirar é algo realmente terrível. Se para viver preciso respirar, então prefiro morrer.*"

A respiração ativa o material suprimido, mas não causa a integração. O que transforma todo o processo, tornando-o agradável, é a utilização dos outros quatro elementos do Rebirthing, que geram a integração e facilitam essa sensação de prazer. Fica claro, portanto, como é importante conhecermos os *cinco elementos* que compõem o Rebirthing, elementos que serão explicados no capítulo seguinte.

É só pelo uso dos cinco elementos do Rebirthing que o relaxamento se torna profundo e a entrega ao processo passa a ser total, o que proporciona uma maior eficácia e grande capacidade de desfrutar com um grande nível de conscientização todos os acontecimentos da sessão.

TETANIA

A tetania é a paralisia temporária e involuntária de certos músculos, que às vezes pode ocorrer durante as primeiras sessões de Rebirthing.

Não há nada de errado, nada que possa gerar medo ou desconforto no que diz respeito à tetania durante o Rebirthing, a não ser que o cliente ou o Rebirther não saibam lidar com essa situação. Se durante a sessão os dois tentarem resistir à tetania ou combatê-la, só irão piorá-la. Quase todas as pessoas que passaram pelo Rebirthing tiveram tetania.

Na maioria das vezes, quando a tetania ocorre, ela atinge as mãos e os músculos da face, principalmente aqueles ao redor da boca, apesar de poder afetar qualquer parte do corpo. É importante que o profissional observe onde ela está ocorrendo, pois se se dá em lugares muito incomuns, ela poderá estar ligada a áreas traumáticas, e é bom que se registre isso para poder ajudar a pessoa de modo mais eficaz.

A tetania geralmente está ligada ao nosso controle da exalação, ou por forçarmos a expiração ou pelo fato de a retermos, e ainda pelo medo que temos de respirar.

Como Eliminar a Tetania:

1. compreender que não há nada de errado;
2. não resistir a isso;
3. relaxar a expiração;
4. relaxar o corpo todo;
5. se for muito intensa, concentrar a sensação, entregando-se e buscando integrar;
6. respirar de modo rápido e curto;
7. buscar integrar rapidamente;
8. principalmente, tentar entender que a tetania não é nada errado nem desagradável; ela é apenas uma etapa para que possamos conseguir liberar a respiração e eliminar certos traumas.

Não se preocupe com a tetania, é comum que ela ocorra; ao adquirir mais experiência no que concerne a respirar e a conseguir liberar a energia e a respiração, você verá que ela não mais fará parte das sessões de Rebirthing, e só sentirá muito prazer e divindade.

Observação para o Profissional: tente tranqüilizar o cliente nesse momento, fazendo uso das afirmações usadas na integração, a fim de que esta ocorra mais rapidamente, permitindo à pessoa relaxar mais rápido, com calma, prazer e confiança, proporcionando-lhe um total relaxamento. (Leia o *Manual para o Profissional de Rebirthing*, no Capítulo 18).

6

Os Cinco Elementos do Rebirthing

Os cinco elementos existem para responder à pergunta:

"Como aumentar o prazer que você sente no momento presente?"

Os Cinco Elementos são:

1º. Respiração Conectada Consciente
2º. Relaxamento Total
3º. Consciência Total nos Detalhes
4º. Integração Até o Êxtase
5º. Total Aceitação — Haja o que Houver, Tudo é Perfeito

O Rebirthing foi descoberto e ensinado antes de os cinco elementos serem desenvolvidos. Porém, depois de terem sido desenvolvidos, observou-se que, ao se fazer uso deles, o processo se tornou mais eficiente. Toda a importância recai na integração, que é o ponto máximo do Rebirthing, depois da Respiração Circular Conectada. Alcançamos todos os resultados desejados quando os utilizamos.

Rebirthing não é só a respiração conectada. Você deverá conhecer, e saber usar, todos os cinco elementos do Rebirthing para aprender a se "entregar" e a "integrar" o material desagradável suprimido, que é ativado pela respiração. O corpo está vibrando de energia no Rebirthing. Todos os movimentos do corpo são um "condutor elétrico" que serve para integrar a energia. Os cinco elementos estão entrelaçados. Além da respiração circular conectada, os outros quatro elementos é que o tornarão capaz de sentir um profundo prazer, até atingir o êxtase.

O Rebirthing vai trazer material pré-planejado para processá-lo, como o nascimento, por exemplo, para que você tenha consciência de qualquer coisa que esteja entre você e o prazer indefinido do seu momento de vida. O Rebirthing não utiliza a respiração como um fim, mas como um meio para que a pessoa tenha seus próprios sentimentos honesta e positivamente.

Desse modo, o Rebirthing é apenas um processo de autoconhecimento que busca alcançar, fazendo uso desses cinco elementos, o pleno domínio da técnica durante a respiração, que é a provocadora dos elementos, pois ativa importantes padrões emocionais que estão bloqueados; esses padrões não permitem que a bioenergia flua livremente, o que prejudica todo o organismo; esses padrões também são os principais causadores de doenças mentais, corporais, psíquicas e espirituais.

1º Elemento:

RESPIRAÇÃO CONECTADA CONSCIENTE

"Se respiramos, vivemos; se não respiramos, não vivemos."

A RESPIRAÇÃO DEVE SER CIRCULAR E SEMPRE CONECTADA
Circular, mas não estática; circular, mas como uma espiral:

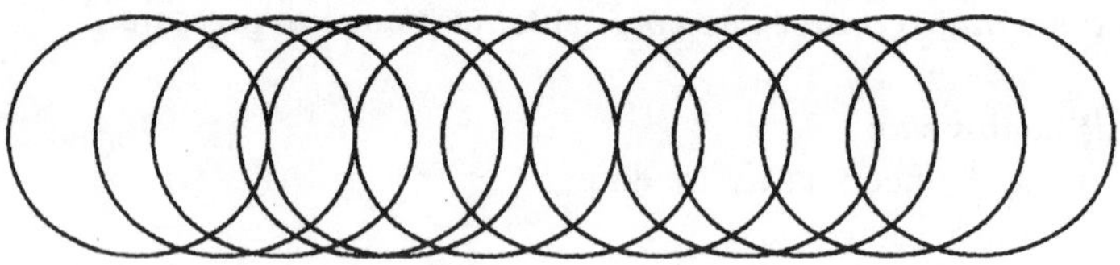

A RESPIRAÇÃO CIRCULAR tem os seguintes critérios:

- A inspiração e a expiração são unidas e conectadas SEM PAUSAS.
- A expiração é relaxada e NUNCA CONTROLADA.

RESPIRA-SE:

- **Pelo nariz:** inspira-se e expira-se pelo nariz.
- **Pela boca:** inspira-se e expira-se pela boca.

NUNCA ALTERNANDO.

"O modo que o faz se sentir melhor será o melhor."

- Quando se deseja aumentar o fluxo do ar no corpo, durante a ativação da repressão, é preferível que se respire pela boca.
- Devemos respirar como um "chafariz", não forçando, mas de modo suave.
- Se você não está conseguindo sentir os *padrões de energia* * no seu corpo o suficiente para explorar detalhes, aumente o volume de ar por meio da *inspiração mais longa*.

---

* *Padrão de energia* — Aqui definido como qualquer pensamento, sentimento ou sensação que temos no momento, ou, mais precisamente, qualquer experiência discreta que faz parte da realidade subjetiva da pessoa num determinado espaço de tempo.

- Se o padrão de energia está muito intenso, não sendo possível usufruir, diminua o volume do ar por meio da *inspiração mais curta.*
- *Inspire lentamente* para aumentar a conscientização;
- Ao estar consciente do padrão de energia, *acelere sua inspiração* a fim de acelerar a integração.

(Obs.: sempre que aceleramos a respiração, aceleramos a inspiração, não a expiração, pois esta *nunca deve ser controlada*, deve ser sempre natural, o corpo decidindo se longa ou curta, independentemente do ritmo da inspiração.)

A Respiração Circular resulta num "circuito completo de energia" no corpo, e você pode sentir o fluxo da energia, incluindo os bloqueios desse fluxo, que são causados pela supressão. Isso resulta em ***ativação*** de velhos tipos de "atitudes erradas" suprimidas e dá a você a oportunidade de integrá-las.

ATIVAÇÃO *é tornar-se totalmente consciente de padrões de energia suprimidos — as "atitudes erradas" do passado; é ativar padrões, não só lembranças. Não é importante reviver as experiências; as lembranças também não são importantes; o que importa são padrões de energia ativados movendo-se pelo corpo e pela mente, e nos tornarmos totalmente conscientes dessa energia. Essa consciência expande a mente consciente e apressa o processo de integração.*

HÁ TRÊS MANEIRAS PRINCIPAIS DE RESPIRAR NO REBIRTHING, COM RELAÇÃO AO VOLUME E À VELOCIDADE:

1. Respiração Circular Plena ou Profunda e Lenta:

- Para iniciar o Rebirthing.
- Quando você acaba de integrar um padrão de energia e comeca a ir em direção a outro.

Por meio da respiração profunda e lenta, você fica mais consciente dos padrões e fica mais fácil concentrar-se neles. É usada, também, para auxiliar no relaxamento.

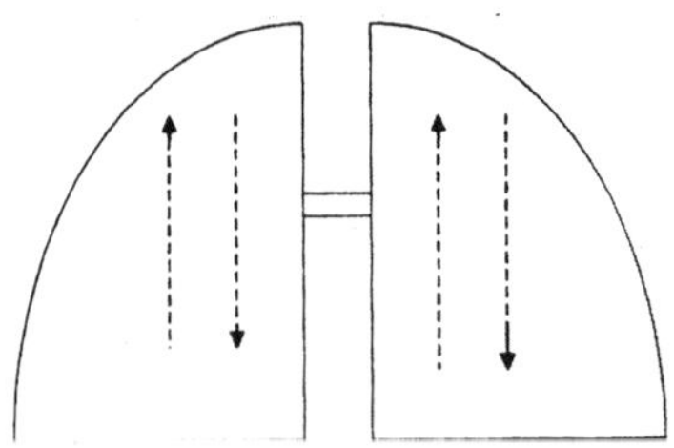

2. Respiração Circular Superficial e Rápida:

- Quando um padrão vai surgindo com muita intensidade;
- Respirar superficialmente facilita o padrão ao surgir e o respirar rapidamente facilita a integração.
- Quando se tem uma dor ou uma forte tensão ou quando há hiperventilação.

Ao respirar rápido e superficialmente é **muito** importante concentrar-se no padrão intensa e detalhadamente.

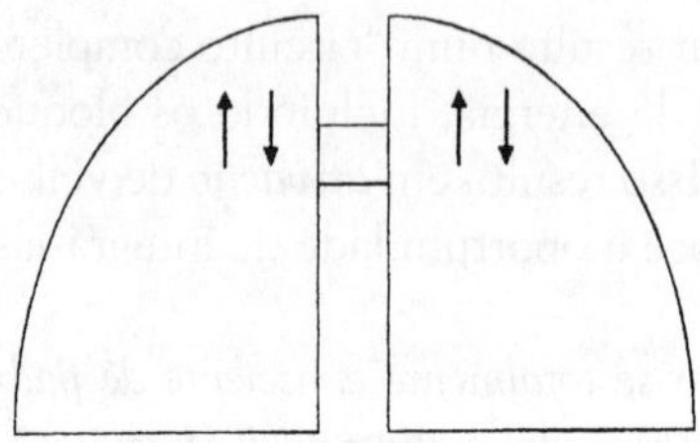

3. Respiração Circular Profunda e Rápida:

- Quando surge um padrão que tende a desviar a sua atenção em relação ao corpo como, por exemplo, começar a dormir, que é uma maneira de suprimir o padrão que vem surgindo.

Respirar profundamente traz uma maior quantidade de ar, o que o faz concentrar-se no seu corpo, e o respirar rápido facilita a integração. Desviar a sua atenção do seu corpo é uma maneira de tornar-se inconsciente; e esse tipo de respiração, unida à profunda concentração em suas sensações, que acompanham esse tornar-se inconsciente, o ajudará a não pegar no sono.

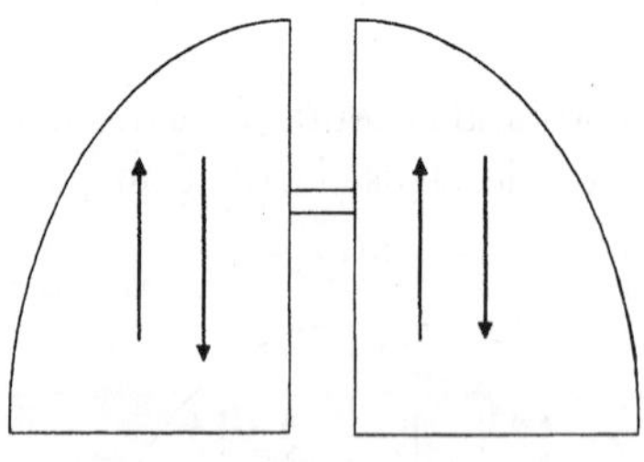

Respiração em Ritmo Normal

Com relação aos três tipos de respiração descritos, haverá momentos em que você fará mais uso de um deles. Durante o Rebirthing, haverá momentos em que a respiração tenderá a ser moderada. Depois de você estar bem familiarizado com o processo, sua respiração tenderá a ajustar-se perfeitamente, como resultado de sua confiança nesse processo.

Respirar com a Parte Inferior ou com a Parte Superior dos Pulmões?

Durante uma sessão de Rebirthing, *procure respirar com a parte superior dos pulmões*, quando você perceber um padrão de energia se manifestando na cabeça ou na parte superior do corpo, a fim de facilitar a concentração e a integração. *Procure respirar com a parte inferior dos pulmões* quando você notar um padrão de energia se manifestando nas pernas ou na parte inferior do corpo, com o objetivo de facilitar a concentração e a integração. Porém, você precisará identificar se há alguma coisa suprimida, algo que está impedindo a respiração; essa identificação se torna mais fácil quando você, a princípio, é orientado por um profissional, pois pode ser que algo que você está sentindo na parte inferior do corpo esteja inibindo a respiração na parte superior dos pulmões, ou vice-versa. Você vai precisar usar sua intuição. Seu guia deverá reconhecer as vezes em que você estiver anulando a respiração em certa área dos pulmões e deverá instruí-lo a voltar sua respiração para essa área.

A vida é como uma respiração conectada circular, como uma espiral — está em constante crescimento. Se você acredita que a vida é um círculo, então sua vida é estática. Se você acredita que a vida é uma espiral, então ela está em constante crescimento.

Se você respira, você vive. Essa é a sua imortalidade. Você pode passar vários dias sem comer, sem receber a luz do sol, sem beber água; mas você não pode passar mais do que alguns minutos sem Ar.

2º Elemento:

RELAXAMENTO TOTAL

Também podemos definir o Rebirthing como ***"uma técnica de relaxamento total tão eficiente que a tensão nunca poderá voltar"***.

Não podemos interferir no relaxamento total; devemos deixar que ele aconteça — ENTREGAR-SE A ELE. Isso quer dizer NÃO CONTROLAR. Durante o relaxamento, muitos padrões surgem, e expressões de sentimentos "ocultos" podem vir à tona, como rir, chorar, gritar, etc. Tudo isso está "certo", porém o modo mais eficaz para acabar com esses padrões de energia ativados é **integrá-los**, pois a integração leva à perfeita libertação. Muitos "dramas" não ajudam a obter a integração e quase sempre são usados como uma maneira de desviar a atenção de uma verdadeira sensação que você possa estar sentindo no corpo, podendo anular a integração e torná-la desnecessariamente difícil. Portanto, no Rebirthing é importante expressar os sentimentos, mas não é necessário. O relaxamento e a conscientização levam à mais completa compreensão e percepção de todas as suas dificuldades, que facilitam seu processo de vida.

Em uma sessão de Rebirthing a seco, não há uma posição obrigatória, mas geralmente solicita-se que você fique deitado de barriga para cima, numa posição confortável, com as pernas separadas, os braços ao longo do corpo com as palmas das mãos voltadas para cima, numa posição completamente solta, pois essa posição é mais eficiente para conseguir o relaxamento. Durante a sessão, procure não se mexer, mesmo que sinta algum tipo de coceira, para que você esteja predisposto aos importantes padrões de energia; desse modo, você aprenderá que coceira, arrepio, etc., são importantes padrões de energia. Nessa posição de relaxamento, você terá a oportunidade de sentir realmente o que você sente ao querer reagir a tais situações, pois esta é uma posição excelente para ativar material suprimido rapidamente e integrá-lo sutilmente. Às vezes, devido à tristeza ou ao medo com relação à ativação de fatos suprimidos que venha a ocorrer, você poderá querer assumir uma posição fetal, o que é natural e que pode ser de grande ajuda a fim de integrar muitos padrões. O importante é saber que, em qualquer posição que você estiver, deve procurar ficar imóvel, evitando distrações e observando sentimentos e sensações a cada instante, com o objetivo de aumentar a eficiência do processo.

Em uma sessão de Rebirthing na água, a orientação é de que você se solte, que relaxe completamente, mesmo estando na água, pois o profissional estará ao seu lado, sustentando seu corpo, para lhe dar conforto e proporcionar esse completo relaxamento, ajudando-o com a integração de padrões suprimidos.

Quando o corpo não está relaxado, é sinal de que você está tentando manter as supressões ocorridas anteriormente. Quando você relaxa, você se torna consciente das áreas ainda tensas com mais facilidade. Quanto mais relaxado você estiver, mais surpresas agradáveis você terá.

O relaxamento o ajudará a descobrir as áreas tensas devido às supressões estabelecidas nessa região anteriormente, por isso ele é muito importante no momento da integração, além de ser um caminho para o equilíbrio da energia no nível celular, energia um dia bloqueada. Pois, relaxada, é mais fácil a pessoa conscientizar-se e vir a sentir o fluxo de energias sutis em seu corpo.

O **relaxamento total** implica relaxar não somente o corpo exterior ou físico, mas também o corpo interior. No relaxamento total, a respiração é sem ruído, silenciosa, é inspiração e expiração tranqüilas. A essência envolve relaxar sem abrir mão dos próprios sentimentos, em lugar de esconder-se deles para que eles sejam substituídos ou desapareçam, em vez de apegar-se à idéia de que a expressão de uma emoção é indispensável para resolvê-la.

3º Elemento:

CONSCIÊNCIA TOTAL NOS DETALHES

Conscientização corporal. Estar consciente de tudo o que ocorre em seu corpo. Saber se alguma parte dele dói, como dói, onde dói, o que você sente, que cor visualiza, ver o seu interior de modo detalhado, durante toda a sessão de Rebirthing. É, portanto, concentrar seus sentimentos e sensações, que são resultado de padrões de energia ativados. Aproximar a consciência o máximo possível do momento presente, procurando explorar detalhes com precisão.

Buscar estar consciente de padrões de energia como: dormência nos pés ou nas mãos, se ocorrer; tremor em alguma parte do corpo, se existir; da energia fluindo através de todo o corpo; de alguma lembrança que ocorra; das tensões existentes e onde; do calor ou do frio que venha a sentir e em que partes é mais intenso; gato miando, cachorro latindo, pássaro cantando, cheiros específicos como cheiro do bolo da mãe, dos biscoitos da tia, o perfume do pai, barulho de água, alguma música específica, etc... Rebirthing o fará sentir e desfrutar seus sentimentos.

Voltar a consciência para os detalhes significa estar totalmente consciente do momento presente. O momento presente é contentamento. É impossível sofrer ou ser infeliz aqui e agora; quando sofremos ou estamos infelizes, estamos vivendo na mente, nos pensamentos do ontem ou do amanhã, estamos, portanto, no sonho. Observe se isso não é, de fato, verdade; quando você se sentir triste ou estiver sofrendo, preste atenção e verá que você está ligado a algo do passado, ou tendo esperança e sentindo medo com relação a um plano para o futuro. Se você acha que é algo presente, tudo bem, isso só pode estar sendo comparado a uma lembrança de algo prazeroso do passado ou a algo mais idealizado e cheio de esperanças para o futuro. Por isso no Rebirthing enfatizamos a importância de estarmos conscientes do que está acontecendo AGORA, tanto no corpo, quanto na mente.

Consciência total nos detalhes ativa padrões de energia suprimidos e acelera a integração, por isso é um elemento fundamental do processo. Portanto, é bom estar *consciente dos detalhes no seu corpo e ao seu redor* durante toda a sessão. Devemos estar atentos ao que vier à consciência e compreender o que quer que seja a fim de nos tornar ainda mais conscientes, nesse momento, dessa coisa aparentemente insignificante. Tornar-se consciente de situações exteriores, sem desejar excluí-las, o ajudará a identificar supressões emocionais que estão diretamente relacionadas com aquilo que, no interior, chamou a sua atenção. Por exemplo, o barulho da água caindo de uma torneira pode fazer você se lembrar do momento do nascimento, relacionando esse barulho com a sala de parto, no instante preciso em que alguma torneira tenha sido aberta, e isso o faz acelerar suas lembranças psicológicas com relação ao seu nascimento. O que quer que aconteça para distrair o "Renascido", essa distração é um padrão de energia que lhe chama a atenção e que importa observar com detalhes. Aqui estão incluídos os ***"Dramas"*** — *choros, gritos, risos, etc.* —, ***as fantasias e os pensamentos*** — *durante o processo, dificultam a* *integração, são uma fuga* — ***e os mantras de meditação*** — *técnicas de meditação que fazem com que, no momento de as supressões serem integradas, a pessoa não se entregue e suprima novamente a supressão, pois elas são opostas ao processo do Rebirthing.*

Este terceiro elemento é um momento de pesquisa. Pesquisar quais os nossos sentimentos, onde eles se manifestam no corpo para, então, nos concentrarmos nessas áreas e analisarmos "como esses sentimentos são sentidos".

Pergunte a si mesmo: ***"O que está limitando a minha capacidade de desfrutar este momento?"*** A resposta será: ***"Algum problema que o está preocupando, alguma sensação em seu corpo ou alguma outra coisa suprimida no passado."***

Tornando-se consciente de um sentimento, observe onde ele está em seu corpo e concentre-se nele. Se, durante a respiração circular, surgir algo que não seja emocional, anote de que modo você o sente. Neste terceiro elemento, você aprende a analisar o material suprimido com relação aos seus sentimentos, pois o Rebirthing não é só um processo mental. Concentrar-se no sentimento e descobri-lo é uma forma positiva de relacionar-se com esse sentimento.

A situação em si mesma não é importante.
Tudo está dentro de nós, não fora.

ORIENTAÇÃO FACILITADORA PARA O 3º ELEMENTO CONSCIÊNCIA TOTAL NOS DETALHES

1. Preste atenção aos seus dedos do pé direito. Observe-os detalhadamente.
2. Então, conscientize-se dos dedos do seu pé esquerdo. Observe-os minuciosamente.
3. Observe atentamente a sola do seu pé direito.
4. Observe de modo detalhado a sola do seu pé esquerdo.
5. Agora tome consciência do dorso do seu pé direito, observando-o em detalhes.
6. Preste atenção ao dorso do seu pé esquerdo, observando-o atentamente.
7. Examine o seu tornozelo direito.
8. Atente para o seu tornozelo esquerdo.
9. Estenda sua observação detalhada até sua perna direita.
10. Em seguida, sua perna esquerda.
11. Observe seu joelho direito detalhadamente.
12. Faça o mesmo com seu joelho esquerdo.
13. Atente agora para sua coxa direita. Sinta-a de maneira minuciosa.
14. Dê a mesma atenção minuciosa à sua coxa esquerda.
15. Amplie sua atenção até o seu quadril. Observe-o cuidadosamente.
16. Estenda sua atenção ao seu abdômen. Observe-o atentamente.
17. Examine seu tórax.
18. O mesmo para todo o tronco.
19. Examine como está a musculatura das suas costas. Observe-a.
20. Preste mais atenção à sua coluna vertebral.

21. Note como está sua mão direita.
22. Observe também sua mão esquerda detalhadamente.
23. Em seguida, seu pulso direito. Observe-o.
24. Faça o mesmo com seu pulso esquerdo.
25. Observe o seu antebraço direito.
26. Depois, o antebraço esquerdo.
27. E seu cotovelo direito.
28. Depois, o cotovelo esquerdo.
29. Então, o braço direito.
30. Atente para seu braço esquerdo.
31. Volte sua atenção para o seu ombro direito. Observe-o detalhadamente.
32. Então observe seu ombro esquerdo.
33. Volte sua atenção, neste momento, para o seu pescoço.
34. Passe a examinar o seu couro cabeludo.
35. Em seguida, seus cabelos. Observe cada fio de seus cabelos.
36. Preste atenção à sua face. Observe cada detalhe.
37. Faça o mesmo com relação aos olhos, ao nariz, à boca e ao seu "terceiro olho", entre as sobrancelhas.
38. Por último, à **sua respiração**. Observe detalhadamente sua inspiração e expiração.
39. Volte a sua atenção para todo o seu corpo. Observe-o, percebendo as suas sensações detalhadamente.

Você verá como este exercício de conscientização lhe será útil tanto para o relaxamento quanto para o terceiro elemento do Rebirthing — "consciência total nos detalhes" — e como energizará seu corpo — seu corpo inteiro será "pranificado" e se tornará Divino e "Bem-aventurado". Isso é de grande importância e facilita todo o processo do Rebirthing.

4º Elemento:

INTEGRAÇÃO ATÉ O ÊXTASE

INTEGRAR *é o processo para se permitir conscientemente ver liberdade e perfeição em nós mesmos, ao liberarmos pensamentos suprimidos do que fizemos uma vez, algo denominado como errado ou ruim. A integração é sua capacidade de transformar a energia negativa em energia positiva.* É, portanto, transformar a supressão em celebração. A **Integração é o aqui e o agora.** O PRESENTE.

INTEGRAÇÃO — **objeto do Rebirthing** — ensina você a unir o INTELECTO, as EMOÇÕES e O FÍSICO.

"O 1º, 2º e 3º Elementos acabam com a supressão, e o 4º Elemento acaba com o "fiz-errado". *Acabar com o "fiz-errado" e com a supressão liberta sua mente e gera* *felicidade e poder. Integração é a verdade que completa sua liberdade"* — afirma Jim Leonard.

O PROCESSO DA INTEGRAÇÃO: *ele permite nos tornar totalmente conscientes de algo que um dia anulamos em nossa consciência por meio da supressão, algo que agora escolhemos desfrutar.* É a Interação de vivências, de sentimentos, de dores e de emoções. Devemos reordená-los, mudá-los, "contornar" essa energia, enfrentá-la e superá-la. Integração é uma observação detalhada do corpo — *"o que está acontecendo?"* Ao sentir uma emoção, **devemos perceber do que se trata** — dor, alegria, tristeza, depressão...? Com o processo da integração, nada irá perturbar você, NADA.

Integração ≠ Supressão

Integrar é mais fácil do que suprimir. Durante a integração, sinta a dor ou o incômodo e respire conectadadamente, relaxando e observando, por intermédio do pensamento de incômodo, o que está se passando em seu corpo (dor, tristeza, ansiedade, etc.). **Integrar** reaviva a consciência e energiza a força vital, pois a integração lhe diz a verdade sobre a experiência por que você está passando.

Sua Vida Está Dentro, Não Fora

O Rebirthing o torna consciente de suas supressões, ajudando-o a integrá-las totalmente, pois ele é uma maneira direta e eficaz para provocar a integração.

INTEGRAÇÃO ATÉ O ÊXTASE porque, se você não tiver a experiência das coisas de modo pleno, a mente nunca fará isso sozinha, por meio desse elemento, incitamos a mente a transformar tudo em êxtase.

ÊXTASE — vem do grego ÉKSTASIS e significa: *transformar a energia a meu favor.*

ÊXTASE significa *abandonar todas as "cascas"*, todas as proteções, todos os egos, todas as "mortes", tudo o que o torna um ser morto — sem vida. Estar em êxtase significa ESTAR LIVRE, ESTAR FLUINDO, ESTAR INTENSO. O ego é a casca, é o ovo. **Estar em êxtase** é "sair fora do ovo", só assim você atinge o infinito, só assim você vive de modo abundante, intenso.

Toda criança nasce abandonando o útero e entrando em êxtase. Toda criança está em êxtase, até ser "recolhida" pela sociedade. Para a sociedade o êxtase é perigoso, a vida é perigosa, melhor é estar morto, quer dizer "vivo", mas "morto". **A sociedade investe na miséria.** O homem criou a civilização, mas ficou preso nela. ***Estar em êxtase é ser independente da sociedade, é estar na sociedade, mas não permitir que ela esteja em você.***

Êxtase é Liberdade — Liberdade Interior, Total.
Êxtase é Celebração.

Integrar até atingir o êxtase a todo instante, é renascer a todo momento, é amar incondicionalmente a si mesmo: incluindo as coisas que decidimos um dia pensar como ruins ou erradas.

Acreditar que algo é ruim ou bom, certo ou errado, gera a DUALIDADE e a SEPARAÇÃO DA VERDADE — de Deus.

Não existe nada ruim ou bom.
Tudo só depende de como percebemos as coisas.
Tudo só depende do CONTEXTO que criamos.

CONTEXTO E CONTEÚDO

CONTEXTO **é a natureza da visão.** É a maneira como você vê o mundo; é sua percepção das coisas. Sua percepção difere da minha. A percepção precisa estar unida à conscientização para ser UMA. Quando isso não ocorre, você vê o mundo através de sua mente, por isso, em Sânscrito se diz que o mundo que vemos é *Maya* — ilusão — e ele é *Maya* enquanto o vemos através de nossa mente. Contexto é o que seus olhos vêem, o modo pelo qual a mente julga.

CONTEÚDO **é a natureza como ela é.** É a coisa em si mesma. É a realidade.

A lei da mente é NOMEAR — dar nome a tudo e, quando ela nomeia, ela limita as coisas. Por isso a mente é limitadora. Se digo isso é uma mesa, isso torna-se uma mesa, e a existência dela como tal se prolongará até o momento em que ela não tiver mais a aparência de mesa, esse é o seu limite. E, quando dizemos isso é feio ou isso é bonito, isso é bom ou isso é ruim, limitamos a ampla compreensão e a percepção da coisa em si mesma, das coisas como elas são, e passamos a percebê-las segundo o julgamento ou o contexto formado a partir de nossa nomeação, isto é, a partir do pensamento julgador de nossa mente. Por exemplo: a chuva é o que é. Para alguns, um dia de chuva é algo horrível. Para outros, aqueles que precisam da chuva para plantação, por exemplo, a chuva é maravilhosa. Mas a chuva não sabe disso, ela é o que é, e continuará a ser o que é, caindo como cai, existindo da maneira como existe e deve existir, num momento cai mais intensa, noutro cai menos intensa, e é só isso.

O que é bom para você, pode ser ruim para mim.
É só um ponto de vista.

O contexto é criado pela mente humana, o conteúdo foi criado pela Existência, portanto, já existe em si mesmo.

Todo contexto não tem nenhum poder, é "morto", ele não tem poder para criar a si mesmo. É o universo físico criado pela minha mente. É aquele que é gerado pela mente. Podemos criar tudo o que queremos. Devemos buscar ter uma **mente criadora, não uma mente copiadora. A mente criadora é unida ao Universo criador e se deixa criar. São criadores de uma nova vida, do Novo. Um processo criativo sempre obtém resultados.** Os pensamentos provêem de uma Inteligência Criativa ou de Energia Criativa.

Portanto, o CONTEXTO é a maneira como nos relacionamos com o conteúdo. O CONTEÚDO é a coisa do modo como ela é, é a coisa real.

No caso do Rebirthing: o CONTEXTO é o modo como reajo em função da emoção sentida e das sensações corporais, é o pensamento em si mesmo. CONTEÚDO é o sentimento que tenho; o conteúdo é sempre o conteúdo, que pode estar relacionado com o pensamento negativo ou com o positivo. Negativo ou positivo é apenas o Contexto, e o contexto depende do momento, do seu momento. Podemos mudar o contexto, ou o pensamento sobre a coisa. Por exemplo: CONTEÚDO: *uma pessoa.* CONTEXTO: *como você se sente diante dela. Você poderá mudar o contexto com relação a essa pessoa, isto é, a maneira de você se sentir diante dela, mas o conteúdo será o mesmo — a pessoa que está à sua frente.*

Com relação à vida: A vida é como ela é — o **Conteúdo**. Você pode se relacionar com a vida de diversas maneiras — o **Contexto**. Você poderá reagir diferentemente a cada momento, uma mesma emoção pode ser positiva ou negativa, só depende da sua reação diante dela: se você gosta dessa emoção, irá qualificá-la como emoção positiva; se você não gosta ou ela o incomoda, irá qualificá-la como sendo negativa.

O **processo de Integração** nos diz: "*Sinta em si mesmo o que realmente está acontecendo e transforme o contexto que não lhe agrada*" — "*Sinta o conteúdo e transforme o contexto, que gera diferenças significativas ao conteúdo*". ***"Una-se ao contexto do próprio conteúdo."*** Harmonize o contexto ao conteúdo e desfrute os prazeres da vida. Esteja "aberto" a todas as coisas que deparar.

Integrar é buscar perceber a verdade das coisas, pois,
na verdade, o conteúdo estará relacionado com o contexto.

5º Elemento:

TOTAL ACEITAÇÃO — HAJA O QUE HOUVER, TUDO É PERFEITO

Tudo o que fizer será bom. *Sua vontade é suficiente.*
Rebirthing é a oportunidade de desfrutar tudo na vida.
É o modo de nos relacionarmos tranqüilamente com a vida.

Se existe uma forma de energia que me impede de viver bem, eu crio um contexto diferente para mudar essa energia por uma que me faça sentir bem. ***Se você pode escolher ser feliz, por que escolher ser infeliz?***

Isso quer dizer que não faz diferença se você desenvolveu os quatro primeiros elementos corretamente a fim de conseguir a integração. É a capacidade de crer que a vontade por si só é suficiente para equilibrar as emoções e a obter a ruptura que gera a criatividade.

Certifique-se de suas sensações físicas — elas nunca mentem. **A Mente mente.**

Nesse elemento, elimine as palavras "devo", "deveria" e "poderia" presentes nos elementos anteriores. Tudo o que você precisa agora é respirar conectadamente, relaxar, conscientizar-se dos detalhes, amar a tudo — isto é, integrar, e, então, **deixar as coisas acontecerem.**

Como reagimos diante de determinada situação
— este é o ponto.

ACEITAR a experiência do aqui e agora. Isso é de grande importância nesse momento e SEMPRE. **Buda também era chamado de Tathagata**, que quer dizer: "*Aquele que vive a vida de maneira especial — que aceita plenamente seja o que for.*" Sua confiança na Existência é absoluta, ele acredita que a Existência é Infinita. **Aceitação Total** é o objetivo mais alto a ser alcançado, é o objetivo do Rebirthing, da meditação — aceitar igualmente toda a doçura ou toda a amargura da vida, sem relatar aversões nem preferências, **sem contextos, percebendo o conteúdo como ele é realmente**. Quando isso acontece, você começa a desfrutar, a aceitação torna-se serenidade, torna-se silêncio, um silêncio que canta divinamente, que dança de maneira sensível, um silêncio vazio, mas repleto.

Esse é o significado do **Rebirthing — *aprender a aceitar a vida como ela é. Quando algo acontecer, aceite; quando esse algo desaparecer, aceite da mesma forma. Quando o prazer acontecer, desfrute os seus benefícios — aceite-o; quando o prazer não acontecer, desfrute-o e o aceite também. Sempre aproveite ao máximo,*** NUNCA SINTA DOR. ***Conseguir não julgar nem ter contextos, esse é o grande segredo da vida, é a maior união.*** SER SILÊNCIO — **"TESTEMUNHAR TUDO"**, esse é o maior segredo de todos os mestres, de todos os Iluminados.

Decida-se a aproveitar as coisas e sentir-se bem.
Você sempre pode escolher.

Os Cinco Elementos do Rebirthing:

1º — Respiração Conectada Consciente
2º — Relaxamento Total
3º — Consciência Total nos Detalhes

4º — Integração Até o Êxtase
5º — Total Aceitação — Haja o que Houver, Tudo é Perfeito

Respiração conectada consciente

1. A INSPIRAÇÃO é conectada à expiração, sem pausas.
2. A EXPIRAÇÃO é totalmente relaxada, nunca controlada.

Métodos para a respiração

- **Pelo nariz:** *inspira-se e expira-se pelo nariz.*
- **Pela boca:** *inspira-se e expira-se pela boca.*
- NUNCA ALTERNE OS DOIS MODOS.

Devemos respirar como um "chafariz",
não forçando, mas de modo suave.

Variações da respiração:

1. Profunda e Lenta
2. Profunda e Rápida
3. Rápida e Superficial

7

O que Acontece em uma Sessão de Rebirthing

O Rebirthing chega às pessoas certas, é um processo de evolução natural, e acreditamos seja uma seleção divina, pois as coisas acontecem, coincidentemente, quando você tem de viver uma experiência de renascimento. É uma oportunidade única em sua vida e é por isso que afirmamos: **Ninguém vai atrás do Rebirthing, é ele que encontra você onde quer que você esteja, se for para ser, será; o Rebirthing é tão natural quanto tudo o mais na vida.**

Quando qualquer pessoa tem a oportunidade e decide compreender a própria vida, *de onde viemos, como viemos e para onde vamos*, essa é uma pessoa iluminada, que quase ultrapassou, ou já ultrapassou os processos hipnóticos sociais, pois ela tem a semente do crescimento interior, já que a semente da busca está dentro de cada Ser; se você chegou a esse estágio de consciência, parabéns, e iniciemos outro, pois a vida é constituída de estágios ilimitados, e sua capacidade criativa segue o mesmo caminho.

Por que o Rebirthing chega até você? Porque você merece, porque já chegou a hora de você se responsabilizar pela sua vida. Não adianta reclamar, se você não toma a iniciativa de mudar seus atos, as coisas só se passam em sua imaginação, tudo é fantasia. Se você não começar a se conhecer profundamente, nada irá mudar e você continuará a reclamar.

O Rebirthing se apresenta para muitos, mas poucos se habilitam a praticá-lo. Para algumas pessoas, pode parecer que ele não seja o meio de desenvolvimento mais adequado, mas, se o Rebirthing surgiu em sua vida, deve haver alguma relação com você. Observe, pois nada acontece por acaso, tudo é perfeito em seu processo existencial e metafísico.

Esteja alerta e abra seu coração para o crescimento interior; essa é a sua vez, tenha coragem.

(Obs.: Rebirther — o profissional de Rebirthing; Rebirthee significa o cliente do Rebirthing.)

UMA SESSÃO DE REBIRTHING "A SECO"

Quando uma pessoa se propõe a fazer a primeira sessão de Rebirthing muitas coisas acontecem. Geralmente a pessoa fica mais ativa, agitada, a respiração se torna mais dinâmica, surgem certa ansiedade e medo do desconhecido, do que ainda está por vir. Isso é normal. Desde que se propôs a fazer essa primeira sessão, você já está em processo de Rebirthing, sua consciência está alerta, sua mente está inquieta e pode até mesmo valer-se de truques para que você sinta medo e não queira realizar a sessão ou iniciar efetivamente o processo. Tudo bem, isso também é normal. O importante é que você vença esse receio inicial; pois o Profissional de Rebirthing perceberá isso e facilitará a abertura do caminho por meio da respiração.

Num primeiro encontro com o Rebirther, você aprenderá sobre o que é o Rebirthing, se submeterá a uma anamnese dirigida ao processo e lhe será indicada a leitura dos capítulos necessários à sua compreensão do processo com relação à sua primeira sessão, que será marcada nesse encontro.

Na primeira sessão, serão tiradas as dúvidas com relação à leitura realizada e dadas as devidas instruções sobre os cinco elementos do Rebirthing. Você — o Rebirthee ou Renascido — será orientado a deitar-se em um colchonete; isso feito, de acordo com a explicação dada por seu Rebirther, inicia-se o seu processo de respiração como foi mencionado no capítulo sobre a Respiração Consciente; ainda seguindo as explicações do profissional, essa respiração deverá ser, a princípio, profunda e lenta, e o ar deve preencher o ápice dos pulmões. De preferência, você deverá respirar pela boca, pois assim o processo é acelerado. Depois de 10 ou 15 minutos, respirar desse modo fará com que você se sinta, a princípio, relaxado. Quando você começa a se adaptar fisiologicamente, o Rebirther o orienta a respirar de maneira profunda e rápida. Esse tipo de respiração apical acelera determinadas reações como: sensação de formigamento nas mãos, dormência e, dependendo do grau de retração muscular associada às experiências emocionais suprimidas e reprimidas, poderá ocorrer a tetania ou a paralisia em determinadas regiões do corpo, geralmente nas mãos, nos braços, na boca ou em outras partes, em que há mais estagnação energética, emocional, psíquica e física. A pessoa geralmente fica um pouco assustada com essa situação; o Rebirther deve facilitar, apoiar e proferir afirmações, que são uma das chaves para ultrapassar certas emoções ou sensações; a principal medida a ser tomada nesse estágio é favorecer a respiração continuada no ritmo rápido e profundo, e, independentemente do que acontecer, o Rebirther deve dar ênfase ao prosseguimento da respiração e deve orientar o Rebirthee no sentido de iniciar os quatro elementos seguintes (depois da **respiração circular conectada** se segue o **relaxamento total,** e aqui você é orientado a fazer isso; então, deve-se voltar a **consciência totalmente para os detalhes**; em seguida, você será orientado, por meio de afirmações específicas, a iniciar o 4º elemento, que é o mais importante elemento depois da respiração, para transformar sua energia, a **integração até o êxtase**. Isto faz com que você seja capaz de deixar as coisas acontecerem para, assim, iniciar o 5º elemento — **total aceitação: haja o que houver, tudo é perfeito.** Eis o **principal fator do Rebirthing:** ***Respirar permitindo-se en-***

tregar aos cinco elementos fundamentais do processo). Sem os cinco elementos não ocorre o Rebirthing; você apenas respira e ativa supressões, mas não as integra a fim de compreender que a vida é só prazer.

Podem surgir vários tipos de emoções, sensações, dores, memórias ou, então, pode ser que não surja nada. O Rebirthing em si mesmo não tem protocolo, não tem regras a serem seguidas, *haja o que houver tudo é perfeito*; você poderá ter vontade de chorar, gritar, rir, reviver experiências traumáticas, experiências que o limitaram, etc., o que importa é o ato contínuo e cíclico da respiração, é deixar os cinco elementos acontecerem, buscando cada vez mais relaxar e integrar, consciente de tudo em você mesmo e ao seu redor, porque tudo está perfeito.

Assim, a contínua respiração cíclica e conectada e a liberdade para os cinco elementos acontecerem é a parte fundamental de uma sessão de Rebirthing, seja ela a seco, na água, em frente ao fogo ou ao espelho, olho no olho, em grupo ou dinâmico, não importa, essa é a parte mais importante; porém, podem ocorrer diversas mudanças no ritmo respiratório, associadas a pensamentos ou a emoções, que tendem a quebrar esse ritmo. Nesse momento, o Rebirther deve facilitar a volta à respiração rápida e profunda. É muito comum as pessoas se negarem a respirar durante a sessão. Essa é uma reação mental que busca manter os padrões limitantes, que geram comportamentos limitantes. Essas emoções podem assustar o Rebirthee e fazer com que ele não participe mais do processo de respiração. Já que isso pode acontecer, o bom Rebirther deve estar alerta, pois o Rebirthing não é um meio para reviver experiências frustrantes e sim um meio para entendê-las, solucioná-las, vencê-las, integrá-las e aprender a desfrutar de todas as coisas na vida.

Toda e qualquer manifestação emocional é bem-vinda. O que não se pode fazer é valorizar essas emoções e sensações, o certo é respirar através delas para que sejam revividas e liberadas com entendimento, com amor e perdão, pois todos somos inocentes, não existem culpados. Esse estágio dura em média de 1 a 2 horas, dependendo do ritmo de cada um, da abertura e do nível de aceitação durante o processo de auto-esclarecimento sobre sua vida. Ao final desse ciclo, as contrações involuntárias já foram eliminadas ou estão prestes a serem eliminadas, mas, se depois de uma hora ou mais a pessoa ainda apresentar o quadro de tetania, o Rebirther deve continuar a enfatizar a respiração, a voltar a consciência para os detalhes, o relaxamento, a integração e, ao perceber, por meio de um profundo relaxamento corporal, que a pessoa libera a respiração e a energia, deve orientá-la a respirar lenta e profundamente — o que normalmente acontece nessa etapa — a fim de iniciar o estágio final da sessão. Quando as experiências traumáticas acontecem, você é orientado a realizar uma respiração rápida e profunda, pois ela ativa mais rapidamente memórias suprimidas ou reprimidas, ao passo que a respiração lenta e profunda realizada logo após a rápida e profunda dá uma sensação de bem-estar e de felicidade, pois a energia pode fluir mais livremente e permitir a expansão do Ser.

Quanto mais as pessoas resistirem às mudanças, mais longas serão as sessões em que irá ocorrer a tetania, porém, normalmente, se você se entrega ao processo sem medo, a partir da terceira ou quarta sessão ela será eliminada. Podemos definir como tetania o conjunto de pensamentos negativos absorvidos pelas camadas mais superficiais de nossa musculatura. A partir do momento em que a pessoa vai se aprimorando no Rebirthing, tem início uma purificação física, emocional, psíquica e espiritual, as camadas tendem a relaxar, há uma melhor aceitação e a energia divina flui, pois é ela que o libera.

Se você sente determinada emoção, choro ou riso por exemplo, você tem o apoio do profissional, que pede para você se integrar aos cinco elementos, dizendo-lhe: *"Respire conectado, relaxe, tome consciência dos detalhes, sinta o corpo, integre até atingir o êxtase, aceite o que está acontecendo, partilhe esse momento se desejar" — aqui, o Rebirther deve ficar atento para, caso seja necessário, mandar a pessoa criar um novo contexto, tornar a emoção positiva; dizendo:* ***"Você tem que fazer amizade com suas emoções, elas são suas amigas, você tem de se lembrar que você não é essa emoção, você é um Ser Divino Perfeito; você é seu próprio mestre."***

Depois de o Rebirther sugerir e você passar para a respiração lenta e profunda, as tensões serão liberadas, um sentimento de união com a respiração cósmica e um prazer e uma sensação de bem-aventurança divina irão tomar-lhe todo o corpo gerando uma sensação inexplicável, imensurável, sem palavras que a possam descrever, só mesmo passando por essa experiência podemos compreender isso, só depois de uma sessão de Rebirthing. Nessa fase, ocorre um relaxamento real e natural, podem surgir imagens maravilhosas e momentos de felicidade, enfim, um momento divino, um momento em que a Energia Divina está presente.

Durante esse relaxamento, o Rebirther poderá sugerir-lhe que fique em posição fetal, o que proporcionará uma sensação agradabilíssima de carinho e de conforto, assim como você se sentiu no útero.

Depois de um relaxamento de 30 a 40 minutos, depende do tempo que cada um leva para se restabelecer, aos poucos a pessoa vai se mexendo, espreguiçando-se e entrando num estado de alerta total. Então, ela poderá partilhar a sessão, comentando sua experiência, as lembranças revividas, as sensações e emoções surgidas, para que o Rebirther, que já viveu suas próprias experiências, possa orientá-la no sentido de que ela possa compreender melhor o que aconteceu. O importante é saber que você é o observador de si mesmo e, portanto, o agente de sua própria evolução.

Uma sessão de Rebirthing pode durar de uma hora e meia a três horas para que se possa completar um ciclo de liberação da respiração e durante essa sessão podem surgir memórias, emoções, dores, ou a pessoa pode achar que nada acontece, ainda que muitas coisas ocorram durante o intervalo entre as sessões.

O ato de respirar é o ato de fluir com perfeição pela vida e o ato de aprender a respirar energia tão bem quanto o ar, englobando os princípios metafísicos.

Uma experiência de Rebirthing usualmente significa liberar a dor psicanalítica e receber a energia de cura enquanto se realiza a respiração conectada consciente. Esse processo pode acabar rapidamente com a dor da mente e do corpo.

Uma sessão de Rebirthing não é dolorosa nem cheia de dramas, pelo contrário, é prazerosa, divertida e interessante — simplesmente maravilhosa.

Leonard Orr, o criador do Rebirthing, nos diz:

"Uma sessão de Rebirthing pode ser definida como sendo o que acontece num espaço de tempo entre 1 e 3 horas, durante o qual a pessoa começa e mantém um ritmo de respiração conectada na presença de um Rebirther, até que se complete um ciclo natural de energia. Durante essa sessão, a pessoa terá uma sensação de formigamento ou vibração, que se iniciará passados cerca de 10 minutos de respiração conectada e rítmica, que se estenderá por 1 ou 2 horas. Geralmente, essa sensação de vibração fica cada vez mais forte, até que o corpo esteja tomado por ela, e o ponto culminante dessa sensação se dá no meio da sessão. Depois de alcançado esse clímax, quando tem início o retorno, a energia diminui naturalmente, e a pessoa sente ondas profundas e constantes de serenidade e tranqüilidade, um sentimento de purificação física interior e bem-estar, o que está além de qualquer descrição que possa ser feita. Esta é a consumação de um ciclo natural de energia.

Essa energia que flui durante a sessão de Rebirthing libera o corpo, o coração e a mente de toxinas, tensões e negatividade acumulados desde o nascimento. Ao voltar a sentir o corpo e os outros centros de energia livres das costumeiras limitações e tensões, a pessoa cria um estado de ser que não pode ser conhecido de outro modo.

O Rebirthing não é uma religião, nem uma organização; não é nada estranho; é um método de autoconhecimento baseado na simples lição da respiração; é acessível a todas as pessoas e as ensina como reaprender a conectar a inspiração e a expiração num ritmo relaxado e a voltar ao antigo estado de experiência da própria perfeição, cura, bem-estar e felicidade.

Respirar na presença de um Rebirther tem o objetivo de promover um retorno seguro a esse antigo estado e o de ter um guia para o ritmo de respiração até que a sessão se complete. Como resultado de suas experiências, os Rebirthers têm a capacidade de dar assistência intuitiva e inteligente de muitas formas valiosas.

Para a maioria das pessoas, Rebirthing será uma experiência de liberação, de compreensão, de cura e de amor, experiência interessante, excitante, prazerosa e de grande valor desde a primeira sessão."

Eu, Unmani, me sinto uma "parteira" no momento de uma sessão de Rebirthing; não há como descrever de outra maneira, pois, se você estabelece uma perfeita sintonia com o cliente, você percebe o quanto ele regride e se figura em um estado de feto e de bebê, o quanto estiveram todos carentes de amor naquele exato momento — o nascimento — e *neste* exato momento — o Renascimento. No instante em que o cliente começa a respirar, ele já entra em contato direto com seu "estado feto-útero", se transporta para lá e tudo ocorre exatamente como se fosse o momento real. É uma "viagem no tempo" sem dúvida — odores e sensações são sentidos em todo o ambiente; na maioria das vezes, o cheiro de éter impregna todo o ambiente; o Rebirther torna-se testemunha disso. Na hora do chamado Re-nascimento, as pessoas sempre se comportam do mesmo modo que se comportaram no nascimento real. Se o parto foi normal, tomam a posição em que se encontravam ao nascer; se o parto foi de nádegas, se posicionam dessa forma; se for uma cesariana, ficam paradas sem se mexer, começam a ver o nascimento e, em seguida, tudo se turva — efeito provocado pela anestesia. É realmente lindo! Adoro poder ajudar as pessoas a *Re-nascerem felizes, com força e confiança, nesse momento.* Ah! se todos os "parteiros" ou ginecologistas tivessem essa consciência, poderíamos começar a ver desde já nascimentos como os que tenho realizado nos Re-nascimentos, e, assim, não precisaríamos mais Re-nascer. Porém, as coisas estão perfeitas e belas como neste exato momento. A evolução sempre seguirá seu curso, haja o que houver. POORNA MUDRA. *

Sessão de Rebirthing a Seco

UMA SESSÃO DE REBIRTHING NA ÁGUA QUENTE

Depois de você ter passado por pelo menos 10 sessões de Rebirthing a seco e de estar apto a respirar e a integrar de maneira fácil e efetiva qualquer emoção que seja ativada, você estará pronto para aprender a respirar debaixo d'água e reviver, assim, sua experiência uterina; você estará pronto para viver as sensações do Rebirthing na água quente. ***O Rebirthing a seco é o pré-requisito para qualquer uma das outras técnicas, pois ele nos prepara para integrarmos e superarmos qualquer descoberta de memórias suprimidas e reprimidas.***

O Rebirthing em água quente é realizado numa banheira, numa piscina de água quente ou em águas quentes naturais, o que simula a experiência do nascimento; por isso, deve-se passar por essa experiência sempre depois do Rebirthing a

* POORNA MUDRA — É uma expressão sânscrita que quer dizer perfeição em todas as coisas: "Tudo é perfeito, mais que perfeito exatamente como É."

seco, isso porque, como já explicamos, Leonard Orr observou que, na história do Rebirthing, essa experiência é muito traumática se praticada em primeiro lugar, pois acelera a ativação de supressões, e, devido ao fato de o momento do parto ser revivido de imediato nessas sessões, para a maioria das pessoas isso torna-se algo desconfortável, de difícil compreensão e resolução, pois elas ainda não estão aptas a integrar esse conteúdo. Por isso, o processo do Rebirthing começa sempre pelo "Rebirthing a seco" e na presença de um profissional dessa área, que deve ser hábil a fim de ajudar gentilmente o Rebirthee a integrar todo o material surgido no nível sutil, até que este esteja suficientemente tranqüilo para seguir sozinho e saber lidar com os padrões de energia ativados. A partir daí, o "Rebirthing na água" será de grande utilidade, por acrescentar experiências que irão ativar importantes padrões, apurando efetivamente todos os detalhes e com muito mais prazer.

Temperatura da Água e Tamanho da Banheira ou Piscina

A temperatura ideal da água para o Rebirthing na água quente é de 36 graus C a 39 graus C (98 graus F a 102 graus F), pois, assim, a água não estará nem muito fria nem muito quente, estará agradável, simulando perfeitamente as condições uterinas.

Quando realizado na banheira, esta deve ter um tamanho que permita ao cliente ou a você esticar-se totalmente dentro dela, para que seja agradável e não cause incômodo no momento de respirar. Uma piscina sempre é melhor, pois tem um bom tamanho para uma sessão confortável.

Como Acontece uma Sessão de Rebirthing na Água Quente

Tanto na banheira quanto na piscina, a primeira e segunda sessões poderão ser feitas, se necessário, dependendo de cada pessoa, com todo o corpo imerso na água, deitado com a barriga para cima, deixando só a cabeça, ou o nariz e a boca, se desejar, fora da água. Tente ficar completamente relaxado. A respiração e a orientação para essa respiração são as mesmas explicadas no Rebirthing a seco.

No caso da banheira, o Rebirther acompanhará o cliente sentado do lado de fora dela, orientando, respirando e iniciando os cinco elementos, da mesma forma que o Rebirthee, para que a energia seja a mesma e se torne mais fácil para o profissional entender o que se passa com o Rebirthee.

Porém, depois da segunda sessão (mas também poderá ocorrer desde a primeira sessão, depende de cada pessoa), você respirará sempre com um *snorkel* (respirador usado pelos mergulhadores) e um prendedor de nariz, ficando completamente imerso na água, com a barriga voltada para baixo.

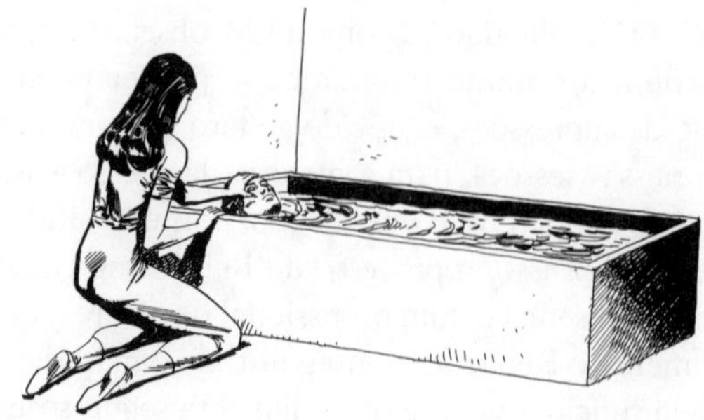

Sessão de Rebirthing na Banheira

É sempre melhor, tanto para o Rebirther quanto para o Rebirthee, que a sessão seja realizada numa piscina de água quente, porque, assim, o profissional poderá, e deverá, entrar na piscina, e, da mesma forma, poderá orientar, respirando e entrando nos cinco elementos, como faz o Rebirthee, para que a energia seja a mesma e o profissional compreenda o que está se passando com o Rebirthee.

Se possível, o Rebirther deverá se sentar na piscina e segurar o cliente no colo; se não, deverá ficar em pé dentro da água, de modo a poder, com um dos braços, segurar a parte superior do corpo do Rebirthee, que deve estar deitado de barriga para baixo, mantendo-o próximo ao peito (o que possibilita que ele ouça o batimento do coração do Rebirther), e, com o outro braço, segurar a parte inferior do corpo. Essa posição realmente simula a posição do feto, pois os braços e as pernas ficam soltas dentro da água, flutuando, os joelhos permanecem ligeiramente dobrados, o corpo fica mais relaxado, em primeiro lugar devido ao contato com a água quente, e, em segundo, o ato de segurar o cliente proporciona a ele carinho e muita segurança; desse modo, em geral ele se solta com mais facilidade, mas isso também se deve ao fato de ele ter sido preparado anteriormente nas sessões a seco. Isso ativa rapidamente a lembrança detalhada do nascimento.

Muito Amor surge numa sessão como essa; o ambiente fica impregnado da Energia Divina. Parece mesmo ser algo que clama pela presença de "Deus", do amor, do sublime. Só passando pela experiência para sentir essa verdade!

Nessa posição, a pessoa respira cerca de, no mínimo, uma hora e meia; depois ela deita de barriga para cima e relaxa completamente. A respiração torna-se suave, silenciosa e muito prazerosa. Terminada a sessão, a pessoa deve deitar-se **sempre** fora da água, num colchonete, de barriga para cima ou em posição fetal, e ficar o mesmo tempo relaxando, ou mais, se desejar. Partilhar toda essa experiência com o profissional logo após a sessão é de suma importância para a compreensão e o completo aproveitamento do processo em questão. Recomenda-se que a pessoa tenha pelo menos **10 sessões em água quente**, acompanhada por seu Rebirther, antes de começar a praticar sozinha, por se tratar de uma experiência muito intensa, que ativa muito material suprimido e reprimido.

Depois de algumas sessões, quando você já superou todas as dificuldades e o contato com a água já não o assusta mais, você poderá respirar com o *snorkel* sem grandes problemas, será mais fácil integrar suas supressões e os padrões de energia que surgirem, e, a partir daí, o seu lado "bebê" vem à tona, é como se você tivesse encontrado pela primeira vez o seu verdadeiro lugar, a sua verdadeira mãe, o carinho verdadeiro, o verdadeiro nascimento. É Deus que está ali, que está em você, é o encontro total com o Ser Superior, a bem-aventurança. Você flutua, não só flutua, você está tão leve, que já não sente mais seu corpo, é como *"voar dentro da água" — o impossível torna-se possível.*

Com a prática contínua dessa técnica de respirar na água quente, você atingirá um alto nível de relaxamento e, muitas vezes, conseguirá até mesmo dormir dentro da água por muitas horas, respirando suavemente, tranqüilamente; quando a sessão termina e você sai de dentro d'água, você está num estado tal de leveza, suavidade e relaxamento que não tem o que dizer, não tem forças nem para pensar, está além da mente, além de tudo, em total ligação com o Divino; a fraqueza não mais tomará conta de você, pois a força tomou todo o seu Ser, daqui para a frente nada mais o prejudicará, porque você está forte interiormente; e esse é o verdadeiro e maior tesouro que você pode encontrar, pois esse tesouro ninguém, mas ninguém mesmo, poderá lhe roubar.

Sessão de Rebirthing em Piscina com o Snorkel e a Posição do Rebirther; e em Banheira, com o Posicionamento do Rebirther Fora da Água

UMA SESSÃO DE REBIRTHING NA ÁGUA FRIA

Depois de aprender o Rebirthing na água quente por no mínimo 10 sessões, você poderá tentar fazer o mesmo na água fria, o que ativará ainda mais material suprimido e reprimido, fazendo-o entender a si mesmo de modo mais profundo, clareando e fortalecendo sua vida, o que o transformará inteiramente, liberando completamente todos os seus medos. Quando você não estiver mais dominado pelo medo, só então você realmente vive. O medo o paralisa, o mata. A vida é insegura e cheia de mudanças e surpresas. Quando você puder enfrentar as mudanças e a insegurança, tendo segurança, nada mais o abaterá, e você sempre estará pronto para fazer face a qualquer surpresa que surgir na sua vida. ***Ser mestre no que diz respeito ao seu humor, lembrando sempre que*** **você não é a sua emoção,** ***que não é nada que está fora de si mesmo, esse é o segredo para se desfrutar tudo na vida.*** Respirar na água fria é fazer você vencer todo tipo de medo e ser mestre de todas as mudanças ao seu redor.

Respirar na água fria ativa pensamentos e sentimentos de medo e de morte, ao passo que a água quente simula o nascimento; por isso, a água fria faz muito por nós, já que, geralmente, temos muito mais medos suprimidos, devido ao trauma do nascimento, do que o próprio trauma de nascimento. Porém, é muito mais produtivo praticar o Rebirthing na água fria depois de ter conseguido confiança com o Rebirthing na água quente. Pode-se também ir diminuindo a temperatura da água a cada sessão na água quente para que a pessoa vá se acostumando e a sessão na água fria se torne mais agradável.

O Rebirthing na água fria não deve ser feito como uma prova de coragem, de superação ou de conquista; devemos abandonar toda luta exterior e interior. Você não tem que conquistar nada. Ao contrário, **quanto mais você se rende, mais você conquista a vida**. Trata-se de uma atitude de entrega. **Rebirthing não é uma luta e sim uma entrega.** *Não devemos buscar vencer nada no Rebirthing e sim nos integrar, para que possamos tirar prazer de toda emoção ou sensação,* ***para isso devemos respirar de acordo com a sensação corporal.***

O Rebirthing na água quente ou fria libera traumas básicos relacionados com a temperatura, e faz com que o seu corpo físico sinta mais prazer em qualquer momento.

Temperatura da Água

A temperatura ideal da água para o Rebirthing na água fria deve ser de 0 grau C a 22 graus C (32 graus F a 57 graus F).

É sempre recomendado praticar o Rebirthing na água fria em uma piscina, ou em águas naturais, por ser mais fácil relaxar nessas condições.

Como Acontece uma Sessão de Rebirthing na Água Fria

Numa sessão na água fria, começamos pela respiração consciente conectada ***antes mesmo*** de entrar na água. Começamos a respirar de modo relaxado ***e gradualmente vamos entrando na água***, bem devagar, passo a passo, sempre respirando, sem parar. Assim, vamos integrando todo o medo que a água fria provoca em nós. Lentamente, respirando de maneira conectada e nos permitindo atingir os cinco elementos, vamos aquecendo o corpo, e podemos, com isso, mergulhar por completo até estarmos totalmente imersos na água, respirando com a ajuda do *snorkel* e com o prendedor de nariz, de barriga para baixo, da mesma forma que na água quente. O Rebirther deve acompanhar o cliente não só entrando lentamente na água, mas também na respiração, para que possa apoiar a pessoa e orientá-la no que precisar.

A pessoa respira por, no mínimo, de uma a uma hora e meia, procurando o tempo todo relaxar as axilas e o ânus, o que leva a um maior relaxamento; quanto mais relaxarmos essas regiões, menos frio sentiremos. **O frio (assim como o calor) é uma atitude mental. Quanto mais você pensa que está sentindo frio (ou calor), mais frio (ou calor) você sente.** Passado isso, a pessoa fica de barriga para cima, sem o *snorkel* e o prendedor de nariz, e relaxa completamente. A respiração torna-se suave, silenciosa e prazerosa. No final da sessão, a pessoa **sempre** deverá se deitar fora da água, sobre um colchonete, de barriga para cima ou em posição fetal, e relaxar durante o mesmo tempo que levou respirando, ou mais se desejar. Ao se levantar, partilhar toda a experiência por que passou com o profissional orientador é de fundamental importância para a compreensão e o completo aproveitamento do processo em questão. Recomenda-se que a pessoa se submeta a pelo menos **10 sessões na água fria**, acompanhada por seu Rebirther, antes de começar a praticar sozinha, pois se trata de uma experiência bastante intensa e que ativa muito material suprimido e reprimido.

Entrar de uma vez na água fria fará com que você sinta muito frio, causando até mesmo tremor no corpo, o que é muito desagradável. Se mesmo ao entrar aos poucos na água você começar a tremer de frio, saia imediatamente, enxugue-se a fim de se aquecer e, em seguida, tente entrar novamente passo a passo, bem devagar. Nossa mente registrou certos medos e arrepios devidos à água fria, ou como herança de nossos pais, ou por momentos desagradáveis que vivemos em situação semelhante; por isso, entrar devagar enquanto se respira para integrar acabará com esses padrões e condicionamentos. A partir do momento em que passamos a nos entender e a confiar mais em nós mesmos dentro da água fria, começamos a sentir a experiência de modo agradável e a desfrutamos, e podemos sair dessa experiência completamente revigorados e relaxados — cheios de Vida! Isso aumenta a nossa força, tanto durante o Rebirthing a seco, quanto em qualquer outro tipo de Rebirthing, e nos fortalece também diante de qualquer situação que se apresente em nossa vida.

Sessão de Rebirthing em Água Fria

UMA SESSÃO DE REBIRTHING NA FRENTE DO FOGO

Respirar de maneira consciente e conectada em frente ao fogo é uma das grandes experiências que podemos ter na vida.

Babaji nos ensina o poder do fogo como elemento de purificação espiritual. Estar em frente ao fogo, inspirando a energia ao mesmo tempo que inspiramos o ar, praticando técnicas e rituais representativos do elemento terra, é das mais completas purificações por que podemos passar. Essas situações e técnicas de Rebirthing aqui apresentadas nos fazem ativar outras emoções que suprimimos durante toda a nossa vida. Desse modo, purificamos nosso corpo, nosso espírito, nossa mente e nossa vida.

Quando nos abrimos para a natureza, sentimos o seu poder. Na natureza se acha todo o prana de que necessitamos. Quando integramos nosso Ser nessa natureza, tudo se torna poder, e descobrimos o nosso divino poder criativo. Ao nos abrirmos para a natureza, tornamo-nos seus amigos, aceitando seus contrastes, o que nos dá muita força, pois, assim, passamos a receber a Energia Divina como uma dádiva e, desse modo, aceitamos mais facilmente os contrastes da sociedade criada pelo homem. Ao integrarmos a força da natureza, assimilamos a divindade e percebemos que não temos que lutar contra nada, e isso afasta as forças negativas que geram em nós um processo de negatividade. Estar aqui e agora realmente nos insere numa realidade Suprema.

Leonard Orr nos ensina que quanto mais respiramos na frente do fogo, mais fortes nos tornamos. Toda a nossa negatividade vai sendo eliminada. Leonard recomenda-nos ficar, sempre que possível, em frente ao fogo; ele mesmo costuma dormir diante do fogo todos os dias. Ele nos diz: "*As pessoas são ignorantes no que diz respeito ao fogo.* **'O Fogo é mágico e místico; o Fogo é uma qualidade física de Deus; o Fogo é o calor e o amor de Deus.'** *O Fogo pode curar todas as doenças conhecidas pelos seres humanos. Minha intenção é fazer com que o fogo venha a fazer parte da vida diária de vocês, pois o conhecimento sobre o fogo pode curar a mente e o corpo de vocês e fazê-los ricos. Porque o fogo é o principal Poder do Universo.*"

Como Acontece uma Sessão de Rebirthing na Frente do Fogo

Uma sessão de Rebirthing na frente do fogo é realizada diante de uma fogueira ou diante de uma ou até mesmo de doze velas acesas, durante o qual praticamos a respiração consciente e conectada, estando sempre atentos aos cinco elementos, **por, no mínimo, 1 ou 2 horas.** O Rebirther está ao seu lado respirando e orientando-o caso seja necessário. Você poderá estar em pé, sentado ou deitado sobre um colchonete. Quando estiver em pé ou sentado, fique de olhos abertos e fixe-os na chama do fogo, sinta o seu calor e o seu poder. Quando deitado, atente para o calor do fogo, deixando que ele ative em você tudo o que puder ativar, e procure ir integrando. A integração em frente ao fogo é poderosa e uma das experiências mais intensas. Depois da sessão, você se deita de barriga para cima, ou em posição fetal, e relaxa, respirando tranqüilamente, observando o que está acontecendo no seu corpo-mente. Se você optou por ficar deitado, continue nessa posição, se quiser assuma a posição fetal e respire calmamente, atentando para qualquer movimento no seu interior.

É recomendável que a pessoa se submeta a pelo menos **5 sessões na frente do fogo**, acompanhada por seu Rebirther, antes de começar a praticar sozinha, já que se trata de uma experiência muito intensa e pode ativar muito material reprimido.

Só mesmo passando por essa experiência é que você poderá descrever o que realmente aconteceu. Para mim, Unmani, o fato de comentar essas coisas com vocês me faz sentir em total união com Deus, com a Existência. Sinto-me Divina! Essa é, de fato, uma atividade muito forte e maravilhosa a que me entreguei na minha vida. Eu recomendo sinceramente a todos os interessados. Minha vida se transformou por completo, e a cada dia se transforma sempre mais quando estou diante do fogo, respirando. Deus está ali, está presente! Nesse momento podemos constatar a presença do Divino em cada milímetro do Universo. Pois ali não está presente apenas o fogo, mas a água, a terra, o ar, o relacionamento. Mesmo quando não consigo estar em frente à fogueira, estou diante de uma vela e posso lhes dizer como é algo grandioso estar assim, respirando em frente ao fogo. O iluminado está presente, a mente não mais existe, o corpo fica relaxado, a energia flui de modo vibrante, o espírito se ilumina. Om Namaha Shivaya!

Sessão de Rebirthing na Frente do Fogo

UMA SESSÃO DE REBIRTHING NA FRENTE DO ESPELHO

O Rebirthing na frente do espelho é uma das experiências que recomendamos seja realizada depois das anteriores, pois as pessoas não querem encarar a si mesmas, por isso, elas precisam estar preparadas para ficar diante do espelho e respirar. Respirar na frente do espelho o faz descobrir novas formas de lidar com as próprias coisas. Observe seus sentimentos. Muitas supressões e memórias, antigas e atuais, virão à tona e você terá que estar pronto para enfrentá-las e integrá-las. Respirar na frente do espelho é conhecer a si mesmo — falar consigo mesmo, com a sua pessoa. Nosso corpo é nosso amigo. Nesta técnica permitimo-nos ser surpreendidos pelos nossos sentimentos, seja ele qual for, relaxando diante da nossa própria imagem.

Como se Realiza uma Sessão de Rebirthing na Frente do Espelho

Numa sessão de Rebirthing na frente do espelho, a pessoa deve se sentar na frente de um espelho que, de preferência, deve ser do mesmo tamanho de seu corpo; ela deve fixar bem o rosto e todo o corpo, concentrar-se principalmente nos olhos, e respirar de maneira consciente e conectada, prestando atenção para iniciar os cinco elementos do Rebirthing. O Rebirther deve sentar-se ao lado do cliente, respirar com ele e permitir-se os cinco elementos, para melhor energizar a sessão e compreender ainda mais o que está se passando com a pessoa que se submete ao Rebirthing.

A pessoa respira por cerca de, no mínimo, uma a uma hora e meia; depois deita-se de barriga para cima, ou em posição fetal, em um colchonete, e permite a si mesma relaxar completamente. A respiração torna-se suave, silenciosa e consciente. Partilhar a experiência com o profissional que a orienta é de fundamental importância para que o crescimento pessoal seja mais eficiente. É recomendável que se **pratique essa técnica por, no mínimo, 10 sessões individuais**, sempre acompanhado por seu Rebirther, antes de começar a realizá-la sozinho, já que se trata de uma experiência muito intensa que ativa muito material reprimido.

Cuidar do seu corpo e amá-lo é muito importante. Numa sessão de Rebirthing na frente do espelho, você se observa diante do espelho e, se perceber que não gosta de alguma parte do seu corpo, aceite isso — mas seja honesto consigo mesmo. Esse é o seu corpo, ame-o, e, se você realmente não gosta de alguma coisa, mude o contexto, ou tome mais cuidado consigo mesmo. O corpo é apenas a aparência exterior do seu corpo espiritual — transparência de seu Ser. Em geral, não tomamos conhecimento do nosso corpo. Ao observar-se diante do espelho, permita a si mesmo se conhecer melhor. Esse é um trabalho que exige muita intimidade — pois se trata de você diante de si mesmo.

Enquanto a pessoa respira, o Rebirther pode perguntar:

1. Algo que você gosta em si mesmo...
2. Algo que você nunca disse a si mesmo...
3. Algo sobre o qual você mantém o controle é...
4. Algo que você teme se não se controlar é...
5. Algo por que você quer se perdoar é...

6. Algo pelo que você está agradecido é..
7. Algo ou as coisas pelo/as qual/ais você quer ser reconhecido é/são...
8. Algo muito singular por que você está realmente agradecido é...

Então ele anota as respostas para comentar depois da sessão e para trabalhar essas questões, ajudando você a se compreender melhor, bem como a compreender as sensações e emoções partilhadas.

Depois de respirar por cerca de uma hora, uma hora e meia na frente do espelho, o Rebirthee deita-se de barriga para cima, ou em posição fetal, num colchonete, para relaxar completamente o corpo, observando o que acontece dentro de si mesmo, sem deixar de estar atento aos ruídos exteriores, que sempre nos fornecem importantes mensagens para a nossa maior compreensão e evolução nesse processo.

Essa é mais uma importante técnica que ativa sérias supressões, e é muito útil quando trabalhamos a baixa auto-estima. Você poderá observar como a expressão do seu rosto se modifica e o quanto a emoção de estar diante de si mesmo, que foi restabelecida, revigora todo o seu Ser.

Quando respirar sozinho, ou mesmo durante a sessão, você poderá realizar essa técnica estando nu diante do espelho. Verifique o efeito que esse ato tem sobre você. Há muita ativação e muita transformação nessa sessão.

Sessão de Rebirthing na Frente do Espelho

UMA SESSÃO DE REBIRTHING "OLHO NO OLHO"

O Rebirthing "olho no olho" trabalha com o relacionamento, uma pessoa estando diante da outra. A pessoa se vê no outro, contata e conecta com ele. Nossa energia pode fluir através dos olhos; ***50% de toda a tensão está nos olhos.***

Como Realizamos uma Sessão de Rebirthing "Olho no Olho"

Essa sessão é realizada aos pares, no caso, o Rebirther se senta diante do Rebirthee, respirando de modo consciente e conectado e permitindo-se atingir os cinco elementos, um fixando os olhos do outro. Eles não se tocam, não se falam, não fazem gestos, apenas experimentam as sensações e emoções que vêm à tona por estarem conectados com outra pessoa, percebendo tudo o que se passa interiormente quando a olha. A pessoa não pode se levantar nem fazer nada que gere distração; a pessoa não pode dormir. Sinta-se liberto ao observar outra pessoa.

A pessoa respira por **15 minutos** profunda e longamente, com o objetivo de relaxar e se sentir presente, só então respira de modo conectado num ritmo profundo e rápido por **1h15**, no total ela respira durante **1h30**; depois, ela se deita num colchonete na posição desejada, relaxando e observando a respiração. Então, ela partilha com o profissional os sentimentos que vieram à tona durante o exercício. Devem ser realizadas **5 sessões individuais em frente ao Rebirther, no mínimo**.

Você é o ***ponto Central*** — o objetivo é observar o que **você** sente, o que o perturba. "*A percepção é sempre a de meus próprios sentimentos.*"

Sessão de Rebirthing "Olho no Olho"

UMA SESSÃO DE REBIRTHING EM GRUPO

Todas as técnicas podem ser realizadas em grupo, mas só depois que a pessoa passou por elas individualmente, respeitando o número mínimo de sessões a serem realizadas dessa forma; só então ela realmente estará apta a "respirar" tranqüilamente em grupo.

Numa sessão individual de qualquer tipo de Rebirthing, o ambiente fica envolto numa Energia Divina, não sendo necessário você acreditar, bastando participar para sentir. Quando se está em grupo, isso é muito mais intenso. Os participantes trocam muita energia entre si. O sentimento de Unidade é muito puro.

O Rebirthing a seco só deve ser realizado **em grupo** depois que a pessoa já passou pelas 10 primeiras sessões individuais. Nunca se deve oferecer Rebirthing a seco em grupo aos principiantes que não completaram essas primeiras sessões. Ele só deve ser apresentado em *workshops* ou em seminários de apresentação do Rebirthing, onde são dadas as orientações sobre como respirar para a prática; e se há alguém que está tendo contato com o Rebirthing pela primeira vez, deve ser acompanhado por um profissional ou assistente que tenha certa prática e possa estar atento para que a pessoa respire de modo suave e relaxado, para que não entre em processo de Rebirthing forte, como se estivesse numa sessão individual. Todos os outros, que já dominam, estarão prontos para participar de uma experiência em que se respira conscientemente em grupo, o que é divino, por gerar grande energia em torno.

O Rebirthing na água quente em grupo deve ser realizado numa piscina de água quente, onde se deve dar atenção especial a quem nunca passou por essa experiência. Orientações são dadas antes de se entrar na água. O respirar em grupo na água quente é uma prática muito eficaz, pois gera uma aura energética harmoniosa e saudável, o que faz com que nos sintamos bem no nível corporal, psíquico e espiritual, e nos tranqüilizemos inteiramente. Cada pessoa deve ser acompanhada e apoiada por outro Rebirthee, ou por um assistente, os quais também estarão respirando e entrando nos cinco elementos, o que gera energia de cura aos parceiros e a todos ao redor. O responsável pelo grupo deverá estar atento aos participantes para ajudá-los a integrar todos os padrões de energia ativados, que, nesse caso, são muitos, devido aos relacionamentos no grupo.

O Rebirthing na água fria em grupo executa-se da mesma maneira explicada antes com respeito a uma sessão individual com essa técnica — ou seja, entrando-se bem lentamente na água fria, sempre acompanhado por um parceiro, Rebirthee ou assistente do grupo, como explicitado na prática em grupo com água quente. O Rebirther fica de fora, atento a toda forma de ajuda que possa oferecer. A força e o poder gerados são extremamente intensos, pois, além de a Energia Divina ser sentida por todos, cada um que supera e integra o medo do frio, ativa a força do outro, que, por sua vez, ativa a do outro, e assim por diante... É uma experiência muito saudável e bela!

O Rebirthing na frente do fogo em grupo envolve várias pessoas sentadas à frente da fogueira, da lareira ou de velas acesas, em círculo, praticando a respiração consciente e conectada, integrando os cinco elementos, fixando o olhar nas labaredas do fogo, sentindo seu calor. Quando ao ar livre, a experiência torna-se ainda mais enriquecedora, porque a natureza se encarrega de envolver a energia atmosférica devido à intenção e união dos participantes. O Rebirther estará sempre observando-os, alerta quanto ao poder do fogo, para que a experiência seja totalmente positiva. O amor cobre cada um com "camadas duplas".

O Rebirthing na frente do espelho em grupo pode ser realizado com cada pessoa segurando seu próprio espelho ou, de preferência, com um grande espelho, em frente ao qual o grupo se senta para respirar em conjunto, sempre recebendo antes a orientação. As mesmas perguntas elaboradas para a sessão individual, feitas ao Rebirthee pelo Rebirther, já citadas, agora serão ditadas pelos parceiros, que se sentam ao lado ou por trás do praticante, respirando da mesma maneira, ou pelo próprio cliente, mentalmente. O profissional responsável pelo grupo estará presente no local, atendendo a qualquer solicitação.

O Rebirthing "olho no olho" em grupo é uma técnica que se pode realizar com as pessoas sentadas em círculo, uma em frente da outra, onde ninguém se toca, ninguém se fala, ninguém se levanta nem anda pelo ambiente, não faz gestos, nem qualquer outra coisa que distraia; aqui só se fixa o olhar nos olhos de outra pessoa, observando o que se passa em seu interior. O objetivo é você. Procura-se não dormir. ***Encarar o outro é encarar a si mesmo. O outro é o seu espelho.*** Tenha a liberdade de deixar de olhar para um e virar-se para olhar outra pessoa. Observe se tem facilidade de trocar o olhar. Respirar, sempre respirar consciente e conectadamente, integrando os cinco elementos. Lembre-se: "*Tudo é perfeito no que está passando.*"

Sessão de Rebirthing em Grupo

AUTO-REBIRTHING

O objetivo do Rebirthing não é tornar ninguém dependente de um terapeuta, pois a intenção do Rebirthing **não é limitar — é libertar.**

Portanto, um excelente Rebirther prepara o cliente para se tornar independente e vir a praticar só e diariamente uma sessão de Rebirthing. Isso quer dizer: ***"Integrar o Rebirthing em sua vida diária."*** Por isso dizemos que *o Rebirthing não é uma terapia e sim um processo de autoconhecimento, de crescimento pessoal, uma "autolimpeza", que usa uma técnica de respiração com a intenção de clarear e eliminar os bloqueios e a tensão física, mental e emocional, integrando esses três níveis para liberar a energia espiritual, e com isso ocorrer a expansão da consciência.*

O Auto-Rebirthing a seco deve ser praticado depois das 10 sessões recomendadas e acompanhadas por um profissional, por todas as razões já descritas anteriormente. Para a prática do **Auto-Rebirthing em água, e todas as outras modalidades**, o mesmo deve ser levado em conta, para que a pessoa não tenha bloqueios. Se você não estiver preparado completamente para as emoções suprimidas que possam ser ativadas, que isso não venha afastá-lo das técnicas aqui ensinadas, e, sobretudo, do elemento responsável pela sua vida — a RESPIRAÇÃO.

O papel de um bom profissional envolve treinar e dar apoio emocional, procurando atuar cada vez menos nas sessões, para fortalecer e deixar o Rebirthee perceber por si mesmo o que está acontecendo e poder, assim, assumir mais e mais a responsabilidade pelas transformações observadas, tendo claro em mente que os resultados não são dados por ele — o Rebirther — porém pelo Rebirthee, ainda que todo o encorajamento e apoio por ele garantidos sejam vitais, mostrando ao praticante que, quanto maior a prática, maior a compreensão do movimento da energia pelo corpo, o que traz mais controle e tranqüilidade durante a prática, até que o Rebirthee tenha confiança e experiência em seu próprio processo. Treinando assim o cliente, o profissional estará contribuindo não só para a prática do Rebirthing como também para a vida de cada um que ele orienta.

Portanto, notadamente, a intenção do Rebirthing é que cada pessoa submetida a esse processo possa continuar por si mesma para que continue a integração de qualquer resíduo de energia suprimida que ainda possa haver. O recomendado é que se vá espaçando as sessões como, por exemplo, passar de uma vez por semana para uma vez de quinze em quinze dias no primeiro mês, depois para uma vez por mês, com a pessoa a partir disso escolhendo quando deseja trocar energia com um ou uma profissional.

Até nós, profissionais com longa experiência, gostamos de partilhar o Rebirthing com outro colega de profissão, para renovar, reciclar e unir nossa energia.

Depois de se ter participado de várias sessões individuais, em todas as modalidades, e passar por algumas sessões em grupo, dirigidas por profissionais eficientes, o Auto-Rebirthing em grupo poderá ser realizado com grupos de pessoas experientes respirando conscientemente, sem a presença de um Rebirther.

Sempre é importante, individualmente ou em grupo, que estejamos atentos à realização perfeita da respiração conectada, que tenhamos compreendido completamente os cinco elementos e como nos entregar para que aceitemos entrar nesses elementos, estejamos confiantes e tranqüilos em face da ativação de qualquer sentimento ou energia e tenhamos a capacidade de integrar seja lá o que for que aflore.

Deve-se estar ciente de que nenhum livro ensina a praticar o Auto-Rebirthing sem a pessoa ter passado por alguma sessão dirigida por um bom e eficiente profissional. O Auto-Rebirthing ocorre como parte do processo; não é um fim em si mesmo. **Apesar de você poder vir a usar este livro para aprimorar-se, estar pronto para praticar a técnica sozinho implica já ter passado pela experiência das sessões em companhia de um guia profissional de Rebirthing.** O Auto-Reirthing não é algo perigoso, mas tais providências visam fazer com que aproveite ao máximo essa técnica.

Auto-Rebirthing

REBIRTHING "DINÂMICO"

O Rebirthing "Dinâmico" envolve saber usar a respiração consciente e conectada em qualquer ocasião de tensão emocional ou de sensações de mal-estar, para que de imediato você possa integrar e não suprimir as emoções, e sempre venha a desfrutar profundamente e não superficialmente de tudo o que lhe acontecer na vida. Isso significa que, a cada dia, a cada hora, a cada minuto, todos estamos expostos a situações diversas às quais reagimos diferentemente, o que, para nós, pode vir a resultar em novos traumas no processo de nossa vida, e em acúmulo de traumas, sempre desnecessários quando estamos alertas e sabemos claramente neutralizar e deixar de lado todas as barbáries que se nos apresentam a todo instante, principalmente por vivermos em uma sociedade que foi e continua a ter como base a injustiça e as atitudes negativas em face da vida.

Devemos e podemos ultrapassar com desenvoltura todos esses obstáculos que vivenciamos constantemente com o conhecimento das leis metafísicas e, portanto, da mente, por meio de técnicas que podemos praticar para purificarmos nosso ***corpo-mente-espírito*** em nosso dia-a-dia, sobretudo por meio do **Rebirthing Dinâmico.**

Lembre-se de que a respiração muda de acordo com a nossa emoção: **se temos tristeza**, respiramos de uma maneira rápida e profunda, o que ativa as emoções negativas, e nos deixa ainda mais deprimidos; se **temos alegria e felicidade**, a respiração torna-se mais longa e profunda, o que nos faz relaxar e nos deixa alegres e felizes, em paz; **se temos raiva**, respiramos rápida e superficialmente, como um animal selvagem, o que nos traz ainda mais raiva, etc.

Aqui vai funcionar o Rebirthing Dinâmico. Se somos pegos numa situação de trauma, por exemplo, um acidente, em que nos percebemos tensos e perturbados, respiramos rápido e superficialmente, não para ativar a raiva, mas para ativar ainda mais a emoção surgida, como que para nos livrar dela, e buscamos entrar de imediato nos cinco elementos, procurando relaxar, tomando consciência de nosso corpo e do ambiente, INTEGRANDO tudo o que está ocorrendo fora nas suas sensações por dentro e compreendendo que, aconteça o que acontecer, tudo será perfeito.

LEMBRE-SE:

"Cada um de nós é responsável por tudo o que acontece conosco."

Você é responsável por tudo o que acontece com você; o outro é responsável por tudo o que acontece com ele. Não se impressione facilmente. **ISTO É A MENTE, NÃO A VIDA.** Esteja certo: **NÃO EXISTE FATALIDADE.** SÓ O QUE EXISTE É A MENTE COM SEUS PENSAMENTOS PRODUZINDO SEUS RESULTADOS.

O Rebirthing Dinâmico envolve saber usar o Rebirthing não só em coisas traumáticas que lhe acontecem, mas também em qualquer atividade, seja em casa, no banho, diante da televisão, do computador, falando ao telefone, em seu trabalho, dirigindo o carro, na praia, no parque ou durante um simples passeio. Todas essas coisas, e muitas mais, costumam ativar a energia suprimida, às vezes até mais do que quando você está em uma sessão de Rebirthing. Portanto, quando você tem prática e vivência com o Rebirthing, e sabe que pode integrar toda situação que lhe ocorrer, esteja ela relacionada com algo que você tenha suprimido ou reprimido ou tenha julgado, não há emoção que venha à tona que não seja recebida com prazer. Com isso, se sua vida já está bem melhor, você poderá fazê-la ainda muito, muito melhor.

Depois das sessões regulares de Rebirthing, a tensão da vida se dissolve e a prática diária associada ao Rebirthing Dinâmico conserva um estado maravilhoso de Purificação Física e Espiritual.

Como Você Poderá Praticar o Rebirthing Dinâmico?

Você deverá saber usar os cinco elementos da seguinte maneira:

1. Para o primeiro elemento, o melhor é você usar a respiração consciente circular conectada lenta e profundamente (o que não lhe será difícil, pois, mesmo em presença de outros, você poderá praticar sem que ninguém note); essa respiração relaxa e facilita a ativação de sua energia. Porém, se você sente que sua energia está muito ativada internamente, procure utilizar a respiração rápida e superficial; e se você sente que está se tornando inconsciente, utilize-se, principalmente, da respiração profunda e rápida quando notar que está necessitando de mais energia.

2. Para o segundo elemento, depois de estar respirando conectadamente, procure relaxar cada músculo, principalmente os que não estão sendo usados no momento em que você está fazendo alguma coisa.

3. Para o terceiro elemento, procure se conscientizar de cada detalhe no que lhe está acontecendo; preste atenção ao modo como exatamente nesses momentos você costuma suprimir as emoções. Procure perceber que, nessas ocasiões, você ativa padrões, o que lhe traz imensa vontade de suprimir essas formas de supressão. É nesse ponto que lhe ocorre a vontade irresistível de tomar um "cafezinho", fumar um "cigarrinho", roer uma "unhazinha", comer o seu docinho — ou "socar" quem estiver à sua frente. Perceba tudo isso, livre-se dessas coisas, relaxando, conscientizando e fazendo uso do quarto elemento.

4. Para o quarto elemento, simplesmente perceba o quanto você é maravilhoso e como é esplêndido estar **aqui**, vivendo todo esse milagre. Perceba que ***tudo é perfeito como é:*** aproveite isso, tire prazer disso. Você existe e, nesse exato momento, deve "curtir" ISSO!

5. Para o quinto elemento, total aceitação, haja o que houver tudo é perfeito! Esteja presente em sua resolução. Você é capaz de tudo, é responsável por tudo, esteja presente, CONSCIENTE de cada detalhe do que lhe está ocorrendo e que é decisão sua viver, ainda que se trate de tomar seu cafezinho, fumar um cigarrinho, ou comer o docinho — por enquanto, busque fazer isso **com total consciência**, pois agora você é capaz de estar consciente, de não usar mais "truques da mente" para suprimir mais uma vez cada uma das suas emoções.

Usando o Rebirthing Dinâmico, você agora pode desfrutar de TUDO na Vida — CONSCIENTEMENTE.

ALGUMAS DE NOSSAS EXPERIÊNCIAS COM AS SESSÕES DE REBIRTHING

Espinho, Portugal
Abril, 1991

Meu Primeiro Rebirthing:

Depois de tantas vezes ouvindo falar do Rebirthing por meio do Nishkam, começo a me interessar. Acabo de receber o convite para participar do curso de Vivation e de Rebirthing em Barcelona, Espanha, na Inspiration International of Leonard Orr, na Universidade de Yoga Jaume Guash. Isso me empolgou e fez com que eu me lançasse de corpo e alma na experiência. Já comecei a ler o livro do Rebirthing de Leonard Orr e muita energia vem se ativando internamente. Assim, resolvo corajosamente passar pela experiência do Rebirthing, hoje que estou só em casa. Resolvo encher a banheira. Nada mais me assusta. Entreguei-me inteiramente ao trabalho terapêutico desde que me formei em 1977 até recentemente, quando estive no Ashram do Osho na Índia, em 1989: nada mais poderá me assustar. Assim, minha primeira vivência de Rebirthing foi em água quente e sozinha. Puxa! Estou maravilhada, pois vou me relaxando cada vez mais de minuto a minuto. A água "me conquistou"; estou de barriga para cima, o rosto quase todo dentro da água. Não uso *snorkel*, hoje é meu primeiro contato com essa técnica, não saberia usar o *snorkel*. Por isso entrei na água deixando apenas o nariz e a boca para fora. Tenho a impressão de já conhecer a técnica — a familiaridade é imensa. Sinto muito prazer. Respiro conectada, prolongada e profundamente — sei praticar no Yoga. Pouco a pouco, vou-me entregando totalmente e sinto meu corpo completamente eletrizado. Puxa! Agora, posso perceber o quanto todos os sons são tão fortes. Sinto-me no útero, principalmente porque a banheira não é tão grande assim, e tenho de ficar um pouco encolhida. Assim, compreendo por que o Rebirthing, a respiração, é o primeiro contato do Ser com a Terra. Por isso, a respiração consciente iluminou Buda, e criou a meditação Vipássana, a mais antiga técnica de meditação do Oriente. Percebi que, no útero, o som mais forte é o da respiração — o da própria respiração — e a respiração da mãe. Depois, o Som das batidas do coração.

Os sons do mundo aumentam e tornam-se sons alucinantes. Quando no útero, o líquido amniótico contribui para a percepção dos sons do mundo; e aqui e agora é a água que simula esse líquido. A cada movimento brusco, o líquido amniótico se agita e torna o som mais vibrante.

Nesse momento, percebo a importância de o nascimento dar-se lenta e carinhosamente. Sinto aqui o quanto o processo de dar palmadas na criança traumatiza — acorda-a para o mundo violentamente. É como acordar alguém de um sono longo e profundo dando-lhe pancadas — esse alguém abre os olhos, mas continua sob efeito do sonho que sonhava. A cada som que ouço no mundo exterior, a freqüência aumenta alucinadamente. E tudo vai clareando para mim, enquanto vou respirando. Vejo que, nascendo dessa maneira, todos, por assim dizer, continuamos sob o efeito do sonho — **o útero.** Vivendo como que hipnotizados. Assim, me sentindo completamente no útero, percebo como ele é maravilhoso e confortável — extasiante. Escuro, longe e perto das coisas ao mesmo tempo, tudo se passa de maneira inconsciente para o feto ou bebê. A água faz com que eu me sinta flutuando como o feto flutua no interior do útero e, a cada balanço da água, os sons aumentam mais. O balanço é suave, mas a respiração é muito forte. É um fortíssimo contato comigo mesma. Estou tão relaxada ao sair da banheira, que me sinto leve como uma pluma. Não sinto meus pés tocarem o chão. Então, ocorreu-me o pensamento de o quanto é necessário para o desenvolvimento do bebê a mãe continuar a aconchegar o filho após o nascimento, pelo menos por uns quatro meses, como que para dar a impressão de um prolongamento do útero, para que ele lentamente acorde. Adorei o Rebirthing. Obrigada Nishkam!

Unmani

Espinho, Portugal
17 de maio de 1992

Meu Rebirthing hoje:

Entrei na banheira. Temperatura ideal. São 5 horas da manhã. Estou feliz, estou viva! Comecei a respirar com o tubo *snorkel* e o *clip* no nariz. Começo a respirar mais intensamente, a água está muito quente agora. Essa água quente tem-me incomodado sempre, é como se estivesse a 50° C, então, resolvi respirar até sentir o porquê de todo esse incômodo em relação à água quente. Continuei respirando conectadamente, consciente dos detalhes, mas não agüentei muito hoje, abri a água fria. Volto a deitar-me com o respirador na boca, porém, com metade do rosto fora da água. De repente, uma pressão no peito e a lembrança de quando eu estava no útero — não só lembrança, EU ESTAVA LÁ, NO ÚTERO, me sentia lá, com muito calor, sufocada, querendo nascer, precisava sair dali. Alguma ansiedade havia lá, eu podia sentir, o parto não transcorria bem, minha mãe não estava muito tranqüila. Sentia o cordão em torno de meu pescoço, mas eu estava nascendo! Então, ao nascer, senti o médico desenrolar o cordão do meu pescoço e ansioso cortar de imediato o cordão umbilical. Depois disso, uma sensação real de muita dor para respirar... meu peito ardia, eu sentia tudo isso muito vivamente... eu chorava, chorava, dentro da água... como chorei ao nascer... e percebi, neste momento, que não chorei pelas "palmadas", que me pareceram muito reais, mas pela dor da respiração. Eu chorava, chorava, dentro da banheira, e Nishkam veio ao banheiro, tentando me acalmar, e fui chorando e chorando e sentindo arder e arder e continuei respirando e respirando, e toda aquela dor foi-se aliviando, até que senti uma liberação tão forte de energia que cheguei a estremecer, ampliando depois a minha respiração. Só então relaxei muito e tive vontade de levar as mãos ao rosto; minhas mãos e braços davam a impressão de ser os de um bebê, sem nenhum comando, pesados e leves ao mesmo tempo. Uma sensação fascinante, uma liberação de memórias que me deram mais vivacidade e alegria a partir de hoje...

Bhole Baba Ki Jai
Obrigada, Babaji
Unmani

Coral Springs, Flórida, EUA
10 de março de 1993

Meu Rebirthing hoje:

O canto suave e delicado do pássaro me comove. Este é para mim um momento muito especial. Algo me move profundamente, pego uma folha de papel e resolvo escrever. Acabo de sair da banheira, onde estava por um certo período de tempo respirando — este é um processo que venho realizando em minha vida, buscando mais e mais minha essência.

Ah! Que prazer! Resolvi realizar a experiência de outra maneira hoje — não enchi muito a banheira, só o suficiente para poder me deitar e sentir o fundo. Pego o respirador e o prendedor de nariz, encosto minha face esquerda no fundo da banheira e sinto a água morna, fora e dentro de mim, me acariciando. Estou só, em silêncio profundo. O coração bate forte. ToTum...ToTum...ToTum... Mãe, começo a vê-la, sinto-me pequena, um feto, ouço o coração batendo forte, sinto o seu coração, mãe. Um momento passado tão presente, não sou mais a pessoa que eu era antes, sou quem fui há muito tempo. Paz. Muito amor. Prazer. As batidas se misturam à minha respiração, a cada To, inspiro, a cada Tum, expiro, ou vice-versa.

Estou dentro do útero, a cabeça para cima, bem próxima ao coração de minha mãe. E tudo se torna claro. Eu — pequeníssima, vejo minha mãe; então, entendo que, como feto, vemos através do corpo de nossa mãe, ouvimos, sentimos, somos transparentes, translúcidos, fluentes, presentes. E a vejo nesse instante, toda de azul, um lindo vestido azul, cabelos da época 1948 (estava eu em seu útero) no alto da cabeça — magra, bonita, com a "barrigona". Vejo tudo dentro. Tudo fora. E chega meu pai. Encosta a cabeça na barriga, me toca, vejo-o, sinto-o. Seu rosto jovem, liso, os cabelos pretos cortados rente à cabeça, penteados, com "entradas" e brilhantina. Está de terno, parece acabar de chegar do trabalho, não sei! Ele a toca, beija-a, eles se amam, fazem sexo. Sinto o balançar, o aconchego, o amor. Sinto parte desse amor. É bom. É aconchego. O meu coração neste momento está batendo mais forte, e compreendo, assim, que por isso me ocorreu toda essa lembrança. Começo a vir a mim, meu coração bate forte com a pressão do peito sobre o fundo da banheira (respirava com a barriga para baixo). Minha respiração está forte... assim voltou a imagem daquele momento puro e especial. O som das fortes batidas do coração da "mama" se assemelha ao do meu coração neste exato momento, aqui e agora. Tudo lindo! Muito belo!

Preciso lhe contar tudo isso, a você e a todos. Contar talvez me faça entender melhor o jogo de minha própria vida. Contar talvez o faça entender mais sua própria história, sua vida, o mundo, o Universo. Neste momento EU SOU.

Estou em Coral Springs, Flórida, EUA. Para se falar em tempo, estou aqui há dois meses. Estou em paz, em busca, a caminho. Nasci muito longe daqui, numa cidadezinha de montanha, no sul do Brasil. Respiro hoje, aqui, nesta casinha aconchegante e tranqüila. Muitas árvores, muitos pássaros. O céu é de um azul profundo. Nenhuma nuvem no céu. O contraste do azul com o verde das folhas revela Deus em tudo isso. O vento suave balança levemente as folhas, os galhos. Há um odor agradável no ar. Deus está aqui. O amor está aqui. Comigo. Em mim... Sinto-me especial. Sou especial. Nasci especial. Sou Tudo. E Nada.

Om Namaha Shivaya
Unmani

Coral Springs, Flórida, EUA
4 de outubro 1994

Meu Rebirthing hoje:

São 5 horas da manhã, gosto de levantar-me antes de o sol nascer, quando entro na banheira — trata-se de uma das técnicas de purificação que aprendi de Babaji, através de Leonard Orr.

Entro na banheira e começo a respirar com meu *snorkel* e o *clip* no meu nariz. Tudo está calmo a meu redor... tudo está calmo dentro de mim... sinto-me a cada dia mais relaxada, alerta, ponderada, transformada, feliz... as coisas acontecem sem interferências minhas, acontecem porque têm de acontecer, coisas lindas vêm a cada dia ocorrendo mais comigo, desde meu primeiro Rebirthing. Tenho amor-próprio, sou imortal e me sinto mais salva e segura... respiro hoje tranqüilamente, uma respiração suave, silenciosa, solta, conectada, totalmente consciente. Então, começo a ouvir uma voz forte. É minha intuição? Meu Ser? Não interessa, o mais importante é prestar muita atenção, estar alerta a este momento de revelações. E a voz diz:

Tudo no mundo é pensamento.

Tudo é ilusão... sonhos.

Não existe separação, nada é separado. Só existe UM. *Tudo é Nada*, UM NADA. Não há isso, não há aquilo, SÓ UM. Cada UM é uma extensão do OUTRO e forma TUDO, e o TUDO forma o NADA.

Cada pensamento seu é um pensamento de Deus. O outro é um pensamento meu, que, por sua vez, é o pensamento de Deus. *Cada pensamento seu é um pensamento dele e um pensamento meu é um pensamento de Deus.*

Atraio você com meus pensamentos, porque você é um pensamento meu, que está em mim neste momento. Este momento é um momento de AGORA, que pode ser um momento de ontem ou um momento do amanhã, a depender do sonho que você escolhe para viver o agora.

Você visualiza algo e o torna visível. Você sonha e torna esse sonho realidade, porque você não está aqui, está apenas realizando tudo o que sua mente capta ou deseja captar.

Você dorme e sonha, levanta "sem acordar" e continua sonhando. Sua mente gosta dessa embriaguez e você se identifica com ela.

Se você "acorda", é Deus, mas aí não está mais separado de Deus, não tem mais pensamentos só seus. Seus pensamentos são, então, UNIVERSAIS. Nada mais parece ser. O que é apenas É. Todos os valores desaparecem. *O valor é mental*. Nada mais será algo mau. Tudo É e constrói. Porque ***o Universo é construção a todo momento***. O Nada nunca pára, nunca se apega. O Nada se transforma constantemente em tudo. Você não quer mudar, porque sua mente lhe dá a ilusão de poder não mudar. Mas é impossível não mudar. Você faz parte do Todo, do Universo, portanto, você se transforma constantemente. Você é o Nada, que se transforma constantemente em Tudo.

Você se sente parte, mas é TODO. Tudo participa de um fluxo contínuo, não há paradas, não há esperas, não há pensamentos. Apenas o IR. Quer queira, quer não, você vai, tenta querer parar, se ilude afirmando que está parado — você está sempre indo. VOCÊ ou EU, NÓS ou VÓS, apenas conceitos, nada disso existe, tudo apenas É. Você pensa que limita, porque, enquanto mente, é temporal e limitante, mas o Universo é atemporal e, queira ou não, você está nele, você é Ele. Você não existe, só Ele, e Ele não existe, só o VAZIO. Este apenas nos cria como partículas do pó, elas parecem formas porque ilusoriamente as podemos tocar, mas tudo é "forma sem forma". Quando não estou separada DO TODO, posso ser ao mesmo tempo mesa, cadeira, planta, cachorro, gato, pó, ar... Eu não só posso Ser... **Eu Sou, Sempre SOU.**

Quando olho para você, eu o vejo pensando que você É, mas você não É, você Sou Eu, um pedacinho do meu eu, que ilusoriamente se viu dentro e quer agora ver fora. Por isso o VOCÊ é o meu espelho SEMPRE. "Cada um de VOCÊS É cada EU que me pertence".

Você tem medo é **da União**, mas VOCÊ JÁ É A UNIÃO. Mesmo que eu ou você negue isso, a UNIÃO está aí. Ela É UNA. NÓS SOMOS **UM**.

Então, tudo o que acontece ao seu redor são fragmentos de seus pensamentos refletidos, pedaços de espelho do que você ilusoriamente se espelha para poder reconhecer esse pensamento visível, exterior, palpável, porque você quer sempre apalpar tudo. Apalpar a si mesmo! Por isso a FORMA.

Forma é Apenas Uma Forma, Mas Não é Nada.
É Apenas Pensamento Exteriorizado.

Om Namaha Shivaya
Unmani

Rio de Janeiro, 1981

Meu primeiro Rebirthing.

Em 1981, eu, Nishkam, vivi um período tempestuoso. Depois de seis anos de formação como Professor de Educação Física, não conseguia nenhuma estabilidade financeira, e isso se refletia em toda minha vida e de certa forma causava certo mal-estar em meus relacionamentos. Foi então que fui trabalhar na clínica de um amigo que realizava "maratonas" de desenvolvimento pessoal, após ter-me especializado em Acupuntura, Shiatsu, Macrobiótica e Terapias Orientais. Foi ele que me convidou para participar de uma dessas maratonas e que, por sorte, esteve comigo na minha primeira experiência com o Rebirthing. Nada me foi explicado, exceto como eu deveria respirar. Entrei em contato com a experiência nova e me entreguei a ela inteiramente. Com a continuação do processo de respiração, minhas mãos foram se enrijecendo e ficando doloridas, o que, conforme me explicaram depois, era a síndrome de hiperventilação. Esse fator me assustou, mas fui logo tranqüilizado pelo facilitador, que me disse para não me preocupar e continuar a respirar. Assim, superei a hiperventilação e comecei a relaxar totalmente, um relaxamento maravilhoso e diferente de tudo o que já me havia acontecido, muita alegria e euforia, muita energia envolvida naquele momento. Foi para mim uma experiência totalmente nova e excitante que ao mesmo tempo me trouxe muita paz e tranqüilidade. Isso me deixou "apaixonado" pelo processo e despertou o desejo de me tornar um futuro Rebirther, apesar de nesse primeiro Rebirthing não ter tido visões nem lembranças do meu nascimento nem de nenhuma parte de minha vida, o que só veio a acontecer nas sessões seguintes.

Om Namaha Shivaya
Nishkam

Espinho, Portugal
Fevereiro, 1990

Uma clara visualização do meu nascimento.

Depois de algumas sessões de Rebirthing, fui visualizando cada vez mais meu nascimento. Eu vira a cesariana difícil, pois o cordão umbilical cingia-me o pescoço e eu estava todo roxo, com dificuldade para respirar. A cesariana foi feita às pressas, pois já havia passado da hora de eu nascer.

A primeira e mais valiosa visualização do meu nascimento, porém, deu-se hoje, em Portugal. Nessa manhã de inverno, quando eu estava na banheira, respirando com meu *snorkel* e o *clip* de nariz, visualizei minha mãe, anestesiada, e compreendi que era isso o que dificultava e retardava a visão total de meu nascimento; sempre que essa visão ocorria, ela era vaga, as imagens pouco delineadas. Hoje, pude ver que eu, no momento de meu nascimento, estava com muita dificuldade para respirar, sofria, minha cor era arroxeada.

O meu rosto estava crispado pela força que eu tinha de fazer para respirar. Eu estava mal acomodado na banheira em que realizava o Rebirthing, pois esta não era muito grande, mas isso, por outro lado, lembrava a sensação de estar dentro de um útero — quando nasci, eu era muito grande. Depois dessa dificuldade inicial, pude me ver sendo tirado da barriga de minha mãe, sentindo um grande alívio por sair de lá, por me espichar. Quando me cortaram o cordão umbilical, vi-me sendo estimulado a respirar por meio de uma palmada forte (fato que me deixou muito agitado), sendo lavado e colocado perto de minha mãe. Porém, ela estava muito anestesiada; assim, fui separado dela, o que me deixou triste, e fui levado para um berçário onde havia incubadoras. Fui colocado numa delas, pois eu nascera com certa dificuldade.

Neste momento, dentro da banheira, muito barulho, muitas luzes em meu peito, o que me assustou profundamente, até me causou medo. A cada respiração minha, a imagem do meu nascimento vai clareando mais.

Graças ao Rebirthing sinto agora uma imensa proteção Divina que me mostra cada dia a minha missão de servir a Deus e à Humanidade neste mundo, trabalhando com o Rebirthing para levar as pessoas a entrarem em contato com o seu Eu interior e para que possam, também, descobrir que o objetivo do homem na Terra é restaurar essa Terra para o Universo, a fim de que todos vivam em Verdade, Simplicidade e Amor.

Hoje, sempre que respiro, revejo o meu nascimento de modo claro, sentindo o prazer de viver e me agradecendo por aceitar isso, mas ciente de que tenho de aprender ainda muito mais.

Om Namaha Shivaya
Nishkam

O Rebirthing está aí disponível a todos. Se este é o seu momento, aproveite-o, caso contrário, ele chegará a qualquer momento — não tenha dúvida — pois você já está aqui lendo este livro, e é o Rebirthing que o escolhe, não você a ele, por isso, você foi atraído a ler sobre o assunto. A sua participação neste elo é fundamental porque você também é uma pessoa especial, todos somos especiais porque somos todos Divinos.

TRANSFORMAÇÃO

Deixe essa aflição brotar,
Deixe o grito aflorar,
Deixe o sofrimento ruir,
Deixe seu coração se partir
E a lágrima rolar.

Liberte as emoções das pressões,
Solte as pressões das prisões,
Não se agarre mais às grades,
Quebre-as sem medo,
Arrebente as correntes do ódio
E deixe o mal desabar.

Deixe que seu coração chore,
Grite, Berre, Esperneie, Desespere...
Quebre a casca dura dessa semente,
Sinta o calor do sol,
O aconchego da terra,
As gotas da chuva
E deixe o caule surgir,
Deixe a planta se desenvolver,
Dê-lhe forças para crescer.

Sem se mover, sinta.
Apenas sinta.
Deseje, em seu profundo íntimo,
Conhecer a flor que há em você.
E deixe-a brotar.
Bela, Divina, Esplendorosa,
Observe-a.
Perceba quem ela é.
Sinta a beleza que ela trouxe
para lhe oferecer.

Reconheça a sua própria natureza
E só então
Sorria, sorria muito.
Ria, ria muito...
Celebre a vida
E desfrute de todos os prazeres
Que ela deseja lhe dar.

Assim, deixe a alegria brotar,
Deixe o êxtase aflorar,

Deixe a criança surgir,
Deixe o seu coração amar.
E no mais supremo silêncio
Se integre
Ao céu, ao sol, à terra.

Solte o Ser, Sinta o Ser,
Una-o ao seu parecer.
Agora, deixe o ar penetrar,
Deixe acontecer o verdadeiro RESPIRAR
E como o Universo,
Seja Eterno.

Om Namaha Shivaya

Unmani
Portugal, 1991

Segunda Parte

8

Longevidade até a Imortalidade Física

"Eu estou vivo agora no mundo."

Se com os pensamentos criamos resultados, isso não se aplica apenas a conseguir sucesso, amor ou dinheiro. Se meus pensamentos são criativos e, portanto, eu crio a minha vida com os meus pensamentos, então isso é válido também para o meu tempo de vida. Quanto mais tenho certeza de meu sucesso quanto à saúde constante, mais estou tranqüilo, relaxado e alerta, a salvo e vivo. Se sinto isso, nisso estou pensando, portanto isso estou criando para mim, e assim vou vivendo e prolongando minha vida o tempo que desejar pensar e sentir isso em meu Ser. Isso é LONGEVIDADE. Se atinjo a longevidade e decido continuar a pensar em constante saúde na minha vida, alcançarei a IMORTALIDADE FÍSICA.

A Longevidade está diretamente ligada à sua auto-estima. Se você desenvolve alta auto-estima, você desenvolve um grande carinho e amor por si mesmo, e assim zela por si mesmo, protege-se. Não é isso que você gosta de fazer por alguém que ama? E quando você se cuida, se trata otimamente bem, você vive e vive e vive...

Todo dia que você acorda e diz conscientemente a si mesmo "*Eu estou vivo agora no mundo*", você fica alerta para que, durante cada minuto desse dia, você continue vivo. Se você faz isso todos os dias invariavelmente, que resultado acha que pode obter? O único viável: "**LONGE-VIDA-IDADE**" — **VIDA.** Assim, você atinge a Longevidade Perpétua.

A **Longevidade Perpétua é natural** para os que estão alertas e que se amam eternamente. Ao amar sua pureza divina, você busca sempre meios de contribuir para prolongar sua vida. Foi assim que, por amarmos nossa pureza divina, encontramos Leonard Orr, com seus ensinamentos sobre Imortalidade Física, e Babaji, com suas técnicas sobre Purificação Espiritual, que aprofundam ainda mais a teoria da Imortalidade Física, pois a torna possível de alcançar.

IMORTALIDADE FÍSICA é estar a todo o tempo no seu corpo. É a integração do corpo, mente e espírito.

A crença de que a "*MORTE É INEVITÁVEL*" tem matado mais gente do que qualquer outra causa.

Você é IMORTAL aqui e agora.
Se você está lendo este texto, está vivo, está imortal.
Portanto, VOCÊ É IMORTAL.

O segredo está em saber manter essa "imortalidade" pelo tempo que desejar. Basta crer: VOCÊ **JÁ É** IMORTAL.

O problema é que todos crescemos com a crença de que temos de morrer e de que não vivemos muito mais depois dos setenta. (Uma crença não é nada mais que uma série de pensamentos, e os pensamentos nós podemos mudar.)

Se você compreende a verdade de que "O PENSAMENTO É CRIATIVO" — que "*Você cria a realidade com os seus pensamentos*", então você pode criar a sua vida, pode se manter saudável por muito tempo; pode manter seu corpo físico com saúde e ótima aparência por quanto tempo desejar.

O corpo é o resultado dos seus pensamentos. Você é o que pensa. Você tem de ser mestre do seu corpo. Tem de compreender perfeitamente que a mente comanda o seu corpo. Por isso, você precisa dominar a sua mente.

Se você muda a sua mente, muda os seus pensamentos, você muda o seu corpo, a sua vida.

A MORTE é resultado de um pensamento — EGO.

A VIDA é resultado de um pensamento — DEUS.

A MORTE **NÃO** É INEVITÁVEL.

A MORTE É OPCIONAL.

Todas as crianças se sabem imortais. Elas nunca falam na morte, nunca pensam nela. Até que um adulto lhes diz que têm de morrer, leva-as a um enterro, etc. As crianças acreditam nessas coisas e deixam de lado o instinto natural: a IMORTALIDADE FÍSICA.

VIVER É NATURAL.
Você veio a este mundo para viver. Então, por que fala em morte?

O corpo é uma bateria que se regenera naturalmente. Nossas células se renovam completamente a cada onze meses. Tornam-se novas células saudáveis ou novas células doentes. **Isso só depende de você; depende dos seus pensamentos.**

Se você só tem pensamentos negativos, destrutivos, você destrói o seu corpo. Se só busca pensamentos criativos, cria ou constrói seu corpo.

Você precisa respirar — RENASCER —, exalar seus pensamentos negativos e inalar só pensamentos positivos. Necessita reativar e eliminar seu impulso inconsciente de morte, para que toda a vitalidade surja em sua mente e conseqüentemente em seu corpo.

Seu espírito já é imortal; seu corpo físico é uma extensão do seu espírito, só depende dos cuidados que você dispensa a ele, que será tão imortal quanto seu espírito, enquanto você necessitar e desejar estar aqui. Qualquer matéria pode ser conservada, só precisa de AMOR.

Seu corpo só não se torna imortal se você se apega a pensamentos negativos.

Seu corpo só não funciona perfeitamente porque você se apega a pensamentos destrutivos.

Doenças, tensões, dor, etc., são reflexos de pensamentos negativos.

Viver é natural. Tudo o que viemos fazer aqui é VIVER.

O medo é uma das causas da morte. ***Quanto mais você tem medo da morte, mais distante está da vida, menos vive, porque só pensa na morte.*** Nós atraímos tudo aquilo de que temos medo.

Uma das causas do medo é a Urgência de Morte — O IMPULSO INCONSCIENTE DE MORRER. Se você se liberta disso, o medo se desfaz.

Viver não dá medo. Morrer sim.

A tradição familiar é também uma das causas da morte. Os filhos tendem a morrer na mesma idade dos pais — principalmente os conformistas; os rebeldes tendem a morrer mais tarde.

VOCÊ TEM DE ESTAR DISPOSTO A MUDAR A TRADIÇÃO DE MORTE DA SUA FAMÍLIA.

A Imortalidade Física é a integração do físico, da mente e do espírito.

A idéia da Imortalidade Física tem sido examinada pela ciência moderna, mas o real objetivo é conseguir que todos acreditem nessa idéia. Isso pode ser um objetivo idealista, porém, um modo de atingir isso é divulgar essa idéia. Se mesmo sabendo de tudo o que aqui lhe falamos você preferir morrer, pelo menos esse ato será muito mais consciente. Se você aceitar essa idéia, faça como nós — DIVULGUE-A.

O número de pessoas com essa crença já ultrapassa 100.000 nos Estados Unidos. E essas pessoas relatam um aumento significativo em sua saúde física e mental, em sua felicidade e em seu sucesso. Assim, confirma-se que a crença de que a morte é inevitável pode gerar mais doenças sociais e pessoais do que podemos observar. Acredite na Imortalidade Física, ela é totalmente inofensiva. A mentalidade mortalista não é nada saudável para nós humanos. A doença social mais grave devido à crença de que a morte é inevitável é a guerra. A guerra é uma expressão social da urgência de morte pessoal. Afirmar "*Eu estou vivo agora no mundo*" ajuda a vencer a urgência de morte e a impedir a guerra. Cada pessoa que aprende esse poderoso pensamento nos leva a nos distanciar da guerra nuclear e de toda a espécie de violência. É lógico que essa afirmação apenas não é o bastante para a transformação completa de uma mentalidade mortalista para uma mentalidade eterna, mas ela é necessária para que ocorra a mudança.

Há Três Etapas para a Ciência da Vida Eterna

Você tem de ter a maestria da **filosofia**, da **psicologia** e da **fisiologia** da Imortalidade Física:

1. Filosofia

"Você é o espírito. O espírito existe e é eterno."

Você tem um espírito. Este não pode ser destruído. Não adianta tentar matá-lo, porque ele continuará vivendo. Se você pensa que está separado do espírito, esse tópico não tem sentido.

A crença de que a Morte é inevitável matará você se nada mais for feito. Mas a verdade é que o seu espírito já é eterno, você só tem de conservar a mente e o corpo em harmonia com seu espírito eterno.

2. Psicologia

"Cada um de nós tem de desfazer o padrão familiar." Tem de desfazer a Urgência de Morte; tem que trocar seus pensamentos negativos, positivando-os; tem que permitir o crescimento da consciência e desejar esse desenvolvimento. A menos que seus pais já sejam imortais, você deve ter herdado a Urgência de Morte. A Urgência de Morte matará você se você não matá-la. Você acaba com ela ao dissolver de uma vez por todas pensamentos e sentimentos negativos sobre a vida. A morte não tem poder, exceto o valor que você dá a isso em sua própria mente. Ninguém mais pode matá-lo, exceto você. Ninguém pode matá-lo sem o seu consentimento. A vida é mais forte do que a morte. Seu Amor é mais forte do que o Ódio.

3. Fisiologia

"Você tem de ser o mestre do seu corpo." Obviamente é necessário ter maestria prática do corpo físico. No Oriente, séries de técnicas corporais magníficas são ensinadas para tal. Mas a verdade é: isso é mais fácil do que você pensa. *"As pessoas tornaram a maestria espiritual tão difícil, que nem mesmo Deus poderia obtê-la."* Mas, Deus criou o Homem e a Mulher, portanto, esta vida eterna é simples e natural. As Ciências Yogues têm muitas maneiras para conseguir a maestria do corpo humano, que é um sistema energético. Você já é imortal, até que prove o contrário. Morrer é mais difícil que viver.

Você deve compreender completamente que a mente comanda seu corpo. SE VOCÊ MUDA A SUA MENTE, VOCÊ MUDA O SEU CORPO.

Desde agora você pode ter uma forte afirmação que é como um "anjo da guarda" pessoal: **"Pensamentos são anjos."**

Se alguém morre na sua família, o fato volta a ativar sua urgência de morte, seu inconsciente aflora e começam a ocorrer coisas diferentes na sua vida. Toda a família sente mudanças.

Ser imortal desagrada a seus pais. Seus pais aprenderam que são mortais, alimentaram convicções de que nasceram para morrer. "Preciso continuar pensando que nasci para morrer, para agradar meus pais", assim é o pensamento que lhe surge.

Há muitos casos de pessoas que vivem há milhares de anos por praticarem técnicas simples de purificação espiritual, mas você nunca terá interesse em conhecê-los se não acreditar na possibilidade da Imortalidade Física.

Ao nosso redor também existem pessoas que têm vivido muito mais que a idade "dita" média. Existem, inclusive, pessoas que aparentam 30 anos, quando são muito mais velhas. Estas nunca dirão sua idade enquanto não virem que é seguro. Não querem que as tomem por loucas ou mentirosas. Quando você diz a sua idade, todos passam a julgá-lo de acordo com o "número" da sua idade. Quanto maior esse "número", mais elas lhe cobram a hora de morrer.

Na Bíblia, há relatos de pessoas que viveram muito:

- ADÃO: tinha 130 anos quando teve filhos.
  Morreu aos 930 anos.
- SETE: teve filhos aos 105 anos.
  Morreu aos 912 anos.
- ENOS: teve filhos aos 90 anos.
  Morreu aos 905 anos.
- MATUSALÉM: teve filhos aos 66 anos.
  Morreu aos 895 anos.
- JARED: teve filhos aos 162 anos.
  Morreu aos 962 anos.
- ENOCH: teve filhos aos 65 anos.
  Morreu aos 365 anos.
- METRIZALAH: teve filhos aos 185 anos.
  Morreu aos 969 anos.

Muitas pessoas, para acreditar na morte, dizem que essas coisas são mentira, que as idades citadas na Bíblia são diferentes.

Mas a verdade é que, depois da Bíblia, o tempo de vida foi diminuindo, e hoje a média de vida não ultrapassa setenta anos. A maioria diz: "Ah! Eu já estou com setenta anos; não tenho mais nada para fazer nesta vida" ou "Ele já tem setenta anos — é tão idoso, coitadinho" como se fosse irreal e absurdo atingir essa idade.

A culpabilidade religiosa leva à morte.

Muitas pessoas dizem que não querem e que não vão viver para sempre, porque acham que não são felizes. E não são felizes porque, na verdade, não querem morrer.

Não aceite limitações. Seu poder é ilimitado.

Muitas pessoas decidem morrer para manter a tradição, pois a morte fisica tem sido popular durante longo tempo. Porém, a morte física já está sendo colocada em questão com muita seriedade. A literatura "imortalista" tem-se dedicado a acabar com o domínio da morte sobre o homem. A morte só existe porque ninguém a põe em dúvida. É certo que não se pode medir cientificamente a Imortalidade Física. A única prova possível seria viver eternamente, e quem pode medir o eterno? Você pode dizer: "Ora, mas todos morrem! Todos os seres deste planeta morrem, por que não os homens?" Porém, aí está a maior e única diferença do Ser Humano com relação aos outros seres — a Consciência. Através da tomada de consciência de todo o processo de urgência de morte e da morte, e do poder que ela envolve, o Homem é o único que pode converter esse poder até mesmo para escolher morrer ou não.

Acreditar na Imortalidade Física não o atinge; o máximo que lhe pode ocorrer é você se tornar IMORTAL, pois todos nós já estamos pensando em morrer. A transformação da mente mortal para imortal (da mortalidade para a imortalidade) é mais fácil do que você imagina.

Se você mantém o pensamento de que "a morte é inevitável", mais força a morte tem sobre você. Já que em Metafísica se diz que "o que se pensa se expande", sua urgência de morte aumenta. Quanto mais você pensa na morte, mais forte ela se torna e, desse modo, você a atrai mais rápido.

Ser feliz é anular a urgência de morte.

À medida que você vai se iluminando e crê que o "pensamento é criativo", percebendo o quanto isso é verdadeiro, mais rápido você substitui seus pensamentos negativos pelos positivos, mais energia você obtém. Quanto mais energia, mais positivo você se torna e vice-versa. Até que você fica tão tranqüilo e confiante, tão amoroso e relaxado, que você se sente integrado ao Universo, e vai além do pensamento. Aprender e praticar a linguagem do Rebirthing o faz adquirir muito mais **poder** e **energia**, trazendo-lhe muito mais força espiritual.

É por isso que lhe é imprescindível compreender que TODOS os pensamentos podem ser substituídos, inclusive o de que "A MORTE É INEVITÁVEL".

Porém, você diz: "*Mas a morte existe há milênios; é impossível ser imortal; a morte é que é real.*" Certo, mas todas essas pessoas se matam devido ao pensamento de que a morte é inevitável.

A verdade é que toda morte é um suicídio.

E se você conserva o pensamento de que "não desejaria viver para sempre, pois no mundo há muita miséria e dor", acredite: a razão por que há miséria e dor é o homem alimentar a idéia da morte desde o princípio.

A proposta da Imortalidade Física não é você viver em um corpo velho e inútil. A proposta é viver com a idade que você escolher, com uma boa imagem, sempre saudável. Você pode conseguir isso. Se acha engraçadas essas idéias, substitua seus pensamentos negativos e perceba como rejuvenescerá.

O objetivo de servir à Humanidade é fortalecê-la para que ela fortaleça a Terra e, assim, sirva à Existência, ao Universo, à Inteligência Infinita, à Energia Maior, a

Deus — seja qual for a sua designação. Nós, humanos, gostamos de dar nomes às coisas, porém essa **Energia** não se importa com **Nomes**; ela é o VAZIO, o OCO, o NADA, o TOTAL.

Você é imortal até que se prove o contrário.
O objetivo de viver é servir à humanidade.

CAUSAS DO ENVELHECIMENTO E DA MORTE

1) O trauma do nascimento

Se você continua reprimindo esse trauma, seu corpo envelhecerá mais a cada dia.

Por meio do trauma de seu nascimento, você invalida sua Divindade Pessoal: "*Não valho nada, a vida é uma droga, não sou digno de amor, não sou capaz, Deus é mau...*" Essa é a sua Lei Pessoal ou Mentira Pessoal, isto é, um pensamento gerado no momento em que você chega ao mundo.

A Lei Pessoal é o oposto da Divindade Pessoal. A Lei Pessoal é sua Mentira Pessoal. A Divindade Pessoal é sua Verdade Pessoal.

Você pode suprimir esse trauma do nascimento e rever sua Lei Pessoal por meio do Rebirthing e renascer, transformando sua Lei Pessoal em uma Lei Eterna, que preservará sua vida e o rejuvenescerá. (Falaremos sobre Lei Pessoal e como transformá-la no Capítulo 10.)

2) A invalidação da divindade pessoal

A partir de seu primeiro pensamento de negação, no ato de seu nascimento, que forma a Lei ou a Mentira Pessoal, você se sente agredido pelo Universo, você diz NÃO a ele, separa-se do pensamento-Deus.

Isso prejudica o seu corpo. Assim, você cria doenças e envelhece.

MEU SER significa o MEU UNIVERSO, que, por sua vez, significa DEUS. Devo estar unido ao meu UNIVERSO na forma de meu corpo.

Meu Corpo-mente + Meu Ser = Totalidade.

Não é só o Meu Ser (ou espírito) que está dentro de mim. Eu, enquanto corpo, estou também dentro desse Espírito ou Universo. **Tudo é Energia.**

Ele está dentro e fora de mim. Ele me engloba.

Eu estou dentro de Deus.
Deus está dentro de mim.

Se se perde a sensibilidade de contato com esse SER, tem-se a sensação de que se está só. Você nunca está nem estará só. Se está UNIDO a esse SER, não há MORTE, pois o SER é ETERNO.

O "meu Universo" (ou o meu Ser) tem em si todas as qualidades substanciais de **todo** o Universo.

É necessário estar em YOGA, isto é, em UNIÃO.

Yoga não significa sentar-se em posições engraçadas, mas sim sentir-se bem e limpo por dentro, desfrutando prazerosamente a vida e participando exitosamente no mundo em Unidade com a toda a Existência. Amar a nós mesmos, às pessoas, ao mundo e sentir-se em união com o Divino é a fonte de nossa natural divindade. UNIR meu SER ao CORPO-MENTE.

Harmonia, Amor, Sabedoria, Eternidade, Infinitude, Força: estas são as qualidades de meu SER.

Se a minha mente está separada do *"Meu Universo"* e nega estas verdades, daí vêm as doenças e a morte.

SEPARAÇÃO DE DEUS (ou Universo) gera NÃO — NEGAÇÃO.

A NEGAÇÃO forma o EGO e surge o MEDO.

Esteja com Deus, com seu Universo e permita que o seu Universo esteja com o UNIVERSO MAIOR.

Você se renova quando se sente unido a Deus, à Natureza. Você é Natureza e necessita do contato constante com ela.

Vamos reforçar a Terra para que ela possa permanecer FORTE e SADIA neste UNIVERSO.

VAMOS SER IMORTAIS.

3) A falta da filosofia imortalista

Ignorar ou desacreditar na Imortalidade Física, o leva a pensar na morte, que é o pensamento mais atual.

4) A falsa teologia religiosa

É errado dizer que você está separado de Deus.

É errado dizer que você é pecador.

Tendemos a pensar que a religião, a medicina e os meios de comunicação têm todas as respostas. Hoje, porém, isso está passando por um processo de desmistificação. A medicina não está salvando a vida das pessoas, a religião não está trazendo Amor e Paz, os meios de comunicação não estão difundindo a verdade exceto a morte, as guerras e coisas negativas para a sua vida.

A Medicina deveria ensiná-lo a ser saudável e vivo, não esperar que você fique doente.

A Religião deveria ressaltar que Deus está em Você, que é Você, e não que você está separado de Deus e que Ele é FORTE, ONIPOTENTE, e você fraco, impotente, inconsciente.

Deus não é mau.
Deus não nos mata, mas nos dá vida.

5) Sistema de crenças

Existem certas crenças na Medicina atual que o levam a doenças e, conseqüentemente, à morte. Por exemplo: os olhos enfraquecem depois que passamos dos quarenta anos; de que, após os sessenta anos, é comum a catarata, ou de que, depois dos trinta, a mulher não deve ter mais filhos; homem depois dos sessenta é impotente e não procria; de que todo parto é doloroso, ou as amígdalas não servem para nada, só para dar febre; depois dos quarenta toda mulher deve tirar o útero e os ovários, ou corre o perigo de câncer, etc...

Não creia no Sistema de Crenças da Sociedade Médica.

Proponha-se MUDAR. RENASÇA.

SINTA O SEU CORPO. SINTA O SEU SER.

A idéia é não ter idade: É não dizer: "Eu tenho *tantos* anos" e sim: "**EU SOU ETERNO.**"

6) Tradição familiar

As pessoas são influenciadas pela família e pelas tradições de seus antepassados.

Você não tem de morrer como seus familiares ou ancestrais; não tem de ter as enfermidades de seus familiares.

Você pode mudar sua tradição familiar.

7) A alimentação

Se você come demais, morre.

Quanto menos você come, mais vive. Carnes, comida pesada e animais em geral não são recomendados.

Se você come carne, está participando da MATANÇA. Se você mata ou come um animal "assassinado", sua urgência de morte está à "flor da pele". Você também é um animal e se come um animal morto absorve a energia da morte. Além disso, a carne destrói o corpo.

O IMORTAL Não Come Carne.
O IMORTAL Não Come a MORTE.

Você tem direito de escolha: ter amor pela carne ou ter amor pela sua carne (seu corpo).

PURIFICAÇÃO FÍSICA para PURIFICAÇÃO ESPIRITUAL. (Ver o próximo capítulo: "Técnicas de Purificação Espiritual".)

8) Vícios

Vícios: um truque da mente. Uma resistência a mudar.

Fumo, drogas, álcool: suprimem as emoções — principalmente a RAIVA.

Sem o vício, a RAIVA vem à tona.

Não suprima e nem tampouco externe essas emoções agredindo outros.

Com o vício, você agride a si mesmo.

Procure a origem da raiva. Toda emoção surge após uma idéia ou pensamento. Troque o pensamento que causa essa raiva.

A RAIVA FAZ O CORPO ENVELHECER. Quanto mais raiva, mais doenças, mais rugas, mais desejo de morte.

A melhor maneira de acabar com os vícios é a Purificação Espiritual.

9) Urgência de morte ou impulso inconsciente de morrer

Você tem de acabar com sua urgência de morte. Abandonar o EGO — eleger o SER.

O pensamento social de que "A MORTE É INEVITÁVEL" reforça sua urgência de morte. Um viciado está tentando matar-se com o vício.

Você pode aprender a respirar conscientemente através do Rebirthing e eliminar sua urgência de morte.

RESULTADOS DA URGÊNCIA DE MORTE

1) O medo

Se você crê na morte, acha que Deus mata e isso lhe causa medo. Sempre que você pensa que algo exterior vai lhe matar, você fica nervoso e isso lhe gera medo.

Assim você sente que não tem poder sobre a sua vida.

O medo destrói a sua vitalidade.

2) A síndrome da fadiga crônica

Todos estão "estressados".

Os médicos dizem que não sabem o que fazer.

Nesses casos, a Urgência de Morte está na superficie.

3) A Síndrome da Falta de Energia

A falta de energia é uma enfermidade da mente.

Nesse caso, a Urgência de Morte está atuando, retirando-lhe a vitalidade.

4) As enfermidades e o envelhecimento

Todas as enfermidades são mentais. O envelhecimento é mental.

5) A inibição da sua criatividade

Vida é criatividade.

Se sua criatividade está inibida, sua Urgência de Morte está ativada.
Se você libera sua Urgência de Morte, revive sua criatividade em potencial.

6) A falta de lucidez

A falta de lucidez representa **falta de consciência.**

7) Bloqueio da sabedoria

SABEDORIA = SER = DEUS = VIDA.

Se sua Urgência de Morte está ativada, você está separado de seu Deus. Portanto, está negando a Vida, pois Deus é Vida.

As guerras são um resultado da **Urgência de Morte Coletiva.** A sociedade cria estatutos para a decisão da Morte Social.

Todo o seu ambiente reflete as conseqüências de sua Urgência de Morte.

Se ao seu redor as relações íntimas andam mal, sua Urgência de Morte está à "flor da pele".

Toda cura é temporal enquanto você não cura sua Urgência de Morte. Enquanto você não dissipá-la, você criará doenças para matar-se. As pessoas estão sempre inventando novas maneiras de se matar.

Se seus pais não são Yogues Imortais, seguramente você tem Urgência de Morte.

Sua Urgência de Morte inconsciente é a causa de toda depressão, desamparo e doença; é a causa de todos os seus fracassos na vida, porque você pode "matar" suas relações nos negócios devido à Urgência de Morte.

A urgência de morte se desfaz com a purificação espiritual.

TRÊS COISAS PARA PENSAR:

1. Uma das causas do envelhecimento é a RAIVA.
2. Toda morte é um suicídio — "Deus não nos mata, Deus nos dá vida".
3. Deus é AMOR; Vida é AMOR; Deus é VIDA.

Viver é mudar constantemente.

A maioria das pessoas tem muito **medo da mudança**, conseqüência da mudança no momento do nascimento, que, em geral, foi doloroso; por isso, as pessoas pensam que mudar é doloroso.

Se você muda, "atira-se" ao desconhecido: pode sentir insegurança; porém, isso é o que o mantém vivo, alerta, ativo.

Se você não muda, permanece no conhecido: sente segurança; porém, isso o deixa estagnado, você não tem nada para defender, nada para desenvolver, numa inércia que leva à morte.

A Vida Está em Constante Mudança

É indiscutível que você está vivo neste momento e, se você está vivo, seus impulsos de viver são mais fortes que seus impulsos de morte; obviamente, se seus impulsos de morte fossem mais fortes que os de vida, você estaria morto e não vivo!

Se até agora seus impulsos de viver têm predominado, se você os tem fortalecido, e se você continua fortalecendo-os, você se manterá vivo eternamente.

Se você continua sempre reforçando e aumentando sua sensação de vida, continua vivendo, e essa sensação de vida se reflete em seu corpo físico, que se mantém saudável, jovem e forte.

A Vida é natural e a Morte é antinatural. Você morre porque seu cérebro foi programado com a idéia de que a "morte é inevitável"; seu cérebro e sua mente foram hipnotizados.

Transformando seu pensamento para: *"Posso viver quanto tempo eu desejar, até mesmo eternamente" e "compreendo a imortalidade física — a longevidade perpétua, sem enfermidades, sem envelhecimento"*, a vida eterna jovial e saudável se transforma em realidade.

A verdade é que se você ama seu corpo tanto quanto Deus o ama, esse corpo durará tanto quanto o Universo Físico.

A idéia da morte começou quando o homem perdeu o contato com sua mente subconsciente e começou a considerar que seu corpo escapava a seu controle. Criou preocupações, tensões e medos em função de leis que o afastaram da Natureza e de seu estado Natural de Deus, o que resultou no EGO, com sua ânsia de ser mais forte do que Deus ou seu Ser Espiritual. Assim, envelheceu e inventou a Morte. A MORTE DO CORPO É SIMPLESMENTE O RESULTADO NATURAL DA MORTE DA ALMA.

A Bíblia nos apresenta a morte como o último inimigo que temos a destruir. Se se vence a morte, se vence qualquer outro inimigo. Todo medo se desfaz.

TRÊS ALTERNATIVAS PARA O HOMEM:

1. Morte Física
2. Imortalidade Física
3. Desmaterialização e Materialização — Transmutação

1. Morte Física:
É fundamental que você compreenda que a morte está sob seu controle e que você pode ou não morrer. Isso é uma escolha sua.

2. Imortalidade Física:
É também uma escolha sua, e consiste em conservar o corpo eternamente.

3. Desmaterialização e Materialização — Transmutação:
Consiste em poder desmaterializar e voltar a materializar seu corpo à vontade.

TRANSMUTAÇÃO — SUPREMO ATO: quando o Mortal passa pela experiência da Imortalidade.

Para ser imortal, basta ser o que você é e amar-se como você é; isto o relaxa, desenvolve o seu potencial, anula seus medos, traz harmonia, paz, amor e vontade de viver muito. Quando você é imortal sua vida se torna tranqüila, porque você agora tem muito tempo para todas as coisas que quer vivenciar, porque você é imortal e pode ser "ZEN", não precisa pressa. Assim, aproveite e observe cada segundo de sua vida, porque tudo é belo e Divino.

A Imortalidade Física contribui para o controle de natalidade, porque as pessoas que se sentem imortais não têm necessidade de se tornarem imortais por intermédio dos filhos. Portanto, a solução real para a superpopulação é a transfiguração ou transmutação. A capacidade de desmaterializar e materializar o corpo físico própria dos imortais da Bíblia e da Índia tem-nos obrigado a repensar a vida e a vislumbrar universos além da morte física. "*A transmutação é mais econômica, ética e ecológica do que criar guerras, a violência e as doenças que matam as pessoas*", afirma Leonard Orr. A desmaterialização e a rematerialização são alternativas da transfiguração ou transmutação, o que significa deixar a Terra com o corpo e voltar a ela sem o processo normal de nascimento.

A idéia básica da Imortalidade Física é que cada um de nós pode ter a responsabilidade pelo destino do seu próprio corpo. Até há um "Movimento Imortalista" de amplo alcance e além de uma literatura imortalista; como acreditamos que nada é por acaso nesta vida, tal movimento não parece à toa, tampouco se apóia em bases falsas; trata-se apenas de uma mensagem que prepara nossa mente para o futuro. Estamos aqui falando e transmitindo essa mensagem porque fomos destinados a fazê-lo, por isso fomos colocados em contato com essa ciência. ***Cada um de nós tem sua cota de participação na evolução da vida neste planeta, e não adianta querermos fugir disso; melhor entregar-se a isso nesta vida, ou voltaremos em outras vidas para completar nossa missão.***

Os Imortalistas rejeitam a idéia de que a morte é inevitável e dizem que ela é controlada pela consciência individual. Afirmam a idéia de que o corpo humano tem condições de viver tanto quanto o universo físico. E isso só pode ser mais uma verdade da vida, pois se nosso corpo é um microcosmos idêntico ao macrocosmos, e se este (Universo) é eterno, como poderíamos ser diferentes? Para os imortalistas, a reencarnação é viável, mas eles preferem estar vivos em vez de se entregar à tradicional e popular prática da morte, pondo seu corpo no lixo. Milhares de pessoas afirmam a imortalidade da alma, então, se o corpo é uma extensão da alma ou espírito, por que deveria ser diferente?

A alternativa para a longevidade é a juventude — estar sempre jovem ou não pensar em idade, manter a mesma aparência indefinidamente. Tudo isso é possível como função da troca de pensamentos, da liberação da respiração, estabelecendo uma auto-imagem eterna e a purificação espiritual. A mentalidade imortal pode ser reforçada com a prática da verdade, simplicidade e amor.

A idéia da purificação espiritual (leia o próximo capítulo) é essencial não só para a imortalidade física, mas também para a juventude, a transfiguração, a saúde, a conscientização e a felicidade na vida. Purificação Espiritual significa limpar e equilibrar a energia corporal tão bem quanto o corpo físico através da mente, do ar, da terra, da água, do fogo e dos relacionamentos em comunidade espiritual. Técnicas como o banho, o jejum, a respiração e o sentar-se em frente ao fogo podem ser tão eficazes quanto simples, quando você se conscientiza de sua energia corporal. Água, terra, ar, fogo e comunidade espiritual ou relacionamento podem curar qualquer coisa, pois, quando a purificação espiritual é feita conscientemente, a cura é inevitável. Nós também aceitamos que técnicas médicas e físicas podem ser às vezes muito apropriadas, mas o poder do amor, do simples toque — como massagem, o toque das mãos — merece eterno respeito, pois tocar o corpo estimula tanto a respiração como a mente. Todos os profissionais de saúde deveriam ter experiência nas técnicas de massagem e de afirmações, bem como em banhos conscientes, jejum, respiração consciente e no uso do fogo como método para purificar a energia do corpo.

Os imortalistas não querem acabar com o direito que a pessoa tem de morrer ou de destruir o corpo físico, mas procuram fornecer uma alternativa imortal como uma opção de vida no programa de morte da sociedade.

Você precisa ser imortal para morrer.
Deus só lhe permite morrer
se é o que você realmente quer.

As melhores maneiras de você alcançar a longevidade e até a imortalidade física — *se você desejar* — são: *maestrar a respiração e os pensamentos, unidos com a lembrança constante do nome de Deus, com o jejum, que promove a limpeza do sangue e deixa o sistema digestivo descansar, com uma massagem semanal e exercícios constantes, com os recomendados banhos conscientes diários, com momentos regulares em frente do fogo; com "a comunidade espiritual", isto é, os relacionamentos de amor, e outras práticas de saúde de senso comum e meditação, tudo isso com o intuito de manter o corpo saudável e eterno.* Há uma infinidade de métodos para conseguir o domínio do corpo e da purificação espiritual, porém os citados acima são os essenciais.

Segundo o *Curso em Milagres* — um livro publicado pela Inner Foundation for Peace, o qual, dentre outras coisas, é uma correção das supostas "falhas" nas religiões — comenta sobre a Bíblia de um modo geral e interpreta as palavras de Jesus:

Eu Sou o que Eu Sou
Eu Sou Uno Com Deus
Eu Sou Amor
Eu Sou Vida
Eu Sou Alegria
Eu Sou Salvo
Eu Sou Perfeito
Eu Sou Saúde
Eu Sou Paz
Eu Sou Imortal

CICLO NASCIMENTO-MORTE

NASCE — trauma do nascimento: não resolve o trauma

↘↘↘

MORRE

↘↘↘

RENASCE — trauma do nascimento: não resolve o trauma

↘↘↘

MORRE outra vez

↘↘↘

RENASCE — trauma do nascimento: não resolve o trauma

↘↘↘

MORRE outra vez

↘↘↘

RENASCE — trauma do nascimento

Nesta vida algo muda;
Se ilumina, se purifica;
Deseja e pode continuar
vivendo.

VOCÊ PODE ESCOLHER MORRER,
SE É O QUE VOCÊ QUER,
POIS A MORTE É OPCIONAL.

Algumas pessoas que relutam em acreditar na Imortalidade Física fazem objeções:

1) **A miséria:** "*Eu já sou miserável agora; por que iria gostar de ser miserável por mais tempo?*" Miséria não é só falta de dinheiro. Quando você ouve falar em miséria a primeira coisa que lhe vem à mente é falta de dinheiro. Miséria é sentir-se doente, triste, insatisfeito, fraco, pobre interiormente, infeliz. **A afirmação para a cura é:** "*A vida gera mais vida; a morte produz mais morte e misérias.*"

2) **A raiva:** Esta também faz parte da miséria. "*Se acho melhor me matar do que estar com as pessoas que me maltrataram, por que quereria viver para sempre?*" Isto é apenas uma atitude de autodefesa. **A afirmação para a cura é:** "*Eu agora me sinto tão bem e satisfeito que perdôo as pessoas que me maltrataram.*"

3) **Complexo de inferioridade religiosa:** o pensamento "*Eu não sou tão bom para alcançar a vida eterna, teria de ser como Jesus e isso nunca será possível*" o leva a desejar morrer. A idéia de que Jesus foi a única pessoa que triunfou sobre a morte é uma mentira. Já falamos do Velho Testamento, que cita diversas pessoas que foram além da morte.

4) **A superpopulação:** "*Se todos viverem para sempre, haverá espaço para todos nós no mundo?*" Quando nos sentimos imortais, procuramos fazer tudo conscientemente, portanto, quando nos sentimos imortais começamos a usar nosso poder reprodutivo mais consciente e responsavelmente. A morte, as pragas, as guerras, as doenças e os acidentes naturais ainda não foram a solução para o problema da superpopulação, e nunca serão enquanto não alcançarmos a conscientização e a iluminação.

"*As novas idéias, no início, são sempre rejeitadas.*"
Paulo Coelho

ETAPAS PARA A LONGEVIDADE ATÉ A IMORTALIDADE FÍSICA

As etapas seguintes podem facilmente duplicar ou triplicar sua vida e capacitá-lo a manter a juventude, a saúde e a inteligência por mais de 200 anos. Você pode praticar isso para sempre se gostar.

1) Mergulhe na filosofia da imortalidade:

(Vida Eterna do Espírito, da Mente e do Corpo)

- Ler livros sobre a Imortalidade.
- Assistir a cursos e seminários sobre o tema.
- Fazer afirmações: dominar a prática de processar os pensamentos e sentimentos com a técnica de afirmação das respostas afirmativas.
- Ouvir fitas com frases positivas e palestras sobre o tema.
- Cantar o nome de Deus diariamente:

Om Namaha Shivaya (Eu reverencio o Deus que há dentro e em torno de mim).

A filosofia da imortalidade é engraçada e cria uma vida mais prazerosa. Incorporar essas idéias é de todo inofensivo e nos faz encarar os nossos medos. A Bíblia diz: "*Um Amor perfeito acaba com todos os medos.*" Como você pode ter amor pelo seu Espírito, pela sua Mente e pelo seu Corpo, se planeja matar a si mesmo?

2) Psicologia da imortalidade:

- Desfazer a Urgência de Morte.
- Estudar a resistência ao tema.
- Rebirthing — fazer as sessões a seco, na água, no fogo, na frente do espelho, olho no olho, em grupo e Rebirthing dinâmico.
- Respiração Consciente — dominar a prática da respiração espiritual e praticá-la diariamente, pelo menos as vinte respirações conectadas — conectando a inspiração com a expiração num ritmo relaxado. Isso implica a consciência da energia corporal.
- Observar a respiração a todo momento em sua vida; respirar em frente do fogo; na água; diante de outra pessoa. Executar pranayamas (exercícios de domínio do prana do Yoga). A respiração é a presença de Deus em seu corpo.
- Estudar Herakhan Babaji, Osho e outros Mestres Imortais.
- Visitar o Ashram de Babaji — Mestre Imortal. Encontrar Babaji é uma elevação. Ele transmite a graça, a sabedoria e a Imortalidade até a Transmutação
- Visitar o Ashram de Osho — Mestre Imortal. Encontrar Osho é uma celebração constante, é encontrar sua imortalidade. Ele transmite vitalidade, sabedoria, alegria e divindade total.
- Visitar outros Mestres Imortais na Índia.
- Praticar a Purificação Espiritual.
- Aprender a purificação pela água por meio de banhos diários em água quente ou fria, ter consciência de sua importância para purificar a energia corporal e descobrir o trauma de nascimento e a consciência do útero. Este é a ponte entre o nascimento e a morte. Meditar uma hora por dia em água quente pode fazer de qualquer pessoa um Mestre Espiritual.

- Praticar Meditações Terapêuticas do Osho.
- Praticar o Rebirthing Dinâmico a todo momento em sua vida, seja trabalhando, estudando, se divertindo, etc.
- Conversar com os Imortais.
- Permanecer unido a eles. É importante fazer parte da Comunidade Imortal da Nova Era, do Circle of Friends (ver informações no final do livro). Participar da Comunidade Espiritual, que põe em prática todas essas idéias, é essencial.
- Fazer parte de um grupo com idéias comuns.
- Relacionar-se com amor.
- Descobrir sua Urgência de Morte, herdada da tradição de família, da sociedade, de vidas passadas, da cultura, etc.

3) Fisiologia da imortalidade

- Maestria do corpo.
- Aprender a curar-se por meio da mente.
- Aprender a prevenir doenças por meio da mente.
- Aprender a identificar emoções que estão por trás de sintomas no corpo e a transformá-las com afirmações, com a respiração e outras práticas saudáveis.
- Estar aberto para experimentar outras técnicas de Yoga e ocidentais para a harmonia do corpo, como a prática de "raspar a cabeça" (usada como purificação) e o Rolfing (técnica de massagem e terapia ocidental).
- Aprender as regras dos exercícios saudáveis, das atividades físicas, e praticar o Yoga do bem-estar e do prazer.
- Aprender e seguir as "16 etapas para a Saúde Integral". (Ver bibliografia no final do livro.)
- Dominar os 20 passos para o além da mente (ver Capítulo 3).
- Experimentar dormir menos e viver de maneira dinâmica. Experimentar o dormir e o não-dormir.
- Fazer jejum de líquidos pelo menos uma vez por semana.
- Praticar 3 (três) dias de jejum, poucas vezes por ano, e atentar para a verdade do que se diz sobre a comida e as dietas.
- Ossos, dentes e órgãos saudáveis. Descobrir seu potencial e seu próprio estilo para ter controle sobre o corpo.
- Sentir-se IMORTAL a cada manhã ao acordar: "*Se acordo vivo, continuo imortal. Se estou morto, sou mortal.*"
- Partilhar com os outros dicas interessantes sobre saúde.
- KARMA YOGA (ação com amor).
- Permitir-se desfrutar de tudo na vida.
- Celebrar a vida.

4) Gratidão

- Agradecer a tudo o que lhe ocorre: isso é bom para sua saúde.
- Apóie seus pais, para que você se libere da Urgência de Morte.

5) Crer e perceber que a imortalidade física é real

Em vez de dizer: "*Eu acredito na Imortalidade Física*", diga: ***"Eu sei que sou Imortal."***

6) Perdoar

- Perdoar os pais e a si mesmo o libertará para a vida.
- Não há culpados. Todos somos inocentes.
- Palavras de Jesus: "Pai, perdoai-os, pois eles não sabem o que fazem."

AÇÕES PRÁTICAS PARA A IMORTALIDADE FÍSICA SEGUNDO LEONARD ORR

1. Divulgue esta informação

Fale sobre isso com seus familiares e amigos. Indique a leitura deste livro para aqueles que se interessarem pelo assunto, assim, eles poderão compreender melhor e optar ou não por esta nova crença. Mande estas informações para jornais, revistas, rádios, canais de televisão e igrejas. Envie para pessoas famosas, para políticos ou para qualquer líder importante. Envie a médicos, hospitais, advogados e também a outros profissionais. Quanto mais mudarmos a maneira de pensar das pessoas com relação à morte, mais facilmente mudaremos a nossa maneira de pensar. A pessoa que realmente questiona a inevitabilidade da morte enfraquece seu poder. A campanha para salvar o mundo para humanos imortais é uma campanha que visa salvar nossa própria vida, pois também busca salvar e imortalizar o ambiente em que vivemos, a fim de se prevenir desastres "naturais" que foram previstos para a Terra.

Divulgar a idéia da Imortalidade Física é o método mais efetivo para se prevenir guerras e violência. Nós acreditamos também que o impulso de morte em massa causa terremotos, inundações, seca e outros desastres naturais e sociais. Se muitas pessoas anseiam pela morte, isso pode gerar um processo psicossocial que emite forças energéticas que podem abalar o ecossistema. A Terra é uma biosfera. O terremoto é como um ataque de coração gigantesco. Muitos imortais praticando verdade, simplicidade e amor fortalecem a mentalidade social, criando um elo psíquico com a Energia Divina, e nos mostra o quanto podemos usar nossa sabedoria para prevenir desastres. Muitas pessoas que se dedicam à morte provocam desastres. Os Imortais se dedicam à paz e à segurança, por isso só provocam e atraem essas situações. "*Todo pensamento produz resultados iguais a si mesmo.*"

2. Deixe de lado sua urgência de morte

A Urgência de Morte é uma entidade psíquica real que pode ser isolada em sua própria mente e pode ser destruída. ***Sua Urgência de Morte é composta de crenças e idéias sobre a morte, as quais você assimilou por intermédio de seus pais e de sua cultura.*** Você pode mudar isso simplesmente em vida transformando suas crenças negativas em crenças positivas — fazendo isso com um pensamento de cada vez. Use as técnicas de afirmação. Em vez de acreditar que você pode morrer ou ser morto a qualquer momento, simplesmente afirme:

Estou além do destino do meu corpo físico.
Nada pode me acontecer sem o meu consentimento.

Se surgir o medo da morte, use as afirmações imortalistas (relacionadas abaixo), e sua urgência de morte poderá ser destruída. Quando você permite que seu espírito, sua mente e seu corpo sejam eternos e divinos, a morte deixa de ser uma inimiga. Ela se torna uma amiga que acaba com as doenças e a miséria. Se você abrir sua consciência para a vida eterna, a morte acabará com a sua miséria e o seu medo; ela se tornará sua serva. ***Seu corpo se cura a si mesmo de acordo com a sua mente. Fundamentalmente, é apenas sua conexão pessoal com o Ser Infinito (todo o poder) e Infinita Inteligência (todas as idéias) que o salvará. Você é uma expressão de tudo o que é por meio da eterna natureza. Seu impulso de morte é, por natureza, autodestrutivo, e você só tem poder enquanto fica apegado a ele. No momento em que você o eliminar, a eternidade, que é a qualidade fundamental de seu Ser, se manifestará num nível prático como amor, sabedoria, prazer, paz e saúde física. Você pode sentir que essa sensação aumenta a cada pensamento positivo! Deixe seu corpo se livrar de sua urgência de morte.***

Você não acaba simplesmente com os pensamentos negativos anulando-os ou suprimindo-os, você os transforma em pensamentos e sentimentos positivos. Nós precisamos liberar toda a energia que está bloqueada devido aos pensamentos negativos. A dor surge por causa do esforço que a pessoa faz para se manter apegada a um pensamento negativo. A origem de toda dor está no medo, ou pensamento, de a dor se tornar cada vez pior e poder até matá-lo. Quando você identifica esse pensamento e o libera, a dor naturalmente diminui e acaba. Pensamentos positivos trazem prazer instantaneamente. O prazer físico diz respeito a passar pela experiência do amor de Deus pessoalmente. Você tem o direito natural e divino ao conforto físico, ao prazer e à bem-aventurança.

3. Pratique a purificação espiritual e a maestria do corpo

A técnica mais avançada para alcançar a Imortalidade Física é a Respiração Espiritual. Ela é uma experiência psicofísica do Ser Infinito. Quando você inspira de modo conectado e expira de modo relaxado, você provoca uma sensação vibrante no corpo, que aumenta em intensidade até que todo o corpo seja tomado por um fluxo de energia divina. Essas vibrações e o fluxo da energia divina são "o aspirador de pó" de Deus que purifica a "sujeira psíquica", a tensão e a doença da mente e do corpo. **A Respiração Espiritual é também chamada de Respiração Consciente ou Vinte Respirações Conectadas Conscientes.** Praticar a Respiração Espiritual de duas a três vezes ao dia é muito eficiente e importante.

A prática das técnicas de purificação espiritual (explicadas no capítulo seguinte) é igualmente importante.

4. A realidade da imortalidade física

A questão principal é: "*É mesmo possível alcançar a imortalidade física?*"

Leonard afirma que a maioria das pessoas de todos os países pode facilmente chegar à imortalidade física, e ele nos ensina oito importantes passos para que isso ocorra. São eles:

- É necessário fazer sempre o jejum para se ter um corpo saudável, tanto com relação à energia corporal como com relação ao corpo físico. Você sentirá o efeito ao fazer isso.
- Banho consciente quantas vezes quiser, mas recomenda-se, no mínimo, dois banhos por dia, para purificar a energia corporal.
- Praticar o Rebirthing — respirar a energia tão bem quanto o ar — para remover as tensões e a concentração de energia negativa.
- Criar o hábito de purificar a energia corporal por meio do fogo também é essencial.
- Nutrir a mente com os nomes de Deus.
- É essencial, também, ter responsabilidade, através da participação política, pelas pessoas que fazem parte do nosso ambiente e da nossa comunidade.
- Toda pessoa necessita sempre da ajuda de um homem sagrado ou de uma mulher sagrada (um mestre ou uma mestra).
- A graça de Deus pode fazer tudo por nós. O Amor eterno é um mistério também eterno. A purificação espiritual nos põe automaticamente em contato com essa graça, porém as coisas que alcançamos a cada instante fazem parte de Deus. Deus nos ama na mesma medida que nós o amamos, essa é uma equação mística de nosso amor. O amor eterno é o verdadeiro segredo para a Imortalidade Física.

Ao aprender uma dessas práticas, você estará aumentando a sua longevidade, já que você está motivado pela imortalidade física. Essas práticas fazem você ganhar mais graça, mais tempo e energia, até dominá-las e sentir-se profundamente vivo e iluminado. Esses são os oito princípios necessários para que você consiga ter um tipo de vida pessoal que torna a vida eterna realmente prazerosa.

AFIRMAÇÕES PARA A IMORTALIDADE FÍSICA

Sugestões:

- Procure não deixar que nada se interponha entre você e sua Imortalidade. Estabeleça prioridades como: tomar cuidado com quem você passa o dia, com o que você vê na televisão ou no cinema, com o que você ouve ou lê, etc... Não se impressione com nada que você vê, ouve ou lê em noticiários ou jornais, pois se trata de notícias usadas pela imprensa para seu próprio engrandecimento. Por isso mesmo, esses meios de comunicação divulgam quase sempre mensagens negativas. Se você está vendo constantemente dramas, doenças, desgraças, você vai se transformar nisso, principalmente se você se deixa enredar por isso; se está sempre vendo coisas positivas, amor, paz, vai se transformar nisso, sobretudo se se permite ser envolvido por essas coisas. A vida espiritual é mais importante.
- Pense sobre com quem você está se relacionando; se a pessoa com quem você está se relacionando se recusa a trocar negatividade por positividade, afaste-se dela; mude as suas relações. ***Você não é obrigado a estar com quem não quer se transformar de maneira positiva.*** Busque sempre sua espiritualidade. **Sua vida espiritual é mais importante.**
- A maneira de verificar se as relações são boas para você é se questionar: "*Essa relação é boa para mim?*" Se o está deixando dependente, deixe-a.
- O Imortal sempre se relaciona com mais poder para sua imortalidade quando está ao lado de outro imortal. Se você acha que esse relacionamento o está enfraquecendo, você tem de se afastar dele, pois você precisa estar sempre muito forte. Mude seu pensamento, o de seus companheiros, ou então mude as suas companhias.
- Alguns críticos da Imortalidade podem achar que essa é uma forma de arrogância, mas esse é um modo de você se dedicar totalmente a si mesmo por ser um imortal: ESTAR VIVO PARA SERVIR, essa é uma missão e um serviço divino.
- Procure memorizar as afirmações abaixo, de uma a três de cada vez.
- Não permita que nada interfira no seu processo de mudança. Depressão, desesperança e isolamento poderão ocorrer, mas eles são impotentes e serão eliminados quase que instantaneamente.
- Lembre-se: o medo é um pensamento negativo que pode ser mudado a qualquer momento, transformando-o num pensamento construtivo. Pratique sempre as afirmações dadas abaixo.
- Se existe um Deus, ele o ama e ama seu corpo. Quando você usufrui essa situação, ele também faz isso.
- Fale sobre seus sentimentos com amigos, com seu Rebirther ou com conselheiros espirituais.

- Realize os tópicos recomendados para a imortalidade física tornando-os aceitáveis socialmente.
- Livre sua mente de toda negatividade e de todos os pensamentos mórbidos.

É muito bom ter um mestre espiritual, um guru ou qualquer pessoa que queira ajudar você. Entre em contato conosco se quiser.

> *"Eu, ______________, estou seguro e sou imortal neste momento."*
>
> Essa afirmação é a mais importante. Comece por ela. Ela foi feita para tornar os pensamentos claros.
>
> Domine esse pensamento. Escreva-o três vezes ao dia. Você também pode dizê-lo na frente de um espelho, cantá-lo, colá-lo sobre o espelho do banheiro, para lê-lo diariamente. Ele elimina a Urgência de Morte.

Outras Afirmações para a Imortalidade Física:

- *"Eu, __________, estou vivo agora; portanto, minha urgência de vida é mais forte do que minha urgência de morte. Enquanto eu continuar fortalecendo minha urgência de vida e enfraquecendo minha urgência de morte, continuarei vivendo, aumentando minha saúde e juventude."*
- *"Enquanto eu respirar, eu estou vivo; estou respirando profunda e livremente."*
- *"A vida é eterna. Desde que eu sou vida, eu sou eterno; minha mente como qualidade de pensamento sobre a vida é eterna e meu corpo como matéria e energia é eterno. Portanto, meu corpo físico tem a tendência natural para viver eternamente."*
- *"A morte pode não chegar e a imortalidade já está aqui. A vida Eterna está aqui agora e por toda a eternidade."*
- *"Enquanto eu, __________; estiver respirando, estou vivo. Eu, __________, estou respirando profunda e livremente agora."*
- *"O meu pensamento e a minha mente determinam a idade da minha vida espiritual e física."*
- *"O propósito do universo físico é manter meu corpo em conforto, prazer, saúde e juventude. Eu, __________, tenho o direito de conservar meu corpo vivo enquanto o universo existir e enquanto eu quiser."*
- *"Eu estou imerso no Ser Infinito, na Inteligência Infinita e na Infinita Manifestação."*
- *"Eu sou imortal até que eu prove o contrário. Você é imortal até que você prove o contrário. Eles são imortais até que eles provem o contrário."*
- *"O tremor e as sensações de vibração durante a respiração consciente de energia fluem e a respiração purifica realmente meus tecidos, meus órgãos, meu protoplasma e meu corpo todo de qualquer tipo de mal, 'sujeira psíquica', traumas passados e problemas de saúde."*

Faça uma Declaração:

"Eu, _______________, declaro consagrar-me e dedicar-me à minha vontade para a consecução da minha Imortalidade Física."

(Leia isto todos os dias, faça esta declaração diante do espelho todos os dias.)

Depois que você memorizar essas afirmações, elas trabalharão para você, esteja você lidando com elas ou não.

Escolha a Sua Espiritualidade;
Torne Sua Vida Positiva;
Busque a Unidade Com o Universo;
Tome Consciência da Vida.

IMORTALIDADE FÍSICA
Missão de um Serviço Divino: *"ESTAR VIVO PARA PODER SERVIR."*

Por Você Ser Especial, Eu Também Sou Especial,
Todos Somos Especiais e Necessários para a Humanidade.
Potencialize Este Planeta!

SEJA SEMPRE UM IMORTAL.

"É um Trabalho da Nova Era Regenerar as Religiões do Mundo
Para que o Caminho da Imortalidade Física
Seja Louvado por Todos."

A teoria sobre idade mais avançada defendida pelos cientistas afirma que o envelhecimento não é causado pelo passar do tempo, mas pelo acúmulo de "lixo" nas células do corpo devido à oxidação inadequada e por sugestões e pensamentos negativos na mente. O Rebirthing transforma e purifica tudo isso no seu corpo.

As pessoas dão mais valor a seus velhos hábitos do que a seu corpo.

Está claro para nós que a maioria das pessoas valoriza mais os carros, o dinheiro e a posição social que tem do que o seu corpo físico.

Talvez a imortalidade seja uma idéia
que chegou a tempo para
os que já estão prontos.

MENTE IMORTAL — ESPÍRITO
"EU SOU"

VITALIDADE
AMOR
HARMONIA
PAZ
SEGURANÇA
CERTEZA
FELICIDADE
VIDA

CONHECIMENTO NATURAL
INTUIÇÃO
(SEM TEMPO)

ACEITAÇÃO — PROVA
CONFUSÃO — ATRAI
DESESPERANÇA — MANIFESTA

MENTE MORTAL — EGO
"EU NÃO SOU"

SEPARAÇÃO
CONFLITO
MEDO
DOR
IRA
PREOCUPAÇÃO
SOFRIMENTO (esperança)
DEPRESSÃO (acúmulo de pensamentos limitados sobre si mesmo)
MORTE

RAZÕES (APEGADO AO TEMPO)

"EU ESTOU VIVO AGORA; PORTANTO, MINHA URGÊNCIA DE VIDA É MAIS FORTE QUE A MINHA URGÊNCIA DE MORTE; ENQUANTO EU FORTALECER MINHA URGÊNCIA DE VIDA E ENFRAQUECER MINHA URGÊNCIA DE MORTE, VIVEREI COM SAÚDE E JUVENTUDE."

Não há ninguém nem nada no Universo que queira a sua morte ou esteja interessado nela, exceto você. **Ninguém pensa mais sobre a sua morte do que você mesmo.**

O que você precisa fazer, antes de mais nada, é expulsar seus pensamentos de medo da sua mente, até que você fique totalmente em paz e, assim, esteja apto a ver as pessoas ao seu redor com mais clareza a fim de ajudá-las a também acabar com os seus próprios pensamentos de medo. Dessa maneira, você salvará seu ambiente.

A vida é eterna; ela resiste à morte. Se seus pais ou irmãos algumas vezes jogaram fora coisas que você amava, sua mente pode ter imediatamente pensado que a morte pode tomar, também, a sua vida, que você tanto ama, mas se sua família ainda não o matou, então ninguém fará isso. Estatisticamente, é muito difícil você ser assassinado nas ruas por estranhos, a não ser que você esteja se fazendo de vítima o tempo inteiro conscientemente, para que haja alguém que queira matá-lo.

Você tem que compreender que ***"Seu pensamento é muito forte* SEMPRE *e* SEMPRE *produz resultados".*** A Metafísica explica os fenômenos psíquicos e como seu pensamento é captado mesmo a distância SEMPRE se torna realidade — independentemente do que você pensou. Portanto, é muito importante você começar a fazer uma análise de seus pensamentos e unificá-los ao DIVINO PENSAMENTO ou à INTELIGÊNCIA INFINITA. *"Você atrai tudo com sua mente."*

Lembre-se: **"O Universo sempre diz SIM a tudo o que você pensa"**, *pois o Universo o ama muito e eternamente.*

Sendo assim: ***"*VOCÊ SEMPRE *é o* RESPONSÁVEL *por tudo o que lhe acontece — até mesmo pela sua morte."***

Se você não está morto agora, você está salvo, você ainda é imortal. Se você mudar os pensamentos de medo **agora,** você estará a salvo no futuro: não receie seus pensamentos de medo, eles são seus protetores, pois o medo o avisa de seus pensamentos negativos e dos pensamentos negativos das outras pessoas.

Se você está salvo na sua mente agora, você pode ser salvo em qualquer lugar, mesmo em um campo de batalha. Qualquer um que se salve depois de uma batalha durante uma guerra pensa de alguma forma que o inimigo não poderia mesmo matá-lo. Isso explica, também, por que na queda de um avião, por exemplo, um ou mais passageiros se salvam, e, na maioria das vezes, totalmente ilesos. Eles acreditam na vida ou querem muito estar vivos.

As guerras são sempre iniciadas pela mentalidade mortalista — por **mortais**, ou seja, pessoas que acreditam que são mortais e não gostam desse sistema de crenças. São pessoas que se matam a si mesmas e aos outros por puro protesto.

Portanto: **"SALVE SUA MENTE AGORA E PERMANEÇA SALVO."** Salve também as pessoas ao seu redor e tudo o que você terá será a paz. A violência desaparecerá e quem morrer morrerá na mais completa paz. Se as pessoas quiserem morrer, não há nenhum problema nisso. Não há nada demais em você morrer. Mas a grande maestria reside no fato de sermos **mestres de nosso próprio corpo**, mestres de nosso sistema energético, de nossos pensamentos, sentimentos, de nossa energia e de nossos órgãos.

Leonard Orr afirma: *"Depois de você aprender a desmaterializar-se e levar seu corpo consigo, você terá o direito de morrer da maneira convencional, se assim desejar."*

A superpopulação é uma inimiga mais poderosa do que a morte. Ela traz ignorância ao povo, causa fome, doenças, destrói a natureza e provoca a escassez. O mecanismo de reprodução dos corpos humanos é fonte de violência e de todas as espécies de mal. As religiões apóiam a superpopulação como um instrumento político.

Num mundo real, como Imortais ou Mestres Espirituais ou até mesmo com Mestres Imortais por perto, cria-se Amor, as guerras cessam e as pessoas estão aptas a morrer tranqüilamente em decorrência das doenças que elas mesmas criam.

É provável que isso já seja verdade na Índia. Lá há pouca violência e, quando há, isso foi aprendido a partir do Ocidente. Na Índia um maior número de pessoas morre em paz, mas a idéia predominante na Índia é "Mahasamadhi", ou seja, viver conscientemente no corpo, com o propósito de viver livre de doenças ou de envelhecer.

A Bíblia diz: "*Um amor perfeito afasta todos os medos.*" O medo é um esforço que você faz para se apegar a um pensamento negativo. Se você não tem pensamentos negativos, você não receia enfrentar o medo, você não tem medo — só aceitação de si mesmo, amor por si mesmo. Ame o Universo, a Existência, a Deus, a todas as pessoas, ame a Natureza. Se você não se recordar dessas idéias, lembre-se desta afirmação:

Eu perdôo a mim mesmo por todas as dores e misérias que causei a mim mesmo, e agora estou me amando incondicionalmente.

Ser aborrecido, infeliz, fracassado, insano, deprimido ou inútil são as principais emoções que muitas pessoas adquirem por não desejarem a vida eterna para seu corpo. Se você é miserável, por que desejaria ser miserável por um período tão longo?

Longevidade sem sucesso, saúde e bem-aventurança não pode ser desejada. Mas e se a sua Urgência de Morte e a sua crença de que a morte é inevitável forem a causa de sua miséria e de suas doenças? A única maneira de você saber o que é viver no Universo sem a morte é tentar isto: ***Tentar pensar sobre seu Espírito, Mente e Corpo como sendo eternos.***

Pense nisso: o sentimento de tédio é o medo de que algo negativo nos aconteça, é o esforço que fazemos para suprimir esse pensamento negativo. Quando você percebe isso, observa o pensamento ou o sentimento que você está suprimindo. Ao examinar seu sentimento suprimido, o tédio é transformado em interesse ou mesmo agitação. **Por trás de todo sentimento negativo está o medo da morte. E por trás de todo o medo está o amor, o prazer e a sabedoria.**

Lembre-se: seu corpo não tem o poder de matá-lo. Sua mente é mais forte do que o seu corpo e faz com que seu corpo resista, quer você goste ou não disso. Por que deixar sua Urgência de Morte dominar toda sua vida?

Você é imortal até que você prove o contrário. Sua urgência de morte é apenas uma filosofia até que você morra.

Você precisa ser imortal para matar-se a si mesmo. Deus não permite que as pessoas morram até que elas queiram isso.

A prática da morte física é popular há muito tempo e as pessoas estão decididas a morrer para manter a tradição. Porém, a necessidade da morte física está sendo seriamente posta em dúvida, e há uma série de livros (literatura Imortalista) dedicados a acabar com o domínio da morte sobre o homem. Os filósofos e os cientistas suspeitam que a morte tem gozado de tamanha popularidade durante tantos anos porque nada nem ninguém nunca a pôs em dúvida. No passado, as pessoas evitavam estudar a morte por temer resistir a ela.

Pode-se ler todo este capítulo apenas como um exercício para a mente, como um "*Koan*". Sem dúvida, do ponto de vista prático, aceitar a filosofia da Imortalidade Física tem pelo menos tanto valor quanto ter uma mentalidade Mortalista. A transformação da Mortalidade em Imortalidade é mais fácil do que se pode imaginar.

Os cientistas médicos modernos estão começando a afirmar que não só é possível construirmos uma consciência permanente de saúde, como também que isso é verdade. Essa idéia é apoiada em grande parte pelas recentes estatísticas sobre a longevidade. A expectativa de vida mais que triplicou nos últimos séculos, e espera-se que ela se acelere ainda mais no futuro.

Segundo o enfoque tradicional, todos temos que envelhecer, adoecer e morrer, porém, a verdade é que, ao contrário, "morremos", por isso adoecemos e envelhecemos. ***As pessoas criam sintomas em seu corpo físico para que se sintam socialmente aceitáveis.*** Um desses sintomas, muito popular hoje em dia, é o câncer. O câncer é o choque entre o impulso de viver e o impulso de morrer. Esse choque se manifesta nas células. A solução do conflito depende de sua convicção. Se você afirma continuamente que a morte é inevitável, o resultado que você obterá será, logicamente, a morte. "*Todo pensamento gera um resultado.*" Se você acredita que o câncer pode ter cura, é o que acontecerá. (Muitos médicos relatam que já passaram por isso; "há muitos depoimentos sobre a cura do câncer pela mente", afirma o Dr. Deepak Chopra em seu livro *A Cura Quântica*.)

Alan Harrington afirma, no *The Imortalist*, que os seres humanos sempre odiaram Deus porque ele os pôs num Universo fechado, do qual é impossível sair vivo.

Stanley Spears tem uma frase preciosa em seu livro, *Stop Dying and Live Forever* (*Pare de Morrer e Viva para Sempre*): "*A Morte é um Grave Equívoco.*"

Thomas Carlyle diz: "Existe apenas um Templo no Universo, e esse Templo é o Corpo Humano. Não existe nada mais santo do que essa elevada forma. Tocamos o céu ao colocarmos nossa mão sobre o Corpo Humano."

Sem dúvida, as pessoas cuidam mais de suas casas e de seus outros bens do que de seu corpo físico. Não é surpreendente que um engenheiro seja capaz de construir um edifício capaz de durar cem anos e não utilize essa mesma capacidade para construir seu corpo duradouro? Ele não se responsabiliza pelo seu próprio corpo do mesmo modo. Porém, se ele tem em mente a capacidade de construir um edifício imortal, por que não tem essa capacidade para construir seu corpo imortal?

O fato é as pessoas permitirem que seu corpo físico se arruíne com facilidade, às vezes sem nem mesmo protestar. O Corpo Humano levou milhões de anos para se desenvolver e é, na verdade, algo maravilhoso. Por que Deus iria querer destruir, ao final de setenta anos, algo que levou milhões de anos para se desenvolver? A verdade é que todos nós sentimos que somos imortais desde que nascemos — nenhuma criança fala ou pergunta sobre a morte até que alguém fale sobre isso ou que alguém em sua família morra; mas, devido à crença de que não podemos viver para sempre, coisa que aprendemos com a sociedade, adoecemos até morrer. Temos tanta certeza interior dessa imortalidade, que deixamos em nosso lugar, aqui na Terra, nossos filhos, que são a representação de nosso corpo, de nossa imortalidade. Na verdade, a necessidade de ter filhos é a necessidade de se imortalizar, já que não sabemos ainda nos livrar de nosso pensamento de morte para nos tornar imortais nesse mesmo corpo.

É um insulto permitir que qualquer diminuto organismo ou germe o destrua. Deve-se saber que a mesma Inteligência Infinita que fez o corpo físico evoluir sabe o que fazer com relação aos microorganismos e sabe proteger este corpo contra eles. Sabe também protegê-lo contra qualquer coisa que você crie para matar seu corpo físico. Na realidade, é a sua mente que provoca a morte de seu corpo físico.

A tradição Sidona da Índia afirma que existem pessoas que estão vivendo aqui desde que corpo humano se desenvolveu, à espera de que os demais cheguem a alcançá-los. Porém, em nossa cultura, é impossível conhecer o ponto de vista sidônico. Pode ser que você já tenha ouvido histórias sobre esses Mestres Espirituais que conseguiram vencer a morte, mas, acreditando que se trata de mitos agradáveis, você se mantém leal à idéia da morte, à filosofia mortalista, à teologia mortalista, à psicologia mortalista, sem se preocupar em buscar uma outra alternativa.

A literatura está cheia de histórias sobre a longevidade e a imortalidade, mas quase nunca as aceitou como realidade histórica. É possível que boa parte da literatura religiosa tenha sido inspirada pelos grandes Mestres Imortais. A Bíblia nos diz que Enoch (como foi citado anteriormente), pai de Matusalém, foi o primeiro a vencer a morte. Jesus morreu e ressuscitou dos mortos, porque o homem seguia sem compreender a sua mensagem. Criou a sua morte e a sua ressurreição por meio da auto-sugestão.

Há predições de pessoas que afirmam que viveram duzentos ou até quinhentos anos em perfeito estado de saúde e com aparência juvenil.

Alguns cientistas afirmam que, com o tempo, as pessoas acabarão por apartar da experiência humana a morte física vista em seu sentido tradicional.

Com certeza existem pessoas vivas na Terra que têm mais de duzentos anos, mas não revelam sua verdadeira idade por não ser seguro. Há mesmo gente muito mais velha. Leonard Orr tem encontrado pessoas assim, com muito mais de duzentos anos. Nós, Unmani e Nishkam, também já tivemos a felicidade de acompanhá-lo em uma de suas viagens ao encontro desses imortais.

Quando a pessoa domina o corpo físico, ela se desenvolve com naturalidade no contorno físico, pois seu aspecto será como o de qualquer pessoa, ou seja, um corpo imortal parece um corpo normal, mas os corpos imortais não estariam sujeitos às tradicionais limitações de doença e envelhecimento; mas só as pessoas que têm a mente aberta podem perceber isso.

Swami Satyananda Saraswati, em seu livro *Yogic Management of Common Diseases* (*O Manejo do Yoga nas Doenças Comuns*), da Bihar School of Yoga, Munger, Bihar, Índia, afirma: "*O homem de hoje é doente porque ele* ***pensa*** *que é doente. A doença e a* *enfermidade não têm lugar na vida do homem que não aceita e não tolera os pensamentos autolimitantes, que são as reais sementes de milhares de nossas doenças. Nós estamos hipnotizados mais pela crença de que doença e enfermidade são nosso fardo, ou nosso destino, do que pela crença da saúde e da bem-aventurança. A fim de fugirmos à nossa massa hipnótica e à histeria coletiva e termos saúde, prazer e criatividade, devemos maestrar nosso corpo por meio de exercícios sistemáticos de Yoga e de outros mais em nossa vida diária."*

Isso também é válido para a crença sobre a morte. A maestria de nosso corpo é obtida pela maestria de nossa mente. Precisamos transformar nossa mente hipnotizada com relação à doença e à morte em pensamentos de saúde e vida eterna.

A Inteligência que criou o Universo Físico criou o corpo humano a partir da mesma substância. Daí se deduz que o corpo humano, que contém a expressão mais alta dessa Inteligência, tenha que durar tanto tempo quanto o resto do Universo Físico. Destruir o corpo ao morrer constitui um insulto à Inteligência que o criou.

Vencer a morte através do domínio do corpo é algo muito importante e imperdível. Enquanto tiver espírito, mente ou corpo, estes trarão em si os demais. A alma segue criando corpos até a perfeição; nesse sentido, a Imortalidade Física é inevitável para todo mundo. Assim, por que não ter esse objetivo desde o princípio da vida, e abaixar dentro de si o Alfa e o Ômega da realidade existencial?

Leonard Orr tem trabalhado com a urgência de morte de milhares de pessoas, que afirmam que ele as curou de suas doenças, inclusive do câncer. "Na realidade, afirma ele, a única coisa que fiz foi conseguir que mudassem sua idéia de morte e renunciassem à idéia de que ela é inevitável, assim como consegui tirar da consciência delas o fator concreto herdado de sua família, que contribuía para que os sintomas se manifestassem. Só é incurável aquilo que acreditamos seja incurável. Para mudar o corpo basta mudar a mente. O corpo muda de maneira automática."

Eu estou vivo agora no mundo;
assim, sou imortal neste momento.

VERDADE, SIMPLICIDADE E AMOR

Verdade, Simplicidade e Amor é o que nos ensina Babaji. São as palavras Divinas. São as palavras de Deus. São as palavras que mais rapidamente purificam e liberam a mente.

É simples estar em Verdade, você apenas precisa Ser, não precisa inventar nada. ***É simples estar em Simplicidade***, você apenas confia e vive, você não precisa de nada para viver, basta confiar e desejar viver. ***É muito simples estar em Amor***, você só se deixa sentir, amar, perceber o Ser Infinito em você mesmo e nos outros, percebe o quanto você é maravilhoso e, portanto, também, como todos, como tudo é maravilhoso neste Universo.

Sobre a Verdade, Simplicidade e Amor Leonard Orr nos diz que:

Verdade

O Ser Infinito, a Inteligência Infinita, a Infinita Manifestação, quando penetra na consciência individual, produz auto-estima, amor pelo corpo físico (imortalidade física) e apreciação pela respiração e pela mente humanas. Essa é a ponte entre o visível e o invisível. O propósito do Universo é dar apoio aos seus objetivos na vida e proporcionar conforto e prazer ao seu corpo. O Universo é terra, ar, água, fogo e relacionamento.

Simplicidade

Confiar só em seu espírito, em sua mente e em seu corpo para a felicidade, a prosperidade, a bem-aventurança e a paz, enquanto a Terra segue seu curso. Não permitir que sua divindade seja invalidada pela sua dependência de coisas materiais. Simplicidade significa ter uma boa relação com a natureza. Os elementos básicos da natureza são: **mente, terra, ar, água e fogo, plantas e animais, o sol e os outros planetas.** ***Simplicidade significa que espírito, mente e corpo são o bastante.***

Para aumentar a qualidade de seus pensamentos, um de cada vez, a fim de manter a mente pura e com emoções iluminadas, cante o OM NAMAHA SHIVAYA.

Amor

Perceba o Ser Infinito em seus pensamentos e estimule os que estão ao seu redor a fazer o mesmo. Lembre-se de que cada pensamento o conecta com a Inteligência Infinita pois permite que você se ame e às outras pessoas com a mais alta sabedoria da vida perfeita. Amar é aprovar a si mesmo e perceber intuitivamente o Ser Infinito em cada um.

Om Namaha Shivaya

No Natural Health Magazine — abril de 1997, no artigo "*The War on Aging*", está escrito:

"Em dezembro de 1996, em Las Vegas, aconteceu o 14º encontro anual da American Academy of Anti-Aging Medicine [Academia Médica Americana da Antiidade], durante o qual 1.200 pesquisadores e cientistas, entusiastas do combate ao envelhecimento, estiveram por três dias partilhando suas últimas descobertas — e os mais profundos segredos — no que concerne a envelhecer. São sempre movimentos estranhos e animados de um grupo de adultos que tem por objetivo **viver para sempre** e em que cada um quer acreditar que ele pode tirar o bilhete premiado.

"Esse encontro é uma janela em nossa loucura nacional sobre envelhecimento. Ao redor do país, dúzias de livros têm surgido sobre longevidade e imortalidade física." E o artigo finaliza assim:

"Em dez anos, a expectativa de vida será de 100 anos;
em trinta anos, será de 150 anos;
em 55 anos, a Imortalidade Física será uma realidade."

Em Verdade vos digo:
Para o Amor
não há Morte, nem Vida,
nem passado nem futuro,
não há tempo, nem espaço, nem idade.
Há a simples existência,
o aqui e agora;
apenas Eternidade.
O tempo é apenas a imagem em movimento da Eternidade.

Jesus Cristo

9

Técnicas de Purificação Espiritual

A idéia da Purificação Espiritual é enriquecer e preencher, por meio de técnicas simples, a mente, o corpo e o espírito, que são a vida da pessoa humana.

A energia de vida cósmica e eterna é fonte de terra, ar, água e fogo, dos quais o corpo é feito. Terra, ar, água e fogo são qualidades físicas de Deus. A energia, como Ser Infinito e Inteligência Infinita, constrói todos os corpos humanos e pode reconstruir e curar todas as doenças, da asma ao câncer. Já que a energia é eterna, concluímos que, se o corpo é constituído de energia, ele é eterno. Ter a maestria consciente de sua própria fonte de vida é seu direito natural.

As pessoas que realizam as práticas de purificação espiritual por meio da respiração, da terra, do fogo e da água têm uma aparência eternamente jovem.

As Técnicas de Purificação Espiritual enfatizam o uso dos elementos do Universo: TERRA, AR, FOGO, ÁGUA e RELAÇÕES (Família Espiritual), para manter o corpo físico saudável e com vida.

A Respiração Consciente é o centro de todas as técnicas de Purificação Espiritual.

As técnicas são muito simples, mas as pessoas devem começar a realizá-las aos poucos, pois elas têm o poder de causar insanidade temporária e reações corporais e emocionais durante a purificação do organismo.

A cura dessa insanidade temporária pode ser realizada instantaneamente na maioria dos casos por meio da repetição, da concentração ou da seguinte afirmação: "*O Centro de todas as emoções é o Ser Infinito.*" Ser infinito é a ordem e a paz, é sabedoria, prazer, amor, senso comum e iluminação espiritual.

O principal ensinamento da purificação espiritual é o conforto e o prazer.

O objetivo não é a disciplina mas, sim, superar a disciplina.
O objetivo é relaxar, não ficar tenso.
O objetivo não é a dor, nem mesmo a capacidade de suportar a dor.

O objetivo é liberar a dor.
O objetivo é ser tão sábio e abençoado pelo preenchimento do espírito na mente e no corpo, que essas técnicas de purificação não poderão causar limitações, insanidade nem dor.

Se as técnicas são estudadas e praticadas inteligente e pacientemente, elas poderão acarretar clareza e vitória sobre todos os problemas pessoais. Elas podem tornar as pessoas saudáveis mental e corporalmente para sempre. Insanidade e dor foram, são e sempre serão temporárias. Por **insanidade temporária** definimos deixar vir à tona o medo, a tristeza, a raiva, a depressão, a confusão, o desespero, a frustração, etc. Qualquer uma das técnicas tem o poder de fazer aflorar essas emoções a fim de purificá-las e, se elas estiverem suprimidas, a pessoa deve exteriorizá-las.

Recomenda-se que você pratique uma técnica de cada vez, aos poucos. Comece com a que lhe parecer mais fácil, e, quando você dominar essa técnica, a que lhe parecer mais difícil não apresentará problemas. Você verá como o autodomínio traz grande satisfação.

Cada técnica o fará descobrir coisas importantes que o levarão a aperfeiçoar a sua saúde física. Toda técnica de purificação é acompanhada de conscientização. Ao tomar consciência de cada momento e integrar-se à natureza nesse estado de alerta, tem início a sua purificação.

PURIFICAÇÃO PELO AR

A Purificação pelo Ar é realizada por meio da Respiração Consciente, que já foi explicada detalhadamente no Capítulo 4, o que provoca a plenitude de Prana em seu Ser.

A Respiração Consciente é uma técnica poderosa que facilita grandemente a Iluminação Espiritual, a saúde holística e a transformação pessoal. A respiração é usada para liberar a tensão e, assim, ajudar o corpo e liberar a mente subconsciente dos padrões de pensamentos negativos, que restringem nossa experiência de prazer e de expressão criativa. Essa respiração também é chamada de **Rebirthing** porque o ato de respirar sempre traz imagens e memórias de experiências desde o nascimento (muitas vezes, até mesmo de vidas passadas).

A Respiração Consciente é um processo simples de respiração, conectando a inalação à exalação, num ritmo relaxado e contínuo. Conseguimos isso inalando branda e profundamente, até que o tórax esteja repleto de ar; então, ao exalar, relaxamos e deixamos o ar fluir livremente para fora.

Conectando a inalação e a exalação num ritmo contínuo, a inspiração se liga à expiração.

Podemos chamar ao ato de inspirar de Vida Pura,
Espírito, Deus ou Ser Infinito.
O expirar é apenas o ar e o sistema respiratório em funcionamento.

Essa técnica de respiração estabelece uma ponte entre o corpo físico e o corpo energético, capacitando-os a liberar tensões e pensamentos negativos padronizados, fazendo com que entrem em contato com sua Divindade Natural.

Isso purifica o sistema nervoso, o sistema circulatório e alimenta todo o corpo. Isso purifica e equilibra a energia corporal.

Você aprende a respirar energia tão bem quanto respira o ar.

Isso ajuda a fazer com que seu corpo expresse o que está guardado há tanto tempo, pelo simples fato de ter medo de se expor; por isso, ele apenas "geme" e "sussurra", por meio das dores, das doenças ou das enfermidades.

Em uma sessão de respiração consciente característica, o ritmo de respiração conectada é mantido por aproximadamente uma hora, ou até que a pessoa tenha passado por um ciclo de energia completo. Desde as sessões iniciais pode-se produzir uma variedade de sensações físicas, por isso recomendamos que as primeiras sessões sejam realizadas ao lado de um profissional de Rebirthing — antes de você realizar uma sessão sozinho. A verdade é que você fará sempre isso por você mesmo, mas, até você estar familiarizado com o processo, o profissional de Rebirthing o ajudará a se sentir a salvo e confortável. (Leia o Capítulo 7.)

Nós o incitamos a assistir a um Seminário de Respiração Consciente ou a passar por uma consulta com um profissional, para que você entenda um pouco a técnica da Respiração Consciente, a sua filosofia e tudo o que vem à ***mente*** numa sessão de Respiração Consciente. As experiências são diferentes, mas são uma ajuda profunda para estar consciente das responsabilidades comuns — físicas, mentais e espirituais.

Muitas pessoas nas sessões iniciais podem ter algumas sensações no corpo, como, por exemplo, formigamento, entorpecimento ou cãibras. Isso se deve ao medo, às lembranças do nascimento ou a outras histórias de negatividade no corpo. (Assunto já tratado no Capítulo 7.)

A técnica de Respiração Consciente, ou Rebirthing, se torna um veículo para você passar pela sua verdade essencial, que é Deus.

"Sua respiração é a ponte entre você e seu corpo. Constantemente, a respiração o está ligando a seu corpo, relacionando-o com seu corpo. A respiração é apenas uma ponte entre você e o Universo. O corpo é apenas o Universo que veio a você, que está mais perto de você."

PURIFICAÇÃO PELA TERRA

A Natureza tem muita força energética e praticar as técnicas de Purificação na Natureza multiplica seus efeitos benéficos. Nossas disciplinas básicas ligadas à terra incluem:

- **Um dia de jejum por semana:** O **jejum** permite a purificação de cada um dos sistemas do corpo: o digestivo, o circulatório e todos os outros. Em dia de jejum semanal, só líquidos são consumidos — água, suco ou sopa líquida. O **jejum** faz com que você depois coma com muito mais prazer e também desfrute muito mais a vida. Jejuar uma vez por semana fará você se alimentar durante os outros seis dias com muito mais proveito. Há um ritmo natural para o jejum. Você deve praticá-lo conhecendo seu próprio ritmo. Às vezes, um dia é o suficiente, outras vezes, dois ou três ou até mesmo dez dias podem ser necessários. Tudo depende de nosso próprio processo espiritual, das necessidades do nosso corpo e de nosso estilo de vida — a que tipo de poluição estamos nós expostos.

- **Fazer muitos exercícios sobre a terra — principalmente por meio do Karma Yoga: Karma Yoga** implica usar seu corpo para o exercício físico ou para o trabalho enquanto recorda o nome de Deus (Babaji — o Mestre da Purificação Espiritual — recomenda que você repita o OM NAMAHA SHIVAYA). Grupos de atividades se reúnem para trabalhos de limpeza, de carpintaria, pintura, etc., e outros mais fáceis, como alimentar os animais e cuidar do jardim ou da plantação. Ou mesmo trabalhar tendo consciência de estar a serviço da evolução da humanidade, sabendo que seu trabalho pode estar contribuindo para essa evolução, que está sendo realizado com Verdade, Simplicidade, Amor, Criatividade e Cooperatividade.

- **Alimentação vegetariana: Ter uma alimentação vegetariana** é importante para manter seu corpo sempre com fluxo de energia e saudável. A flexibilidade física aumenta e, conseqüentemente, a flexibilidade mental, proporcionando uma maior pureza de espírito. Frutas frescas e secas, verduras, legumes e cereais, ervas, chás e outras bebidas naturais devem fazer parte de sua alimentação diária.

O IMORTAL NÃO COME CARNE.
A CARNE DESTRÓI O CORPO E O ESPÍRITO.
(Amor pela carne animal ou pelo corpo e o espírito?)

- **Ficar acordado ocasionalmente durante toda uma noite é uma purificação pela terra.** Você não deve se envolver com bebidas e festas, mas manter-se em total concentração, envolvido consigo mesmo, em meditação.
- Ter um trabalho que você ame também é uma maneira de purificar por meio da terra.
- Receber massagens.
- Fazer muito exercício consciente.
- Manter relacionamentos com amor.
- Lembrar da graça do amor de Deus ou Existência.

PURIFICAÇÃO PELA ÁGUA

O **Banho Consciente** é uma forma de Purificação Espiritual. O banho consciente o faz renascer tanto quanto a Respiração Consciente.

O banho consciente em água quente (temperatura não muito elevada) é a melhor forma de prazer da purificação pela água.

Para ser considerado como técnica de Purificação Espiritual, a pessoa deve tomar, no mínimo, dois banhos por dia: um pela manhã, antes de o sol nascer, e outro à tarde, antes do pôr-do-sol, são os horários mais recomendados. Se é difícil para você realizar essa técnica nesses horários por causa do seu trabalho, tome o seu primeiro banho antes de ir trabalhar, para que desperte, e o segundo banho ao chegar em casa ou antes de ir se deitar, a fim de relaxar e eliminar energias negativas.

O banho da manhã purifica a energia corporal, depois de uma noite de sono — faz o corpo despertar totalmente, nos deixando alertas para mais um dia imortal.

O banho da tarde purifica e integra a energia absorvida durante o dia, refazendo nossa saúde corporal a cada dia, acabando com energias negativas captadas do ambiente durante o dia, liberando o Prana e purificando o corpo e o espírito.

Desse modo, você sente mais vida durante todos os dias.

Deve-se ter consciência de que o banho não só purifica por fora, mas a água também o purifica energeticamente. Isto é, a água purifica não só o corpo, mas também o espírito.

O Rebirthing na água quente pode ser utilizado depois de você ter completado as dez sessões a seco. É uma maneira de se purificar de modo eficaz. Estar na banheira de água quente, respirando, depois de um dia cheio de atividades, refaz todo o seu exterior, refaz todo o seu interior, acaba com todo tipo de *stress*, fazendo com que você esteja relaxado para iniciar um novo dia de criatividade e prazer em sua vida.

PURIFICAÇÃO PELO FOGO

Estar na presença do fogo não é só muito prazeroso, mas também purifica o corpo e a mente da depressão, da raiva, do ódio, da dor, da urgência inconsciente de morte e do excesso de energia negativa.

A **Cerimônia do Fogo** básica consiste em oferecer alimento ao fogo — cereais, frutas, etc. Você poderá escrever sobre suas negatividades numa folha de papel, levá-la para queimar e trocá-las por positividades.

O fogo é um elemento poderoso. Podemos utilizar uma vela, uma lareira ou uma fogueira; o que importa é garantir a segurança.

A purificação pelo fogo exige mais consciência do que a purificação pela água e algumas técnicas de purificação pela terra e pelo ar.

A purificação pelo fogo é uma técnica excelente para acabar com supressões. Ela é capaz de purificar e curar tanto seu corpo energético como sua mente e seu corpo físico. Só podemos entender esses mistérios quando estamos sozinhos diante do fogo, com o objetivo de meditar diante dele e de Deus.

Despender esse tempo sozinho diante do fogo é um caminho para desenvolver, com grande possibilidade de êxito, um relacionamento consigo mesmo.

A purificação pelo fogo "queima" todas as energias negativas absorvidas em grupos. "Queima" com grande eficácia o impulso de morrer. Converte o ódio em paz e amor.

O fogo tem grande poder. O Poder de Deus está ***totalmente*** no fogo.

PURIFICAÇÃO PELA MENTE

A elevada qualidade de pensamento é um dos mais eficazes métodos de purificação espiritual. **Melhore a qualidade de seus pensamentos e você melhorará a sua qualidade de vida.**

A filosofia ensinada no Rebirthing é: "O PENSAMENTO É CRIATIVO."

Ao fazer vir à tona pensamentos negativos pelas práticas de purificação espiritual e da observação de sua mente, você poderá identificar sua lei pessoal negativa, que pode criar constantemente experiências desagradáveis em sua vida. Uma vez identificadas essas leis, elas podem ser mudadas para afirmações positivas, que deverão criar, então, as experiências mais prazerosas da sua vida. Por exemplo, se você teve certa dificuldade ao nascer, você pode ter vindo ao mundo acreditando que "a vida é uma luta". Já que o pensamento é criativo, seu subconsciente estará continuamente criando lutas em sua vida, até que a crença negativa seja identificada, liberada e substituída pela idéia de que "a vida é fácil".

No momento em que as crenças básicas erradas são descobertas e corrigidas e a concentração de energia no corpo é ligada à dissolução dessa mesma concentração, uma pessoa pode dirigir sua energia para a cura da crença negativa, que é a raiz de todas as outras — a ilusão de separação de "Deus".

Praticar o Princípio das afirmações como será ensinado no próximo capítulo, bem como todos os princípios do Rebirthing, é uma excelente técnica para a purificação mental.

"A Mente e a Respiração são o Rei e a Rainha da consciência humana. Aprendendo a equilibrar sua energia pela Respiração Consciente, você segue um caminho para tornar-se espiritualmente auto-suficiente.

"TERRA, ÁGUA, AR e FOGO são os aspectos físicos do Universo ou Deus e são os veículos naturais para a Graça Divina e a Vida Eterna. Aprender seus segredos é uma fonte de milagres."

PURIFICAÇÃO PELAS RELAÇÕES
(Família Espiritual)

Os Rebirthers que trabalham em grupo são a experiência de uma comunidade espiritual e cada um ajuda o grupo, criando uma atmosfera de amor e de apoio para os que vêm aprender e se curar.

Desde crianças aprendemos a pôr de lado aspectos de nosso Ser a fim de conseguir aprovação do pai ou da mãe, de nosso mestre, de nossos companheiros e da sociedade em que vivemos.

Essas partes rejeitadas surgem em nossa consciência, pedindo-nos que voltemos a admiti-las e exigindo nossa atenção. Quando você se sente fragmentado ou como se algo em seu íntimo o estivesse controlando, é porque uma dessas partes rejeitadas está buscando amor. Você tem que amar incondicionalmente a sua maneira de ser. Elas são forças em "desordem" e, quando você acolher outra vez esses "filhos pródigos", terá mais energia e sentirá mais vida, mais consciência, mais amor.

No que diz respeito à Purificação Espiritual, ***o amor incondicional é um aspecto primário do Ser Infinito***. Se você ama a si mesmo incondicionalmente, você se vê como realmente É. O amor move, de fato, as moléculas de seu corpo. Não existe nada que o amor não consiga — assim como o pensamento criativo = AMOR. ***Todas as relações encarnam, ao menos em parte, nossos condicionametos passados, até que nos vemos livres deles.***

A Purificação Espiritual o libera e o torna apto a viver neste Planeta.

"O Céu está, na realidade, na Terra, e os que não percebem isso têm mesmo que desejar a morte."

Transmita essas idéias para as pessoas que você ama e às que você odeia. Todos merecemos ser felizes.

É você que tem que desejar purificar-se ou não.
Mas, se você não faz isso, a morte fará.
A morte física é um sistema involuntário
de purificação espiritual.

SUMÁRIO DAS TÉCNICAS PRINCIPAIS DE PURIFICAÇÃO ESPIRITUAL E OUTRAS SECUNDÁRIAS, MAS IGUALMENTE IMPORTANTES:

1) Mente: o mais importante é escrever numa folha de papel ou gravar em fita cassete, por quinze minutos, todos os seus pensamentos — sem censurar-se. A partir daí, mude os seus pensamentos negativos para positivos, escrevendo-os. Faça isso novamente, e de novo, até que você se sinta bem. Você poderá fazer isso durante um dia inteiro, uma vez na semana. Depois, você poderá fazer isso durante apenas uma hora na semana. Você poderá, também, acelerar esse processo realizando esse exercício por uma hora todos os dias. Ele deverá ser feito todas as vezes em que você se sentir mal, deprimido ou estressado. Isto lhe trará paz e o controle de sua mente, do seu corpo e da sua vida. Você também poderá escrever seus pensamentos por dez minutos, logo depois de acordar, já que, nesse momento, você ainda está sob o domínio de sua mente subconsciente, e isso será produtivo, pois você poderá trazer à sua mente consciente os pensamentos negativos que estão no seu subconsciente, dominando-o. Tomando consciência desses pensamentos matinais, você poderá verificar a quantidade de negatividade que está em sua mente. Passados os dez minutos, leia o que escreveu e torne positivos, em outra folha, os pensamentos negativos. Leve-os consigo durante o dia e leia-os sempre que puder. Faça esse exercício durante o tempo que desejar — um mês, um ano — e verá como sua vida mudará.

Tente entrar em contato com a boa literatura por meio de livros e de fitas.

2) **Respiração:** faça as vinte respirações conscientes conectadas todos os dias — conectando a inspiração com a expiração, num ritmo relaxado. Submeta-se a pelo menos vinte sessões iniciais de Rebirthing com um profissional bem treinado (incluindo sessões na água quente e na água fria).

3) **Alimentação:** procure fazer jejum uma vez por semana, não escolha os fins de semana para fazer isso pois são dias em que costumam acontecer reuniões sociais, o que torna o jejum inviável. Recomendamos uma alimentação vegetariana, com muitos legumes e vegetais, como prática normal diária. Isto purifica seu corpo, sua mente e seu espírito.

4) **Cantar o Nome de Deus Diariamente:** o objetivo ao se repetir o nome de Deus — é de grande importância o *maha mantra* OM NAMAHA SHIVAYA — é evocar a presença divina e as emoções divinas. A repetição o tornará um pensamento constante. ***É a mais simples e a mais poderosa técnica de purificação.***

5) **Realizar Exercícios Físicos:** Asanas de Yoga, Tai Chi, ginástica consciente ou expressão corporal. Você pode caminhar todos os dias pelo seu bairro e aproveitar para meditar sobre seus vizinhos com o objetivo de amá-los. Tome consciência da natureza de seus vizinhos no seu bairro.

6) **Dormir:** fique acordado a noite inteira uma vez por mês. Medite sobre as mudanças emocionais e as sensações corporais. Medite sobre a Lua e o nascer do Sol. Use o exercício de afirmações, explicado na primeira parte, para harmonizar seus pensamentos ou sentimentos perturbadores.

7) **Comunidade Espiritual:** participe de uma comunidade espiritual com o objetivo de ter uma família espiritual e relacionamentos amigáveis.

8) **Cabelo:** raspar a cabeça, pelo menos a cada dez anos, uma vez por semana durante nove meses, purifica sua energia corporal, cura seu corpo e reverte seu processo de envelhecimento. Essa técnica acelera o processo de rejuvenescimento.

9) **Banho:** a purificação da água é simples e fácil. ***Tome pelo menos dois banhos ao dia.*** Fique totalmente imerso na banheira de água quente pelo menos uma vez na semana; isso é muito eficaz. Praticar a respiração conectada enquanto você entra na água, e até dentro d'água, é de extremo valor. Sinta sua energia corporal e sua aura, meditando sobre seus sentimentos enquanto você entra na água.

10) **Fogo:** devemos usar o poder do fogo para nos purificar. Usamos o fogo para realizar a maioria de nossos trabalhos domésticos e ele é fonte infinita de prazer e conforto em nossa vida. Na Índia e na cultura dos índios americanos, a cerimônia de alimentar o fogo com alimento comum é realizada diariamente como sinal de respeito e gratidão pelo que o fogo nos proporciona. Os índios americanos também oferecem alimento às fontes de água para alimentar os deuses da natureza. Essas práticas são boas e as podemos realizar como uma maneira de purificação.

11) **Trabalho Manual:** o trabalho físico é sagrado. Recomenda-se que você use seu corpo regularmente para realizar trabalhos caseiros, nos jardins, ou até mesmo carregar seu próprio lixo. Trabalhar na natureza gera ótimos sentimentos e iluminação espiritual. Trabalhar com o corpo, como fazer massagem e atividades atléticas, também entra na categoria de trabalho manual. Receber massagens e realizar trabalhos corporais como Yoga, Tai Chi, Rolfing, Feldenkrais, Traeger, Reiki e ginásticas corretivas são todos métodos de purificação espiritual.

12) **Controle da População:** as pessoas devem ter mais responsabilidade no que se refere à sua capacidade de reprodução. A população da Terra pode e deve ser reduzida em benefício da paz. Você pode controlar isso, controlando sua capacidade de reprodução, e esclarecendo as pessoas do seu grupo ou de sua cidade sobre o crescimento populacional. Quanto mais a Imortalidade Física se popularizar, mais importantes serão os partos conscientes. Superar o trauma do ciclo de nascimento e morte faz com que recuperemos nossa capacidade de surgir na Terra e desaparecer dela quando quisermos.

13) **Dinheiro:** ganhar no jogo do dinheiro prazerosamente e servindo com amor é um método de purificação. ***Seu prêmio será proporcional*** à qualidade e à quantidade dos serviços que você prestar aos seres deste Planeta.

14) **Sexo:** sexo com amor é purificação espiritual. O objetivo não é a reprodução, mas o calor humano, a afeição e o amor. Amor é Deus, Deus é Amor. Fazer amor gera tanta ou mais iluminação espiritual quanto fazer uma prece ou ir à igreja.

15) **Devemos Praticar a Verdade, a Simplicidade e o Amor Acima de Tudo.**

16) Purificação Ambiental: manter saúde plena, afastar-se de problemas ou das brigas, participar de eventos esportivos saudáveis para o "corpo-mente-espírito" em vez de fazer guerra previnem e evitam desastres sociais e naturais, nos fazendo perceber que o propósito da Terra é nos proporcionar conforto e prazer. Proteger o planeta da poluição fazendo plantações orgânicas, reciclando materiais e realizando outras práticas que não poluem o ambiente como fábricas, carros elétricos, etc., são algumas maneiras de purificar o ambiente e, conseqüentemente, purificar o espírito. Perceber o Universo como um **Organismo**, não como uma Organização, é a chave fundamental para a ***Purificação Ambiental.*** (Leia o Capítulo 17).

Ser fanático por um método de purificação gera desequilíbrio. Os métodos deverão ser usados com moderação. Lentidão e paciência são coisas sagradas! Mesmo a moderação deverá ser usada com moderação.

As práticas acima lhe proporcionarão revelações e liberdade pois são exercícios de purificação espiritual simples e naturais, que têm o poder de fazê-lo alcançar a perfeição pessoal tão almejada por todos pela eternidade. Esses exercícios de purificação espiritual abrirão seu coração, permitindo, assim, que eles ocorram. Eles o capacitarão a liberar toda a negatividade com satisfação e iluminação.

Um dos fatores de infelicidade — já explicado no Capítulo 3 — é a Síndrome da Ignorância das Práticas Fundamentais de Purificação Espiritual.

É chegado o tempo, finalmente, de os países ocidentais começarem a ensinar práticas de purificação espiritual nas escolas e nas universidades.

TÉCNICA DE PURIFICAÇÃO PELA ÁGUA E PELO AR SIMULTANEAMENTE:

Repita o processo a seguir três vezes por semana, duas vezes ao dia:

1. Encha a banheira com água quente.
2. Comece a respirar conectada e ritmicamente, inspirando e expirando pelo nariz.
3. Ponha um pé dentro da água e continue respirando até que a mudança de temperatura seja integrada.
4. Continue respirando até que as mudanças físicas e emocionais sejam integradas.
5. Ponha o outro pé dentro da água e continue a respirar até que a mudança de temperatura seja integrada.
6. Sente-se na banheira, continue respirando até que a mudança ambiental se integre.
7. Nesse momento, você poderá notar que a exalação é acompanhada de material excretório.
8. Continue a respirar até que a expiração se torne suave, mais equilibrada e liberta.
9. Deite-se na água até que ela atinja o pescoço, continue a respirar até a expiração se tornar suave e relaxada.
10. Ponha o seu Chakra do topo da cabeça — Sahashara Chakra — na água, continue a respirar até você ter integrado a mudança de energia.

11. Ponha sua testa sob a água, mantendo o nariz e a boca fora dela e continue a respirar nessa posição até que se sinta totalmente relaxado e que sua energia corporal esteja clara, purificada e equilibrada. Observe onde se acha seu centro de energia.
12. Experimente pôr os pés fora da água, enquanto mantém a respiração conectada, e observe a diferença na energia corporal.
13. Ponha os pés novamente na água. Ponha sua cabeça fora da água, sente-se, levante-se, saia da água — um pé de cada vez —, continue a respiração conectada. ***Repita esse procedimento três vezes.***
14. Observe, agora, se o maxilar, os ombros, os braços, as pernas, a pélvis, etc., estão relaxados. Sinta prazer com esse exercício. Dê a si mesmo tempo para que isso ocorra! Não há nada como uma energia corporal purificada e equilibrada. Isso transforma sua vida!

Om Namaha Shivaya

TÉCNICAS DE PURIFICAÇÃO ESPIRITUAL

1. Pelo Ar:

Respiração Consciente:

Vinte respirações conectadas várias vezes ao dia.

Rebirthing diariamente (depois de realizar as sessões acompanhado pelo Rebirther).

2. Pela Água:

Banho consciente duas vezes ao dia:

uma vez pela manhã, antes de o sol nascer;

uma vez à tarde antes de o sol se pôr.

3. Pelo Fogo:

Sentar-se em frente ao fogo pelo menos uma vez ao dia.

4. Pela Terra:

Jejum.

Alimentação vegetariana.

Karma Yoga.

5. Pela Mente:

Praticar os princípios metafísicos do Rebirthing.

6. Pelas Relações:

Auto-Estima.

Família ou Comunidade Espiritual.

Relações com Amor.

10

Os Princípios Metafísicos do Rebirthing

É importante esclarecer alguns princípios que são fundamentais para uma maior compreensão do Rebirthing. São os quatro princípios:

1. Princípio da Análise
2. Princípio da Sugestão
3. Princípio das Afirmações
4. Princípio dos Objetivos

1. PRINCÍPIO DA ANÁLISE

Entende-se por **princípio da análise** *a complexa reflexão mental; é por meio dessa reflexão que você observa e analisa quais foram os pensamentos que deram origem ao seu universo.*

Para tanto, devemos analisar nossos pensamentos, nossas crenças com respeito à vida e nossas relações para que possamos chegar ao núcleo, à raiz de todos os nossos pensamentos. Esse núcleo é denominado de ***Lei Pessoal*** ou ***Mentira Pessoal.***

LEI PESSOAL OU MENTIRA PESSOAL

A ***Lei Pessoal*** ou ***Mentira Pessoal*** é criada no momento de seu nascimento, mais especificamente, no momento em que você respira pela primeira vez, depois que o cordão umbilical foi cortado. Nesse momento, ocorre o que podemos definir como fator decisivo para o trauma de nascimento, que ocorre quando os médicos induzem a criança a respirar através de vários meios, inclusive a famosa palmada, que produz o choro e ativa a respiração. Isso é muito doloroso e fica gravado no subconsciente da criança, e é nesse momento que ela acredita que *"respirar é difícil"*, que *"respirar é doloroso"*, ou que *"a vida é um sofrimento"*.

Definimos a **Lei Pessoal** como o fator dominante mais negativo da sua consciência. É a causa fundamental de nós termos assumido uma certa personalidade negativa, que nos faz ficar girando em círculos em busca de paz, prosperidade e amor. A Lei Pessoal é um pensamento negativo, que é a origem de sua incapacidade e que fica no seu subconsciente, minando seu potencial criativo sempre que você se propõe a fazer algo. É o único pensamento e o que mais bloqueia sua felicidade e sua vitalidade. O maior problema é que você está intimamente integrado a esse pensamento.

Pensamentos negativos geram emoções negativas que são reais, pois são manifestações físicas, mas, compreenda, suas causas são falsas, irreais e, portanto, não existem.

Sua Lei Pessoal é a "pedra angular" de seu **Ego** — *conjunto de pensamentos limitantes que você tem acerca de si mesmo*. Você deve substituir esse pensamento — sua Lei Pessoal — que está gravado no seu subconsciente, senão sua vida será sempre muito árdua. Desde o nascimento, ou até mesmo desde vidas passadas — se bem que no Rebirthing procuremos nos deter mais nesta vida atual, pois é a que você está vivendo no presente —, você está muito preso a esse pensamento, e o pior é que cada vez mais você acredita que essa Lei Pessoal, ou Mentira Pessoal, é verdadeira, e sempre tenta provar que ela é verdadeira, assim como você acredita que seu ego é verdadeiro.

Você tem que compreender que o Universo sempre diz SIM aos seus pensamentos e, desse modo, você cria o que quer que você pense.

Com a sua Lei Pessoal, você criará aquilo em que você crê e atrairá situações para a sua vida que reforcem essa Lei, para poder, assim, acreditar ainda mais que ela é correta.

Se a sua Lei Pessoal é: "Eu não sou amado", você sempre criará situações que reforçam esse pensamento, acabando por atrair pessoas que mostrarão que você não é uma pessoa amada. Por exemplo, se sua Lei Pessoal tem origem em vidas passadas, por se tratar de um problema não resolvido, você poderá até mesmo escolher uma mãe ou um pai que venham a confirmar essa Lei, rejeitando-o, não sentindo amor por você. A partir daí, você acreditará cada vez mais que não é amado, cada vez mais afastará as pessoas de você, continuará a não se sentir amado e mais e mais não será amado... isso é um círculo vicioso, uma roda-viva.

Devido a esse pensamento negativo que se originou no nosso nascimento, temos a tendência de criar, acerca desse pensamento ou lei pessoal, vários dramas ou modos de controlar as pessoas e as situações, a fim de reforçar essa primeira lei. São eles:

- Provocar situações para se sentir como "pobre coitado".
- Tentar intimidar as pessoas, isto é, provocá-las ou blasfemar contra elas a fim de conseguir seu amor ou o que se deseja.

- Tornar-se exigente, esperando sempre que os outros venham satisfazer suas necessidades.
- Tornar-se distante, não se relacionando com clareza de emoções.
- Buscar ser dominado para sentir-se seguro, quando tiver necessidade de dependência.
- Dar algo, mas com a condição de que as outras pessoas também dêem algo em troca.
- Tentar fazer que os outros sejam como nós.

Todos são jogos que trazem vários problemas e nos quais não há vencedores.

Sua única saída é destruir totalmente a sua Lei Pessoal. A princípio, pode ser demorado, já que você está convencido de que ela é verdadeira desde que veio ao mundo. Mas se você começar AGORA, esse tempo já estará sendo diminuído e a sua Lei Pessoal estará sendo desfeita para poder iluminar a Divindade ou Verdade Pessoal que há dentro de você.

Você deve buscar conhecer qual é a sua Lei Pessoal, pois ela é a chave que o fará entender o condicionamento negativo em sua vida, ao qual você está preso, e o ensinará a lidar com ela.

Sua Lei Pessoal é um pensamento negativo, que gera um resultado, mas é só um pensamento, e **pensamento nós podemos mudar**. Portanto, mudando esse pensamento, mudamos nossa Lei Pessoal para uma **Lei Eterna** ***que é a sua Lei Pessoal afirmada positivamente.***

A Lei Pessoal e a afirmação de que "*a morte é inevitável*" são apenas pensamentos e que podemos mudar, mas poderão surgir resistências que deverão ser superadas com a ajuda do Rebirthing e de Técnicas de Purificação Espiritual, com afirmações, meditações e outras práticas que ensinamos neste livro. Mudando esses pensamentos mudamos nossa realidade, e você deverá aceitar e sentir esse novo pensamento, substituindo o hábito de pensar como antes pelo hábito dessa nova maneira de pensar, dessa nova vida. É necessário que eliminemos para sempre esses dois pensamentos para que nossa vida comece a fluir totalmente e para que consigamos uma energia muito superior à que já temos, permitindo que ela nos faça entrar em contato íntimo com a Energia Divina, que é a origem de todas as forças do Universo; quando permitimos a essa energia tomar todo nosso Ser, estamos automaticamente nos entregando ao Divino. A partir desse momento, terminam todas as nossas preocupações, pois, assim, nossa vida está sendo regida pela Unidade, pelo Poder da Existência ou Deus, e quanto mais nos desfazemos dessa energia, mais as coisas se transformam e se harmonizam com o Universo, mais entramos em contato com a felicidade que é eterna na Natureza, mais aumenta nossa disposição para dar e receber amor, pois ele se torna uma presença constante em nosso coração — é a própria vida; maior será também a nossa União com o cosmos, assim tornamo-nos o próprio cosmos. Na verdade, sempre fomos o cosmos; mas, devido à nossa inconsciência, sempre impedimos o fluxo dessa união.

Na verdade, ninguém possui nada; tudo pertence ao Ser Infinito. Quando tomamos consciência disso, todos os nossos chamados "problemas" acabam, pois só assim nos encontramos e por isso nos tornamos uma fonte inesgotável de Energia Divina.

Sondra Ray, em seu livro *Celebration of Life* (Celebração da Vida), afirma: "*Eu tenho notado que, até que a Imortalidade Física se torne de fato realidade para os Rebirthers, eles tendem a se apegar às suas Leis Pessoais. É como se eles temessem morrer caso eliminassem suas Leis Pessoais. Quando compreendem e sentem que seus corpos estão a salvo, eles concordam em abandonar suas Leis Pessoais. Acredito, de acordo com minha experiência, que a Lei Pessoal caminha junto com o conceito da Imortalidade Física.*"

Eu, Unmani, tenho observado essa Lei Pessoal em crianças. Isso é o que os leigos, e até mesmo os profissionais, sempre chamaram de *temperamento nato*. Se é nato, veio com seu nascimento, e podemos observar que as crianças, mesmo na mais tenra idade, já trazem consigo certo pensamento — Lei Pessoal — que limita seus atos, como timidez ou medo. Por que uma criança, já durante o primeiro ano, se sentiria envergonhada ou teria medo, por exemplo, se está apenas começando a conhecer as pessoas e o mundo? Algo, certamente, a fez ter um pensamento que a limitasse já no momento do seu nascimento, que a deixou apreensiva ou assustada, que a fez adotar, diante de certas experiências, atitudes negativas, decidindo que umas são boas e outras não, que umas são prazerosas e outras não, e assim por diante. Isso só vem confirmar a presença eterna do pensamento, como presença poderosa em nossa vida, a barreira que se forma à presença de um simples *Não*.

Nossa tendência natural é suprimir experiências "desagradáveis", tentando evitar que elas reapareçam, em vez de as confrontarmos e eliminarmos. Isso gera uma reação condicionada como anular, rejeitar ou odiar situações semelhantes, simplesmente porque achamos que elas são ruins. Desse modo, bloqueamos o nosso fluxo com a vida, não nos permitimos aprender o que o Universo tem para nos ensinar, e deixamos efetivamente de viver felizes ou amorosamente. Tendemos, assim, a reagir de modo automático a experiências semelhantes.

A Lei Pessoal sempre está com você e qualquer mensagem é recebida como reforço de um sistema de crenças que é um "pacote de mentiras". Tudo o que acontecer a você em sua vida estará de acordo com esse primeiro pensamento, o que gerará um grande número de mentiras.

Como explicamos no Capítulo 2, como ocorrem os pensamentos em sua mente, você poderá entender como surgem os "pequenos" pensamentos, que dão origem a mais e mais pensamentos, a partir da Lei Pessoal. A Lei Pessoal é o "Grande Pensamento", milhares de pensamentos terão origem a partir dela e, portanto, confirmarão essa Mentira ou Lei Pessoal, aumentando em progressão geométrica a negatividade em sua vida.

Exemplos de Leis Pessoais ou Mentiras Pessoais que foram observadas a partir de nossas experiências:

- "*Viver é difícil.*"
- "*Eu sou mau.*"
- "*Eu não mereço receber amor.*"
- "*A vida não vale a pena ser vivida.*"

- *"Viver é sofrer."*
- *"Eu não mereço vencer."*
- *"Eu não mereço ganhar muito carinho/dinheiro/etc."*
- *"Eu preciso de segurança para viver."*
- *"Eu sou um coitadinho."*
- *"Ser rico é ser mau, melhor é ser pobre."*
- *"As pessoas são más; preciso estar atento."*
- *"É preciso lutar ou mostrar minha força para conquistar a amizade ou o amor das pessoas."*
- *"Os homens/mulheres são perigosos e maus."*

Agarramo-nos a essas mentiras, tentando nos convencer de que são verdades, principalmente porque ***nós não gostamos de aceitar nossos erros.*** Mas, enquanto não pudermos observar nossos erros e aceitá-los, não nos transformaremos; enquanto só ficarmos falando e criticando as outras pessoas e não nos encararmos, não nos transformaremos; enquanto não percebermos que as outras pessoas são nosso reflexo e que criticamos nelas exatamente o que vemos em nós, apesar de não querermos admitir isso, não nos transformaremos...

Então você perguntará: *"Como posso descobrir a minha Lei Pessoal? Como posso eliminá-la e, então, transformá-la em Lei Eterna?*

Para descobrir sua Lei Pessoal

(Você poderá tentar realizar essa prática sozinho, mas seria melhor se você fosse orientado pelo seu Rebirther.)

Sente-se ou deite-se confortavelmente. Faça as vinte respirações conectadas. Ligue-se ao seu Ser Interior, relaxe e entre nos cinco elementos do Rebirthing. Só então faça a si mesmo uma das seguintes perguntas por três vezes, *uma pergunta de cada vez*, e observe o primeiro pensamento que surgir em sua mente; não julgue, não mude. *O primeiro pensamento que lhe ocorrer será a resposta.*

a) O pensamento mais negativo sobre mim mesmo é...
Exemplo: *"Eu não sou capaz" ou "Ninguém me ama"*.

b) O pensamento que me impede de realizar o que eu quero na vida é...
Exemplo: *"As pessoas são perigosas"ou "Não mereço vencer"*.

Escreva a resposta que você acha ser mais forte e estiver mais presente. Transforme-a em um pensamento positivo.

Para Eliminar e Transformar sua Lei Pessoal em LEI ETERNA

Você tem que tornar positiva sua **Lei Pessoal**, transformá-la numa **Lei Eterna** *e escrevê-la todos os dias (como foi explicado no item das afirmações), repeti-la sempre em voz alta durante o dia, escrevê-la e colá-la na parede, gravá-la e ouvi-la sempre que possível e, toda vez que se sentir angustiado, repeti-la intensamente; enfim, entre em contato com sua* **Lei Eterna** *sempre que necessário, até que ela penetre em cada célula sua e se torne a sua Eterna Lei.*

Exemplo: se a sua Lei Pessoal é: ***"Eu não sou amado"***, transforme esse pensamento tornando-o positivo a fim de obter sua Lei Eterna: ***"Eu me perdôo completamente, eu me amo, eu me aceito e me aprovo, e todos ao meu redor me amam, me aceitam e me aprovam."***

Trabalhe sua Lei Pessoal como foi explicado acima.

Todos nós somos Seres Divinos

Somos Amor, Saúde, Abundância, Verdade, Harmonia, Prazer, Perfeição e Força; e qualquer coisa contrária a isso, como *doença, infelicidade, pobreza, medo, ansiedade, desprazer, debilidade, imperfeição ou desarmonia,* é uma grande mentira.

Om Namaha Shivaya

2. PRINCÍPIO DA SUGESTÃO

Se seus pensamentos criam seu Universo, como você deverá agir se quiser modificar seu Universo? Para fazer isso utilizamos o princípio da sugestão.

Esse princípio baseia-se na idéia de que ***podemos melhorar nossa vida melhorando a qualidade de nossos pensamentos.***

Você é totalmente responsável pelo que você pensa. Comece, então, a eliminar as mentiras que você criou com relação a si mesmo e a criar verdades ao seu redor. Desse modo tudo se transformará. Faça isso e observe. Você verá que isso é verdade, pois funciona!

Toda pessoa que gosta de viver não deve permitir que a mente negue as qualidades essenciais e substantivas da vida — harmonia, sabedoria, força, amor. Para que tenhamos paz e bem-estar é necessário que antes tenhamos eliminado da mente todas as instruções negativas que lhe demos até hoje.

Por exemplo: se você está vivo, você é **Força**, e essa é uma qualidade substantiva e essencial. Quando você começa a dizer a si mesmo "sou fraco", você está resistindo à verdade substantiva da vida. Ao resistir a essa verdade você está gerando dor. ***Toda dor é o esforço despendido a fim de se manter apegado a um pensamento negativo***. A dor é uma maneira de reforçar sua mentira. Quanto mais você sente dor, mais você fica fraco, e quanto mais você se identifica com essa fraqueza, mais você atrai para si a inexistência. A força está aí, e ela resiste a tudo, mas você não resistirá se insistir em sua fraqueza. Terá utilizado sua força natural para fortalecer sua fraqueza e o destruir.

Outro bom exemplo da força da sugestão diz respeito ao **Medo. *O medo gera tensão, que gera dor.*** Mas, normalmente, transformamos esse medo em pavor, pavor de que o que está gerando o medo não desapareça. Ao apegar-se a essa idéia, mais medo você gera e, quanto maior pavor, mais temor... mais tensão, mais dor. ***A dor é uma materialização do medo.*** Mas, quanto mais temermos que a dor não desaparecerá, tanto mais nos esforçaremos no sentido de nos apegarmos ao "medo de que a dor não desapareça", o que acarretará mais tensão e mais dor. Assim, você se convence de que a dor nunca desaparecerá.

Escolha sempre boas idéias e pense nelas sempre que possível, pois, desse modo, ao escrever ou ao falar, apenas pensamentos positivos serão expressos. ***Saiba que, quando falamos, expressamos afirmações, quer positivas, quer negativas***. Portanto, comece a observar suas palavras a fim de perceber como estão suas afirmações, desse modo você começará a identificar como estão seus pensamentos e entenderá como está sua vida nesse momento. Para conseguir resultados construtivos em sua vida, tenha pensamentos positivos. Temos vários exemplos de pensamentos positivos neste livro, mas, observando constantemente, você aprenderá a estar alerta e a programar sua mente de maneira positiva.

Você poderá gravar fitas de afirmações positivas muito úteis para refazer sua mente de maneira totalmente positiva e criativa ou adquiri-las conosco. Se você sentir tédio ao ouvi-las, sugerimos que faça um esforço e siga adiante, pois é nesse momento que elas começam a produzir efeitos. Quando nos aborrecemos com boas idéias é porque estamos nos apegando aos pensamentos destrutivos, já que *o* ***aborrecimento é o esforço necessário para reprimirmos algo.*** Se continuar a ouvir as fitas, você estará acabando com essa repressão.

TÉCNICAS DO PRINCÍPIO DA SUGESTÃO
(para você se concentrar ou controlar seu pensamento)

1) Pensamento puro ou Meditação.
2) Falar: catarse — quanto mais você verbalizar o negativo, mais facilmente abandonará essa idéia.
3) Ler boa literatura.
4) Escrever: isso é muito bom, pois envolve todos os sentidos.
5) Escutar: recolher boas idéias dos seminários e de fitas cassetes sobre Rebirthing, Purificação Espiritual e Imortalidade Física.

3. PRINCÍPIO DAS AFIRMAÇÕES

Uma afirmação é um pensamento introduzido na consciência, seja positivo, seja negativo, e que sempre produz resultados.

Aqui usamos afirmações de maneira sempre positiva, para que possamos criar resultados positivos, ou construtivos, já que todo pensamento gera resultados.

Portanto, no Rebirthing entendemos a Afirmação como: ***um pensamento afirmativo, ou positivo, que a pessoa escolhe para introduzir na consciência a fim de produzir um resultado desejado, um resultado que acabe com a negatividade.***

A mente acredita no que você quiser. Assim, se a programarmos para ser construtiva, com base no fato de que o que pensamos SEMPRE gera resultados, criaremos, por meio de afirmações, pensamentos que trarão resultados positivos para nossa vida.

O uso repetido de afirmações positivas acaba com as antigas afirmações negativas e com a antiga lista de pensamentos que vem destruindo sua vida, gerando mudanças desejáveis e eternas.

Para obter esses resultados, repete-se indefinidamente a afirmação positiva até que se consiga o resultado desejado.

A mente subconsciente pode ser moldada do mesmo modo que a argila. Quanto mais *repetimos, sentimos e visualizamos* o que desejamos, quanto mais "moldamos nossa argila", mais perfeita ela se apresentará, mais perfeito nosso pensamento se materializará.

O Rebirthing purifica o nosso subconsciente e integra os nossos "erros" anteriores. O uso das afirmações junto com o Rebirthing produz resultados até mesmo de afirmações em que não acreditamos. Temos testemunhado grandes mudanças nas pessoas por meio do poder das afirmações enquanto elas estão se submetendo ao Rebirthing uma vez na semana.

As afirmações são uma etapa para a Auto-realização. Elas recondicionam nossa mente de maneira positiva. Mas elas são, também, uma forma de condicionamento. Enquanto nós não nos livrarmos de qualquer tipo de condicionamento, independentemente da forma, permaneceremos presos a esse padrão. Estar condicionado é um hábito de que precisamos nos livrar para que nos tornemos totalmente conscientes e auto-realizados. Nós só necessitamos de condicionamento quando estamos em estado de inconsciência, o que nos "robotiza", isto é, nos torna dependentes do mecanismo de condicionamento, HIPNOTIZADOS. Em nós os problemas surgem quando estamos sujeitos a condicionamentos negativos, hipnotizados para agir negativamente, agir contra o processo de vida. Portanto, no momento do processo de mudança, o que precisamos é nos alimentar com condicionamento positivo, pois é melhor ter um condicionamento positivo do que um negativo, já que compreendemos que o pensamento traz resultados. Por meio do Rebirthing, das afirmações, da meditação, das técnicas de purificação espiritual alcançar-se-á o objetivo de superar a necessidade de qualquer condicionamento, de dar o "pulo do gato", de tornar-se completamente consciente de toda negatividade, ficando livre de qualquer hábito e podendo desfrutar da ***Liberdade Total, em União Integral com a Essência Divina.***

Costumamos definir as afirmações como sendo apenas uma "brincadeira" ou um "jogo" com a mente, que dará a você respostas que tornarão a sua vida positiva. A mente acreditará estar no comando com essa brincadeira mental, mas, ao fim de pouco tempo, você estará além da mente, e "ela" nem sentirá isso. Seu Ser comandará totalmente a mente. *Pouco a pouco, isso se tornará natural e você estará, assim, fluindo com o que você realmente É.*

A mente não deve comandar o seu Ser. Lembre-se sempre: ***Você pode estar com a mente, além da mente, mas nunca sob a mente.***

Muita coisa começará a mudar em sua vida a partir desse processo. Você deverá estar disposto a aceitar as novas mudanças e os novos desafios que começarão a se manifestar, pois estará desfazendo seus antigos padrões. As afirmações são muito fortes e são uma importante etapa no início de uma autodescoberta, pois proporcionam mais prazer e o encontro com o verdadeiro amor que está dentro de você; por isso, as palavras têm que ser sempre muito bem escolhidas.

PADRÕES FAMILIARES

Os padrões familiares são afirmações negativas criadas a partir de todas as "nossas mentiras" ou negatividades, que nos foram ensinadas, desde a mais tenra idade, por nossos familiares. É assim que criamos nossos padrões de vida que são idênticos aos modelos apresentados por nossos pais, junto com os pensamentos sociais criados durante o nosso crescimento, ligados à nossa Lei Pessoal.

Por isso, chamamos esses padrões de PADRÕES FAMILIARES; eles ficam gravados em nosso subconsciente e por isso nos aprisionarão e nos dominarão por toda a vida.

Agimos inconscientemente, guiados por esses padrões, até que possamos tomar consciência deles e trocá-los por padrões positivos (já que são apenas pensamentos, e estes nós podemos trocar), construtivos, criativos e que renovam a nossa vida em União Harmoniosa com a Inteligência Infinita. Por meio do trabalho das afirmações transformamos nossos padrões familiares e, assim, todo nosso padrão de vida.

COMO PÔR AS AFIRMAÇÕES EM PRÁTICA

Escrever de 10 a 20 vezes numa folha. Deixar uma margem do lado direito para as "respostas" da mente ou reações emotivas que surgirem.
Exemplo:

AFIRMAÇÃO	RESPOSTA EMOTIVA
"Eu, ____________, sou uma pessoa digna"	"Isso é mentira"
"Eu, ____________, sou uma pessoa digna"	"Digna coisa nenhuma"
"Eu, ____________, sou uma pessoa digna"	"Eu não presto para nada"
"Eu, ____________, sou uma pessoa digna"	"Isso é uma bobagem"

"Eu, ____________, sou uma pessoa digna"	"Baaaah! que besteira!"
"Eu, ____________, sou uma pessoa digna"	"Só de vez em quando"
"Eu, ____________, sou uma pessoa digna"	"Sou digno... é, sou digno"
"Eu, ____________, sou uma pessoa digna"	"E até que sou legal"
"Eu, ____________, sou uma pessoa digna"	"Lógico que sou digno"
"Eu, ____________, sou uma pessoa digna"	"Sou uma pessoa digna"

Uma afirmação poderosa traz à tona todos os pensamentos negativos presos em seu subconsciente. Esse sistema permite que você descubra as convicções que se interpõem entre você e o seu objetivo, por isso dá excelentes resultados.

Os pensamentos negativos que surgem se interpõem ***entre você e o seu objetivo.***

A repetição do pensamento positivo expulsa o pensamento negativo. ***Você deve querer mudar o antigo padrão para o novo e estar disposto a isso. Escreva as afirmações e as respostas até que essas respostas negativas não apareçam mais, até que você se sinta confortável e acredite totalmente na sua afirmação.***

IMPORTANTE:

SENTIR E VISUALIZAR A AFIRMAÇÃO.

PARA QUE AS AFIRMAÇÕES DÊEM RESULTADO:

1) Trabalhe com uma ou no máximo três afirmações todos os dias. Melhor hora: antes de começar o dia, ao acordar, pela manhã; antes de ir dormir, à noite; ou sempre que se sentir deprimido ou desanimado, diante de um sentimento ou situação.
2) Escreva cada afirmação de dez a vinte vezes.
3) Faça uma lista das afirmações que são mais significativas para você. Sinta-se livre para inventar suas próprias afirmações.
4) Ponha nome e situações específicas nas afirmações: trabalhe com o vocabulário para fazê-las pessoais e significativas.
5) Leia, repita ou escreva cada afirmação na primeira, segunda e terceira pessoas. Inclua sempre seu nome e faça a afirmação sempre no tempo presente. Ex.: *Eu, ________, estou disposto a ser amado; Tu, ________, estás disposto a ser amado; Você, ________, está disposto a ser amado*. Isso porque você ouviu as negativas em sua vida ditas por outras pessoas e só então você começou a repeti-las para si mesmo; assim, tem que fazer o mesmo processo, dizer as afirmações positivas como se as estivesse ouvindo de outras pessoas.
6) Trabalhe com cada afirmação até que ela se torne totalmente integrada em sua consciência, isto é, até que a afirmação seja sentida em seu íntimo e a resposta a essa afirmação seja positiva.

7) Diga as afirmações em voz alta por cinco minutos, em horários regulares, por exemplo: pela manhã, à tarde e à noite, durante sete, quinze, ou até mesmo trinta dias, ou até que se integrem em sua consciência. Você irá notar quando sua mente começar a responder positivamente e a obter os resultados desejados. Você sentirá isso claramente em seu íntimo e perceberá, então, que domina completamente seus objetivos.

8) Grave as afirmações em fitas cassetes e ouça-as sempre que possível. Exemplo: enquanto estiver relaxando, quando estiver deitado ou quando for dormir (dormir ouvindo as afirmações é muito poderoso, pois elas penetram fundo no seu subconsciente). Grave cada afirmação por dez vezes, com a voz bem pausada, para que você tenha tempo de pensar, e nas três pessoas, ou seja, dez vezes "Eu, _______, me amo"; dez vezes "Tu, _______, te amas"; dez vezes "Você, _______, se ama".

9) Diga as afirmações em voz alta na frente do espelho até que sua expressão esteja alegre e relaxada e até que seu rosto esteja livre de tensões e de rugas de expressão.

10) Diga as afirmações a um amigo que esteja sentado diante de você com a coluna ereta, os joelhos se tocando, as mãos na coxa do outro, ou estejam de mãos dadas. Repita-as até que se sinta confortável ao dizê-las. Diga-as na primeira pessoa e depois na segunda pessoa. Peça a seu amigo que observe sua expressão corporal. Só passe para a próxima afirmação quando se sentir bem relaxado, sem dor ou sem vergonha.

OBSERVAÇÕES:

- *Comece a utilizar fitas gravadas somente uma semana depois de ter trabalhado escrevendo as afirmações e permitindo que as negativas viessem à tona.*
- **Observe a mudança de sua letra à medida que vão surgindo a raiva e outras emoções.** Você também poderá escrever afirmações à máquina ou no computador, mas desse modo não terá a oportunidade de observar as mudanças na sua letra de acordo com suas emoções.
- À medida que você for lendo as afirmações que damos como exemplo, observe a qual delas você resiste mais emocionalmente. ***Aquelas a que você mais resistir, precisamente essas, terão que ser trabalhadas.***
- ***As afirmações são muito poderosas quando você se permite integrá-las em seu corpo.***
- **Procure buscar companhias positivas.** Você já deve ter notado seus amigos repetindo frases negativas. Elas são apenas afirmações negativas que produzem resultados negativos. Essas frases negativas ditas por amigos também podem criar impressões negativas em seu subconsciente. Por isso, é importante buscar a companhia de pessoas positivas.
- **Seu ambiente é a expressão de seus pensamentos.**

- Suas companhias são as suas identificações com os seus pensamentos. **O outro é seu espelho.**
- **Suas palavras são pensamentos verbalizados.** Deixe de lado as frases negativas. O que você diz é o que você obterá, pois o que você pensa é o que resulta.
- Lembre-se: **"Não há pensamentos neutros."** Você nunca tem pensamentos neutros, não se iluda com isso. ***Um pensamento neutro é impossível, por isso um resultado neutro também é impossível.***
- **Cada um de seus pensamentos tem efeitos. Tudo o que você vê é resultado de seus pensamentos.**
- Cada pensamento que você tem lhe proporciona paz ou guerra, amor ou medo. Tudo depende apenas de você com seus pensamentos: ***se você tem pensamentos de paz, terá paz; se tem pensamentos de amor, terá amor.***
- **Os pensamentos de medo são todos eles igualmente destrutivos e "irreais".**
- Se pensamentos negativos vieram à tona durante o dia, reconheça-os e aceite-os como parte de seu processo de purificação mental.
- *Quando uma pessoa começa esse tipo de trabalho com o Rebirthing, Afirmações e Técnicas de Autoconhecimento aqui ensinadas, é fácil sentir-se provocada por simples situações diárias, devido a pensamentos negativos que sempre vêm à superfície, o que pode lhe tornar triste, ansioso, etc.* Isso porque as "paredes" de nosso ego (a barreira que nos mantém fora do mundo hostil e nos bloqueia interiormente) são destruídas e então nos sentimos ligeiramente sensíveis e vulneráveis. Devemos encarar isso como parte do processo de purificação de nosso sistema corporal.
- **Reconhecer qualquer material ativado que surge durante o dia é muito importante**, mas não devemos nos identificar com esses pensamentos e sentimentos nem nos apegarmos a eles.
- **Dê sempre atenção ao seu corpo, ao que você sente e não à sua mente.** Depois de algum certo tempo (o que varia de pessoa para pessoa), tornamo-nos muito conscientes do pensamento, das sensações ou sentimentos; então devemos começar a "dizer" nossa afirmação cada vez mais, até que nosso subconsciente seja preenchido e toda a negatividade eliminada.
- **O poder das afirmações é totalmente pessoal.** Isso quer dizer que estamos criando nossa própria realidade, como fazemos constantemente. Porém, agora nossa nova realidade é positiva, não é mais aquela maneira negativa.
- Você deve "varrer" de sua mente, isto é, purificar, as orientações negativas que você tem dado a si mesmo, a fim de desfrutar a vida em permanente paz e divindade.

Toda pessoa que gosta de viver ou que queira viver e ser feliz deve purificar sua mente de negações e entregar-se às seguintes **qualidades substantivas e reais da vida: *Harmonia, Sabedoria, Força, Amor, Eternidade e Infinitude*.** É impossível gozar de paz e bem-estar permanentes sem esforço, sem antes ter eliminado da mente as instruções negativas que recebemos e que continuamos, hoje, a dar a nós mesmos.

QUATRO AFIRMAÇÕES PARA AS AFIRMAÇÕES

1. *"Todas as afirmações são verdadeiras e geram resultados, mesmo as negativas."*
2. *"O propósito da mente é entreter-me em cada coisa conhecida."*
3. *"Tudo o que experimento é uma manifestação de minha Divindade para mim."*
4. *"Tudo o que afirmo positivamente tem mais poder sobre mim do que qualquer negação em mim ou que venha até mim."*

4. PRINCÍPIO DOS OBJETIVOS

Todos temos a ambição de alcançar algum objetivo. Seja qual for o objetivo ou a meta, ficamos amarrados, tornamo-nos obsessivos, angustiados, trêmulos, tentamos sempre atingi-lo. Sempre há um objetivo, mesmo quando não sabemos exatamente o que queremos, o objetivo está sempre lá.

Um objetivo é como o horizonte: você pode vê-lo, parece estar logo ali, e você fica na esperança de que, com um pouco mais de esforço, você o alcançará. Porém, ninguém nunca atingiu o horizonte, pois ele não existe realmente! É apenas uma ilusão de óptica, só aparência, não é uma realidade. Desse modo, toda vez que você vai em direção ao horizonte, o horizonte se afasta de você. E a distância entre você e o horizonte permanece sempre a mesma, exatamente a mesma. Onde você estiver haverá sempre um objetivo à sua frente. Ele mantém sua esperança, mas, cuidado, ele pode destruir sua vida!

O objetivo está aqui, neste momento. Onde quer que você esteja, seja o que for que você deseje, relaxe e celebre isso. Cada vez que você tem uma meta e começa a persegui-la, você só consegue trazer problemas para a sua vida. Perseguir um objetivo cria um tipo de neurose e uma grande tensão em torno da sua vida. Por isso, onde quer que você estiver, sempre estará descontente. Você ficará lutando eternamente para alcançar algo que não existe. **Você existe — *todos os ideais são fantasias*.** Nunca sacrifique sua vida por nenhuma fantasia! Sua vida está aqui, agora, neste momento.

Qual é a raiz de sua infelicidade? É a constante fuga por meio de objetivos criados pela mente. Portanto, ***sua mente é a raiz de toda a sua miséria! Você deve cortar essa raiz!***

Você deve perceber que está sofrendo por nada, que a única coisa que o faz sofrer é a sua mente. Então a única pergunta que você deve fazer a si mesmo é: "*Como eu posso me ver livre de minha mente?*" É a raiz da questão. A partir do momento que você conseguir ver a RAIZ, as coisas ficarão mais fáceis. Corte a raiz e a árvore com todas as suas ramificações morrerá.

Assim, do mesmo modo como dissemos com relação às afirmações com respeito a ficar além dos condicionamentos, aprendemos com nossos pais e com a sociedade a ter objetivos, ambição, o que também é um condicionamento. Aqui, também apresentamos técnicas do princípio dos objetivos, que o ajudarão a superar, a ficar além das preocupações com respeito às suas metas, da sua necessidade de alcançar algo imaginário, criado por sua mente, em sua vida. ***Você deve buscar apenas a Unidade com a Infinita Inteligência; ela o guiará ao seu único caminho neste mundo, o encaminhará na direção exata à sua trajetória para realizar a missão que você veio completar nesta sua viagem ao planeta Terra.*** E sua missão é um complemento da missão que cada um de nós tem. Portanto, não se iluda pensando que você é o "melhor" e que realizará algo sozinho. Esteja a serviço da Humanidade e você alcançará todos os seus objetivos ao realizar sua Meta Divina!

TÉCNICAS DO PRINCÍPIO DOS OBJETIVOS

Faça uma lista de **cem coisas que você gostaria de Ser:** tudo o que você algum dia desejou como, por exemplo, uma qualidade ou talento ou um modo de Ser.

Faça outra lista de **cem coisas que você gostaria de fazer:** tudo o que você alguma vez já desejou realizar.

Faça outra lista de **cem coisas que você gostaria de ter:** tudo o que você já quis possuir.

Desses trezentos objetivos, ***escolha um de cada lista.*** Concentre-se neles, pense neles, escreva afirmações sobre eles. Escreva-os, leve-os consigo em sua carteira e leia-os sempre que puder ou quiser. Limite-se a esses objetivos até atingi-los. **Acredite e relaxe**... Quando torná-los realidade, escolha outros e concentre-se da mesma forma até que os materialize. Depois outros e mais outros... Você vai poder observar que, quando já tiverem se tornado realidade, você terá desenvolvido uma consciência de sucesso, ou seja, bastará você pensar em algo e ele se tornará realidade. Quando você sentir que já tem essa consciência de êxito e tiver alcançado de dez a vinte de seus objetivos, releia sua lista e perceba que você não tornou realidade apenas dez ou vinte, mas cinqüenta ou cem objetivos, e isso sem que você se detivesse neles em particular.

Você poderá observar no final que a lista das coisas realizadas vem exatamente ao encontro da sua missão, que diz respeito a esse seu plano material no nosso planeta, ao serviço da evolução de todo o nosso sistema na Terra.

As Origens Pré-Natais, o Nascimento e suas Influências

A maneira como você veio ao mundo influencia toda a sua vida. O tipo de parto que você teve, influencia a sua forma de viver. Em como você nasce está inscrito todo o seu karma, todo o seu destino ou vida. Você repetirá sempre a maneira como você nasceu porque tudo o que procura é nascer bem, com satisfação; para você, do jeito que você veio ao mundo é como se ainda não tivesse nascido, seu Ser busca um verdadeiro nascer, um nascer de Deus, por isso, você precisa e quer RENASCER. Conscientize-se das influências que seu nascimento exerce sobre si e vá além de todo esse karma, construindo uma nova vida, uma vida akármica, através da consciência de seus pensamentos.

A hora do seu nascimento registra todas as suas relações com o tempo. A hora que você nasceu é mais importante que o biorritmo, pois costuma ser o momento do dia de mais energia para você. O relacionamento com o tempo é de extrema importância para nosso equilíbrio energético.

Depois de se realizarem milhares de sessões de Rebirthing, foram registradas mudanças significativas nas reações de cada um em face de situações, mudanças determinadas em função da hora do nascimento e principalmente do tipo de parto que a pessoa teve. Foram examinados também o momento da concepção, o período pré-natal, a relação criança e ginecologista ou o(a) parteiro(a), e as conseqüências de tudo isso em nossa vida.

Tudo o que aqui explicitaremos foi comprovado estatisticamente durante os anos de experimentação científica do Rebirthing e por meio de relatos feitos por profissionais.

A partir das explicações dadas a seguir, você poderá entender ainda mais o que lhe ocorre nos momentos de decisão e dos relacionamentos, o porquê de mudar comportamentos repetitivos, além de fazer com que você compreenda as ações das pessoas ao seu redor, como seus pais, seus amigos, seu chefe, seu companheiro, etc., procurando saber que tipo de parto eles tiveram, o que equivalerá a um grande passo para um melhoramento em suas relações.

ORIGENS PRÉ-NATAIS

1. Concepção

O momento da concepção é importantíssimo. O novo Ser sente o amor pela primeira vez. Foi observado que certas pessoas, com concepção traumática, inconscientemente recriam as circunstâncias de sua origem em suas relações. Isso porque todo relacionamento atravessa um ciclo vital que imita a forma em que foram vivenciadas: a concepção, o pré-parto, o pós-parto, a infância e a adolescência. Todas essas etapas do crescimento e como foram vividas são revistas no decorrer de toda relação amorosa, se você não está consciente desses fatos. Filhos que são conseqüência de estupros ou de pais que morreram em guerras geralmente atraem a companhia e o relacionamento com pessoas que desmoronam sem razão aparente ou que misteriosamente morrem assim que tem início a relação. Muitos embriões e fetos não se desenvolvem perfeitamente devido a uma concepção traumática. Muitos abortos naturais ocorrem pela mesma razão. O ato da concepção e o modo como ele foi realmente vivido e sentido são de total importância para todo o processo de vida, pois *"no princípio era o Verbo, é o Verbo e será o Verbo"*, ou seja, tudo se inicia com um pensamento, é uma representação desse pensamento e outros pensamentos se desenvolvem a partir dele.

Leis Pessoais ou Mentiras Pessoais mais freqüentes que podem surgir com relação a esse período:

1. *"Não sou desejado."*
2. *"Não escolhi estar aqui."*
3. *"Não desejo formar o meu corpo. Não desejo o meu corpo."*
4. *"Não tenho nada a fazer aqui."*
5. *"Se Deus não me ama, ninguém me ama."*

2. Influências Pré-natais

O período da gestação é extremamente significativo para o bebê que vai nascer. Se a gravidez é perfeita, se ele é amado ou rejeitado, se há paz durante esse período, se existem brigas, se o amor está presente entre os pais, se estes sentem o bebê como uma intromissão, se há medo e/ou as pessoas estão despreparadas para fazer face às mudanças na vida em função de um bebê, etc. — tudo isso é completamente sentido e "ouvido" pelo embrião e pelo feto. Os agravos à saúde que possam acontecer, como o fumo, as drogas, o álcool, um tombo, durante a gestação, trazem ao feto a sensação de não ser querido — o que é a pura verdade. Também os pais não resolvidos emocionalmente transferem seus traumas de nascimento e pré-nascimento para o filho que vai nascer, o que é sentido como insegurança pelo bebê em desenvolvimento. Se os sons como músicas, por exemplo, são identificados pela criança após o nascimento, imaginem então gritos e discussões nas crises e agressões entre as pessoas! Durante o tempo no útero, o feto recebe informações através do sistema nervoso da mãe e telepaticamente interpreta sensações, reagindo em face de todos esses aspectos.

Leis Pessoais ou Mentiras Pessoais mais freqüentes que podem surgir com relação a esse período:

1. *"A liberdade não é para mim."*
2. *"Tenho medo de sair" ou "Quero sair logo daqui."*
3. *"As mudanças são desagradáveis e perigosas."*
4. *"Não é seguro viver e estar com pessòas."*
5. *"O desconhecido me traz medo."*

3. Síndrome do Ginecologista ou Parteiro(a)

O médico ginecologista ou parteiro(a) é a primeira pessoa a nos ajudar fisicamente a nascer, porém ele nos controla, guia e traumatiza também. Principalmente se não é um médico preparado para transmitir tranqüilidade nesse momento ao Ser individual que está chegando ao mundo, se não sabe que esse Ser existe como espírito desde há muito, se não está consciente desse fato e só leva em conta os sentimentos da mãe e de si próprio, e entra ansioso na sala do parto para que o nascimento seja rápido e seguro, esquecendo-se do que existe de mais importante: o bebê. Tudo isso também foi muito bem explicado e vivido pelo dr. Leboyer, na França, na mesma época em que Leonard Orr começava a falar de Rebirthing, nos EUA. O centro das atenções é o bebê, não só para que nasça bem fisicamente, mas também psicológica e espiritualmente, e tenha uma relação agradável com o mundo, sem muitos traumas.

Se a experiência que você teve em seu nascimento foi marcada pela dor, é possível que esse aspecto seja o responsável pelas complicadas relações que você tem hoje. Qualquer imposição ou ordem expressa por parte do outro pode fazer com que você se sinta "controlado", "machucado" emocionalmente. Até mesmo durante uma sessão de Rebirthing você poderá ter essas sensações ao lhe ser pedido que respire — isso porque o ginecologista na hora do parto o força a respirar para que o nascimento tenha êxito.

O mais importante agora é perdoar seu ginecologista. Tenha certeza que de uma maneira ou de outra ele buscou fazer o melhor que pôde, de acordo com o nascimento dele e a educação que recebeu. A cada nascimento que ele realiza, ele entra em contato com o próprio nascimento, mas, não tendo consciência disso, sente-se ainda mais ansioso com a "visão do próprio nascimento" ainda não compreendido. Não o culpe; lembre-se de que você até certo ponto também escolheu seus pais, seu próprio nascimento, seu ginecologista e toda a equipe que o atendeu no parto. **Você é, portanto, responsável por tudo isso.** Seu nascimento foi perfeito, exatamente como você o planejou, portanto, agradeça e siga em frente, visando superar os obstáculos nesta vida!

Leis Pessoais ou Mentiras Pessoais mais freqüentes que podem surgir com relação a esse período:

1. *"Sempre necessito ser controlado."*
2. *"Odeio ajuda."*
3. *"Não consigo fazer nada à minha maneira."*
4. *"É difícil chegar aonde quero."*
5. *"Nada dá certo na minha vida."*

TIPOS DE PARTO

1. Partos Normais

Em que, na verdade, o parto chamado de normal é "normal"? Devido ao medo desse acontecimento único, muitas interferências são feitas. A mãe é deitada e por assim dizer amarrada à mesa de parto, e ela é obrigada a ficar numa posição incômoda e não facilitadora; além disso, ela recebe anestesia ou oxigênio para diminuir a dor, e sofre intervenções médicas como cortes na área da vagina. Quase sempre existe uma grande ignorância em relação a esse acontecimento, assim, o medo das mães quanto ao desconhecido é uma constante. O que se pode esperar com tantas crenças sociais falsas sobre o parto? Na maioria dos casos, a mãe está cheia de medo, chora, grita e se desespera. Com isso tensiona e dificulta o nascimento.

O medo gera a tensão — a tensão gera a dor.

O filho que está nascendo que pensará de tudo isto? "*Estou machucando minha mãe, sou mau, não mereço viver!*" Essas idéias, geradas pela respiração forçada, serão sua Lei Pessoal.

Se essa anormalidade é um Parto normal, o filho que nasce acaba tendo uma visão sobre o que é normal de maneira bem distorcida. Não é verdade? Será que o que o médico deseja é que não haja complicações? Mais ainda que essas? A única complicação considerada é a morte? Lembre-se: muitas coisas podem ser a morte, sem que se morra realmente.

Isso para não falar nas atitudes ditas "normais", tão comuns, e que geram traumas fortes: o cordão umbilical cortado logo a seguir ao nascimento, o que produz pânico, terror; segurar o bebê recém-nascido de cabeça para baixo, forçando-o a estirar e tensionar a espinha dorsal, que estava curvada e encolhida por vários meses; a palmada nas nádegas, que é uma das coisas mais marcantes do parto normal, com a intenção de que o bebê respire logo, sem uma real necessidade para tanto, a não ser a ansiedade criada nesse momento, que resulta em dor e medo relacionados à respiração, o que faz a pessoa respirar superficialmente por toda a vida se não renascer (e aqui está o grande objetivo do Rebirthing). E mais a pressa ansiosa do médico e sua equipe em acabar logo com todas as suas preocupações.

Leis Pessoais ou Mentiras Pessoais mais freqüentes que surgem com relação a esse momento:

1. *"Os homens e mulheres me machucam."*
2. *"As pessoas não têm tempo para mim."*
3. *"É perigoso arriscar-me."*
4. *"É perigoso ser diferente e raro."*
5. *"Sem colaboração nada alcanço."*

2. Partos Cesáreos

O parto cesáreo pode parecer mais fácil para o médico, que aprendeu a lidar com cortes e cirurgias e não aprendeu a lidar com o inesperado; e para a mãe, porque o bebê não tem de abrir caminho através do canal de nascimento para sair e as contrações não são sentidas — um simples corte e tudo está acabado. A dor não é sentida no momento devido à anestesia. E como em geral ninguém deseja sentir nada no presente, só coisas passadas ou futuras, aparentemente essa é a melhor opção e com menos dor. Mas as dores que a mãe sente mais tarde são muito piores e a recuperação bem mais longa do que num parto natural. Se o parto normal é um fenômeno da natureza, ele não pode ser doloroso, a não ser devido aos pensamentos negativos em torno dele, alimentados pela sociedade. Então, para que uma cirurgia, se se trata de um fato tão normal? Osho nos conta uma passagem de sua vida em uma comunidade rural na Índia, onde as parturientes trabalhavam no campo até o momento do parto ou se retiravam, mesmo durante o horário de trabalho, indo se postar à sombra de alguma árvore. Ali, tinham seus bebês sozinhas, enrolavam-no, deitavam-no à sombra da árvore e voltavam a trabalhar. Quando Osho lhes perguntou se não tinham dores de parto, riram e acharam estranho quando souberam que as ocidentais que moram nas cidades sofrem com dores terríveis durante o nascimento de um filho. Bem se vê o que a mente hipnotizada negativamente pode acarretar.

Com o parto cesáreo, também o bebê sofre do que denominamos de síndrome da interrupção, por ter sido bruscamente interrompido durante o processo natural ao qual se preparava para o seu nascimento, e mais ainda por ser um parto forçado e muito mais rápido.

Hoje em dia proliferam partos desse tipo, para alegria do médico, que "encaixa" os partos em seu horário, "respeitando" seu lazer ou afazeres, ou por qualquer outro motivo. Ele orienta todo dia suas pacientes quanto a realizar esse tipo de parto, "seduzindo-as" com a expressão "sem dor", o que é falso, pois que as dores, se não são sentidas na hora do parto devido à anestesia (outro fator traumático para a criança, conforme veremos mais à frente), são sentidas depois, durante a recuperação da parturiente, muito mais longa, difícil e com mais possibilidades de complicações do que em um parto natural ou "normal".

As pessoas que vivenciaram um parto cesáreo demonstram querer fazer a "viagem" não realizada no nascimento através do canal do nascimento. Sentem que sabem fazê-lo se os outros lhe permitirem. Mas essas pessoas não fazem isso, pois sempre deixam que os outros interfiram em seu caminho. Vivem, portanto, teimosamente, insistindo em realizar as coisas sempre à sua maneira; não confiam realmente em si, buscam os outros para que lhes dêem opiniões e, por fim, desistem do que antes haviam decidido fazer.

Essas pessoas sempre tendem a ter relações conflitantes, com flutuações de humor e constantes rupturas. Se se relacionam com alguém, que também nasceu de parto cesariano, ambos tendem geralmente a procurar outros que lhes digam o que fazer da vida, para depois fazerem o contrário. Existe às vezes também o perigo — quando apenas um dos dois nasceu de cesárea — de ver o outro como o médico ginecologista e forçá-lo a dar orientação a todo instante, mesmo que não venha a segui-la, pois a idéia de ajuda pode ser seu maior problema. Querem ajuda desesperadamente por um lado, mas, por outro, vêem todo apoio como manipulação, interferência e oposição, desconfiando constantemente.

Por não terem recebido a massagem inicial das paredes do canal de passagem para o nascimento, que num parto natural teriam recebido, essas pessoas adoram o afeto físico e precisam ser agradadas, acarinhadas e amadas desde crianças.

Assim, quando elas se propõem a renascer através do Rebirthing, param no meio do caminho para se transtornarem a si mesmas, evocando a confusão que experimentaram quando nasceram e sentindo-se sempre inteiramente carentes.

Leis Pessoais ou Mentiras Pessoais mais freqüentes que surgem com relação a esse momento:

1. *"Quero fazer a meu modo, mas não me deixam."*
2. *"Será melhor que alguém me ajude; senão, não sairei nunca daqui."*
3. *"Sou dependente; preciso de alguém para me guiar."*
4. *"Ninguém me compreende."*
5. *"Estou sempre confuso; não sei resolver as encruzilhadas da vida."*

3. Partos Rápidos

Os partos rápidos costumam ser normais. Essa situação pode gerar muita tensão na equipe médica se a mãe chegar ao hospital já em trabalho de parto e o médico responsável não tiver chegado; a equipe médica também fica tensa nos casos em que a mãe não conseguiu chegar ao hospital e o bebê nasceu no meio do caminho. A intensidade do trauma desse momento vai depender da intensidade da ocorrência.

Pessoas nascidas de parto rápido costumam ser impacientes, estar aptas a falar e andar antes do tempo, sempre têm pressa e ficam nervosas com facilidade. Tendem a estar sempre correndo. Nunca se preparam com antecedência e, quando vão a um encontro ou reunião com hora marcada, saem correndo, como quando nasceram. Estão sempre apressando as outras pessoas e querem que as coisas sejam feitas rapidamente. Porém, são pessoas que têm muita energia, tendendo à hiperatividade, por isso, geralmente são ótimos atletas e triunfam com facilidade. Tendem a se relacionar com pessoas que tiveram nascimentos lentos, para os manter em equilíbrio.

Leis Pessoais ou Mentiras Pessoais mais freqüentes que surgem com relação a esse momento:

1. *"O extraordinário é fácil para mim."*
2. *"É perigoso ser tão rápido."*
3. *"Por eu estar sempre com pressa, as pessoas nunca estão preparados para me receber."*
4. *"Devo levar a vida mais calmamente para sobreviver."*
5. *"As pessoas se ressentem comigo por eu ser tão rápido."*

4. Partos Demorados

As pessoas que nasceram de partos lentos ou demorados são o oposto das descritas anteriormente. Geralmente, elas esperam muito para que as coisas ocorram, até o último momento. Sentem-se presas, controladas e inseguras, sentem dificuldade para conquistar o que querem justamente por não acreditarem ser capazes de fazer isso.

Leis Pessoais ou Mentiras Pessoais mais freqüentes que surgem com relação a esse momento:

1. *"Não posso conseguir o que eu quero quando quero."*
2. *"Devo ir logo para que não me detenham."*
3. *"Não tenho tempo para relaxar."*
4. *"Tenho de vencer muitos obstáculos para viver."*
5. *"É perigoso ser lento."*

5. Partos Prematuros

A pessoa que nasce de parto prematuro ou vai estar sempre ativando e apressando seu parceiro, o que equivale a ativar seu próprio nascimento, ou vai tratar todas as coisas com muita calma, como uma maneira de compensar as horas que não teve no útero.

Durante o processo de Rebirthing com uma pessoa que nasceu de parto prematuro, procuramos sempre descobrir e entender por que a pessoa saiu do útero tão cedo. Se a mãe estava doente, então por que ela estava doente? Na maioria das vezes, existe um forte sentimento de rejeição, o que faz com que o bebê queira sair antes mesmo do tempo normal, e isso o faz pensar *"estou fraco, não posso esperar"*. Geralmente, ele tem de renascer, durante o Rebirthing, duas vezes: uma quando sai do útero, e a outra quando sai da incubadora. Isso fará com que a pessoa, quando chegar à idade adulta, se sinta imatura, pequena, insignificante, vulnerável. Passar pela incubadora também é uma experiência traumatizante, o que aumenta o sentimento de fraqueza. Isso faz com que a pessoa cresça se sentindo separada, sozinha, criticada, observada e que tenha medo de receber carinho.

Leis Pessoais ou Mentiras Pessoais mais freqüentes que surgem com relação a esse momento:

1. *"Sou pequeno e fraco."*
2. *"Não posso fazer nada; não tenho tempo para relaxar."*
3. *"Sou fraco e indefeso."*
4. *"Preciso me adiantar e ser perfeito para ter sucesso no que quero."*
5. *"Sou uma pessoa insegura."*

6. Partos Tardios

Ao contrário do parto prematuro, a pessoa que veio ao mundo num parto tardio sempre estará atrasada para tudo na vida, ou pensará que está, nunca se sentindo preparada o suficiente para realizar o que quer que seja. Essas pessoas dificilmente encaram as situações de frente, pois temem novas mudanças. O ritmo delas é sempre mais lento que o das outras pessoas, elas se sentem frustradas e julgam que todos devem estar à sua disposição. A vida, para essa pessoa, é uma luta muito dura. Ela tem dificuldade de se comunicar, pois, na maioria das vezes, prolonga a conversa por um tempo excessivo; ela sente que precisa ser ajudada em todas as coisas, busca relacionamentos duradouros, pois sempre se sente culpada diante da outra pessoa, e está sempre tentando proteger o seu companheiro e cuida dele pois teme magoá-lo.

Leis Pessoais ou Mentiras Pessoais mais freqüentes que surgem com relação a esse momento:

1. *"Eu sou muito lento."*
2. *"Todos sempre têm que esperar por mim."*
3. *"Ninguém me compreende."*
4. *"Devo sempre tomar cuidado para não ferir as outras pessoas."*
5. *"É difícil vencer na vida."*

7. Partos Transversais

Quando o bebê está atravessado ocorre o que denominamos de parto transversal, isto é, o feto está com a cabeça para a direita ou para a esquerda e os pés na posição contrária. É difícil isso acontecer. Trata-se sempre de uma urgência médica nesse caso, pois o bebê não passará nessa posição pelo canal vaginal ou natal; o médico pode tentar virar o bebê, mas é muito doloroso tanto para a mãe quanto para a criança e na maioria das vezes sem êxito, por isso, nesses casos, eles sempre optam pela cesariana. Ou são obrigados a administrar medicamentos que interferem com as sensações corporais do bebê, apesar de aliviar as dores da mãe. Os bebês parecem sentir-se como se o pensamento do médico na hora do parto fosse: "*Qual é a melhor maneira de eu ajudar nesse nascimento?*"

No Rebirthing, quando tentamos compreender o motivo de as pessoas procurarem essa posição transversal para nascer, podemos concluir que ou elas estavam perdidas ou elas não queriam nascer. Essas pessoas não costumam tomar uma decisão rapidamente, elas ficam paradas sem saber que direção tomar — isso só depende da situação que elas viveram na hora do parto. São pessoas que quase sempre estão perdidas.

Quando são casadas, essas pessoas sempre tendem a tomar o sentido contrário ao do parceiro, o que dificulta muito a relação. São pessoas que reclamam muito de dores no corpo e de estarem confusas.

Leis Pessoais ou Mentiras Pessoais mais freqüentes que surgem com relação a esse momento:

1. *"Não posso estar no corpo e, ao mesmo tempo, estar seguro."*
2. *"Não posso sentir amor no meu corpo."*
3. *"Odeio sentir-me preso ou apertado."*
4. *"Sinto-me muito confuso."*
5. *"Não consigo me mover" ou "Não consigo estar parado".*

8. Partos de Nádegas

Esse parto ocorre quando a criança está "sentada", isto é, em vez de estar com a cabeça encaixada para baixo, no canal vaginal, está com as nádegas sobre essa região, ou muitas vezes com os pés aí. Assim como aconteceu com o parto transversal, alguns médicos tentam virar a criança, o que é doloroso tanto para o bebê como para a mãe, ou então recorrem à cesariana. Porém, se o médico está tranqüilo e preparado para realizar o procedimento, a criança poderá nascer de parto natural com grande êxito.

Como Rebirthers sabemos que toda criança, instintivamente, sabe o caminho e a posição natural de nascer; por isso, pesquisamos os motivos que levam o bebê a se virar desse modo na hora de sair do útero. Acreditamos que a princípio ou ele sentiu medo no momento de sair ou percebeu algum problema exterior que o fez retroceder. O bebê pode ter sentido, também, que um dos pais, ou os dois, não o desejava, ou que tinha medo de ter esse filho, ou que queria que a criança fosse de outro sexo.

Alguns adultos que vieram ao mundo por meio desse tipo de parto não costumam tomar decisões firmes, pois muitas vezes se arrependem e voltam atrás da decisão tomada, o que torna as coisas mais difíceis do que já são. Sempre pedem a opinião alheia, mas raramente a seguem, na maior parte das vezes pedem a opinião das pessoas para depois fazerem exatamente o contrário do que lhes foi aconselhado. Por meio do Rebirthing a pessoa toma consciência dessa situação e consegue estar alerta no sentido de não repetir esse tipo de comportamento. Estando alerta, ela poderá perceber como é fácil para ela obter êxito e como é seguro viver. Pois, se ela teve êxito em parto tão diferente como esse, obterá êxito em qualquer situação que deparar na vida.

Leis Pessoais ou Mentiras Pessoais mais freqüentes que surgem com relação a esse momento:

1. *"Não sei como terminar as coisas."*
2. *"A liberdade não é para mim."*
3. *"Mudar e começar algo novo é inseguro."*
4. *"Nunca sei qual o melhor caminho a tomar."*
5. *"Nunca faço as coisas direito."*

9. Partos com o Cordão Umbilical ao Redor do Pescoço do Bebê

Muitas vezes acontece de o cordão umbilical estar envolvendo o pescoço do feto, o que dificulta o nascimento, exigindo a intervenção do médico. Isso gera uma grande confusão na pessoa, já que ela se prepara para nascer e quando chega o momento tem de ser ajudada, correndo o risco, ainda, de vir a morrer pelo mesmo veículo que a manteve viva no útero. O sentimento de estrangulamento é forte, por isso, durante o crescimento, ela sempre sente sensações estranhas ao ser tocada na região do pescoço.

Durante as sessões de Rebirthing, percebemos que a pessoa que nasceu desse tipo de parto sente dificuldade para respirar, com sensações de aperto na região da garganta. Numa sessão de Rebirthing na água, por exemplo, a pessoa se sente sufocada e muitas vezes engasga.

Pessoas que nasceram com o cordão umbilical enrolado no pescoço muitas vezes se sentem "estranguladas" em suas relações, mas elas se saem bem em situações de crises, apesar de suas emoções estarem sempre à "flor da pele". Essas pessoas têm o costume de dizer "*Puxa! isso estava me matando!*" quando fazem algo que queriam muito fazer. Qualquer acontecimento diferente lhes causa medo, por isso elas tendem a sabotar as relações ou acabar com elas.

Leis Pessoais ou Mentiras Pessoais mais freqüentes que surgem com relação a esse momento:

1. *"Isso está me matando."*
2. *"É difícil respirar."*

3. *"Não me é permitido ser livre."*
4. *"É perigoso eu me relacionar."*
5. *"Tenho medo de morrer."*

10. Partos com a Ajuda do Fórceps

O fórceps, instrumento que ajuda o bebê a vencer alguma dificuldade ao nascer, "puxando-o" pela cabeça, já não é tão usado na maior parte dos casos, pois a cesariana veio substituir essa grande "pinça", que puxa a criança, como o boticão usado pelo dentista ao extrair um dente. As pessoas que passaram por esse tipo de parto em geral sentem muita dor de cabeça e enxaqueca. Normalmente não querem a ajuda de ninguém e, apesar de agressivas, são criativas e independentes. Nos seus relacionamentos, essas pessoas costumam agir de duas maneiras: mostram que são independentes e, ao mesmo tempo, pedem ajuda ao companheiro. (Esse tipo de parto costuma causar problemas cerebrais na pessoa, tendo como resultado o retardamento mental ou a paralisia cerebral. Por isso, é cada vez menos usado.)

Durante o Rebirthing, a pessoa pode ter visões com o fórceps. São pessoas que não suportam ser controladas nem manipuladas, acreditam que podem resolver seus próprios problemas, apesar de achar que não podem triunfar sozinhas, pois não se acham suficientemente boas, têm a impressão de que algo de ruim irá lhes acontecer, mesmo depois de um grande êxito. Elas têm medo de sentir dor e temem que o prazer as leve a sentir dor. São pessoas que não gostam de receber carinho nem mimos.

Leis Pessoais ou Mentiras Pessoais mais freqüentes que surgem com relação a esse momento:

1. *"Haja o que houver, não será o bastante."*
2. *"No fim, sempre preciso de ajuda."*
3. *"O prazer me traz dor."*
4. *"Não sou bom o suficiente para resolver a minha vida."*
5. *"Tenho que estar sempre atento; caso contrário, em vez de prazer, sentirei dor."*

11. Partos Induzidos

Parto Induzido é um parto artificial, isto é, induz-se a criança a nascer num determinado momento ao se aplicar um medicamento na veia. O normal é a criança nascer quando está preparada e através da produção hormonal correspondente para que isso ocorra. Quando não tem outro jeito, esse parto é aceitável, mas não se deve fazê-lo indiscriminadamente, pois há sérios prejuízos para o bebê. Como somos responsáveis por tudo o que nos acontece desde o momento da concepção, é provável que a criança tenha se decidido a não nascer, a viver por vontade própria, por puro medo.

As pessoas que vieram ao mundo por meio desse tipo de parto sentem que "*a vida já começou com a decisão de outras pessoas e não com a própria*". É a mesma coisa que alguém ter decidido por você, que você deve estar aqui; não é uma decisão que você mesmo tenha tomado. Por isso, esses bebês transformam-se em pessoas que sentem dificuldades de "começar" algo; quase sempre têm problemas relacionados ao tempo; geralmente esperam que as pessoas façam o que eles deveriam fazer, já que nunca se acham prontos a optar por alguma coisa, são sempre induzidos a fazer isso.

Se durante o Rebirthing atentarmos para isso, ajudaremos na indução e faremos com que a pessoa compreenda esse medo de viver. Se ela consegue enfrentar isso, está curada. Mas, se ela continuar a ver a culpa nos outros, continuará a ter dificuldade de relacionamento. Isso ocorre porque essas pessoas não costumam gostar de si mesmas, por isso evitam o afeto, o sexo, o amor e não percebem sua força, sua importante participação no mundo, sua criatividade. Elas costumam deixar a decisão na mão de outras pessoas, isto é, querem ser "induzidas". Como depois sempre se sentem frustradas por não terem tomado a decisão sozinhas, elas aprendem a aceitar a decisão alheia e logo depois dizem não, obrigando o outro a aceitar a sua opinião, como se quisessem ter a sensação de estarem sendo "retiradas à força para nascer na hora que os outros determinam". Desse modo, a frustração aumenta, mas o apego a essa a atitude é mais forte.

Leis Pessoais ou Mentiras Pessoais mais freqüentes que surgem com relação a esse momento:

1. *"Não consigo me decidir; que alguém faça isso por mim!"*
2. *"Não sei como começar nada."*
3. *"Não posso conseguir o que quero."*
4. *"Não é seguro escolher."*
5. *"É perigoso me expressar como sou."*

12. Gêmeos

Quando nascem crianças gêmeas, o trauma causado é o da separação; portanto, devemos estar atentos a isso no caso de nascimento de gêmeos, tentando evitar ao máximo o trauma, procurando dar muito carinho para essas criaturas que estão convivendo durante todo esse período de gestação, numa relação tão íntima, que fica até difícil de explicar para pessoas que não tiveram a mesma experiência. Observou-se, durante as sessões de Rebirthing, que quando nascem crianças gêmeas a primeira a nascer tem sempre um sentimento de culpa, ao passo que a que nasce por último tem ressentimento por ter sido deixada só no útero. O que se sabe é que se forma uma ligação intuitiva, acarretando um maior desenvolvimento das faculdades telepáticas e psíquicas entre elas durante toda a vida. Pesquisas realizadas demonstraram que há muita semelhança até mesmo entre gêmeos que foram separados desde o nascimento. O Rebirthing tem revelado que em alguns casos, quando um dos gêmeos renasce, o outro, mesmo estando a quilômetros de distância, tem as mesmas sensações do renascimento, no mesmo instante em que o irmão as tem durante a sessão do Rebirthing.

O que pode vir a ocorrer, no caso de gêmeos, trigêmeos, etc., é o primeiro ser o líder, podendo chegar até a criar um seguimento de liderança, fazendo com que o outro se sinta um seguidor, não só com relação ao irmão, mas também com relação a todas as situações na sua vida, passando a desempenhar uma posição secundária no seu casamento ou nas relações sociais. A grande dificuldade é ele conseguir ficar tranqüilo quando sozinho, já que, desde o útero, constantemente tem companhia, o que o faz reclamar de uma eterna dependência.

Leis Pessoais ou Mentiras Pessoais mais freqüentes que surgem com relação a esse momento:

1. *"Sempre sou o primeiro" ou "Serei sempre o segundo".*
2. *"Não me é permitido sobreviver sem uma companhia."*
3. *"Devo sempre participar minhas decisões ao meu irmão/irmã."*
4. *"Não existe um espaço só para mim neste mundo."*
5. *"Tenho de ser o líder no caminho trilhado pelo outro" ou "Tenho de seguir o caminho do outro".*

13. Abortos Anteriores à Atual Gravidez

Abortos naturais ou forçados têm que ver com a rejeição da mãe, do pai, ou de ambos, com relação à criança que está para nascer. Isso influencia a mente da mãe, ou de ambos. Se a mulher está tentando engravidar, mas sempre aborta, ela precisa fazer uma análise psicológica e metafísica, por meio do Rebirthing, para tentar descobrir o que está por trás disso. Se a mulher está tentando engravidar, mas não consegue, ela também deve tentar descobrir não só as causas físicas mas as psicológicas. Respirar no Rebirthing é a melhor maneira de descobrir o motivo, pois ele está sempre intimamente ligado ao trauma do nascimento da própria mãe e também do pai, o que influencia e dificulta a fertilização.

Se houve aborto anteriormente ao nascimento de uma pessoa, sem que a mãe dessa pessoa tenha querido conscientemente isso, essa mãe poderá sentir-se culpada pelo aborto ocorrido e preocupada com a atual gravidez, o que sem dúvida afeta o bebê que irá nascer. Essa pessoa, muitas vezes se sente como a substituta da criança que foi abortada, e pode acreditar que, para viver, precisa antes morrer. Nesses casos, durante a sessão de Rebirthing sempre observamos "minimortes". Portanto, é preciso ter muito cuidado para não transmitir nenhuma culpa com relação ao aborto para o renascido. Pois as pessoas, nesse caso, acreditam que as outras pessoas querem matá-las, e, se não recebem atenção especial e amor por parte dos pais, depois do nascimento e durante o crescimento elas sentem mais medo da vida. O Rebirther deve ter muito amor e compreensão pois o Rebirthee pode achar que ele também o quer matar, o que faria com que viesse à tona um impulso de morrer já que o Rebirthee está novamente diante de seu nascimento.

Leis Pessoais ou Mentiras Pessoais mais freqüentes que surgem com relação a esse momento:

1. *"Sempre acho que alguém quer me matar."*
2. *"Eu não deveria estar aqui."*
3. *"Não quero viver."*
4. *"A vida me magoa."*
5. *"Eu não posso viver; as pessoas não estão felizes por eu estar vivo."*

14. Sexo Oposto ao que os Pais Queriam

É muito comum os pais quererem ter um filho de determinado sexo e ficarem decepcionados ao perceber que o filho é do sexo oposto. Isso provocará traumas e desgostos na infância desse filho, na adolescência e, mesmo quando adulto, ele terá muitas dificuldades ligadas a esse assunto. Geralmente, essas pessoas têm pouca auto-estima, o que gera muitos problemas em sua vida no que diz respeito aos sentimentos, à relação com seu parceiro e à aceitação desse processo normal da existência. Em muitos casos, elas tornam-se adultos que negam o próprio sexo, tentam representar o sexo oposto, muitas vezes passando a ser homossexuais, mesmo desde pequenas, pois temem que ao assumir o sexo com que vieram ao mundo serão rejeitadas pelo pai ou pela mãe; por isso elas também não se sentem aceitas, acreditam que é preciso agradar ao pai e à mãe, não a si mesmas, para serem amadas. Desse modo, elas estão sempre insatisfeitas na vida e passam a ver o mundo como um lugar hostil, preferindo, por isso, viver isoladas e solitárias. Mesmo que, através de uma ultra-sonografia, você saiba qual é o sexo do bebê bem antes do nascimento, sempre haverá certa influência se você estiver com a idéia fixa de determinar o sexo do seu filho. Mas, graças a essa tecnologia, muitos pais já conseguem se preparar para a chegada do filho e, assim, acabam com aquela idéia anterior.

Durante o Rebirthing dessas pessoas, procuramos perceber o motivo pelo qual a pessoa escolheu os pais que desejavam outro sexo que o sexo que ela mesma desejou, e as fazemos compreender que os pais são responsáveis pela família que decidiram ter.

Leis Pessoais ou Mentiras Pessoais mais freqüentes que surgem com relação a esse momento:

1. *"Não posso ser como sou, senão não serei amado."*
2. *"Eu deveria ter sido um homem (uma mulher); sou um engano."*
3. *"Ninguém me ama devido ao meu sexo; tenho que ter outro."*
4. *"Minha presença desagrada; nunca consigo agradar."*
5. *"Ninguém sente prazer na minha companhia."*

15. Partos de Filhos Imprevistos, Não-planejados e Ilegítimos

Provavelmente, os pais de muitos dentre nós não planejaram o nosso nascimento, mas é muito difícil afirmar que eles não nos desejaram, mesmo os ilegítimos, pois, se o feto estava lá, a idéia de o querer também estava em seu subconsciente. Porém, devido a uma série de crenças e interferências, tem-se a impressão de que não se quer aquele filho.

Os que foram concebidos de maneira imprevista, não-planejada, tendem a ser desorganizados, pois acreditam que se eles planejarem a vida não conseguirão vivê-la. As pessoas que vieram ao mundo desse modo "acidental" constantemente sofrem acidentes quase como se, para viver, elas precisassem deles. Os ilegítimos, filhos de pai ou mãe que não o assumiram, acreditam que sempre devem ficar se escondendo para poder viver.

Leis Pessoais ou Mentiras Pessoais mais freqüentes que surgem com relação a esse momento:

1. *"Não sou amado nem desejado."*
2. *"Não mereço viver."*
3. *"Para mim, todas as coisas só acontecem por acaso."*
4. *"Eu nunca deveria ter nascido."*
5. *"Sou rejeitado; tenho de me esconder para viver."*

O USO DA ANESTESIA DURANTE O PARTO E SUAS CONSEQÜÊNCIAS

O uso da anestesia num parto traz uma série de conseqüências, fato desconhecido pela maioria dos médicos, por outros profissionais da área de saúde e, mais ainda, pelos leigos. Hoje, com o aumento das cesarianas, quanto mais se usa a anestesia, ficam ainda mais evidentes os efeitos na pessoa que passou por isso. A busca e o uso indiscriminado das drogas esclarece bem esse ponto. A anestesia faz com que a pessoa fique dopada, entorpecida, sentindo um ligeiro bem-estar mesmo estando inconsciente. O bebê que nasce sob esse efeito, depois sentirá essa necessidade durante sua vida. A pessoa, mais tarde, tenderá à inatividade e buscará situações que provoquem nela as mesmas sensações da hora do parto. *E o que proporcionará essas sensações?* ***As Drogas! O Álcool! Os Tranqüilizantes! Os Antidepressivos! O Fumo! A Cafeína! As Doenças! O Sono!*** *Nunca a vida...* A pessoa, durante toda a sua vida, sente medo de altura e de sofrer quedas, do mesmo modo como se sentiu na hora do parto, devido ao efeito da anestesia.

O **consumo excessivo de álcool**, por exemplo, acaba com o medo recriando o estado semelhante ao da morte, semelhante à tontura e à desorientação causadas pela anestesia, o que faz com que a pessoa tenha, novamente, as sensações do parto quando a anestesia é aplicada. A anestesia provoca a mesma sensação do álcool. O **hábito de beber café** é o resultado da vontade de fazer parte efetivamente do mundo; já que a anestesia faz com que a pessoa tenha vida afora a sensação da morte, ela busca no café o "despertar" para esse efeito imposto durante o seu nascimento.

Porém, precisamos ficar atentos com relação a todos esses efeitos sobre os nascimentos para que possamos ter pessoas completas e conectadas com a Energia Essencial, a fim de que sua bioenergia possa fluir e o corpo, a mente e o espírito possam estar purificados e saudáveis.

AFIRMAÇÕES PARA OS TIPOS DE PARTO

Concepção:

1. "Sou escolhido, desejado e mereço estar aqui."
2. "Escolho estar aqui, pois tenho uma missão neste planeta."
3. "Meu corpo é maravilhoso, eu me amo, estou seguro e quero este meu corpo."
4. "Faço parte dos planos da Existência."
5. "Amo-me, todos me amam, Deus me ama e está comigo aqui e agora."

Influências Pré-natais:

1. "Eu sou livre; a liberdade também foi feita para mim."
2. "É seguro sair; confio em mim mesmo."
3. "O futuro reserva surpresas maravilhosas."
4. "É seguro estar com as pessoas."
5. "O desconhecido é seguro."

Síndrome do ginecologista ou parteiro(a)

1. "Eu não preciso mais ser controlado; por isso, perdôo completamente o meu ginecologista."
2. "Sinto-me seguro para aceitar ajuda, pois toda ajuda é agradável."
3. "Perdôo a mim mesmo por todas as vezes que não fiz as coisas à minha maneira."
4. "É fácil ir aonde quero ir."
5. "Minha vida é um sucesso."

Parto Normal

1. "As pessoas me admiram porque sou maravilhoso."
2. "As pessoas estão sempre prontas para me receber, pois sou extraordinário."

3. "É seguro arriscar-me."
4. "É seguro ser diferente e raro."
5. "Toda colaboração é valiosa, e por isso agradeço a todas as pessoas que me ajudam."

Parto Cesáreo

1. "Meu caminho é o correto e sempre posso achá-lo com facilidade."
2. "Mereço todos os carinhos e abraços que eu quero; aceito que me ajudem e perdôo-me por fazer as coisas de outro modo."
3. "Sou inocente e todas as minhas interrupções são para o meu bem."
4. "Posso confiar na minha intuição; sei que todos me compreendem."
5. "Estou sempre no lugar certo, na hora certa e com as pessoas certas."

Parto Rápido

1. "O extraordinário é fácil para mim."
2. "É seguro ser tão rápido."
3. "Com pressa, ou sem ela, todos estão sempre preparados para me receber."
4. "Posso ser como sou e satisfazer a mim como quero, pois sou imortal e estou seguro."
5. "As pessoas me ajudam a escolher o que quero e quando quero."

Parto Demorado

1. "Sempre consigo o que quero, quando quero."
2. "A demora é sagrada."
3. "Quanto mais calmo estou, mais tenho tempo para relaxar."
4. "Já não preciso superar obstáculos para viver."
5. "É seguro estar preparado e ser lento."

Parto Prematuro

1. "Tenho o tamanho e a força ideais."
2. "Faço tudo o que quero e posso, sou tudo o que quero e posso, tenho tudo o que quero e posso."
3. "Sou forte e sei me proteger."
4. "Posso relaxar, posso atrasar-me, pois sou perfeito, sempre alcanço o sucesso no que empreendo, porque o plano divino de minha vida se desenvolve conforme o previsto."
5. "Sou uma pessoa segura e confio na minha vida."

Parto Tardio

1. "Eu sou o que sou em qualquer tempo e velocidade."
2. "É seguro chegar cedo aonde quer que eu vá."
3. "Todos me amam e me compreendem."
4. "Amo a mim mesmo e a todas as pessoas, e sempre sou amado pelo prazer que minha presença suscita."
5. "A vida é fácil e prazerosa."

Parto Transversal

1. "É seguro estar no meu corpo, pois é um lugar agradável."
2. "Meu corpo é amor por ser saudável e sensível."
3. "Sempre sou e estou livre, e quanto mais relaxo, mais espaço tenho."
4. "Estou no caminho certo, estou em paz."
5. "Posso me mover em todas as direções. É seguro." Ou "Posso estar parado sem sentir medo pois tenho muita força e senso de direção".

Parto de Nádegas

1. "Posso triunfar de qualquer maneira que escolher, pois sempre sei como terminar o que empreendo."
2. "Sou completamente inocente e livre para ir e vir como me agradar."
3. "Mudar e começar algo novo é seguro."
4. "Estou sempre confiante e sei qual o melhor caminho a tomar."
5. "Perdôo-me por pensar que faço as coisas mal, porque tudo o que penso e realizo é agradável, fácil e perfeito."

Parto com o cordão umbilical ao redor do pescoço do bebê

1. "A vida é segura e fácil de ser vivida."
2. "Posso respirar plenamente e com liberdade, mesmo quando há tensão."
3. "Eu sou livre."
4. "Todas as minhas relações são amorosas; posso expressar meus sentimentos livremente e com facilidade."
5. "Estou seguro e sou imortal agora mesmo."

Parto com a Ajuda do Fórceps

1. "Haja o que houver, tudo é perfeito."
2. "Devido ao fato de eu poder triunfar por mim mesmo, não é perigoso que as outras pessoas me ajudem."

3. "Quanto mais eu relaxo e faço as coisas com calma, mais apoio e prazer sinto."
4. "Sou auto-suficiente e acredito que tenho qualidade para resolver a minha própria vida."
5. "Posso estar tranqüilo, porque sei que posso proporcionar a mim mesmo situações de total prazer."

Parto Induzido

1. "Sei decidir o que quero; já não necessito que outros me induzam."
2. "Começo as coisas sem nenhuma dúvida, tenho responsabilidade, controlo meu próprio destino."
3. "Consigo tudo o que quero; é seguro organizar minha própria mente."
4. "É seguro escolher; todas as minhas decisões contribuem para que eu tenha prazer."
5. "Permito-me expressar o que eu sou, sem medo."

Gêmeos

1. "Perdôo-me por ter sido o primeiro." Ou "Posso ser o número um sem culpa".
2. "Posso sobreviver sem o outro."
3. "Confio em mim, baseio-me em mim mesmo, estou completo, posso sobreviver sem o outro."
4. "Sou único e tenho todo o espaço de que preciso."
5. "Posso traçar o meu caminho; é seguro partilhar o meu espaço." Ou "Sou líder por natureza".

Abortos Anteriores à Atual Gravidez

1. "Quanto mais vivo, mais me sinto vivo; quanto mais me sinto assim, mais vivo."
2. "Viver é o meu prazer; estar aqui é o meu prazer; a vida é segura, viver é seguro. Quanto mais vivo, mais seguro estou."
3. "Estou seguro e sou imortal agora mesmo."
4. "A vida me ama; por isso proporciono alegria e satisfação de forma natural."
5. "Posso viver; as pessoas estão felizes porque vivo."

Sexo Oposto ao que os Pais Queriam

1. "Sou o que sou; posso ser como sou; sou amado pelo que sou."
2. "Sou um homem (ou uma mulher); meu sexo é perfeito para mim."
3. "Todos me amam independemente do meu sexo, pois sou o que tinha que ser."

4. "Minha presença é agradável; ela proporciona muito prazer."
5. "Sou desejado, amo-me muito quando estou com outras pessoas; por isso, todos sentem prazer na minha companhia."

Partos de Filhos Imprevistos, Não-desejados e Ilegítimos

1. "Sou amado e desejado."
2. "Mereço viver."
3. "Tudo o que me acontece se deve a uma firme decisão tomada por mim."
4. "Perdôo meus pais por terem me deixado nascer."
5. "Tenho o legítimo direito de ser amado e desejado."

DEIXA VIVER

Sinta o vento bater,
Deixe o vento levar,
Sigamos essa energia do ar;
Como bolas de neve vamos rolar,
A cada trombada
Paramos e nos incorporamos mais.
De um jeito ou de outro
Teremos que lá chegar.
A descida às vezes é longa,
Mas há sempre um vale
Para nos amparar.

Om Namaha Shivaya
Unmani
Rio, 1989

12

Princípios Psicológicos Abordados no Rebirthing

Esclarecer alguns princípios psicológicos é fundamental para entendermos melhor o nosso interior. Os mais importantes são:

I. Sentimento
II. Condicionamentos ou Hábitos
III. Emoções

I. SENTIMENTO

"A Única Verdade Real"

Deixe o rio correr. Deixe a pedra rolar.
Eles sabem *exatamente* onde chegar.

Sentir — a coisa mais importante da vida. Viver cada momentinho, **sentindo-o** nos mínimos detalhes. Não interromper nada. **OBSERVAÇÃO SENSIBILIZADA.** A Existência sempre tem algo a lhe dizer. Aprenda a ler o que a vida quer lhe dizer.

Diga NÃO a projetos futuros: são sempre imaginários; quando vividos, são completamente diferentes.

Diga NÃO às expectativas: elas são sempre maiores que a realidade. A realidade, nesse caso, é sempre decepcionante; assim você sofre e não vive o presente — vive o sonho, sofre devido a esse sonho.

Perceba a importância de não *interromper* nenhum acontecimento de cada minuto de sua vida, pois você não o sentirá e ele — o acontecimento, o momento — não será vivido. Talvez essa seja a importante mensagem da Existência para você. É como sentir as lágrimas correndo em sua face — se as enxugar, antes que alcancem seu ponto final, não as deixará percorrer seu rosto, interromperá a sensação, a **PERCEPÇÃO,** desse lindo acontecimento em seu rosto. Você não poderá sentir essas lágrimas. Por meio do sentimento você ativa sua percepção e torna-se consciente.

PERCEPÇÃO — A Lei da Sabedoria.

Observe como é importante viver cada minuto, perceber cada instante, sem querer entendê-lo; apenas vivendo para PERCEBER essa maravilha, que é cada segundo de nossa vida.

VIVER O PRESENTE, isso é o mais importante na vida. Não ficar pensando no futuro — que não existe — ou no passado que já se foi. **Sentir o presente sempre. Isso é a vida! Aqui está a vida!**

A EXISTÊNCIA É O MOMENTO:
Não o futuro, nem o passado.

O futuro diz respeito a idéias surgidas no presente. Não são as mais importantes; devemos respeitá-las, mas não devemos vivê-las nesse momento, caso contrário não seria futuro e, sim, presente; devemos apenas aceitá-las como pensamentos, idéias surgidas no presente. Se fico vivendo as idéias do futuro agora, enquanto só são idéias, não vivo o presente.

O futuro não existe, é imaginação humana. Ele, portanto, está inserido no presente. O futuro só existe no seu presente, porque é você quem o cria; pois ele será sempre o seu presente, portanto, ele não existe. O futuro são idéias que surgem no presente. Logo, não é futuro, porque são idéias que estão no presente e que serão vividas num outro presente de sua vida, portanto, nunca será futuro. Logo, o futuro não existe, é apenas imaginação. Todo planejamento futuro é mero planejamento. **O presente é sempre presente.**

O passado já passou, não volta mais, mesmo que você queira repeti-lo, não o estará vivendo e, sim, o presente, portanto, ele será totalmente diferente.

O passado passou, sumiu, desapareceu. Portanto, só o que é existência palpável é o seu PRESENTE. **Este é real. Viva-o!** Ele é o que é, ele será o que tiver de ser, não adianta você imaginá-lo. Ele existirá enquanto existência, em seu devido momento.

Você precisa **respeitar** seu **sentimento.** Você precisa **viver** seu sentimento no momento, com alguma **ação:** falando, rindo, chorando, agredindo, etc., para você deixar aparecer sua **PURA ENERGIA.** Não energia positiva ou negativa, tristeza ou alegria, bondade ou maldade, bem ou mal. Há EXISTÊNCIA — ***o que existe, existe*** — PURA ENERGIA — MOMENTO. Não corte seu momento. SEJA TESTEMUNHA — OBSERVE CADA MOMENTO, CADA AÇÃO.

A vida é como um rio; se você tentar pará-lo, ele simplesmente poderá parar na barreira criada por você; mas ele continuará querendo percorrer seu curso normal e, um dia, romperá essa barreira e seguirá seu caminho. Se você tentar desviá-lo, ele enfraquecerá, secará na superfície, mas ficará encravado no interior da terra.

O mesmo acontece com a sua vida: não adianta projetar, porque a Existência seguirá seu caminho como ela deve seguir; é só você não criar barreiras ou desviar o rumo; assim, ela será mais leve, mais solta, seguirá como o rio deve seguir. Deixe o rio fluir.

Não adianta você imaginar o futuro; você planejará, planejará e, quando chegar lá, ele será o que será. Seu percurso existencial já está escrito. Se você o reescrever, você só estará desviando o seu curso; mas ele seguirá o seu caminho, de maneira mais lenta, tensa e, por fim, encravará na "terra", no seu interior, como o percurso do rio. Desse modo, você existe, mas não aparece. O sentimento desaparece; fica "encravado", preso, doendo, ferindo, gritando, e você se nega a admitir que sente isso, pois já não sabe como sentir; sente apenas a dor, que é o efeito, mas não sente a causa, que é a presença. Você existe, mas não aparece porque o seu Ser desaparece junto com o sentimento. Se você não sente, você não É.

Portanto, você existe, mas não existe, porque não está aqui, sentindo o ar em contato com o sol, com o Universo. Apenas em contato com a Terra enquanto corpo.

Essa situação continuará até você conseguir "brotar" outra vez; mas aí talvez seu corpo já não exista mais, pois, se você cria muitas barreiras em sua vida, ela não poderá prosseguir, e você renascerá em outro corpo, em outro lugar na Terra.

Deixe o rio correr. Se você quiser viver a sua imaginação, você estará desviando o curso do rio e estará vivendo encravado no seu interior — "no interior da terra" —, não estará seguindo o seu curso à flor da vida. Você estará secando seu caminho e vivendo sem a luz do sol, sem o contato com o Universo. Um dia seu percurso poderá fluir outra vez, mas talvez você não esteja mais aqui fisicamente, pois muita pressão gera grande tensão e esta causa uma explosão; você surgirá em outro lugar do planeta e terá que recomeçar tudo novamente; e talvez repita tudo outra vez, e isso nunca terá fim.

É por isso que, espiritualmente, você sempre estará querendo voltar a fim de completar o percurso interrompido. Se você o completar nesta vida, estará espiritualmente completo e sua energia fluirá tranqüilamente através do seu corpo e da atmosfera.

Nós somos uma energia de passagem pela Terra. Viemos do Universo, entramos aqui, e devemos sair e voltar ao Universo para nele se envolver e seguir o percurso do NADA.

Se você interrompe a sua vida, você simplesmente pairará no ar quando o seu corpo se for, e estará a todo momento querendo voltar para a existência física.

O Rebirthing o deixa em contato constante com o seu sentimento, com o seu presente, com o seu minuto, pois o Rebirthing o faz respirar, e respirar é viver. Através do Rebirthing, você renascerá nesta vida, tomará consciência da sua imortalidade, desejará sentir cada instante, e sentir é viver. Por meio da respiração consciente, você sempre estará presente.

RENASÇA AQUI E AGORA NESTA
VIDA E TORNE-A ETERNA!

"Para sentir a vida,
precisamos começar a 'ver',
não apenas com os olhos,
mas também com os ouvidos,
com o olfato, com o sabor, com o tato.
Os olhos devem, apenas,
colorir tudo o que é **sentido**
e 'visto' com os outros sentidos.
Qual de nós é cego?
Às vezes, são os olhos
que cegam o homem."

Unmani

II. CONDICIONAMENTOS OU HÁBITOS

Nossa mente é hipnótica. Somos educados pelos HÁBITOS ou CONDICIONAMENTOS, e nos **habituamos a viver de hábitos. "Nós nos habituamos** a nos **habituar."**

Para tudo criamos hábitos, a tudo nos condicionamos, isto é, nos AUTOMATIZAMOS. Tenho certeza, por exemplo, de que por muitas vezes em sua vida você já escovou os dentes pela manhã e se esqueceu disso. Fomos habituados ou condicionados, ou HIPNOTIZADOS, a escovar os dentes pela manhã desde muito cedo e deixamos de fazer esse ato conscientemente. Isso é o que cria a **automatização.**

Criamos hábitos para ajudar a suprimir algo que não queremos vivenciar novamente. Criamos hábitos ou condicionamentos não só para nos ajudar a suprimir algo, mas também para suprimir a supressão de emoções, como, por exemplo, os hábitos, ou vícios — de fumar, de beber bebidas alcoólicas, de se drogar, de adoecer, de comer demais, de praticar muito sexo, etc. Criamos todas as maneiras para nos dizer e confirmar que somos uns desgraçados e que viemos ao mundo só para sofrer. Isso é uma grande mentira que criamos, e toda mentira precisa sempre ser reafirmada... porque senão a verdade aparece, porque a verdade está sempre aí, e você não precisa fazer nada para prová-la ou para confirmá-la, a verdade se afirma constantemente, porque ela É.

O que ocorre é que vivemos de **hábitos.** Habituamo-nos a certos pensamentos negativos, que trazem resultados destrutivos para nossas vidas. Com os hábitos, deixamos de SENTIR e, se só agimos automaticamente, tornamo-nos **máquinas.**

O único hábito que devemos ter é o de
estar SEMPRE ALERTAS.

Cada situação, em cada momento da vida, é uma situação ÚNICA. Tudo na vida é ÚNICO: cada coisa, cada Ser, cada acontecimento, cada respiração.

Precisamos estar ATENTOS a cada inspiração e a cada expiração, porque elas são únicas e diferentes das anteriores e das seguintes. Cada passo que damos ao caminhar é NOVO, ÚNICO e DIFERENTE do que demos anteriormente e do que daremos a seguir.

Portanto, só o que podemos e devemos fazer é estar ATENTOS, ALERTAS a cada MOVIMENTO, a CADA PASSO, para que possamos perceber COMO é esse passo agora.

A lei da sabedoria é a percepção.

Se algo dá errado em nossa vida, é porque não estamos alertas e estamos **"funcionando HABITUALMENTE"**; se assim agimos, não estamos ATUANDO; não devemos nos "HABITUAR" e, sim, ATUAR, isto é, não **"funcionar habitualmente"** e sim **"atualmente"**. Não funcionar como máquinas e sim agir ou atuar. Assim, ficamos sempre ATUAIS (no presente) e portanto, ATUANDO.

Por exemplo: porque nos habituamos a mastigar o alimento e a tomar líquido, não observamos mais os nossos movimentos ao mastigar, ao engolir e ao beber, justamente porque nos habituamos ao comer e ao beber, então, comemos e bebemos sem observar, isto é, sem testemunhar esse momento **único**. Comemos **sonhando**, pensando em mil outras coisas e, assim, não notamos o que está nos acontecendo AQUI e AGORA.

Cada momento É um momento de aprendizado. "*Se algo não deu certo como planejei, deu certo para me alertar. Se algo não deu certo é porque "funcionei"* HABITUALMENTE, *não* AGI *e sim* FUNCIONEI *como uma máquina. Se* FUNCIONO, *não estou tendo* AÇÃO PRÓPRIA; *portanto, estou* FUNCIONANDO COMO MÁQUINA. *Quando* VIVO DE HÁBITOS, FUNCIONO; *quando* VIVO ALERTA, AJO". Quando "funciono", deixo de ter AÇÃO e "elimino" todas as ações subseqüentes que dependem dessa primeira, RETARDO meus movimentos ou até PARALISO toda uma vida.

Sendo assim, NADA do que acontece comigo está fora de mim; não é o outro, nem o tempo, nem o mundo que causa a minha PARALISAÇÃO, mas EU MESMO com MEUS HÁBITOS. Preciso estar SEMPRE ALERTA.

O único CONDICIONAMENTO ou HÁBITO que preciso desenvolver: o de ESTAR ALERTA.

Preciso estar alerta para saber me comunicar com o mundo. Se estou alerta, posso me comunicar comigo mesmo, com o mundo, posso entender o que o Universo quer me ensinar — porque ele me ensina a todo segundo — só então saberei me comunicar clara e VERDADEIRAMENTE, sendo EU, AQUI E AGORA (e não o **eu** que idealizo em minha mente), com as outras pessoas ou com os outros seres vivos, compreendendo-os da mesma maneira como posso REALMENTE compreender a mim mesmo, vendo-os EXATAMENTE como São, assim como posso ver EXATAMENTE como Sou. Por isso, é importante que eu trabalhe a minha mente, para ***perceber meus***

pensamentos, lidar com eles, a fim de evitar que eu me comunique ou me relacione com os outros através do que está na minha mente. Devo me relacionar com o que há de verdadeiro, no momento, entre mim e o outro, seja ele um ser humano ou qualquer outra energia do universo.

A vida parece seguir uma rotina. Temos a impressão de que estamos fazendo sempre a mesma coisa, os mesmos movimentos; mas essa é uma GRANDE MENTIRA causada pela MENTE, é a peça que ela nos quer pregar, é o DESAFIO: **sermos "Robôs"** ou **"Homens-Deus"**.

Duas coisas nunca são exatamente iguais; o Semelhante existe, o Idêntico é uma mentira. Se "NADA é IGUAL" e "TUDO é DIFERENTE", logo, NADA = TUDO (axioma matemático?). **Seja TUDO sendo NADA; seja NADA sendo TUDO.**

Ser NADA é não ter pensamentos, é estar vazio; portanto, você tem de estar **Alerta** aqui e agora, pois só assim você se torna TUDO. Ser TUDO é estar Alerta, aqui e agora; só assim você fica vazio de pensamentos e se torna NADA.

Estar ALERTA é estar "ACESO", é ser LUZ.

Comece a acender sua luz interior conscientizando-se da sua respiração. Eis por que a Respiração Consciente é importante. Quanto mais consciente de sua respiração, mais você a observará e a aperfeiçoará a cada momento. Isso o tranqüilizará, fará com que você relaxe e libertará tanto a sua respiração quanto sua energia, tornando-a mais forte e fluente a cada momento; desse modo, você estará mais energizado, portanto mais **"aceso"**, até a sua **luz interior estar forte** o suficiente para você estar **alerta**, **consciente**, **acordado**; mas ela deve ser ligada com **atenção**, para acender na medida certa. Acenda com tranqüilidade, sem "euforia" ("Eu estou aceso. Oba!... Eu estou aceso..." E se apaga novamente, porque a "lâmpada" fica muito quente e se queima ou explode.)

Acenda a chama e deixe-a sempre acesa na medida certa, para que ela seja ETERNA.

Procure RELAXAR, não DORMINDO. O relaxamento libera a energia para que você possa estar ALERTA. O SONO o faz sonhar, retém a energia e o deixa APAGADO.

Habituamo-nos a criar hábitos desde pequenos; por isso nossas ações se tornam **funcionais** e seguiremos "funcionando" assim pelo resto da vida se não nos tornamos ALERTAS para isso.

Ensinaram-nos a criar hábitos. Essa é a nossa sociedade: **Habitual, Condicional.** Ficamos, assim, sempre **"Sob Condicional"**. Portanto, temos de agir sempre de acordo com a sociedade, presos a ela, ou então somos condenados. Nunca podemos agir livremente, com clareza e consciência. Se fazemos isso, somos criticados, julgados e novamente condenados.

Devemos tornar nossa sociedade ATUANTE ou "ATUAL" criada por ATOS verdadeiros, não por HÁBITOS, porque esse é um truque da mente: nos tornar "Habituais" e não nos deixar ser ATIVOS, "ATUAIS" — ATUANDO. Assim também a sociedade sairá lucrando com isto, pois se tornará ATUANTE, e toda atuação surge da **criatividade, e criatividade é evolução.**

Precisamos passar a ensinar as crianças a não criar hábitos. Toda a nossa educação é baseada na criação de hábitos. Os educadores acreditam que "*devemos criar hábitos desde a infância nas crianças*", e isso as torna robotizadas. Devemos tentar ensinar a criança a SABER TER ATOS CONSCIENTES para que ela cresça e se torne um adulto que atua conscientemente.

Quando o Homem aprende desde criança a "formar" hábitos, a se condicionar, ele torna-se cansado, estressado, pois está agindo sem SENTIR; ele vai morrendo porque não VIVE, não AGE, só FUNCIONA. **Nós não somos máquinas. Máquinas funcionam, nós agimos. Vida é ação.**

Ser robô é funcionar mecanicamente, automaticamente — como MORTO. Robô é máquina, não pode ser chamado de "não-homem", porque para ser chamado assim precisaria ser humano antes. ROBÔ É MÁQUINA. A robotização é uma doença.

Não devemos **funcionar** como **HOMEM-ROBÔ** e sim **atuar** como **HOMEM-DEUS.**

Deus é a luz natural,
Robô tem luz artificial.

O HOMEM-ROBÔ nunca está interessado em coisas novas. Sempre que ele aprende algo novo, funciona da mesma maneira, mantendo o círculo vicioso. Para ele todos os dias são iguais: ele come, fala, faz sexo da mesma maneira. Ele nem mesmo sabe se precisa disto. Para ele todas as vidas são iguais: nascer, crescer, trabalhar, casar, ter filhos, adoecer, envelhecer e morrer. Ele não faz nada de maneira consciente, simplesmente executa gestos que não têm nenhum significado para ele. Por isso ele acha que a vida é tão chata. Essa é uma característica do sono, do sonho, de rituais. Um robô vive uma vida de formalidades, de dogmas, de perfeccionismo, de rotina, sempre orientado pelo passado ou pelo futuro, nunca pelo presente. Ao passado ele se sente ligado, quanto ao futuro sente esperança e desejos. É aí que está a pobreza, não no quanto a pessoa tem de dinheiro, outra coisa pela qual o robô foi ensinado — se guiar pelo dinheiro. A robotização é a TOTAL POBREZA DE ESPÍRITO. A pessoa pode ganhar muito dinheiro, mas continua sempre pobre. ***Um Robô é contra o prazer, a criatividade, a vida. Ele é a favor da repetição, do sofrimento, da doença, da morte. Um Robô vive a serviço da morte, não a serviço da humanidade, da vida.***

Os **atos** NUNCA são inconscientes, porque, quando **inconscientes**, não são **atos** e sim **funções.** E quem funciona é máquina.

Toda AÇÃO nos deixa ATIVOS e, portanto, CONSCIENTES.

Devemos nos permitir ser homens ativos, permitindo às crianças, que apenas estão começando "novamente" a vida, AGIR espontaneamente, Ser como elas de fato São. ***Educar é ensinar, ensinar é trocar, não condicionar.*** Não devemos, portanto, **formá-las**, isto é, **formar nelas hábitos.** Não devemos impingir-lhes uma **condição**; quer dizer, não devemos fazê-las viver **condicionadas.**

Ao AGIR, a criança estará no caminho da ILUMINAÇÃO rumo à VIDA ETERNA.

Ao agir, a criança aprende a SENTIR, e o SENTIMENTO é o ALERTA. Assim, tudo o que ela fizer durante sua vida sempre fará **sentido** e estará sempre **alerta.** O fato de **Sentir** põe a criança em contato direto com o momento, com o aqui e o agora, com a realidade, o hoje. Porque devemos fazer tudo o que decidimos fazer hoje na nossa vida, tudo o que quisermos fazer, mas devemos observar o nosso sentimento **e a emoção** com respeito ao que estamos fazendo, ao que está ocorrendo, a cada instante, só assim estaremos alertas e poderemos PERCEBER o viver.

Numa vida anterior tivemos hábitos e, por isso, tendemos a continuar funcionando, porque a mente está habituada. Como nascemos agora para transcender o nosso Karma, devemos ter a oportunidade de ação. Ao agir, nos conscientizaremos e deixaremos de "funcionar" inconscientemente.

A VIDA É UMA CIÊNCIA. Para um cientista, todo resultado é só um resultado, nem bom nem ruim, apenas um resultado que proporciona uma nova ação e mais observação. Devemos agir e observar o resultado, então agir com base nesse resultado, seguindo-o ou transformando-o, e observar o próximo resultado, e assim por diante. Desse modo, vamos construindo toda a nossa existência.

Portanto, quando estamos alertas, somos sempre observadores. Observamos os resultados em nós e ao nosso redor. Lemos um axioma e elaboramos novas hipóteses. Se vivemos alertas, somos observadores. Se somos observadores, somos cientistas. Um cientista que observa detalhadamente a ciência da vida.

Acabe com todo tipo de hábito ou condicionamento na sua vida.

Ao criar Hábitos, ficamos distraídos, desatentos, CEGOS.

Por isso, tendemos à rotina. Fazemos as coisas sem VER, cegos, sem SENTIR. **Fazemos sem saber o que estamos fazendo.**

Portanto, nossos pensamentos giram em torno desses hábitos e não entendemos "por que" sempre somos levados a um caminho que lembra o caminho anterior. É óbvio que estamos sendo guiados pelos mesmos condicionamentos; se estamos FUNCIONANDO com hábitos destrutivos que nos levam a "QUEBRAR" a máquina, sempre iremos quebrá-la até chegar o dia em que possamos trocar a "peça" (ou hábito) danificada. **Até trocarmos os hábitos que estão nos levando ao mesmo caminho de sempre.** Se não trocarmos, ficaremos sempre andando em círculos sem chegar a lugar nenhum — como um cachorro que fica sempre rodando atrás do rabo sem conseguir pegá-lo.

A única maneira de mudar o HÁBITO é trocar o "HÁBITO DE" por um "ATO DE", isto é, por uma AÇÃO PRÓPRIA E ATUAL — A QUE GERA A AÇÃO AQUI E AGORA.

Deixe de ter hábitos e comece a ter ações.

Quando estamos hipnotizados por um esquema, usamos todas as memórias **habituais** que estão em nossa mente.

Quando estamos alertas, acordados, saímos da hipnose e começamos a agir no AGORA e eliminamos as memórias.

Uma verdadeira ação envolve sentimento de prazer, motivação, amor e vontade de viver, porque você tem a certeza de estar em comunhão com a Inteligência Infinita, com o Ser Divino; a Inteligência Infinita "move moinhos e desfaz montanhas", faz uso da **criação** em todos os momentos da vida, pois é a própria vida.

Deixe de funcionar
e comece a agir nos mínimos detalhes
em união com a Inteligência Infinita.

III. EMOÇÕES

"O pensamento é o princípio de tudo"

Todo pensamento gera uma Emoção.

A Emoção sempre existe a partir de um pensamento. Se este é de paz, amor, harmonia, poder, sua emoção corresponde a esses pensamentos. Você pensa em desarmonia, conflito, ódio, medo: esta é a sua emoção.

Pensamentos positivos ou construtivos geram emoções positivas ou construtivas. Pensamentos negativos ou destrutivos geram emoções negativas ou destrutivas.

Você não é a sua emoção.
Você é o ser pensante, e seu pensamento gera uma emoção
que cria um resultado.
Seja apenas o observador dessa emoção.

O pensamento é criativo; portanto, ele cria a emoção. O pensamento é a energia primordial do Universo.

"*No princípio era o Verbo e o Verbo estava com Deus e o Verbo era Deus.*" E não se fez nada que não fosse feito com o verbo. O Verbo é a palavra e esta reflete o nosso pensamento. O Verbo é o símbolo do pensamento. Portanto, *no princípio era o pensamento...* O Princípio foi ***criado*** pelo pensamento. ***Tudo começou com o pensamento***. Tem que haver "*o pensar na idéia do princípio*" para que possa haver um princípio. Cada um de nós foi gerado a partir de um pensamento. Se a partir desse pensamento (o Princípio) "a concepção e a gestação" foram tranqüilas e positivas, e se não houve praticamente o "trauma do nascimento", então a emoção gerada foi de tranqüilidade, não de medo, e isso fortalece a formação do Ser e este constrói o **Amor**; o Amor transmite **Confiança**; a confiança emite **Compaixão** por tudo e por todos; isso confirma o **Poder**; do Poder surge a **Aceitação** pela vida; depois, a certeza de **Abundância**; toda essa cadeia de emoções positivas transforma-se na **Felicidade** que é traduzida por **Êxitos**, sinônimo da **Verdade**; e se existe a Verdade você está **unido a Deus** e transborda em **Saúde** e, ***com saúde total, você vive eternamente***.

Se a "concepção e a gestação" do primeiro pensamento foram complicadas e negativas e, ao "nascer", houve trauma, surge o **medo**, e isso forma o **Ego**; este gera o **Ódio**, que traz a **Desconfiança**; assim, surge a **Culpa**, e esta traz a **Vergonha** e os **Ressentimentos**. Dessa forma, nasce a **Dúvida**, que traz a **Pobreza** e muita **Tristeza**; em conseqüência, o **Fracasso**, sinônimo de **Mentira**. Se existe mentira, é porque você está **separado de Deus** e, assim, cria **doenças**, que levam à **Morte.** (Ver Quadro 1.)

QUADRO 1

PENSAMENTO (O Princípio)	
⇩	⇩
CONCEPÇÃO/GESTAÇÃO	CONCEPÇÃO/GESTAÇÃO
⇩	⇩
INTRANQÜILAS	TRANQÜILAS
⇩	⇩
TRAUMA DO NASCIMENTO	NÃO-TRAUMA DO NASCIMENTO
⇩	⇩
MEDO	NÃO-MEDO
⇩	⇩
EGO	SER
⇩	⇩
ÓDIO	AMOR
⇩	⇩
DESCONFIANÇA	CONFIANÇA
⇩	⇩
CULPA	COMPAIXÃO
⇩	⇩
VERGONHA	PODER
⇩	⇩
RESSENTIMENTOS	ACEITAÇÃO
⇩	⇩
DÚVIDA	CERTEZA
⇩	⇩
ESCASSEZ (POBREZA)	ABUNDÂNCIA (RIQUEZA)
⇩	⇩
TRISTEZA	FELICIDADE
⇩	⇩
FRACASSO	ÊXITO
⇩	⇩
MENTIRA	VERDADE
⇩	⇩
SEPARADO DE DEUS	UNIDO A DEUS
⇩	⇩
DOENÇA	SAÚDE
⇩	⇩
MORTE	VIDA

Assim, fica bem clara a relação da emoção com o pensamento.

Só sentimos uma emoção se surge uma idéia ou pensamento. ***Se o meu pensamento é de tristeza, então eu fico triste; se meu pensamento é de alegria, então fico alegre;*** se você está com raiva, observe o pensamento que o está levando a sentir raiva.

EMOÇÃO NÃO É SENSAÇÃO

Toda emoção causa uma sensação corporal; porém, emoção é algo diferente de sensação.

A emoção diz respeito à mente;
a sensação diz respeito ao corpo = sentimento.

As emoções e as sensações são pensamentos, e pensamentos nós podemos mudar.

Neste capítulo, falaremos sobre todas as emoções que causam transtornos na sua vida.

Temos sempre emoções, já que sempre temos pensamentos. Se mudamos nosso pensamento desagradável para um pensamento agradável e construtivo, trocamos emoções e sensações desagradáveis por emoções satisfatórias, com agradáveis sensações em nosso corpo.

A raiz de nossas emoções desagradáveis é o **trauma do nascimento, o primeiro e mais importante fator de infelicidade,** e seguindo-se a ele os outros quatro fatores que nos causam limitação e infelicidade.

Como já dissemos, são oito os principais fatores que nos impedem de sentir prazer na vida e que provocam em nós emoções que perturbam o nosso corpo por meio de sensações incômodas, de doenças e até mesmo da morte. Isso já foi bem explicado no Capítulo 3 — Psicologia Espiritual.

1. O trauma do nascimento;
2. A síndrome da desaprovação dos pais;
3. O impulso inconsciente de morte;
4. Os fatores negativos concretos;
5. Outras vidas;
6. O trauma escolar;
7. O trauma religioso;
8. A síndrome da ignorância das práticas fundamentais de purificação espiritual.

Captamos pensamentos que geram em nós emoções desde a concepção, a gestação e o nascimento; porém, o pensamento mais importante e a emoção mais importante que surgem é quando nascemos: **se o TRAUMA DO NASCIMENTO é forte, isso gera medo**, e esse medo equivale ao trauma, está de acordo com a ocorrência do parto. Parto normal, natural, com o uso de fórceps, cesariana, etc., cada um tem sua particularidade, e gera no bebê que está nascendo um pensamento, que por sua vez gera uma emoção, também particular e relacionada com o parto ocorrido (ver Capítulo 9).

O medo que tem origem por ocasião do nascimento é reforçado durante o crescimento da criança **pela síndrome de desaprovação dos pais, ou pelo "molde de educação"** ***criado pela sociedade para que a pessoa se torne cada vez mais "social", menos "pessoal", e esse trauma é reforçado pelo trauma escolar e pelo trauma religioso.*** Não importa o sentimento da pessoa e sim o modo como ela se comporta na sociedade. Esses pais e professores também foram ensinados a se comportar desse modo; por isso ensinam esse comportamento a seus filhos ou alunos, desaprovando suas ações. As regras religiosas repressoras ajudam a reforçar essa desaprovação.

Chamamos a isso de **Síndrome de Desaprovação Social.**

Isso gera raiva, que também não se permite que seja expressa; então, ela se transforma em ódio, que também é reprimido, pois nossa sociedade é repressora. Essa criança cresce **sem poder expressar sua maneira de Ser;** por não conhecer as técnicas de purificação espiritual, ela não pode se purificar, "limpar" essas emoções que bloqueiam seu Ser Energético; desse modo, a criança transformar-se-á num adulto que também não permitirá a seus filhos expressar sua maneira de Ser; por isso, o medo e a raiva reprimida, que se transformam em ódio, que é reprimido ou expressado de maneira incorreta, são passados de geração a geração. Esse medo e essa raiva assumem a forma de **doenças** e mais doenças até a morte. **E mais uma vez o ciclo continua...** (Quadro 2)

De quem é a culpa?

Não existem culpados; as pessoas estão inconscientes.

SOMOS TODOS INOCENTES.

Para interromper o ciclo e renascer aqui e agora, precisamos **PERDOAR. Perdoar a nós mesmos, a nossos pais, ao sistema, e desejar verdadeiramente MUDAR.**

EMOÇÕES — O QUE SIGNIFICAM?

Os sentimentos causados pelos pensamentos que temos, unidos ao princípio único da criação, são os reais, os verdadeiros, e são reflexo do seu ser; esses sentimentos estão integrados ao seu Ser, que, por sua vez, está integrado ao Ser Infinito, e é a eles que você deve dar ouvidos. As emoções advindas desses sentimentos são do seu Ser Infinito, têm origem na sua intuição — são **emoções existenciais**.

EMOÇÕES EXISTENCIAIS: Amor, Unidade, Criatividade, Prazer, Felicidade, Saúde, Harmonia, Clareza, Tranqüilidade, Compaixão, Força, Poder, Consciência, Iluminação.

QUADRO 2

⇨ ⇨ ⇨ ⇨ ⇨ NASCIMENTO ⇨ TRAUMA DO NASCIMENTO
⇩
MEDO
⇩
SÍNDROME DE DESAPROVAÇÃO DOS PAIS
⇩
TRAUMA ESCOLAR X TRAUMA RELIGIOSO
⇩
TORNA-SE PAI OU MÃE AQUELE A QUEM NÃO SE PERMITIU "SER" — EXPRESSÃO DO AMOR-PRÓPRIO
⇩
ÓDIO REPRIMIDO
⇩
SÍNDROME DA IGNORÂNCIA DAS TÉCNICAS DE PURIFICAÇÃO ESPIRITUAL
⇩
NÃO SE PURIFICA
⇩
TEM FILHOS
⇩
A ESTES TAMBÉM NÃO SE PERMITE EXPRESSAR O VERDADEIRO SER
⇩
RAIVA CONTIDA
⇩
mais ÓDIO REPRIMIDO
⇩
DOENÇAS
⇩
⇧ O CICLO CONTINUA ⇨ ⇨ MORTE ⇨ ⇨ ⇨ ⇨ ⇨ ⇨ ⇨
⇩
⇧ ⇦ ⇦ ⇦ ⇦ ⇦ ⇦ ⇦ ⇦ ⇦ ⇦ SOMOS TODOS INOCENTES

Os sentimentos que se seguem aos pensamentos logicamente derivam destes. As emoções geradas desses sentimentos têm origem na sua mente; são emoções criadas, mentirosas, negativas, reflexos da mente; estão ligadas às ***repressoras*** leis sociais. Elas são **emoções não-existenciais** — negam as emoções existenciais — e devemos estar prontos a mudá-las, a fim de "acender a luz" e nos deixar levar pelos sentimentos reais e de confiança, unidos à Energia Divina, que é o nosso verdadeiro guia.

EMOÇÕES NÃO-EXISTENCIAIS

(Falamos agora mais detidamente sobre essas emoções, pois devemos compreendê-las com o objetivo de estarmos sempre prontos a mudá-las. Toda mentira deve ser desmascarada. A verdade É por si só. Por isso, não precisamos explicá-la.)

1. MEDO

É a primeira e mais perversa emoção não-existencial. A mais castradora de todas.

O Medo o paralisa.

O medo surge do trauma do nascimento, por causa da primeira palmada e do primeiro bloqueio da respiração. Surge, então, o Medo do Mundo, a vontade de voltar ao útero, a urgência de morte. Desse modo, fugimos do presente, e essa situação é reforçada pela desaprovação dos pais.

Quando você está vivendo fora do seu presente, pensando no passado ou no futuro, é porque você tem medo do AQUI E AGORA; e o **medo gera tensão, e tensão gera dor**. Você nem pode respirar porque sente dor; isso é o que a vida lhe dá.

Se você não pode voltar ao útero, ao passado, você começa a imaginar a si mesmo no futuro, que é desconhecido, e isso gera em você mais medo, mais tensão, mais dor. Você imagina, tenta realizar o que imaginou e, se as coisas dão errado, isso acarreta mais Medo.

Você torna a repetir o que fez pois está inconsciente e não se recorda, você persiste no erro, "tropeça" outra vez, gerando assim mais medo, mais tensão, mais dor.

Ao perceber esse Medo, mas sem saber como se livrar dele, você passa a viver em constante estado de alerta, mas um estado de alerta no sentido negativo, não reconhecendo as coisas positivas em sua vida. Então vive num estado contínuo de SUSTO — estado alerta medroso. Mais tensão é gerada, e você começa, assim, a reprimir as emoções positivas. Você não se permite sorrir, ser feliz, amar — O MEDO O IMPEDE.

Devido à desaprovação dos pais, você confunde suas ações; por não ser aprovado você nunca sabe como agir — isso gera o medo de agir, você não pode ser você mesmo. O que deve fazer para agradar aos outros? Por estar confuso mentalmente, você esquece com facilidade as coisas, ou melhor, suprime, pois deseja esquecer as situações desagradáveis, e isso o leva a repetir os mesmos erros — o que se define por atos falhos — por toda a vida.

Desse modo, você cria um programa na sua maneira de viver, PROGRAMA DE REPETIÇÃO (Quadro 3).

O medo suprime a respiração e é a causa de todos os problemas respiratórios.

Os atos falhos ocorrem e você não entende o porquê.

Então surge **a raiva**. Raiva do pai e da mãe por causa da desaprovação deles; raiva da professora; raiva do marido; raiva do chefe, etc.; você transfere inconscientemente sua raiva por seus pais (os primeiros a desaprová-lo) para todos os outros que desempenham papéis superiores ao seu, pois acredita que são todos parecidos, ou os mesmos.

QUADRO 3

PROGRAMA DE REPETIÇÃO

MEDO
⇩
1ª Emoção
⇩
surge devido ao Trauma do Nascimento
⇩
surgem a ansiedade e o temor
⇩
você tem medo de viver o presente
⇩
quando você não está no presente, surgem:
⇩ ⇩
medo tensão
⇘ ⇙
DOR
⇩
você vai imaginando um futuro de possibilidades e resisitindo a ele
⇩
mais MEDO
⇩
Insiste em realizar algo que sempre o prejudicará no futuro
⇩
mais MEDO
⇩
da EMOÇÃO MEDO surge a
⇩
SENSAÇÃO DE MEDO
⇩
• medo consciente ⇨ constante estado de alerta
• susto e tensão
• repressão de outras emoções positivas
⇩
a maior parte do medo surge
devido ao trauma do nascimento e
à educação que consiste na desaprovação paterna e escolar
⇩
tendência à repetição na vida
(com chefe, marido, esposa, etc.)
⇩
PROGRAMA DE REPETIÇÃO

2. RAIVA

A raiva deriva do medo.

O medo o paralisa. A partir daí começa a sensação de impotência diante das idealizações. Você pensa: "EU NÃO POSSO." Esse pensamento fará com que você resista ao seu propósito ou objetivo. Sua determinação será sempre mascarada por justificativas exteriores; você não reconhecerá sua **lei pessoal** — "EU NÃO POSSO" — e você sempre dirá que não consegue por causa das outras pessoas. Lembre-se: "VOCÊ É RESPONSÁVEL POR TODOS OS SEUS ATOS."

Seus pais não permitiram que você extravasasse sua raiva. A *sociedade não permite que você faça isso. "É Feio."* ***Então você a reprime.***

Essa raiva cada vez mais contida torna-se intensa e transforma-se em ÓDIO. Não se permitiu a você expressar o Amor, este transformou-se em Amor Raivoso, que se transformou em Ódio — e este é difícil de ser contido. Portanto, ***você expressará o ÓDIO.***

Amor e Ódio são as mesmas emoções, só que em sentidos opostos. As ***forças são iguais. Tudo o que tem uma face tem um dorso.*** Amor e Ódio pertencem a uma mesma moeda, com lados diferentes:

AMOR = face;
ÓDIO = dorso.

O Amor é uma emoção verdadeira; está em você, veio de você, pertence ao seu **Ser.**

O Ódio é uma emoção mentirosa, perversa, criada por você; pertence, pois, a seu **Ego.**

Tudo o que você necessita é expressar o Amor.

Se não lhe é permitido expressar a "face" — o seu Ser — isto é, o Amor — alguma coisa você terá de expressar; e como você está cheio de raiva, você "vira a moeda" e expressa o "dorso" — o seu Ego — e explode em Ódio. Ódio contra si mesmo, ódio contra os outros (Quadro 4).

Mas isso não o satisfaz. No âmago do seu Ser você sabe que veio aqui para expressar o Amor e, ao expressar o Ódio, você se sente culpado. Surge no seu ego outra emoção: a **CULPA.**

3. CULPA

A desaprovação parental aumenta o seu medo com relação à vida, e isso gera uma **baixa auto-estima.** Você não pode expressar o seu Ser Real; assim, a sua auto-imagem é nula ou quase nula; você já nem mesmo sabe quem você é. Portanto, desenvolve o Baixo Amor-próprio, ou baixa auto-estima e uma desaprovação a si mesmo, o que gera uma grande CULPA com relação ao seu Ser. Isso diminui ainda mais a sua auto-estima, o que acarreta mais culpa. É um CICLO que irá restringir suas ações. Dessa forma, ocorrem os seguintes pensamentos: "EU NÃO MEREÇO"; "EU NÃO SIRVO".

QUADRO 4

RAIVA

⇩

• A RAIVA DERIVA DO MEDO

DEVIDO À SENSAÇÃO DE IMPOTÊNCIA

— POR VOCÊ NÃO CONSEGUIR REALIZAR O QUE SE PROPÕE.

⇩

• SURGE O PENSAMENTO: **"EU NÃO POSSO."**

⇩

• RESULTADO DA RESISTÊNCIA AO SEU PROPÓSITO.

⇩

• DETERMINAÇÃO MASCARADA EM JUSTIFICATIVAS EXTERNAS.

⇩

ÓDIO

RAIVA INTENSA CONTIDA

⇩

AMOR X ÓDIO

⇩

AS MESMAS EMOÇÕES EM SENTIDOS OPOSTOS

⇩

TUDO O QUE TEM UMA FACE TEM UM DORSO

⇩

MESMA MOEDA LADOS DIFERENTES

⇩

FACE DORSO

⇩

AMOR ⇩ **SER** — **ÓDIO** ⇩ **EGO**

SER ⇩ — **EGO** ⇩

VOCÊ NECESSITA EXPRESSAR O AMOR. ⇨ **O SER**

⇩

SE NÃO LHE É PERMITIDO EXPRESSAR A "FACE": O SEU *SER*

VOCÊ EXPRESSARÁ O "DORSO": O SEU *EGO*

Isso fará com que você sinta ódio por si mesmo e, querendo se vingar de você mesmo e dos outros, surge a urgência de morte, vem o desejo de destruir, de "voltar ao útero" — o que é impossível.

A mentira passa a fazer parte da sua personalidade (persona significa Máscara em grego). Você não pode perceber a verdade sobre si mesmo devido à moralidade da sociedade, e começa a afirmar: *"Eu sou bonzinho"*, mas só exteriormente, porque interiormente você repete: *"Eu sou mau"*; e, então, sente vergonha, pois isso é vedado a você expressar.

Portanto, a **culpa é gerada pelo ódio reprimido, pela negação do Ser e por se viver no Ego.**

Se você não reprime essa culpa, se a integra, você se decide a tomar consciência dos valores da vida e encontrar uma nova realidade (Quadro 5).

QUADRO 5

Desaprovação dos Pais ⇨ Raiva ⇨ Ódio ⇨ CULPA

⇩

BAIXA AUTO-ESTIMA

⇩

mais CULPA

⇩

Desaprovação de si mesmo ⇨ DIMINUI ainda mais a AUTO-ESTIMA

⇩

RESTRINGE SUAS AÇÕES; gera os pensamentos:
"EU NÃO MEREÇO"
"EU NÃO SIRVO"

⇩

GERA ÓDIO POR SI PRÓPRIO

⇩

DESEJO DE SE VINGAR DE SI MESMO

⇩

URGÊNCIA DE MORTE ⇨ VOLTA AO ÚTERO

⇩

surge a MENTIRA ⇨ MORALIDADE ⇨ "eu sou bonzinho" (externamente)
"eu sou mau" (internamente)

⇩

VERGONHA

⇩

GERADA PELA CULPA DE NÃO TER REALIZADO O QUE SE PROPÔS

⇩

GERADA PELO ÓDIO REPRIMIDO

⇩

NEGAÇÃO DO SER ⇨ VIVE NO EGO

⇩

A INTEGRAÇÃO DA CULPA PERMITE A VOCÊ
TER MAIS CONSCIENTIZAÇÃO DOS VALORES DA VIDA

⇩

UMA NOVA REALIDADE

⇩

"A FORMA DE CURAR A CULPA É AFIRMAR A SUA INOCÊNCIA"

4. VERGONHA

A **vergonha** é gerada pela Culpa — culpa da não realização do seu Ser — que, por sua vez, foi gerada pelo Medo. A vergonha é um estado de culpa.

Os pensamentos predominantes devido à vergonha em geral são: *"Ninguém me ama, nem mesmo eu me amo"; "Não posso olhar para os outros, porque não posso me olhar"; "Se me observo, vejo a minha culpa; se vejo a minha culpa, quero me castigar"* — e, a partir daí, têm início as doenças e a até mesmo a morte.

Você quer mais é se esconder; a vergonha é o esconderijo do Ser, devido a muito Ego (separação de Deus). Quanto mais separado de Deus, ou Verdade, mais vergonha — você não pode encarar "Deus" ou seu "Ser Divino". Isso o afasta da realidade.

Lembre-se de, ao sentir culpa ou vergonha, RESPIRAR para renascer (Quadro 6).

QUADRO 6

VERGONHA

⇩

É UM ESTADO DE CULPA

⇩

GERADA PELA CULPA DE NÃO TER REALIZADO O QUE SE PROPÔS

⇩

DEVIDO AO MEDO ocorrem os pensamentos:
"Ninguém me ama, nem mesmo eu me amo."
"Não posso olhar os outros porque não posso olhar para mim mesmo."
"Se me observo, vejo minha culpa; se vejo minha culpa, quero me castigar."

⇩

ESCONDERIJO DO SER ⇨ DOENÇAS ⇨ MORTE

⇩

MUITO EGO = SEPARADO DE DEUS

⇩

VERGONHA ⇨ Não pode "encarar" Deus.

⇩

A vergonha afasta-o da realidade.

⇩

QUANDO SENTIR CULPA E VERGONHA ⇨ RESPIRAR

⇩

PERDOAR

⇩

CULPA E VERGONHA

⇘ ⇙

CESSAM COM O PERDÃO

5. DESCONFIANÇA

Você não confia em ninguém, nem em você mesmo. Você não se conhece; não deixaram você SER. Você não conhece seus pais; não foi permitido a eles SER; portanto, eles também não o deixaram SER, pois eles não SÃO. Como você pode confiar? Não pode confiar em você mesmo, nem nos seus pais, nem nos outros, nem na vida. Essa desconfiança foi criada pela desaprovação parental. Você nunca estava certo; portanto, você não acredita no seu próprio poder.

Devemos aprender a confiar em nosso interior, em nosso Deus. Ele é o nosso verdadeiro guia.

***A desconfiança gera* stress:** *"Ninguém serve, ninguém é confiável."* **O stress *gera mais desconfiança, que gera mais* stress.**

"Seus olhos podem enganá-lo, não confie neles, confie nos seus sentimentos" (Quadro 7).

Tudo o que devemos fazer é Perdoar.

QUADRO 7

DESCONFIANÇA

⇩

CRIADA PELA

DESAPROVAÇÃO DOS PAIS

⇩

VOCÊ NUNCA ESTÁ CERTO

⇩

DESCONFIANÇA

⇩

DESCRENÇA NO SEU PODER

⇩

STRESS ⇨ DESCONFIANÇA ⇨ *STRESS*

⇩

"Se você não confia em si mesmo, perde a sua Essência, torna-se vulgar"

⇩

PARA CURAR A DESCONFIANÇA

⇩

Criar confiança por meio da integração
Lidar com a Verdade
Amar e aceitar a si mesmo
Ganhar Poder Interior
Sentir-se parte de Deus
Buscar o prazer da vida
Crer no Poder Infinito
Compreender a importância do seu Ser
Você é Único e Uno com Deus

Só o que podemos e devemos fazer é PERDOAR

6. PERDÃO

Perdoar a nós mesmos e às outras pessoas é a única maneira de nos libertar do passado. **O perdão abre nosso coração ao amor a nós mesmos.**

"O perdão nos libera da culpa, da raiva, do ressentimento, do ódio, da crítica, da vergonha, de todos os padrões de energia ou bloqueios reprimidos, e nos conduz ao amor."

Toda doença é emocional, sem exceção. Se você tem um pensamento que o eleva emocionalmente, você nunca ficará doente.

Um dos principais fatores da doença é o não perdoar.
A forma de se curar de todas as coisas é o perdão.

Livre-se do desejo de vingança e perdoe as pessoas que elas o perdoarão.

"O perdão é a chave da felicidade."

Para renunciar ao passado, devemos estar dispostos a Perdoar.

Toda enfermidade se deve ao fato de não termos perdoado algo ou alguém (Quadro 8).

QUADRO 8

PRIMEIROS PASSOS PARA AS MUDANÇAS POSITIVAS

⇩

• Aceitar e Aprovar a si mesmo, no agora, é a chave das mudanças positivas.

"Você é perfeito aqui e agora."

⇩

• Amar totalmente a si mesmo.

⇩

• Enamorar-se de cada uma de suas células.

⇩

• Não criticar a si mesmo por nada.

⇩

• Reconhecer seus êxitos a cada dia.

⇩

• Amar seu corpo profundamente.

⇩

• Respirar conscientemente.

⇩

• Sentir-se bem não fazendo nada.

⇩

• Dedicar um tempo para você mesmo a cada semana.

⇩

• Aceitar o amor do outro.

⇩

• Agradecer pela sua presença na Terra.

⇩

• Perdoar a si mesmo e aos outros.

⇩

"VOCÊ PODE TUDO; BASTA QUERER."

⇩

"SEU PODER É ILIMITADO E CRIATIVO"

"VOCÊ É ÚNICO AQUI E AGORA — NINGUÉM E NADA É IGUAL A VOCÊ.
POR ISSO, VOCÊ É IMPORTANTE AQUI NESTE PLANETA."

⇩

"VOCÊ É UNO COM DEUS."

"VOCÊ FAZ PARTE DO UNIVERSO."

⇩

• Se queremos uma vida de júbilos, devemos ter pensamentos jubilosos.
• Se queremos uma vida próspera, devemos ter pensamentos de prosperidade.
• Se queremos uma vida plena de amor, devemos ter pensamentos de amor.
• O que verbal ou mentalmente irradiamos será o que voltará a nós.

⇩

"VOCÊ É O PODER."

"VOCÊ PODE CONSEGUIR QUALQUER COISA EM QUE DECIDA PENSAR."

MANEIRA DE SER

Não importa se você
É verde, azul, vermelho ou amarelo.
Não importa se você
É diamante, brilhante ou lata.

O que importa é se você
Foi, era, é ou será.
O que importa é se você
Esteve, está ou estará.
Que sinta, sentindo,
Queira, querendo,
Odeie, odiando,
Ame, amando.

O que importa
É o seu Ser sempre Sendo.
Olhando, andando, rodando,
Pensando, passando,
Vindo e vivendo.

O que importa
É que você PERCEBA
E que percebam
Que o que importa
Não lhe importa,
Porque você é o que é,
E o que mais importa
É que você sempre "Seja".

Om Namaha Shivaya
Unmani
Rio, 1990

13

Considerações

Entendemos que a compreensão inicial é o passo mais importante de todo o processo, seja qual for a sua natureza. Compreender literalmente o que significa Auto-Estima e Consciência de Prosperidade torna-se a base inicial do nosso processo. Isso nos levará a uma seqüência lógica em termos metafísicos, porque não podemos criar uma lógica matemática, quando estamos tratando com os mais diversos sistemas como a mente, o corpo e o espírito. Cada um deles tem os seus mistérios e verdadeiramente só existe um sistema, que podemos dividir com o objetivo de uma melhor compreensão — o Ser Humano, em sua condição imensurável.

Nossa proposta é desenvolver a Auto-Estima e, a partir daí, criar relacionamentos com amor e uma Consciência de Prosperidade. Por Auto-Estima entendemos o meio pelo qual você se aceita, se aprova e se ama ou, melhor dizendo, o processo de uma total Auto-Aceitação, na qual você desenvolve sua capacidade de compreender as diferenças pessoais, sociais, culturais, etc., existentes em cada um de nós. A primeira pessoa a quem devemos amar é a nós mesmos, e é por meio dessa Auto-Aceitação e da Auto-Aprovação que vamos aperfeiçoando o nosso ser Holístico (físico, mental e espiritual) para atingir os nossos objetivos.

A Auto-Estima nos mostra que, para amar qualquer outra pessoa, devemos nos amar primeiro, pois caso contrário estaremos transferindo o nosso centro para a outra pessoa; por isso, é importante estar concentrado em si mesmo, estar alerta para a sua experiência de vida, que é fundamental para que cada um se transforme a cada momento, respeitando a si próprio e a tudo em que está envolvido. Cada experiência vivida em nosso dia-a-dia "mexe" profundamente com a nossa Auto-Estima, e é a experiência desse momento, do aqui e agora, que nos faz crescer como seres holísticos, desenvolvendo todas as nossas características físicas, emocionais e espirituais.

A tomada de consciência de nossa Auto-Estima é o passo fundamental para termos equilíbrio em tudo na vida, pois um Ser com uma alta Auto-Estima sempre vai oferecer para si mesmo o melhor em termos de trabalho, saúde, moradia, relações, dinheiro, etc. Você vai estar sempre buscando o que lhe dá prazer, sempre o melhor, tudo de acordo com o seu momento. Assim, você vai estar criando uma aura de amor, auto-afirmação e auto-aceitação dentro do seu Ser; com isso, você se torna mais meditativo, criativo, econômico, livre, e fica aberto a todas as possibilidades do Universo.

Você tem de viver o seu momento intuitivamente, viver investindo em você, com a certeza absoluta de que novas oportunidades sempre se abrirão para você na sua vida.

Uma alta Auto-Estima é a chave para todas as mudanças positivas, pois o seu amanhã é o hoje e é neste momento — que você começa a se aceitar, a se amar, a se aprovar — que as transformações começam a ocorrer. Você verá!!!

Pela alta auto-estima, você desenvolverá uma maneira amorosa de se relacionar com todos ao seu redor e com todo o Universo. Relacionar-se com Amor é fundamental para que todas as outras etapas da sua vida sejam exitosas, pois saber se relacionar leva ao perdão, à compaixão, à compreensão em totalidade dos seres em existência. Gostar de si mesmo e relacionar-se com amor o faz compreender outro ponto básico que é a prosperidade.

Quando falamos em Prosperidade, todos a relacionam com dinheiro. Prosperidade é tornar próspera a sua vida, independentemente de você ter dinheiro ou não.

Prosperidade significa aumentar a sua criatividade. Prosperidade é o processo pelo qual você aprimora, aperfeiçoa e desenvolve o seu potencial no nível físico, mental, emocional e espiritual, com o objetivo de crescer como pessoa interior e exteriormente, financeiramente, no nível da saúde, das relações interpessoais, das emoções, da sexualidade, da religiosidade, etc. Trata-se do processo que chamamos CRIAR UMA CONSCIÊNCIA DE PROSPERIDADE, e que se trata do momento em que avaliamos as diversas situações e experiências de nossa vida para criar o desenvolvimento holístico no que objetivamos.

Ter Consciência de Prosperidade é estar ciente de que não vivemos da matéria, para a matéria e com a matéria, e sim que existem energias sutis nos níveis mental e espiritual que estão fora de controle e que nos influenciam a vida, queiramos ou não. O Nosso crescimento tem de ser holístico, tem de estar baseado em um direcionamento espiritual e de serviço à humanidade, por isso, em determinado momento de nossa vida, somos lançados às mais diversas experiências. Abracemos todas com amor, e, por meio de nossa consciência de prosperidade, transformaremos todas essas experiências para a nossa evolução e crescimento interior.

O que nos diferencia dos seres irracionais é a nossa consciência e através dela podemos ir aonde poucos chegaram, pois a consciência de prosperidade é o passo inicial para alcançar nosso sucesso interior e exterior, nosso reconhecimento como pessoa, nossa felicidade, enfim, tudo o que almejamos, porque, quando temos consciência de prosperidade, nossos pensamentos estão a nosso favor, como se resume nesta idéia: "O Senhor é o nosso pastor, nada nos faltará"...

A nossa proposta é desenvolver a Auto-Estima para que você saiba se relacionar amorosamente e possa assim desenvolver a Consciência de Prosperidade.

Essa é uma proposta holística de desenvolvimento do corpo, da mente e do espírito, pois todos os caminhos que percorremos nos levam à abordagem holística.

Nossa compreensão momentânea nos diz que não podemos separar o Homem em compartimentos estanques, pois estaríamos criando robôs, seres sem capacidade de autocrítica e diálogo para uma vida melhor. Nossa meta é mais uma vez afirmar que Deus ou a Energia Maior está presente em nossa vida, apesar de toda a onda materialista que nos cerca — a fonte original de amor, de saúde, de prosperidade, de longevidade e imortalidade física está contida no Ser Infinito que é Deus ou o Divino.

A Bíblia cita como primeiro mandamento "Amai-vos uns aos outros". Isso prova que devemos desenvolver nossa Auto-Estima, que Deus nos aceita, aprova e supre como nós somos. O ato de desenvolver a Auto-Estima dá-se porque somos seres únicos, sempre tivemos e teremos o amor de Deus e este amor nos ensina a nos amar primeiro a nós mesmos e, conseqüentemente, aos outros, que nos amarão. Porque Auto-Estima significa relação de amor primeiramente comigo mesmo, para que eu saiba, a partir daí, me relacionar amorosamente com a vida.

Quando você tem uma alta Auto-Estima bem desenvolvida, fica mais fácil se relacionar e criar uma Consciência de Prosperidade, pois a Auto-Estima e o Relacionamento estão para a Consciência de Prosperidade assim como esta está para a Auto-Estima e as Relações com Amor.

AUTO-ESTIMA

1. *"O que é Auto-Estima?"*
2. *"O que quer dizer Baixa Auto-Estima?"*
3. *"O que é ter alta Auto-Estima?"*

Auto-Estima — Estima ou Amor por Si Mesmo

Desde o trauma do nascimento você vem "sentindo no fundo do peito" algo ruim que, com a síndrome da desaprovação dos pais e os traumas escolares e religiosos, o leva a desconfiar de que você não deve ser tão bom como achava que fosse. Isso porque desde sua infância, toda vez que você resolve fazer algo, é criticado negativamente, repreendido, castigado. Você é ensinado a OBEDECER À RISCA a tudo o que os "adultos" desejam que você faça. Isso o leva a perder a confiança em si próprio.

Com certeza, seu pai e sua mãe tiveram trauma de nascimento, viveram nesta sociedade negativista e tiveram pais INOCENTEMENTE envolvidos com todo esse sistema; você certamente recebeu deles, por pura INOCÊNCIA e INCONSCIÊNCIA, o mesmo que eles dos pais deles: **a educação do Não**. Os homens tendem a COPIAR uns dos outros, a não ser que se iluminem, isto é, que acordem a consciência. Tente relembrar sua infância, que, é quase certo, não foi tão diferente da dos outros: quantas vezes você ouviu a palavra "Não"? Quantas vezes foi recriminado, surrado, odiado? Quantas vezes ouviu: "*Não mexa aí*", "*Criança não tem vontade*","*Você não sabe o que faz*", "*Deixe de ser burro, menino*", "*Você é bobo*", "*Deixe de ser idiota*", "*Vá tomar banho, menino(a) nojento(a)*", "*Que feio*", "*Você é feio, é ruim, é mau, é estúpido..., deixe de ser curioso, pare de sonhar, saia daí, saia de lá, não ponha a mão aí*", *Não, não, não* ... Tente lembrar as vezes em que ouviu elogios e que quase sempre foram: "Ah, coitadinho dele! tão bobinho!", "Tire a mãozinha daí, seu safadinho", ou "*A MAMÃE VAI TE BATER!*" Que bonitinho, tão bonzinho, que gracinha, lindinho seu desenhinho, que pulinho engraçadinho, inho, inho, inha, inha..., como se você fosse mesmo um IDIOTINHA. E é assim que você se sentia, se sente e sentirá, enquanto você não mudar todos estes ***Nãos e Inhos*** da sua vida, porque todas as vezes que você quiser se mostrar, quiser SER, quiser triunfar, algo em sua mente, em seu mais profundo Ser, irá lhe empurrar para trás, irá lhe falar bem baixinho: "*Ei, você não é capaz, nunca foi. Você é burrinho, é idiotinha, é bobo e não sabe nada. É pobre e não tem direito de enriquecer. É rico, mas não tão esperto quanto seu pai, que enriqueceu muito antes de você.*" Tudo isso é ouvido por você numa mistura de ódio e amor ao mesmo tempo, exatamente como lhe foi ensinado quando criança, exatamente como foi sentido por você naquela época: "Eles me odeiam mas me amam." *Eles me odeiam, mas me amam?* Tudo isso mais o trauma escolar — a maioria na escola reforçando as mesmas posturas negativas , o trauma religioso lapidando e floreando com bases que lhe parecem "certeiras", um re-reforço às mesmas negativas — , junto à sua Lei Pessoal, que é a mais forte lei dentro de você, quer dizer, tudo isso vem apenas confirmar ainda mais a sua Lei Pessoal. Assim, você age, sem acreditar em você o suficiente para ir em frente. ***Lembre-se: seu subconsciente grava tudo o que lhe é dito e imediatamente sentido, e ele comanda sempre as ações em relação ao que está gravado, enquanto nada é trocado em seu subconsciente, da mesma maneira que antes lhe foi passado, isto é, ouvido, sentido e gravado profundamente, nada mudará em sua vida.***

Como pode você, então, ter estima por si mesmo? Como pode se amar? Se nem sabe ao certo como e quem você é — nunca lhe permitiram se conhecer realmente — como poderá amar a quem não conhece? Tudo o que você pôde aprender foi exatamente ter **uma baixa, baixinha ou baixíssima auto-estima**. Tudo depende apenas do grau de estima e de rejeição que você possa ter recebido, de você ter tido apoio ou não.

A Consciência é a primeira etapa para superar todo obstáculo. Você ouviu muitas coisas negativas quando estava crescendo, e elas penetraram fundo na sua mente subconsciente, envolvendo sua **Auto-Estima, seu senso de valor e amor.** Você não precisa ficar com raiva das pessoas que lhe transmitiram essas coisas — seus pais, seus irmãos e seus parentes só estavam querendo lhe ensinar o melhor do que sabiam. Conscientize-se de que eles, certamente, lhe deram uma boa "dose" de bons exemplos também. Talvez isso o faça sorrir ou lhe traga lágrimas aos olhos... Sim, eles amaram você à maneira estranha deles. São inocentes, tudo o que eles lhe transmitiram foi um dia transmitido a eles, que não tiveram a oportunidade que você está tendo de ler este livro para chegar a suas conclusões. Essa é a sua oportunidade de romper esse ciclo doentio — a **SÍNDROME DE DESAPROVAÇÃO DOS**

PAIS e a de DESAPROVAÇÃO SOCIAL — e se sentir melhor na vida, consigo mesmo e com a sua própria família, transmitindo sabedoria a seus filhos e se relacionando melhor com todos ao seu redor.

Você terá agora de "trabalhar" para acabar com toda essa baixa auto-estima, toda essa falta de amor por você mesmo, toda essa descrença em relação à sua pessoa, esse desrespeito por si mesmo. Trabalhar significa MUDAR tudo o que aprendeu, toda a mentira que lhe foi dita em relação a você mesmo, e perceber que nada disso é verdade, que você é sensacional, único e necessário como É, neste planeta; só assim você começará a se amar completamente, só então sua auto-estima será alta e sua vida se transformará — TODA A SUA VIDA, em termos de harmonia, força, poder, satisfação, prosperidade e amor. Porque, **quando se ama a si mesmo, você deseja se cuidar; se se cuida, se protege, se "busca", isto é, deseja se conhecer mais e mais; quanto mais se ama, mais quer ver a si mesmo, menos quer se enganar, se esconder de si ou dos outros. Mais quer viver em verdade, simplicidade e amor. E este é o caminho para a Imortalidade Física.**

Isto é **Auto-estima**: *Amor Incondicional Por Si Mesmo.*

Transformar sua **Baixa Auto-Estima** em uma **Alta Auto-Estima** é um processo dinâmico de auto-adaptação da realidade de Ser. É exatamente o processo de auto-aceitação, auto-imagem, auto-amor, aceitação e aprovação por que cada pessoa deve passar.

A auto-estima é fruto de nossa primeira educação e de nosso contato inicial com a vida, que em primeiro plano ocorre pelo trauma de nascimento, que é nosso relacionamento com o mundo quando nascemos; é o fruto também de **todas as sensações experienciais sentidas e absorvidas pelo feto durante a gestação, que estruturam as sementes da auto-estima, reforçada ou inibida pelo trauma de nascimento.**

A primeira inspiração é também fundamental nesse contato com o exterior e com a sensação de calor, de proteção, de oxigênio preenchendo os pulmões, etc. Fatores que geram uma alta auto-estima, dependendo da vivência de cada um, pois estimulam a vida, o nascimento, o crescimento e o desenvolvimento em geral.

As causas da baixa auto-estima podem ser, também, os problemas no parto, na gestação, nas sensações intranqüilas, experiências vividas, dificuldade para respirar e o trauma do nascimento. **Esses são alguns fatores que podem ser observados em uma baixa auto-estima.**

Podemos separar os ***fatores que levam à baixa auto-estima*** em **congênitos** e **adquiridos**: os **congênitos** podemos definir como a base de padrões limitantes que desenvolvem a auto-estima, e os **adquiridos** são exatamente a soma desses fatores congênitos com os adquiridos pelo ambiente — como a família, escola, igreja, enfim, todas as experiências ambientais vividas por cada um.

Fatores predominantes familiares são comuns quando os filhos são alvo de forte reprovação em suas ações e tendem a recriar o ambiente familiar negativo em sua vida, por meio da baixa auto-estima, esta reforçada por uma atitude educacional e religiosa "padrão", voltada para a produção, sem levar em conta o processo de desenvolvimento do Ser como um todo. Por isso, desde criança, aprendemos a deixar de lado aspectos inteiros de nosso Ser para conseguir aprovação dos pais, dos nossos mestres, companheiros e de nossa sociedade.

Essas partes rejeitadas vêm aflorando na nossa consciência, pedindo que voltemos a admiti-las e exigindo nossa atenção. Quando você se sente fragmentado ou como se algo interior o controlasse, é porque uma dessas partes rejeitadas está buscando amor. Você tem de amar a si mesmo de maneira incondicional. São forças mal "arrumadas" e quando as aceita você tem mais energia, mais consciência, mais amor, mais vida e compreende mais sua individualidade e o outro como Ser.

O que Quer Dizer Baixa Auto-Estima?

Baixa Auto-Estima é criar um indivíduo como produto dessa sociedade que explora as pessoas. Ela ocorre em indivíduos inconscientes de suas potencialidades e presas fáceis da manipulação, resultado de uma cultura que não liberta e sim reprime, dominando a mente das pessoas sem critério nem valor. Uma pessoa de Baixa Auto-Estima é levada por opiniões contrárias e alheias às suas, segue modismos e situações ilusórias. É uma pessoa "perdida", cheia de ódio, desconfiança, maldade, inveja, ciúme, etc. É uma pessoa negativista em relação à vida, não agradecida, revoltada, mal-humorada e por isso mesmo quase sempre doente, até mesmo muito doente — tudo depende do grau da baixa auto-estima. As enfermidades e insucessos são mais comuns quando o campo energético da pessoa se acha minado pela baixa auto-estima. O sucesso não quer dizer ter dinheiro; o sucesso está diretamente ligado ao amor por si mesmo. Se o seu amor por si mesmo ou sua auto-estima é pouca, você poderá até ter muito dinheiro ou bens materiais, mas estará sempre infeliz, mal-humorado, estressado, invejando, odiando todos e tudo ao seu redor, principalmente os que têm uma alta auto-estima e, por isso, estão de bem com a vida, seja qual for a situação em que estejam. Uma forte urgência de morte está presente nas pessoas de baixa auto-estima. Se você tem baixa auto-estima, não busque drogas nem vícios — trabalhe para acabar com suas supressões e sua urgência de morte, fazendo os exercícios deste livro, e verifique o quanto pode ser feliz!

O que é Ter Alta Auto-Estima?

A pessoa que tem **Alta Auto-Estima** é a que não se deixa levar por opiniões alheias, por modismos ou falsas ilusões. É a pessoa voltada para o amor e o conhecimento de si mesma, que vive de acordo com uma filosofia de vida integrada à natureza. É a que vive seguindo sua intuição e sabendo que a vida é o momento presente, que não existe passado nem futuro, que o importante é o "agora"; ***ter alta auto-estima***

é se aceitar, se amar, se aprovar incondicionalmente neste momento presente, como você É, sem que interesse se você tem o cabelo assim ou "assado", se você é isso ou aquilo. O que interessa é o seu Ser Sendo, seu Ser, único neste universo ilimitado de potencialidades. Ter alta auto-estima é estar aberto a este universo de potencialidades e se lançar à plena realização de sua vida. É estar entregue ao amor de Deus ou Vida.

A Alta Auto-estima e a Automotivação por sua vida surgem quando você faz uma análise de sua vida. Você está exercendo sua alta auto-estima quando você acompanha o ritmo da vida, segue o seu caminho e acredita com fé.

A auto-estima é a raiz de toda a felicidade e de todo o sucesso, pois essas coisas não são apenas símbolos exteriores ou materiais; felicidade e sucesso são realmente ter a mente tranqüila, ter dignidade, amor, simplicidade e verdade no coração. A auto-estima é conseqüência desses estados. Porque, quando você se aceita, se ama e se aprova, exercita a sua auto-estima e, por sua vez, quando você exercita a verdade, o amor e a simplicidade servindo à humanidade, atinge o sucesso e a felicidade.

O Rebirthing tem o objetivo de facultar-lhe o contato com o Ser, o que faz você perceber conscientemente quem realmente você é, o que faz você entrar em profundo relacionamento com o seu interior, com o seu Deus interior, elevando ao mais alto grau sua auto-estima, isto é, fazendo-o descobrir o amor que está guardado em seu coração. Só a respiração já o põe em contato com a vida e com aquilo de que você é capaz neste momento. Pois respiração é vida! As técnicas de **Purificação Espiritual** ensinadas no Rebirthing são, também, fundamentais para você se conscientizar e se amar completamente, o que o deixa livre e cheio de energia para viver neste Planeta.

Alta Auto-Estima: Primeiro Passo para o Sucesso.

Estamos aqui e agora; portanto, o que devemos fazer em primeiro lugar é nos amarmos e, através desse amor, servir às pessoas, propiciando algo para que possamos estimular a nossa auto-estima. O passado já passou, críticas, julgamentos e ressentimentos não nos levam a nada nem a lugar algum. **A chave é perdoar**, assumir conscientemente suas ações no momento e, por meio de sua auto-estima, deixar fluir todo o seu potencial. **Perdoe seus pais e a todos** os que o rodearam e de certa maneira o reprovaram. **Perdoe a si mesmo** por se recriminar. Transmita energia positiva a todos.

"PRECISAMOS NOS LIBERAR DO PASSADO
E PERDOAR A TODOS, INCLUSIVE A NÓS MESMOS."

Alta Auto-Estima: Primeiro Passo para o Amor e o Relacionamento.

Quando amamos, naturalmente sentimos amor não só por todos ao nosso redor, mas também expandimos esse amor por tudo à nossa volta, pelos animais e plantas, por toda a natureza, por todo o Universo, pois só assim podemos perceber a imensidão de nós mesmos e a unidade de nosso Ser com o Ser Infinito. Nem o passado nem o futuro serão mais evidências em nossa vida, apenas o presente; quando não tivermos nenhuma referência do passado e do futuro, como poderemos odiar? Tente odiar você concentrando-se no seu presente, sem se referir ao passado ou criar para o futuro, somente aqui, no presente momento. Observe como o amor aflora e não necessita de nenhuma referência. O amor o liberta. O puro amor é espontâneo sem razão nenhuma aparente. O amor pelos pássaros, pela manhã, pela chuva ou pelo sol. Quando você pode sentir esse amor, você se sente no paraíso, pois o amor cria mais amor, e só o amor desfaz o ódio. Esta é a grande verdade: *o ódio nunca desfaz o ódio; somente o amor desfaz o ódio, assim como a escuridão só se desfaz com a claridade da luz.* Assim como só o positivo pode anular o negativo. Portanto, quanto mais amor por si mesmo, mais amor pelos outros — **AMOR INCONDICIONAL.**

Você é *quem* você diz a si mesmo o *que* você é no nível consciente e — mais importante ainda — no nível subconsciente. Este recebe o que você diz no nível consciente e exterioriza exatamente o que você interiorizou.

O AMOR é o primeiro princípio para toda Ação em sua vida. É o que lhe traz vontade de viver. **AMOR É AÇÃO.**

AMAR-SE é o segundo princípio que o deixa pronto para **AMAR O OUTRO.**

Você precisa primeiro buscar o **AMOR.** O Amor realmente move as moléculas de seu corpo. Não existe nada que o amor não consiga, assim como o pensamento criativo, que significa AMOR.

O AMOR POR SI MESMO, PELA SUA VIDA. Este é o ponto de maior importância, e só isso o fará sentir amor por todos e por tudo ao seu redor, e ser amado por todos e tudo. **Você precisa se amar, se aceitar, se aprovar incondicionalmente, no que realmente você é e deseja ser.** O amor incondicional é um aspecto primário do Ser Infinito. Se você se ama incondicionalmente, você se vê como você realmente É. Tenha uma imagem real de si mesmo e ame-se como você é. Se você se ama está pronto a amar outros, a amar os animais, as plantas, a natureza. ESTÁ PRONTO A AMAR A VIDA.

Você precisa perceber que você é único,
especial e necessário a este planeta.
Você deve antes de tudo perceber quem você é,
se amar e desejar para si o melhor.

Não há corpo com o rosto, pernas ou braços como os seus; por isso, você é único, especial e necessário aqui e agora.

Você é importante não é inferior, não é superior. Você é simplesmente você. **Você é único — é um INDIVÍDUO.**

O outro — ELE — é importante. Ele não é inferior. Ele não é superior. Ele é simplesmente ele. **Ele é único — ele é um INDIVÍDUO.**

Cada UM é ÚNICO. Cada UM é IMPORTANTE para o Universo. Cada SER VIVO é importante para o funcionamento e perfeita saúde deste Universo.

Se você compreende a sua própria individualidade, seu próprio valor e respeita tudo isso, se você compreende que VOCÊ não é ELE, nem ELE é VOCÊ, e que vocês são UM, UNIDOS pelo poder de Energia do Universo, que ninguém pode se igualar pelo padrão de quem quer que seja, a não ser pelo seu próprio padrão, então, você respeita não só a si mesmo, não só a sua maneira de ser e *como você quer ser e é,* mas também respeita o outro, a ELE, com sua maneira de ser, *como ele quer ser e é.*

Se você se ama incondicionalmente, você se vê como você realmente É. O amor realmente agita as moléculas de seu corpo. Não existe nada que o amor não consiga — assim como o pensamento criativo = AMOR. Todas as relações encarnam, ao menos em parte, nossos condicionamentos passados, até que nos vemos livres deles.

Alta Auto-Estima: Primeiro Passo para a Unidade com a Essência Divina.

Ao reforçar nossa auto-estima, naturalmente nos sentimos bem-aventurados, divinos, perfeitos e agradecidos por estarmos aqui e agora; nada é capaz de dissipar essa luz que nos surge. Nada há que desfaça a União que nos envolve com a Energia Divina ou Deus. **Ter Alta Auto-Estima não é reforçar o Ego, mas reforçar o amor dentro de si. E o Amor é Deus.**

Amor é vida, cura milagrosa. Quando nos amamos, acontecem milagres em nossa vida. Amar-se a si mesmo é ter um grande respeito por si e sentir-se grato pelo milagre de seu corpo, de sua mente, de seu espírito. É amar-se incondicionalmente. O reconhecimento de seu próprio valor é uma forma de expressar que você ama a si próprio e, quando você se ama, é fácil ser amado e amar a todos ao seu redor. **Amar-se o "acorda" para a vida e o rejuvenesce**, fazendo-o sentir-se completamente renovado, completamente renascido. Você estará sempre pronto para um lindo dia, para uma noite de amor.

Ame seu corpo, que ele responde e a mágica acontece. Sinta o prazer de amar seu corpo incondicionalmente, exatamente do jeito que ele é. **O segredo da vida é amor incondicional,** que começa com o seu corpo; sinta-o enquanto lê estas palavras, sinta como ele responde com prazer e aceitação, e como essa aceitação lhe permeia cada célula do corpo. Assim, você experiencia o corpo, movendo-se naturalmente em profundo relaxamento e paz.

Amar-se o deixa profundamente relaxado e o põe livre de *stress*. A beleza de seu corpo aparece e a beleza do relaxamento resplandece, enquanto seu coração se abre para o amor que o envolve e está sempre o envolvendo.

Alta Auto-Estima: Primeiro Passo para a Imortalidade Física.

Quando nos amamos incondicionalmente, atingimos o Sucesso, a Felicidade, a Harmonia, o Poder em nossa vida, pois muita motivação, uma vontade dinâmica e um pensamento criativo acompanham o amor por si próprio. Você aprende a ver-se diferentemente, a se relacionar com seu próprio Ser de maneira amorosa, e a se relacionar com muito mais amor com os outros e com o Universo, e a gratidão e o desejo de estar aqui é plena. O sentimento de Unidade com a Energia Cósmica surge naturalmente, por nos sentirmos igualmente divinos ao entrarmos em contato integral com o nosso corpo, com todo o nosso Ser. Inicia-se um grande interesse em se cuidar, em se purificar corporal e espiritualmente, e em empenhar-se em purificar o ambiente em que vivemos. Isso nos leva a tomar conhecimento e consciência das técnicas de Purificação Espiritual, que desenvolvemos com vistas a sentirmos mais amor por nós mesmos. Sentir o Ser espiritual e a Eternidade interior eleva a nossa consciência a tal ponto que temos a sensação real de bem-aventurança e o agradecimento por esta vida é espontâneo e verdadeiro. Uma alta auto-estima nos põe em contato, portanto, com tudo o que vai nos levar em direção ao renascer e à Imortalidade Física.

Em nossa vida, muitas vezes nos sentimos
criticados, ressentidos ou culpados.
Isto nos traz, em vários momentos,
ódio por nós mesmos.
Porém, observe:
tudo isso são simples pensamentos.
Lembre-se:
pensamentos sempre podemos trocar.

AFIRMAÇÕES PARA AUTO-ESTIMA

Apresentamos aqui afirmações excelentes para você aumentar sua Auto-Estima e contra-atacar suas mensagens negativas. Lembre-se sempre de que aumentar sua Auto-Estima é sem dúvida o fator mais importante para fazer sua vida muito mais feliz, muito mais próspera e bem-sucedida, e não só para tornar mais fácil o encontro com outras pessoas. **Quanto mais alta sua Auto-Estima, mais atraente você é.**

Nossas relações são o reflexo do nosso próprio valor e de nossa Auto-Estima. Quando tomamos a decisão de mudar nossos padrões mentais, nossos problemas podem piorar por algum tempo; talvez você tenha de anular muitas negatividades, "muita terra dura e seca para alcançar a terra negra e rica que está por baixo". Mas é possível realizar isso! Nós já realizamos! Agora é a sua vez!

Você poderá repetir cada afirmação na frente do espelho e observar as mudanças em sua face. Repita-as até que seu rosto esteja relaxado e todo o seu corpo também.

Você poderá, também, gravar todas as frases e passar a ouvi-las todas as noites e/ou de manhã.

"Eu, ______________, me amo e desejo dar-me mais amor e prazer."
"Eu, ______________, mereço todo o amor e o prazer que posso me dar."
"Eu, ______________, mereço todo amor e prazer que desejo receber."
"Porque eu, ______________, me amo, me sinto feliz e em paz."
"Eu, ____________, agora estou disposto a agradar a mim mesmo e a ser feliz."
"Eu, ________, agora sou perfeito e completo, porque sou uno com o Universo."
"Eu, ______________, perdôo a mim mesmo e me amo como sou."
"Eu, ______________, sou o que eu quero ser."
"Eu, ______________, sou adorável e mereço ser amado."
"Eu, ______________, estou enamorado de cada uma de minhas células."
"Eu, ______________, me amo muito, aconteça o que acontecer."
"Eu, ______________, sou uma pessoa maravilhosa e atraente a meus olhos e aos olhos dos outros."
"Eu, ______________, agora, reafirmo o meu poder pessoal."
"Eu, ______________, reconheço minha essência divina e assim o faz todo mundo."
"Amar aos outros é fácil quando me amo e me aceito como sou."

"Sou Responsável pela Minha Felicidade
ou pelo Meu Sofrimento;
o Outro é Responsável pela Felicidade
ou pelo Sofrimento dele Próprio.
Cada um de Nós é Responsável por Si Mesmo,
Cada um de Nós é Responsável por Cada um de Nossos Atos."

14

Relações com Amor

Aqui, o tema **Relações com Amor** é abordado especificamente por ser o elemento mais importante para o desenvolvimento da nossa vida. Quando se fala de relação, entende-se logo como relacionamento do casal ou relacionamento amoroso. Não é só isso. Relação com amor é relacionar-se com todos os aspectos da vida. Diz respeito a todo relacionamento com alguma pessoa ou com algo especificamente. Porém, toda relação é vista como uma relação a dois — o casal — e o amor é sempre sentido como uma relação entre eles, porque foi por meio desse tipo de relacionamento que viemos ao mundo.

Temos dificuldade para nos adaptar às coisas comuns da vida, como amar, relacionamento, dinheiro, expressar emoções, etc., porque tudo isso não é matéria que se ensine nas escolas.

Assim, como já dissemos, Água, Terra, Ar, Fogo, Mente e Relações são os elementos de presença permanente em nosso planeta Terra.

O relacionamento é um processo constante em nossa vida. Não relacionar-se apenas com pessoas, mas com tudo no Universo — animais, plantas, natureza... Os relacionamentos são a característica do Universo. **Tudo no Universo é Relacionamento. Nada é independente. Tudo é INTERDEPENDENTE.** E o que está "barrando" a vida de cada um de nós é não sabermos, em primeiro lugar, nos relacionar com nós mesmos, com o nosso interior. Precisamos tomar consciência de que só estamos presentes aqui na Terra devido a um relacionamento — PAI e MÃE: SEXO — e que começamos a entrar em contato com este mundo por meio de um relacionamento — MÃE e FILHO. Necessitamos aprender a nos relacionar com o nosso Planeta para sabermos trocar energia com Ele — com os animais, as plantas, os rios, os mares. Necessitamos, principalmente, aprender a nos relacionar entre nós Humanos. E isso significa amor.

Se existe algo que interrompe a espontaneidade do ser,
de se mostrar como realmente é
— é o medo de se relacionar.

Você já deve ter sentido uma vontade incrível de se aproximar e falar com alguém; mas, sem saber por que, fica paralisado. Diversas sensações ocorrem: o coração bate forte, as pernas tremem, os dentes rangem, os dedos dedilham; você come, bebe, fuma; não sabe como abordar essa pessoa por quem se sente atraído. Por mais que deseje, desiste e volta para casa, sentindo-se o pior dos piores. O que você queria realmente dizer era: "Eu estou atraído por você. Gostaria que você me conhecesse também."

Isso não ocorre só com você. Aposto que ocorre com a maioria por aí.

O que paralisa a ação? É lógico: **o medo da rejeição, de não saber o que fazer ou dizer** e, mais ainda, o **medo da não-aceitação ou desaprovação.** Esses medos geram culpa e esta gera a vergonha, esta aumenta o medo, que gera mais culpa e mais vergonha, e assim por diante. Você começa a ter raiva de si mesmo.

Sei que pode parecer estranho eu lhe dizer isto, mas, se você não está certo do que você quer fazer com todos esses medos, depois de aprender tudo o que lhe ensinamos aqui, essa pode ser uma bela desculpa...

Muitas coisas sobre o relacionamento nós, os autores, aprendemos desde que conhecemos o Rebirthing e quando participamos do LRT — Loving Relationship Traning —, com Sondra Ray,* alguns anos atrás. E isso nos alertou sobre: "*Ei, ninguém ensina, realmente, essa matéria!*" Nem nossos pais e professores, nossos irmãos ou irmãs, nossos amigo: NINGUÉM. Todos nos ensinam a como *não* se relacionar, em função do medo, da repressão de que foram vítimas.

As pessoas passam sua adolescência, seus vinte, trinta, quarenta anos, e de repente se perguntam: "Puxa! Quanta gente na solidão!" O ponto de partida para este sentimento mais forte de estranheza e timidez é, definitivamente, a adolescência. A dificuldade começa nessa fase, quando surge a questão: "*Como vou me aproximar de alguém? Vou ser aceito? Serei criticado? É só uma fase de mudanças?*" São todas essas questões devido a mudanças emocionais que geram medo, ou se trata da herança de uma infância desaprovada?

Com certeza, a síndrome da desaprovação paterna é a maior contribuição para esse medo, principalmente o medo do novo, como o sexo. Portanto, esta é a hora de você perceber que nada disso tem importância; que, se de algum modo seus pais o desaprovaram em sua espontaneidade na infância, eles também foram alvo disso e, assim, não têm culpa. O primeiro passo para iniciar nossa "jornada" aqui e agora, já que lhe propomos mudanças, é **PERDOAR.** Perdoar seus pais e a todos os que estavam à sua volta e que de certa maneira o desaprovaram. Perdoar a si mesmo pela timidez, pelo medo de tudo, a ponto de não saber como agir.

A palavra-chave aqui é **ESCOLHA. Opte por "escolher trocar" tudo isso.** Você pode conseguir. Pode "trocar" tudo isso, por si mesmo, neste momento, sem ter de fazer anos de terapia. Basta você ter **AÇÃO**. Comece agora mesmo: a cada pessoa

* Sondra Ray — Uma das primeiras renascidas por Leonard Orr, uma das Rebirthers pioneiras, que ajudou Leonard a formar a experimentação científica do Rebirthing, na Casa Theta, em San Francisco.

que venha a cruzar o seu caminho, principalmente na sua vizinhança, transmita a ela amor e diga-lhe: "Alô."

Se você tem problemas de relacionamento que o perturbam emocionalmente, talvez você não saiba por onde começar. O que nós sinceramente queremos lhe dizer é: "Não fique assim. Procure ajuda **IMEDIATAMENTE**." Um Rebirther não poderá lhe prometer milagres, mas poderá ajudá-lo a encontrar seu caminho. Porém, tudo depende unicamente de você. **SÓ VOCÊ PODE FAZER MILAGRES POR VOCÊ NA SUA VIDA.** Em nossas experiências pessoais, cada pessoa que procuramos para nos ajudar nos ajudou de uma certa maneira, num momento que realmente era preciso. Foi como subir uma escada atento a cada degrau. Cada busca nos mostrou o próximo degrau. (Obrigado, Deus, por tudo o que já conseguimos.) Você pode até levar este livro a qualquer terapeuta seu, pode usá-lo quando estiver com ele. Quem sabe ele também não gostará de usá-lo? O próprio terapeuta pode ter um problema de auto-estima e de relacionamento, ou mesmo de consciência de prosperidade.

O objetivo de lhe falar sobre Relações e Amor é dar-lhe todos os meios para o seu crescimento pessoal, aumentar-lhe a Auto-Estima, dar-lhe consciência de prosperidade **e trazer-lhe mais ação** — MAIS VIDA E ESPONTANEIDADE — IMORTALIDADE.

Tudo o que pretendemos ATIVAMENTE com o Rebirthing é torná-lo ATIVO, com exercícios diários específicos e tarefas para você se conhecer mais e poder superar todos os seus relacionamentos, seja com você mesmo, seja com qualquer outra pessoa, seja com todos os componentes do Universo, por seu próprio caminho. É lógico que com todo o seu esforço. Você não necessita de ninguém para constatar seus resultados. Você mesmo terá consciência de suas vitórias. Um dos pontos mais importantes é você **atingir o seu objetivo**.

Você, AGORA, pode AUMENTAR A SUA AUTO-ESTIMA, relacionar-se com as pessoas tranqüilamente, fazer novos amigos, amar aos outros ao amar a si mesmo; ser espontâneo, feliz e próspero.

Escolho a felicidade em vez da dor
e só eu sou responsável pela minha
felicidade ou dor.
Cada um de nós escolhe a felicidade ou a dor por si mesmo.
Cada um de nós é responsável por cada um de nossos atos.

PRINCÍPIOS BÁSICOS

1. O OBJETIVO DO REBIRTHING é colocar você em AÇÃO. É fazê-lo sair da sua "TOCA", da sua mente, livrá-lo de seus medos e pensamentos limitantes, ir ao encontro do Mundo Real, encarar a Vida como ela realmente é e estar habilitado para CONFORTAVELMENTE fazer AMIZADE com a Verdade, a Simplicidade e o Amor.

Amizade é a variável crucial para a saúde mental, e **a primeira amizade que você deve fazer é com você mesmo**. Ao ser verdadeiro amigo de si mesmo, você não se sente sozinho e nem tem problemas para receber amor, dar amor, fazer outras amizades. "*Nenhum homem está em falência quando é amigo de si mesmo; pois ele tem assim muitos amigos verdadeiros.*" Porém, esteja certo de uma coisa: *ninguém irá bater à sua porta para buscá-lo, como se tivesse "caído do céu"*. Então, se você não está motivado o bastante para seguir com convicção todas as dicas que lhe damos aqui, com todos os exercícios específicos, por favor, não jogue fora seu tempo nem seu dinheiro só para tentar saber o que é este Rebirthing de que falamos todo o tempo neste livro. Invista em alguma revista ou livro de psicologia ou em alguma massagem para beleza ou em outra coisa que lhe seja mais útil.

2. TOME UMA DECISÃO: tudo o que você tem de desejar é o mesmo que lhe desejamos com tudo isso que aqui lhe escrevemos: **seu desenvolvimento pessoal.**

3. NÃO DESANIME. **Você está fazendo isso para agradar a si mesmo. AME todos os exercícios, pois eles o estão ensinando a AMAR-SE.** Você não está fazendo isso para nos agradar, nem para agradar a seus pais. Você não precisa da aprovação de ninguém. O importante é você se aceitar em sua maneira de Ser. A idéia é ajudá-lo nessa sua maneira de Ser, a sentir PRAZER E GRAÇA enquanto você "se trabalha" e em todos os momentos de sua vida. Não precisa dar uma "surra" em si mesmo, não precisa se " usar" até se estressar. Tranqüilamente, relaxadamente e com satisfação, siga em frente, passo a passo... com muito carinho por si mesmo, conscientizando-se de como é belo se relacionar com este mundo, relacionar-se amorosamente com o outro, mostrar-se como você realmente é, sem nenhum medo. Agora você pode ser VERDADE.

4. É DIVERTIDO TRAVAR RELAÇÕES COM PESSOAS. Quando já se sabe como fazer isso agradavelmente, é lógico que se torna prazeroso estar com pessoas. Isso não quer dizer que não se deve estar só e que estar sozinho é RUIM. Pelo contrário: é muito importante você saber estar só e se sentir bem ficando assim. Justamente por isso é que se torna prazeroso estar com pessoas. Estar só é muito diferente de estar em solidão porque, se você se sente em solidão, não se sente bem com você mesmo, não sabe estar só, e solidão crônica é coisa doentia. Saber estar bem consigo mesmo implica estar bem com os outros. Você terá tanto prazer em estar com os outros quanto em estar só. **É importante que você saiba estar só e se relacionar consigo mesmo, pelo menos uma vez por dia. Dedique-se a isso a partir de agora — *antes de dormir ou logo ao acordar, fechando os olhos, sentado ou deitado, observando sua respiração e não se importando com nada mais nesse momento exceto com o SER que está dentro de você.*** A respiração é o ponto básico para você entrar em contato com o seu Ser. A importância está em saber que, quanto mais você se conhece a si mesmo e se aceita incondicionalmente do modo como é, e aprende a se relacionar com este Ser que você é, mais você sabe se relacionar com os outros, *com quem são e da maneira como são.*

5. VOCÊ É QUEM VOCÊ DIZ A SI MESMO O QUE VOCÊ É, *no nível consciente e, mais importante ainda, no nível subconsciente.* Esse nível recebe o que você diz no nível consciente e exterioriza exatamente o que você interiorizou.

6. VOCÊ É 100% RESPONSÁVEL PELA SUA FELICIDADE OU INFELICIDADE. Isso realmente pode horrorizá-lo, deprimi-lo, se você acordar uma manhã e perceber: "OH! MEU DEUS! ESTOU FAZENDO ISTO A MIM MESMO!" Talvez você não goste mui-

to de ouvir isso, por ter uma atitude pobre, ser preguiçoso, sentir-se culpado por essa atitude. Talvez não goste muito de bradar seus problemas para os outros, etc., toda espécie de "conversa fiada" como desculpa. Felizmente, a primeira etapa para resolver esse problema é tornar-se consciente disto: ***"Eu sou responsável por 100% do que acontece comigo."*** Perceba até que ponto você está apto a harmonizar suas emoções, até que ponto você é capaz de elaborar um plano de ação contra um sentimento esmagador, mesmo que seja procurando ajuda. Lembre-se: é URGENTE que você queira se ajudar IMEDIATAMENTE, pois esses sentimentos o oprimem. Quanto mais tempo passa, mais a angústia aumenta. Você tem o PODER DA ESCOLHA. O mais triste é a pessoa estar consciente da situação e das soluções mas continuar a escolher a infelicidade.

7. A PRÁTICA TRAZ A PERFEIÇÃO. Você sabe disso! Se você quer perder peso e resolve fazer exercício em uma academia de ginástica, mas nunca aparece lá, nem se exercita sozinho, como você vai perder peso? Ah! você pode até perder peso, mas ficará flácido. Da mesma forma, se você decide se desenvolver, se conhecer, compra este livro, descobre a importância do Rebirthing e decide aprender a técnica, mas falta às sessões, e nunca pratica a técnica por si mesmo, lê rapidamente o que está escrito, não executa nem se propõe realmente a mudar e se amar incondicionalmente, pare e olhe-se no espelho: você estará face a face com uma "flácida atitude".

8. VOCÊ SERÁ FELIZ SE REALIZAR TUDO O QUE AQUI PROPOMOS. As pessoas que você encontrar ficarão felizes também! Se se empenhar, não precisará correr atrás das pessoas, pois elas buscarão a sua companhia por você estar feliz, e ninguém vai querer saber o que o transformou. Você terá vontade de lhes dizer, por amor a elas; você terá o prazer de vê-las conseguir o mesmo que você — INTEGRAÇÃO COM O SER INFINITO. Enquanto escrevemos este livro, agrada-nos visualizar que cada um que o usar receberá um grande benefício. Então, se você honestamente praticar todas as técnicas deste livro diariamente e se, depois de tudo isto, você não tiver se encontrado com nenhuma "alma viva" ou não tiver se transformado de alguma maneira, diga-nos... Mas, por favor, faça uma promessa a SI MESMO — EXPERIMENTE MUDAR.

Princípio nº 1:

O AMOR é o princípio nº 1
para toda Ação na sua vida.
É o que lhe traz vontade de viver.
AMOR É AÇÃO.

Princípio nº 2:

AMAR-SE é o princípio nº 2
que o deixa pronto
para AMAR O OUTRO.

Para transformar seus sentimentos e, em conseqüência, sua vida, você deve ter sempre pensamentos positivos; tem de converter seus pensamentos negativos em positivos, visto que ***os sentimentos são estruturas do pensamento***, isto é, o seu sentimento está diretamente relacionado com o que você pensa.

Ao fazer que aflorem seus pensamentos negativos, por meio de práticas de observação de sua mente, você pode descobrir que os pensamentos negativos têm criado situações desagradáveis em sua vida. Uma vez identificados esses pensamentos, eles podem ser substituídos por pensamentos positivos, que lhe deverão criar as mais prazerosas experiências na sua vida. Por exemplo, se teve uma dificuldade particular em criança ao se relacionar, você pode ter ficado com a crença de que "*relacionar-se é difícil*". Já que o pensamento é criativo, seu subconsciente estará continuamente criando dificuldades em seus relacionamentos, até que a crença negativa seja identificada, liberada e substituída pela idéia de que "*relacionar-se é fácil*". Uma vez que as crenças básicas erradas foram descobertas e corrigidas, e as concentrações de energia no corpo conectadas com as dissoluções das mesmas, você pode dirigir sua energia para a cura da maior crença negativa que o ser humano tem e que é a raiz de todas as outras crenças: a ilusão de solidão e separação de "Deus" ou "Existência" — o seu SER.

Tudo o que pensamos neste momento cria o nosso futuro.

Observações para criar um presente e, conseqüentemente, um futuro positivo na sua vida:

- Lembre-se: "*Não há pensamentos neutros.*" Você nunca tem pensamentos neutros. Não se iluda com isso.
- Um resultado neutro é impossível, porque um pensamento neutro é impossível.
- Cada um de seus pensamentos tem um efeito.
- Procure buscar companhias positivas.
- Suas companhias são a sua identificação com os seus pensamentos. O outro é o seu espelho.
- Seu ambiente é a expressão de seus pensamentos.
- Suas palavras são pensamentos verbalizados. Abandone as frases negativas.
- Tudo o que você vê é resultado de seus pensamentos.
- Cada pensamento que você tem lhe traz paz ou guerra, amor ou medo. Tudo só depende de você.
- Os pensamentos de medo são todos igualmente destrutivos e igualmente "irreais".
- Toda pessoa que gosta de viver e quer ser feliz deve purificar sua mente das negações, trocando-as pelas qualidades substantivas e reais da vida: a Harmonia, a Sabedoria, a Força, o Amor, a Eternidade e a Infinitude. É totalmente impossível gozar paz permanente e bem-estar sem esforço, isto é, sem antes ter eliminado da mente as instruções negativas recebidas e que continuamos até hoje a dar a nós mesmos.

- Lembre-se sempre de ***que aumentar sua Auto-Estima é sem dúvida o fator mais importante para fazer sua vida muito mais feliz, próspera e bem-sucedida, e não só para tornar mais fácil o encontro com outras pessoas.*** **Quanto mais alta a sua Auto-Estima, mais naturalmente você se relaciona com os outros.**

QUESTÕES-CHAVES

- **Quanto você vive para a aprovação dos outros?** Você sempre procura evitar a desaprovação!
- **Você sempre procura evitar reclamações?** Você nunca cria problemas, faz sempre tudo o que lhe pedem, você é muito tranqüilo! Faz tudo o que esperam que você faça e tudo o que todo mundo faz! As pessoas não esperam muito de você.
- **Com que freqüência você deixa de fazer o que quer só porque tem medo da rejeição?** Você sempre procura evitar a rejeição.
- **Você se sente valioso com a amizade dos outros?** Se sua auto-estima é baixa, você certamente vai suspeitar de alguém que o aceite. Você se pergunta: "O que há de errado com ele?" Você sempre procura evitar a aceitação.
- **Você deseja que as pessoas pensem em você como alguém "sensacional".** Você realmente não se importa muito com a opinião alheia? Por que *só você seria significante?* Você sempre procura rejeitar os outros!
- **Você não gostaria que alguém ficasse dependente de você agora.** Você já tem estado sozinho por tanto tempo bem. Você é seu próprio homem/mulher. Você sempre procura evitar os compromissos!
- **Você não tem tempo para divertimentos e jogos.** Você é a ÚNICA pessoa que seu chefe não pode absolutamente dispensar... Você vive para o trabalho, o SEU trabalho. Você sempre procura ficar em função de desenvolver a sua carreira.
- **Sexo.** Você sempre procura evitar a AIDS, herpes, infecções, piolhos, lençóis sujos... NOSSA!!! Nunca busca outros meios para evitar essas coisas.
- **Outros:** Liste cada uma das desculpas que você possa pensar a mais, para evitar se relacionar.

Porém, você já sabe: "Seus pensamentos produzem resultados." Assim, qualquer um dos pensamentos acima está gerando resultados correspondentes em seus relacionamentos. Mas **ESTEJA ALERTA: essas razões são do "subconsciente" e você as escolhe correntemente a fim de anular o desenvolvimento de sua vida social. SUBCONSCIENTE SIGNIFICA "O QUE ESTÁ ABAIXO DO CONSCIENTE". Compõe-se, portanto, de pensamentos que você já teve e que estão criando resultados sem você ter consciência deles.** "Ganho Secundário" de seu comportamento externo — O SALDO, suas racionalizações para conservar as coisas exatamente como estão. Naturalmente você se sente a salvo vivendo assim, apesar de sombrio. Dói muito estar com outras pessoas. Eu sei que DÓI continuar ouvindo isso, mas direi novamente: **é você que está escolhendo isso! Pois VOCÊ É 100% RESPONSÁVEL POR TUDO O QUE LHE ACONTECE, POIS VOCÊ É O PENSADOR NA SUA VIDA.**

CONHECENDO SUAS CRENÇAS

Escreva, agora, o que significa para você cada uma das palavras abaixo (escreva quantos pensamentos lhe vierem e quanto quiser):

AMOR ________________

SEXO ________________

HOMEM ________________

MULHER ________________

FRACASSO ________________

SUCESSO ________________

VIDA ________________

UMA AUTO-ANÁLISE PARA SE CONHECER MELHOR

A "Árvore da Família" — O Genograma

A "Árvore da Família" é o seu diagrama familiar. É uma auto-análise. Você terá de perceber aqui as mensagens que você recebeu de seus pais, irmãos e parentes durante o seu crescimento. Foi nesse período que você formou sua Auto-Estima e aprendeu suas habilidades sociais básicas.

Este é um diagrama familiar das pessoas com as quais você cresceu. Complete-o, seguindo o diagrama da página seguinte. **Antes de fazer o diagrama, escreva a sua história, um breve resumo da sua vida desde a infância.**

Instruções:

- Escreva seu nome e idade no espaço marcado "VOCÊ".
- Escreva os nomes de seus pais, irmãos e irmãs, se você os tiver, e suas respectivas idades. (Se falecidos, escreva a idade que eles tinham quando morreram.)
- Escreva os nomes de outras influências no seu crescimento — avós, tios, tias, padrastos, meio-irmãos/irmãs, etc. — qualquer um que tenha passado bastante tempo na sua casa quando você estava crescendo.
- Quando tiver terminado, você deverá ter uma visão geral do diagrama da sua vida.

Tire um minuto para estudar seu genograma terminado. Agora, ***inspire profunda e longamente. Expire o ar lentamente.*** Então, escreva as mensagens que você recebeu de cada uma dessas pessoas. O que elas pensavam de você?

Mãe ______________________________

Pai ______________________________

Irmão ______________________________

Irmã ______________________________

Outros ______________________________

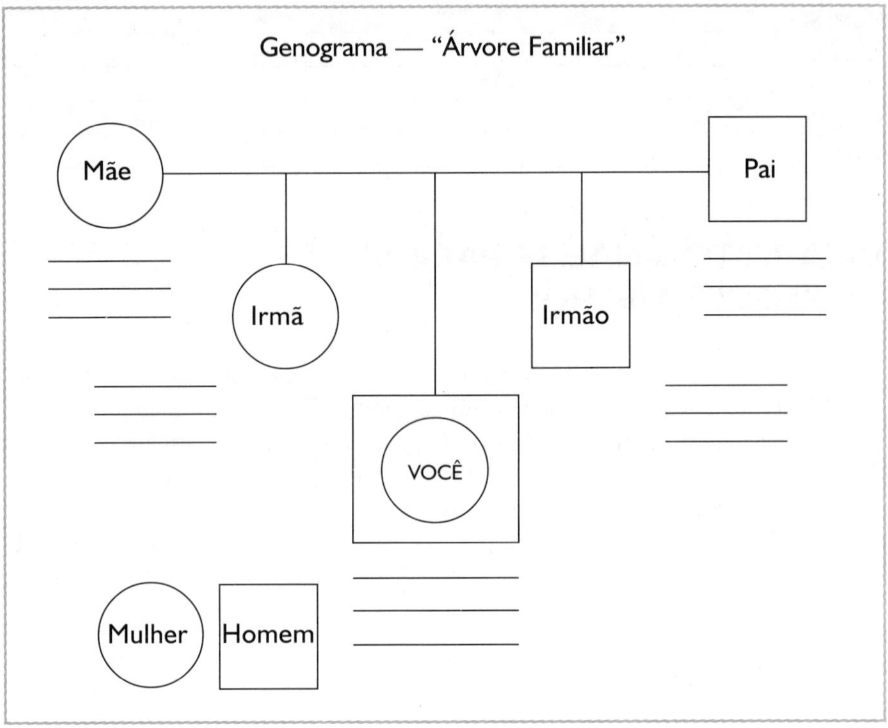

Escreva aqui alguns pensamentos que lhe ocorrem neste momento sobre quando você era criança:

____

Observação: Observe as mensagens ou pensamentos. Então, responda por escrito às questões seguintes, pois, como você sabe, escrever as coisas é uma ótima maneira de VER, literalmente, o que está ocorrendo no interior de sua mente. SEJA HONESTO...

O que as mensagens de sua família significam para você? Havia um padrão nessas mensagens? Um tema? Por exemplo:

- *"Crianças deveriam ser vistas e não ouvidas."* O que significa: *não abra a boca.*
- *"Seja cuidadoso."* O que significa: não seja espontâneo, não se divirta, não confie nos seus instintos, e SEMPRE peça permissão.
- *"Não fale com estranhos."* Em determinados contextos, esse é um bom aviso. Mas apostamos que a maioria de vocês considerou essa frase como sendo para TODOS os estranhos e em TODAS as situações. Isso porque as crianças são muito concretas e sempre levam as mensagens que recebem ao "pé da letra", e o que ficou gravado no subconsciente foi o concreto. Desse modo, continuamos repetindo as situações memorizadas sem perceber que "agora" já somos capazes de abstrair. Somos, portanto, crianças grandes; o que precisamos é acordar para crescer. Não se perturbe, vivemos numa sociedade paranóica!
- *"Seja Bom."* A palavra "bom" pode ser entendida aqui como ser "bobo".

Que efeitos essas mensagens têm sobre você? Elas fazem com que você se sinta triste, reprimido, assustado, com raiva? E o mais importante: elas ainda continuam a afetar você? Como?

Qual é o nível de habilidade social de cada uma dessas pessoas? Elas eram pessoas extrovertidas? Tinham muitos amigos? Saíam muito? Se você tem dificuldades de relacionamento, a hipótese mais provável é a de que a maioria delas era "caseira". Você não tem necessidade de repetir o que elas lhe mostraram.

Consciência é a primeira etapa para se superar obstáculos. Você recebeu uma grande quantidade de mensagens negativas enquanto crescia, as quais penetraram fundo na sua mente subconsciente e envolveram sua **Auto-Estima, seu senso de autovalor e de amor por si mesmo**. Esperamos que este exercício tenha trazido à superfície alguns desses padrões, principalmente os destrutivos, os negativos. Agora você pode analisá-los. Você não precisa ficar com raiva das pessoas que lhe passaram as mensagens ruins — pais, irmãos, parentes —, elas só estavam querendo lhe ensinar o que sabiam de melhor, passando a você as suas circunstâncias particulares e as das pessoas de quem receberam suas mensagens. Esteja ciente de que elas, certamente, transmitiram muitas boas mensagens também. Talvez isso o faça sorrir ou o faça lacrimejar... Sim, elas o amaram à sua maneira estranha. Elas são inocentes. Tudo o que transmitiram a você também foi transmitido a elas, e elas não tiveram a oportunidade que você está tendo de ler este livro e poder verificar o que você está verificando. Essa é a **SÍNDROME DE DESAPROVAÇÃO DOS PAIS** de que tanto falamos. Esta é a oportunidade que você tem de romper esse ciclo doentio e de poder se sentir melhor consigo mesmo, com a sua família, se ainda a tem, passando boas mensagens a seus filhos, se os tem ou os quer ter, relacionando-se melhor com todos e com tudo ao seu redor.

Precisamos nos libertar do passado
e perdoar a todos, inclusive a nós mesmos.

Seminários e *workshops* para o desenvolvimento pessoal. Se há uma parte da sua vida que você sente que precisa melhorar, oferecemos seminários e *workshops* para o desenvolvimento pessoal que são excelentes para esclarecer suas dúvidas interiores e resolver dificuldades exteriores. *Workshops* com qualidade, programas intensivos sobre treinamento de auto-afirmação, auto-estima, auto-hipnose, relações com amor, capacidade de comunicação. Muitas vezes, o curso ocorre num único dia; às vezes, durante todo um fim de semana, e, ainda, um curso que dura uma ou muitas semanas. A vantagem do atendimento nesses seminários ou *workshops* é dupla, pois você estará trabalhando em seu próprio benefício e estará junto com pessoas que estão na mesma situação que a sua; além disso, nessas reuniões, sempre são realizados exercícios destinados a mostrar aos participantes maneiras de se relacionar.

Amar a si mesmo, aprovar a si mesmo
e aceitar a si mesmo, aqui e agora,
são a chave principal para as
mudanças positivas.

Mais Afirmações de Auto-Estima

O Amor por si só faz você se relacionar com amor.

Crie afirmações positivas baseando-se nas mensagens recebidas e que você escreveu em seu genograma, sua história e suas crenças sobre você e seus relacionamentos.

Podemos dizer que a afirmação é um **"Ato de expelir".** Você já sabe que, quando usada regularmente de maneira consciente, ela melhorará sua auto-estima tão bem quanto qualquer outra área que você pretenda desenvolver. As repetições são a chave do sucesso.

Seguem-se alguns exemplos:

Mensagem negativa: "Eu, _______________ , sou tímido e tenho dificuldade para me relacionar com as pessoas."

Afirmação: "Eu, _______________ , gosto de me relacionar com as pessoas!" Ou: "Eu, _______________ , me relaciono facilmente com as pessoas."

Mensagem negativa (da família): "Você, _______________ , não serve para nada." Ou: "Você, _______________ , é uma droga!"

Afirmação: "Eu, _______________ , sou adorável e capaz."

Mensagem negativa: "Eu, ______________, temo a rejeição."

Afirmação: "Eu, ______________, confidencialmente, compartilho minha pessoa com outros, não importa quais sejam suas respostas para mim."

Mensagem negativa: "Crianças são para serem vistas não para serem ouvidas."

Afirmação: "As pessoas estão sempre interessadas no que eu, _________, tenho para dizer."

Mensagem negativa: "Eu, ______________, sou feio/gordo/estúpido/idiota/etc." (Essas negações são comuns quando a Auto-Estima é pouca.)

Afirmação: "Eu, ______________, sou muito atraente/elegante/inteligente/sexy/etc.!!!"

Escolha duas afirmações com as quais irá trabalhar, uma ligada à Auto-Estima e outra ao relacionamento com as pessoas. Exemplos:

"Eu, ______________, sou muito atraente!"

"Eu, ______________, relaciono-me facilmente e sem esforço com as pessoas!"

Trabalhe TODOS OS DIAS com as afirmações, escrevendo-as de dez a vinte vezes, exatamente como foi explicado no capítulo das afirmações. Depois, diga cada afirmação em voz alta na frente do espelho, DA MANEIRA COMO VOCÊ ESCREVE (com ENTUSIASMO ou, pelo menos, com SENTIMENTO). Importante: *sentir e **visualizar** a afirmação.* **Visualizar** é usar a imaginação para conseguir o resultado necessário. É ver o que você quer que aconteça, antes que aconteça na realidade.

Nossas relações são o reflexo
do nosso próprio valor e da nossa auto-estima.
Quando tomamos a decisão de mudar nossos padrões mentais,
as circunstâncias podem piorar por um momento. Talvez
tenhamos de liberar muitas negatividades.
Isso é possível! Nós já o fizemos!!!"

15

Uma Mensagem de Alerta

Nós, Unmani e Nishkam, estamos aqui para divulgar uma mensagem que foi esquecida e nunca nos foi ensinada na escola. Essa mensagem tem um conteúdo imutável; o que muda é o contexto de cada pessoa, que é influenciado por todos os fatores JÁ mencionados.

A realidade de cada um é diretamente proporcional às crenças surgidas a partir de sua concepção/gestação/nascimento, de sua família, da educação, da sociedade, de seu país. Todos nós somos um produto do meio em que vivemos. Só que o meio em que vivemos é altamente prejudicial ao nosso potencial interior.

Estamos aqui para falar do seu Deus Interior, de Amor, de Perdão, de compaixão, de renovação, de respiração, de renascimento e, conseqüentemente, de Dinheiro. *Este é o momento para a superação de valores passados.* Todos nós temos de renovar nossas crenças para levar uma vida melhor, com mais qualidade em todos os sentidos. O que fomos não interessa mais, e o que vamos ser também não está em questão. O passado já passou e o futuro não existe, será presente.

Portanto, o que interessa é sempre o momento presente, e é nesse momento que criamos a nossa Consciência de Prosperidade.

Este capítulo pode fazer você ter consciência da sua prosperidade, que pode se transformar e fazer sua vida florescer como fez com a nossa. Basta você se "abrir" para si mesmo, para o AMOR, para a união com o UNIVERSO (ou Deus) e para o fluxo da vida em que tudo acontece. Parece um milagre; porém, são vários "milagres" sucessivos que acontecem e, quanto mais nos rendemos ao AMOR, quanto mais nos unimos ao Universo, quanto mais eliminamos o EGO e fortalecemos o SER, mais "milagres" ocorrem transformando, assim, a nossa qualidade de vida.

Ninguém veio ao mundo para sofrer. Todos viemos para ser felizes, ter abundância, êxito e viver neste paraíso que é a Terra. Todos estamos aqui para desfrutar de tudo na vida. Basta respirar para liberar todas as nossas emoções negativas e, assim, nos libertarmos.

A verdadeira prosperidade é
contribuir com a nossa vida,
com a vida de cada um
e com a vida do planeta.

1. CONSCIÊNCIA DE PROSPERIDADE

Ao se falar em prosperidade ou abundância, o primeiro pensamento que costuma ocorrer para a maioria das pessoas é de quantidade material: comida, dinheiro, fama, sucesso.

Ser próspero, para a maioria, é ser rico e famoso. Porém, ser famoso e rico não quer dizer que você é próspero e feliz.

Ter abundância, para a maioria das pessoas, é ter grande quantidade de roupas, jóias, dinheiro, objetos, etc. E isso não significa que você tem êxito e felicidade em abundância.

Muitas pessoas são riquíssimas materialmente, mas muito infelizes e doentes. Muitas pessoas têm roupas, dinheiro, jóias, alimentos, etc., em abundância, e se sentem fracassadas, infelizes e "pesadas".

Todos sempre sonham em morar em uma ótima casa, ter um belo carro, viajar muito, ter jóias e muitas roupas bonitas, ter melhores condições de sustento de vida e ter dinheiro para fazer tudo o que desejam.

As pessoas buscam toda essa riqueza e prosperidade fora de si mesmas, no exterior, e acham que, se não conseguem, tudo ao seu redor é a causa: "*não sou capaz*", "*não nasci para isso*", "*quem nasce pobre morre pobre*", "*isso é coisa de novela*", "*isso não é para mim*", "*não sou rica por causa do governo*", *etc*. Todas essas ditas causas não são causas e sim efeitos, porque a riqueza não vem de fora para dentro, mas de dentro para fora, do seu interior para o exterior. Você tem de buscar no seu interior o seu potencial para a prosperidade, para se tornar potencialmente próspero internamente.

Toda riqueza é criada na mente; as pessoas que têm criado riquezas na vida fizeram isso primeiro na mente.

Devemos nos conscientizar de que precisamos usar as leis da própria mente: "O PENSADOR É CRIATIVO COM SEUS PENSAMENTOS — **a lei de causa e efeito, a lei da multiplicação ou do aumento, e a lei da atração** são leis precisas e exatas, que formam a lei da prosperidade ou abundância.

LEIS DA PROSPERIDADE OU ABUNDÂNCIA

1. Lei de Causa e Efeito
2. Lei da Multiplicação ou do Aumento
3. Lei da Atração

A Prosperidade é o aumento da nossa capacidade, criatividade e habilidade em todos os sentidos, de maneira a liberar nossa força interior.

Prosperidade diz respeito a muito mais coisas do que dinheiro: diz respeito à paz mental, saúde mental e física e, também, abundância financeira.

Caminhos para você prosperar

Você precisa, primeiramente, buscar o AMOR. **O AMOR POR SI MESMO, PELA SUA VIDA.** Esse é o ponto de maior importância, e só isso o fará sentir amor por todos e por tudo ao seu redor, e o fará ser amado por todos e por tudo. ***Você precisa amar a si mesmo, aceitar a si mesmo incondicionalmente, como você realmente é e deseja ser.***

Você precisa perceber que você é único,
especial e necessário a este planeta.

Tenha uma imagem real de si mesmo e ame a si mesmo como você é. Se você se ama, está pronto para amar outras pessoas, para amar os animais, as plantas, a natureza — ESTÁ PRONTO PARA AMAR A VIDA.

Você deve, antes de tudo, perceber e amar a si mesmo
e desejar para si mesmo o que há de melhor.

Desejar para cada um, ao seu redor, o melhor.

Se você não se ama, se você não se aprecia, se você não se aceita, se você se odeia, você não pode amar o outro, você não pode apreciar o outro, você não pode aceitar o outro. Você só pode odiá-lo e só pode ser odiado...

Esse é o caminho para o NÃO-relacionamento. Esse é o caminho da discórdia entre nós. O caminho da desarmonia.

"DESARMONIA e DESAMORNIA"

Essa é a chave do fracasso.
Isso é o fracasso,
porque fracasso é desarmonia.

Desse modo, como dissemos no capítulo sobre a Auto-Estima, lembre-se sempre:

Você é importante. Você não é inferior. Você não é superior. Você é simplesmente você. Você é único — UM INDIVÍDUO.

O outro ELE é importante. Ele não é inferior, ele não é superior. Ele é simplesmente ele. Ele é único — UM INDIVÍDUO.

Cada UM é ÚNICO, cada UM é IMPORTANTE para o Universo. Cada SER VIVO é importante para o funcionamento e perfeita "saúde" deste Universo.

Se você compreende a sua própria importância e respeita esse fator, perceba a sua individualidade. — INDIVIDUALIDADE significa INDIVISÍVEL em DUALIDADE, isto é, não é possível dividir em dois, logo: INDIVIDUO = UM, por isso VOCÊ É ÚNICO. Compreenda o quanto ele é ele e você é você, e um não é o outro. Juntos são UM, com grande poder sobre a energia do universo. UNIVERSO = UNIDADE = UM. Sentindo essa verdade, você compreenderá a "INDIVIDUALIDADE CONJUNTA", isto é, CADA UM É UM E INTEGRANTE DE UM TODO; assim você perceberá a importância de respeitar a si mesmo, a sua maneira de Ser, a maneira como você quer Ser e É, e respeitar o outro — ELE —, a maneira de ele Ser, como ele quer Ser e É.

Esse é um caminho para o relacionamento harmonioso de todos nós.

"HARMONIOSO e AMORNIOSO"

Essa é a chave do sucesso.
Isso é o sucesso,
porque sucesso é harmonia.

Sucesso

Cada minuto da sua vida é uma experiência,
e cada experiência, um êxito maior.

O que é sucesso? Por que você busca o sucesso?

Sucesso ou êxito não significa fama. O êxito até pode lhe trazer fama ou prestígio; mas, na realidade, não é bem a fama o que você busca. Se você só encontra a fama, isso não significa que você se sinta uma pessoa de sucesso, de êxito. Você pode ser famoso e se sentir um fracasso. Por que isso? O que busca você afinal?

EU QUERO *SER* UM SUCESSO é diferente de
EU QUERO *TER* SUCESSO.

O que na verdade todos nós buscamos é ***Ser*** sucesso: ser bem-sucedido, ser feliz, realizado, compensado, aprovado por nós mesmos. E não TER sucesso, TER felicidade, TER realizações... Ser é diferente de Ter. Ser significa Sentir. É sentir que *"Eu sou feliz, eu sou realizado..."*

O que você busca na verdade é:
"SER O QUE QUERO SER,
FAZENDO O QUE QUERO FAZER."
E não:
"TER O QUE QUEREM QUE EU TENHA,
ESTAR COMO DEVO ESTAR,
FAZENDO O QUE ESPERAM QUE EU FAÇA."

SER o seu verdadeiro SER e não
ESTAR no seu mentiroso EGO.

Porque você só vai sentir que obteve êxito se atingir o seu objetivo — o objetivo idealizado por você mesmo e não o objetivo que os outros esperam de você. VOCÊ VEIO CUMPRIR A SUA MISSÃO AQUI E AGORA NESTE PLANETA.

Você só vai se sentir uma pessoa de êxito se atingir a sua missão de vida e encontrar, no caminho dessa realização, Amor, Harmonia, Tranqüilidade, Força, Sabedoria, Alegria, Felicidade. Você só se sente bem-sucedido quando se sente de mãos dadas com a RAZÃO DA VIDA.

SUCESSO TOTAL significa estar em SINTONIA. Não é apenas obter Êxito material, mas também satisfação, alegria, felicidade, e SENTIR-SE PLENO, EM EQUILÍBRIO, "EM SINTONIA COM O UNIVERSO".

O homem é um perseguidor de objetivos e deseja sempre que eles se realizem. Assim, quanto mais sintonia, mais felicidade, e vice-versa. Você encontra o objetivo no "aqui e agora". Não precisa mais correr atrás de objetivos sonhados para um futuro que não existe.

E você tem de buscar isso dentro de si mesmo. Isso não está no seu exterior.

A RIQUEZA ESTÁ NO SEU INTERIOR

Você já observou que aonde vamos há sempre alguém reclamando de alguma coisa? Você também tem ***sempre*** algo sobre o qual fica reclamando... Reclama e resmunga sem parar.

Há até o ditado que diz: "*Ninguém está satisfeito com o que tem; quer sempre ser como o outro*", mas também critica e reclama do outro. Pouquíssimos estão realmente satisfeitos.

Você já reparou que todos reclamam, criticam, mas que não resolvem nada? Criticam o filho, o marido, o governo, o vizinho. Será que a reclamação diz mesmo respeito ao outro? Não estará você julgando e criticando a si mesmo? Observe seus pensamentos. Não estará você pensando, acreditando ou agindo de um modo não criativo? Ou de maneira negativista, odiando e não desejando que as coisas dêem certo?

Elas não podem dar certo! Pois, se elas derem certo, do que é que você vai reclamar e o que irá criticar? Em quem você vai pôr a culpa? Sobre o que falará? Ficará sem assunto, VAZIO! VAZIO... EM SILÊNCIO!

Em silêncio, você terá de se "olhar", de se sentir. Terá de parar de olhar para fora e olhar para dentro. Terá de aceitar essas críticas dentro de si. A culpa recairá sobre você! Ah! Isso não! Isso você não pode admitir! É mais fácil falar do filho, da vizinha, do governo, do papai, da mamãe... Eles são os culpados! Tudo é mais fácil do que ver a si mesmo. É mais aceitável dizer que ninguém nunca faz nada por nada do que perceber que é você quem não decide e não diz SIM à vida, querendo com "garra" viver com prazer, intensidade, dignidade e criatividade, e não se apegando às doenças, à inércia, às drogas, à destrutividade, à Morte!

Você não é culpado! Não existem culpados!

ESTAMOS TODOS INCONSCIENTES

Você precisa se conscientizar da sua inconsciência, para que sua consciência comece a fluir. Você precisa desejar desenvolver a consciência, pois ela quer "crescer". E, para isso, você precisa "olhar para dentro". NÃO TENHA MEDO — OLHE PARA DENTRO DE SI MESMO.

A riqueza está dentro de você; não adianta buscá-la fora; ela não está ao seu redor.

VOCÊ PRECISA DESCOBRIR A SUA RIQUEZA INTERIOR e saber transportá-la para o seu universo exterior. Você precisa tomar consciência da sua prosperidade interior, a fim de deixá-la florescer ao seu redor, e unir essa prosperidade do seu universo interior com a prosperidade universal.

Você só precisa ***respirar conscientemente***, para exalar todos os seus medos, que aprisionam toda a sua riqueza interior, porque rico você já é: você é rico em sabedoria, amor, harmonia, poder e paz. Tudo está abafado pelo seu Ego — pelos **seus medos.** VOCÊ PRECISA DESEJAR RETIRAR O SEU EGO "DE CIMA" DO SEU SER. Você precisa eliminar o seu Ego para que o seu Ser brilhe. ***Respirar conscientemente fará com que você se olhe e se ouça sem medo.*** *

Se seu Ser "brilha", tudo vem à tona, à superfície. Então tudo será abundante. "*Surgiu uma gota de água salgada... surgiram milhares de gotas e formaram o oceano.*" "*Surgiu uma árvore... surgiram milhares de árvores e formaram as florestas.*"

Deixe surgir e brilhar o Amor em você e por você... e o Amor pelos outros — e nos outros — surgirá e brilhará. Deixe surgir e brilhar o Amor em você... e surgirá e brilhará tudo o que está ligado ao amor: harmonia, paz, sabedoria, força, poder...

Deixe surgir e brilhar o Amor em você e tudo na sua vida brilhará. Deixe surgir e brilhar o Amor em você e Deus brilhará dentro e fora de você, porque Deus é Amor, é Ser, é Unidade, é Universo, é Existência, é Vida.

CINCO PASSOS IMPORTANTES PARA O SUCESSO

Pensamento Positivo
Vontade Dinâmica
Auto-análise
Iniciativa
Autocontrole

Tudo isso unido ao PODER DIVINO —
A VONTADE DIVINA é o fator mais importante
para atrair o sucesso.

* Só o Rebirthing elimina totalmente o trauma do nascimento, que é a raiz de todos os seus medos.

"É necessário plantar as sementes do êxito e elas crescerão até nos proporcionar uma colheita abundante."

Eu sou responsável pela minha felicidade ou dor
e o outro é responsável pela felicidade
e pela dor dele mesmo.
Cada um de nós é responsável por si mesmo.
Cada um de nós é responsável pelos próprios atos.

Como criar uma consciência de prosperidade

- "O que é Prosperar?"
- "O que, na verdade, significa prosperidade?"
- "Como criar uma Consciência de Prosperidade?"
- "Prosperar ou ser uma pessoa Próspera?"
- "Quando usamos esses termos estamos nos referindo especialmente a quê? Ao Dinheiro? Ao Trabalho? Ao Sucesso?"

Na verdade, quando dizemos "*Aquela é uma pessoa próspera*", pensamos na quantidade de dinheiro e de bens que ela tem. As pessoas, em qualquer parte do mundo, entendem que ser próspero é ser rico monetariamente.

PROSPERAR É CRESCER

Prosperar é "Crescer" em consciência, em amor, em saúde, em harmonia, em sabedoria, em religiosidade e até em fazer dinheiro. Prosperar é crescer material e espiritualmente.

Até determinada época da nossa vida crescemos fisicamente, o que inclui o crescimento mental. Depois desse período, **nosso crescimento deve continuar espiritualmente.** Porém, numa cultura mortalista, depois do crescimento físico, achamos que o que nos resta é "*trabalhar duro*" para ter dinheiro a fim de "*sobreviver*" buscando coisas que nos levem à morte: alimentos "pesados", bebidas, drogas, ambientes em desarmonia, desunião, intranqüilidade, conflitos, guerras, etc., tudo o que nos leva às doenças e, conseqüentemente, à morte.

Isso equivale a: "Des-prosperar", ou seja, Decrescer.

Por isso, ***"o trabalho é duro"***, pois você trabalha apenas para **"sobreviver"**, enquanto caminha para a morte. Nesse sentido, "*a vida é uma luta*", porque você está *lutando* com a vida para *conseguir* morrer.

Desse modo, o único sentido para você do termo ***prosperar*** é: **"TER DINHEIRO PARA SOBREVIVER BEM."** Pelo menos a isso você quer ter direito. Já que as leis da sociedade lhe dizem que "a morte é inevitável", então: **"EU QUERO (SOBRE)VIVER BEM."**

Prosperar não é decrescer.
Prosperar é crescer.

DECRESCER = PROSPERAR PARA A MORTE.

Então:

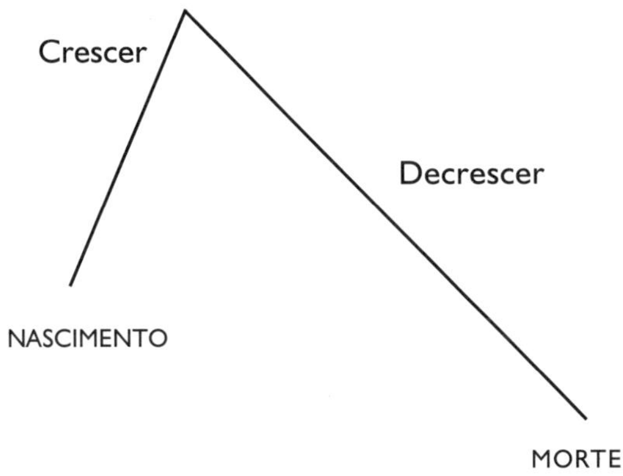

Portanto, ***criar uma consciência de prosperidade é se conscientizar da necessidade de você continuar a crescer espiritualmente***. E, para que isso aconteça, você precisa se conscientizar da sua imortalidade espiritual e física e partir em busca, não de sobreviver, mas de **VIVER intensamente a vida**.

Com isso, você passa a ter um **PENSAMENTO IMORTALISTA** e percebe que, depois do crescimento físico, você continua sempre a se desenvolver e compreende que **TODA AÇÃO É VIDA.** Então você ama a vida e **age** ou trabalha com **amor** para **REVERENCIAR A VIDA,** buscando coisas que lhe proporcionam cada vez mais energia, mais vida, como, por exemplo, ***alimentos leves, ambientes harmoniosos, relacionamentos amigáveis, alegrias, sucessos,* UNIÃO, AMOR, *tranqüilidade,* PAZ, DEUS, *etc. — tudo o que proporcione saúde, viver intensa e eternamente.*** **ISSO É PROSPERAR.**

PROSPERAR NO SENTIDO DA
POSITIVIDADE, DA CRIATIVIDADE.
PROSPERAR PARA VIVER = CRESCER.

Então:

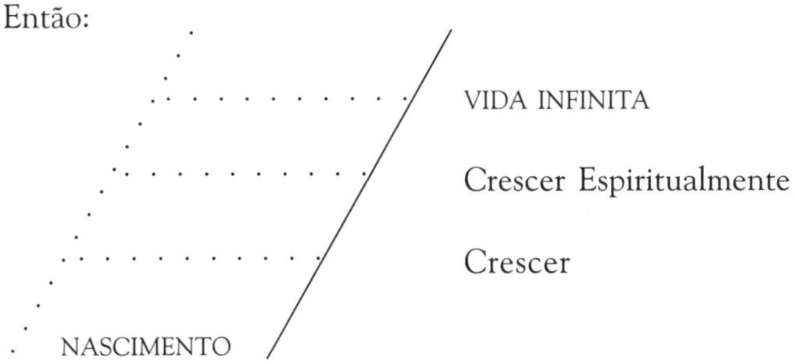

CONSCIÊNCIA DE PROSPERIDADE É
CONSCIÊNCIA DE IMORTALIDADE.

(Para tomar consciência da sua Imortalidade Física, você precisa **RENASCER nesta vida**, respirar para eliminar o seu trauma de nascimento e, conseqüentemente, eliminar sua urgência de morte.)

Se você tem a consciência da sua imortalidade, você percebe sua prosperidade interior e consegue "enxergar" o quanto você é rico interiormente; sendo assim, é só você transformar essa energia de riqueza do **seu** Universo em **toda e qualquer** riqueza existente no Universo, seja o que for: alimento, paz, harmonia, felicidade, sabedoria, bens materiais, poder, saúde, dinheiro. Assim, você se torna uma pessoa abundante de êxitos. UM SUCESSO REAL! UMA PESSOA REALMENTE FELIZ!

Nós somos milionários de riqueza interior mas, por ignorar esse fato, comportamo-nos como pobretões — MISERÁVEIS — mesmo os mais ricos aparentemente ou monetariamente.

A vida é abundante em possibilidades para nos fazer felizes e, portanto, prósperos. Basta que a gente realmente ame, pois a vida é amor. Logo, viver é amar, ou melhor,

AMAR É VIVER.

II. RIQUEZAS ABUNDANTES DO UNIVERSO

1) Alimento

Tudo neste mundo é para nosso alimento, nosso crescimento, nosso desenvolvimento, nossa vida. Tudo beneficia a vida. Tudo neste Planeta existe em ***quantidade.***

ABUNDÂNCIA — essa é a lei da vida.

QUALIDADE: você deve optar sempre por **QUALIDADE** — pois tudo é abundante, é QUANTIDADE; só devemos pensar na QUALIDADE, ou melhor, acrescentá-la.

Você é uma pessoa de qualidade. Isso é natural, é a sua natureza. Se se dá o contrário, então a responsabilidade é sua. ***"Você cria a sua realidade, a natureza cria a sua naturalidade."***

Com relação ao alimento, se você é uma pessoa de qualidade, você merece apenas qualidade. Busque só qualidade. Quanto ao alimento, o que importa é a ***qualidade***, não a ***quantidade.*** Seu corpo quer viver; por isso está aqui neste planeta; logo, **ALIMENTE-SE PARA VIVER E NÃO PARA MORRER.**

Buscar qualidade no alimento é buscar Amor para si mesmo. ***Alimento não é só comida; alimento é também* AR.** — BUSCAR A QUALIDADE DO AR TAMBÉM É UMA FORMA DE SE AMAR, É *QUALIDADE DE VIDA.*

Deseje se purificar através do alimento, não se envenenar.
Este é o princípio da imortalidade.

Se você está buscando a "ENERGIA PURA" que é Deus — a Fonte —, quanto mais você se cerca de Pura Energia — energia positiva — mais rápido você se encontrará com ela.

Qualidade de alimento é alimento que lhe proporciona leveza e, ao mesmo tempo, energia, flexibilidade perante a vida, cura e saúde, que aumenta sua inteligência e sua sabedoria de acordo com as leis da natureza, pois você também é natureza. Alimento de qualidade é alimento não só para o seu corpo, mas também para o seu Ser.

2) Paz

Em paz você prospera, em paz você cresce.

PAZ é tranqüilidade da mente, esvaziamento, VAZIO.

Todo mundo fala em paz, pois todos estão voltados para a atividade da mente, e mente significa pensamentos, ***mente é barulho.***

Tudo no Universo é União. Se você encontra a paz, transmite essa paz ao outro, que a transmite ao outro, e assim por diante... Surge ***a União de Paz para o Universo.***

A PAZ também, como tudo o mais, está dentro de nós, não fora de nós.

Você reclama e diz: "*Este Mundo não tem Paz.*" Mas observe a sua mente. Ela está vivendo um inferno.

Você cria o seu céu;
você cria o seu inferno.

O REBIRTHING E A MEDITAÇÃO trazem muita Paz Interior e, conseqüentemente, Paz Exterior.

Em Paz, você: CRIA, REALIZA, CONSTRÓI, RELAXA, FLUI NATURALMENTE, É UM CANAL PARA A ENERGIA MAIOR.

Na confusão, você: DESTRÓI, VIOLENTA, FREIA, ESTAGNA, FICA TENSO, BLOQUEIA "ARTIFICIALMENTE", FECHA O CANAL DE COMUNICAÇÃO COM A INTELIGÊNCIA INFINITA.

A Paz está no Silêncio. Só em momentos de silêncio você saberá o que a paz realmente é; se tiver um pouco de paz, você buscará mais paz, mais silêncio, tornando-se cada vez mais rico ao ter cada vez mais paz; todas as outras pessoas parecerão mendigos — porque só agora, na paz do silêncio, você começa a conhecer o **reino interior de Deus.**

"A paz é a porta para o
reino interno de Deus;
o silêncio o ajuda a encontrar essa paz total
e essa paz o leva a Deus."

Osho

Paz é não ter pensamentos, não ter vontades, não ter imaginação, não ter memórias, não ter mente.

Mente é barulho. — Pode ter muito ou pouco barulho, mas sempre há barulho. Quando não há barulho não há mente, há paz. Nesse ponto você transcende a mente.

A paz é divina,
a mente é humana.

Estar em guerra, em confusão, é fácil. Todos estão violentos. Todo mundo está brigando por aí. Isso já se tornou algo muito fácil. Quero vê-lo em Paz, Ser Paz. Quero vê-lo não "estourar" e sair brigando, xingando e lutando à toa. Esse é o grande desafio.

Mas, para você ter paz, você não precisa sair do mundo, subir as montanhas, se retirar, pois a paz não é um escape. Esse é um tipo de paz negativa, repressiva. A Paz Total, positiva, é você estar em paz no mundo social, uma paz cheia de amor, cheia de prazer.

O importante é começar a buscar a paz por meio da auto-sugestão ou da auto-hipnose — esse é o primeiro passo. Você diz a si mesmo: "EU ESTOU EM PAZ." Essa é uma importante afirmação para que você possa dar o segundo passo; de repente, você vai se sentir em VAZIO TOTAL, uma PAZ TOTAL. Quando você tiver paz, algo do além preencherá esse vazio. (Lembre-se: tudo no universo é abundância.)

Tudo só depende de você.

3) Harmonia

HARMONIZAR é CONECTAR. ESTAR TOTALMENTE CONECTADO COM O UNIVERSO.

Deus é harmonia e você pode ver isso, tudo é harmonioso na Natureza. As árvores balançam com o vento, há harmonia nesse movimento; elas não lutam com o vento. Toda a existência é uma grande e afinada orquestra: as coisas estão ajustadas umas às outras. Há uma interligação natural. Não há conflito, não há divisão, não há desarmonia.

Se você vive naturalmente, "de acordo com o vento", então você entra em SINTONIA com o Universo; desse modo, não haverá miséria nem inferno. Só o homem pode querer se separar e lutar contra os princípios da vida, o Princípio Único, porque só o homem tem consciência, e a consciência dá a ele a alternativa, **o direito de escolha.** Se você puder compreender a UNIDADE, respeitar e fluir com os princípios ou leis naturais, você será eternamente próspero — porque essa é uma LEI NATURAL — A PROSPERIDADE. Só então você encontrará a Bem-Aventurança.

SER UNO com o TODO é ser abençoado;
ESTAR SEPARADO do TODO é ser miserável.

4) Felicidade

A felicidade está por toda parte. Ela simplesmente está. As plantas, os rios e os mares estão. Nós criamos as emoções para eles, eles simplesmente estão. Nós vemos o rio e podemos achar que ele está triste ou coisa parecida, mas ele apenas está lá, correndo ou não; ele apenas está lá...

Essa é uma palavra muito controvertida. ***Afinal, o que é felicidade?*** O que isso significa realmente? Para mim, trata-se simplesmente de um estado de plenitude, de bem-aventurança, de prazer divino — não existem palavras para dizer ou explicar isso totalmente. É estar em Deus, é Ser Deus, é desaparecer em Deus. **É, apenas É. Nada mais importa.**

Algumas pessoas se sentem felizes só com prazeres físicos; outras, com prazeres sentimentais ou emocionais. Prazeres físicos são quantitativos — você sente prazer, mas isso é algo momentâneo, passa logo. Prazeres psicológicos ou sentimentais são mais duradouros, mais criativos, mais profundos. Prazer Existencial é Bem-aventurança existencial, é a real Felicidade — QUALITATIVA.

O prazer nos faz relaxar. A felicidade enriquece; a felicidade é Ser e SER é divindade.

O prazer é mais animal, a felicidade apenas é mais humana, a Bênção Divina é Eternidade.

Você não precisa fazer nada para ser feliz; basta apenas SER. SEJA FELIZ AGORA, SEJA como você É. Basta ser autêntico, *basta se aceitar como você é.* **Seja feliz com você, como você é.**

Isso é ser próspero, é ter sucesso, é ser rico. Estar totalmente feliz é riqueza, é ter grande talento, grande inteligência, completa e total consciência; é ser um "gênio", pois só mesmo um gênio pode ser feliz.

Ser infeliz se tornou algo fácil, não é nada; até mesmo ou só mesmo pessoas estúpidas estão infelizes. Quase todos estão infelizes. Quase todos estão sofrendo ou estão reclamando da vida. Isso não é ser nada. Sentir-se feliz nesse meio é mesmo o maior êxito. Essa é a real consciência da prosperidade. Pois ***ser realmente feliz é estar além da mente.*** A mente gosta de problemas, mesmo quando não há nada para se ter problemas, a mente cria algum para torná-lo infeliz, pois ***a mente só se sente feliz quando está infeliz.***

Você nasceu feliz; muito amor e muito "coração" estão dentro de você. Sem sofrer nenhuma influência, que sempre penetra fundo na mente, você é sempre amoroso, alegre, despreocupado, feliz. A sociedade criou lemas que geram pensamentos em nossa mente que bloqueiam a expressão de nosso Ser real ou de nossa real maneira de Ser.

A Mente sempre mente. Se nos deixamos ser guiados só pela Mente, ela nos envolve, encobre nosso Ser, e, então, já não podemos mais perceber ou sentir exatamente como é o nosso verdadeiro Ser. Nós viemos aqui a este mundo viver o que realmente SOMOS e não o que a mente nos diz para ser. ***Você nasceu feliz, cheio de amor, sem medo. Você não só nasceu assim, você É assim.***

Você está acreditando nas palavras de preocupação, de tensão, de tristeza, de ódio que sua mente está lhe dizendo. Você está OUVINDO apenas a sua mente.

A mente é a grande causadora dos desentendimentos do mundo. É a MAIOR MENTIROSA. Ela lhe diz: *"Fique triste"*, *"Fique doente"*. Ao dar ouvidos a ela, você reforça o pensamento *"Estou triste"*, *"Estou doente"*. Mas ***você não veio a este mundo para ESTAR. Você veio a este mundo para SER.*** E se você começa a ouvir, a ver e a sentir o seu Ser real, você verá, ouvirá e sentirá que você é feliz, amoroso, alegre. Assim, ***seja feliz, amoroso, alegre,*** pois é isso o que você veio SER, é isso o que você veio **VIVER** neste planeta. **SER é VIVER.**

Nós estamos olhando, ouvindo e sentindo apenas a nossa Mente ou os nossos pensamentos. É por isso que estamos perdendo o contato com o que viemos VIVER ou SER. Assim, agimos alienadamente, esquecidos de quem somos.

Precisamos ESTAR além da mente ou
de nossos pensamentos para que possamos SER.

NA FELICIDADE NÃO HÁ PENSAMENTOS,
PORQUE ESTAR FELIZ É ESTAR ALÉM DA MENTE,
NA NÃO-MENTE.

A infelicidade é um hábito. Quando você se sentir infeliz, observe isso, sinta isto, mas só para você sair dessa infelicidade o mais rápido possível. Crie situações ou afirmações que o tirem disso. UNA-SE à plenitude da Natureza, da Existência. UNA-SE a Deus e deixe transcorrer a vida naturalmente.

A FELICIDADE ESTÁ AÍ, DENTRO DE VOCÊ MESMO.

5) Sabedoria

Uma criança, até mesmo um bebê, sabe quando sente fome, sede ou quando quer andar, quando sente sono ou quer acordar. **Ela sente em seu SER. Ela sente o seu próprio SER.**

Isso já é sabedoria. SABEDORIA significa SABER, significa que ***você já sabe.***

Sabedoria não é conhecimento. CONHECIMENTO é CONHECER, isto é, você tem de, primeiramente, conhecer. Você pode conhecer o quanto quiser, mas isso é fácil, você pode conhecer e memorizar o que quiser, mas isso não quer dizer que você sabe ou que você tem sabedoria. Você pode conhecer muito e não saber nada. Você pode até esquecer-se de sua sabedoria, se você conhecer muito. ***Ser sábio é não estar na mente***. A sabedoria não vem da mente, vem do coração. Sabedoria vem do Amor e não da lógica.

A Sabedoria é um canal com Deus. Tudo lhe é revelado sem que você nunca tenha conhecido. Podem ser reveladas coisas misteriosas a você, até mesmo os mistérios da vida e que você não saberá explicar, mas tem certeza absoluta do que lhe é revelado. Uma cega confiança surge, porque você sente no seu coração. Esse é um canal aberto pelo coração, não pela cabeça.

Somente por meio do Rebirthing ou da Meditação você alcançará essa sabedoria outra vez. Porque você já é sábio, você já sentiu isso antes. Basta relembrar.

Todo conhecimento que você quiser possuir pode até mesmo servir à sapiência, mas esteja sempre alerta para o que o seu Ser tem a lhe dizer. Ele e só ele sabe a verdade sobre si mesmo. MANTENHA CONTATO, mas por meio do coração, do sentimento. Sinta o que lhe é dito; não analise, não julgue, não critique, não busque uma lógica. Sinta e acredite, e siga o que lhe for dito logo depois.

Você tem um grande mestre
dentro de si mesmo.

Só ele sabe como guiá-lo. Esse é o seu Deus. Ele deve agir por intermédio do seu corpo, não por intermédio da sua mente, não como ego. O Ego gosta de conhecimento. Deus é Sabedoria.

Conhecimento traz informações.
sabedoria traz transformações.

Deixe sua intuição lhe mostrar sua sapiência e, sentindo amor por si mesmo e confiança, deixe-se levar, seguindo então o caminho do sucesso, em sintonia com Deus. ***Só assim tudo mudará em sua vida.***

6) Bens materiais (ou matéria)

O Universo é Matéria. O Mundo é Matéria.

O Universo é Energia ou Espírito. O Mundo é Energia.

Não pode haver apenas uma parte. As partes estão "entrelaçadas", envolvidas: — ***Duas que são uma; uma que são duas.***

O Corpo é Matéria. O Corpo é Espírito ou Energia.

O Espírito é também Matéria. O Espírito é também o Corpo.

Não há divisões, não pode haver; onde acaba um, começa o outro. Onde parece terminar um, a outra parte já começou há muito. Essa é a beleza da vida. Só há divisão em nossa cabeça — na Mente.

O Corpo é belo, é Espírito; portanto, o Espírito é belo.

A Matéria tem sua própria beleza, seu próprio significado, assim como o espírito tem sua própria beleza. A vida é uma só: "**ESPIRITUAL-MATERIAL.**" Não existe um ***e*** outro. Eles existem ***juntos*** em perfeita harmonia. ***O corpo, a mente, o espírito são*** CORPO-MENTE-ESPÍRITO ***profundamente ajustados.***

Você não pode pensar só em termos de Bens Materiais; o espírito já está dentro dele, dentro da matéria. Mas se você só pensa no lado material, estará sempre faltando algo; você não vê o outro lado da vida — a outra metade. Sua vida nunca será total — INTEIRA.

Da mesma maneira, você não pode pensar somente em termos espirituais, pois o material estará lá. Se você só pensa no lado espiritual, do mesmo modo sentirá falta de algo que o complete — a outra metade. Assim sua vida não ficará INTEIRA — TOTAL.

Nos dois casos você estará pobre: ou Pobre de Matéria ou Pobre de Espírito.

Assim está vivendo o mundo: o Ocidente é Materialista diante da vida; o Oriente é Espiritualista. Ambos estão pobres.

Uma nova humanidade precisa surgir.
Um novo homem que aceita os dois lados:
a unidade; o tantra; o tao.
Um homem que aceite tanto a matéria quanto o espírito.
Só assim poderemos criar a riqueza total —
ricos nos dois sentidos.

Adquirir Bens Materiais não é contrário à visão do seu Deus interior. Seja Material-Espiritual. ***Ser espiritual não significa ser pobre materialmente. Ser material não é ser pobre espiritualmente.***

Ser Rico não significa ter dinheiro e bens materiais. Esse é só um lado da moeda. O lado exterior da vida.

Devemos olhar a vida interiormente e, então, realizá-la exteriormente.

AS FONTES DA VIDA ESTÃO DENTRO DE VOCÊ.

7) Poder

Deus significa Poder.

Poder significa Energia.

Você precisa compreender como usar essa energia corretamente, ou então esse Poder pode ser destruidor.

Todos nós temos Poder — ***um imenso Poder.***

Esse Poder torna-se perigoso sem Meditação — sem conscientização. Se é um Poder consciente, então é um Poder Criativo, você desenvolve grandes poderes em sua vida e esse Poder estará fluindo sobre você e começará a se irradiar às outras pessoas.

A experiência do Poder Interior o faz conhecer o que é chamado de Deus, Existência ou Divino.

Tudo no Universo é Poderoso. Esse Poder pode ser destruidor ou criador.

O Poder está dentro e fora de cada um de nós.

O pensamento é imensamente poderoso. Por isso, é importante sabermos lidar com nossa mente, com nossos pensamentos. A vida é poderosamente positiva; mas nós homens, com nossa mente, temos opção de escolha. Esse é o valor do pensamento positivo ou construtivo, pois é a partir disso que teremos a possibilidade de criar situações positivas e de êxito em nossa vida. Se dermos atenção à negatividade ou "*negarmos o que a vida realmente é*", daremos Poder a esses pensamentos negativos de destruir nossa missão de viver.

Lembre-se:

Você é poderoso.
Ame e, com o poder do amor,
você transformará tudo ao seu redor.

8) Saúde

Só existe saúde neste Planeta.

Compreenda isso: toda negação é criada pela Mente.

Se vemos doença em nós e ao nosso redor, esteja certo de que estamos criando isso.

Saúde é equilíbrio.

Doença é desequilíbrio.

Saúde ou doença sempre são de sua responsabilidade. **TUDO SÓ DEPENDE DE VOCÊ.** O homem tem a opção de fazer dele mesmo o que quiser. Essa é a diferença entre o RACIONAL, o que usa a razão, e o IRRACIONAL, o que não usa a razão.

Tudo neste mundo é perfeito.

Portanto, o homem é perfeito, é um Ser Perfeito. O que está ocorrendo é que estamos limitados, pela nossa própria incapacidade e devido a toda essa negatividade, de ver a Perfeição. "CEGUEIRA."

A saúde existe quando o físico,
o emocional, o psíquico, o espiritual e o material
estão em condições de perfeito equilíbrio;
em "unidade" — "integração".

A doença indica que temos errado quanto ao estilo de vida ou pensamento, acarretando, assim, desequilíbrio. Logo, isso nos mostra que devemos fazer algumas mudanças se quisermos ter uma vida mais saudável e prazerosa.

Observando sua mente, Meditando, respirando conscientemente, você pode estar mais alerta ao que acontece em seu **"corpo-mente-espírito"**, não permitindo, desse modo, que algo negativo surja e se desenvolva em você mesmo.

O Rebirthing o leva a uma saúde integral: física, mental e espiritual. O Rebirthing o leva a Deus.

PRÁTICAS PARA A CONSCIÊNCIA DE PROSPERIDADE

1. Domine a capacidade de tomar decisões.
2. Use a imaginação.
3. Ponha em prática as idéias criativas.
4. Valorize a si mesmo.
5. Mérito pessoal.
6. Auto-estima.
7. Escrever 10 minutos de pensamentos pela manhã, e torná-los positivos.

III. ABUNDÂNCIA DE DINHEIRO

Este é um assunto que nos permite várias interpretações e nos causa muitas emoções.

O Dinheiro é uma poderosa energia em movimento, e quem cria e movimenta essa energia é a mente humana, que é responsável por toda a riqueza do homem; quanto mais você se purifica espiritualmente, mais rico você se torna.

Esqueça-se do trabalho árduo e de viver trabalhando para sobreviver, se esforçando para seguir em frente. ***A melhor maneira de aumentar seus ganhos é aumentando a qualidade dos seus pensamentos.***

O primeiro ponto é o seu amor-próprio. Acredite no seu potencial, invista em você mesmo e você será próspero em qualquer lugar do planeta.

Na nossa sociedade atual, o Dinheiro é o único símbolo de riqueza. Todos querem dinheiro, porque todos querem mostrar que são ricos, pois todos "sabem", *conscientemente*, que são ricos e a única confirmação e reconhecimento desse pensamento subconsciente é o dinheiro, pois ele é palpável.

Porém, muitos enriquecem monetariamente e ignoram sua riqueza interior. São "ricos", mas "cegos". São "ricos", mas "pobres". Olham seu dinheiro, apalpam seu dinheiro, mas continuam a não ***sentir*** a própria riqueza. Tudo se torna uma ILUSÃO, uma RIQUEZA ILUSÓRIA.

"Conseguiram perceber, de súbito, a maneira de representar ***exteriormente*** sua riqueza interior, seu **Ser**; mas, como não eliminaram o ego, concentram-se somente no ***exterior***, no dinheiro, fazendo com que tudo novamente caia no esquecimento. Um "estalo de vida" para uma estagnação na morte. **MAYA (ILUSÃO).**

Isso porque a Prosperidade é sempre vista como dinheiro — Quantidade de Dinheiro.

Prosperidade não é apenas ter dinheiro.

Você é responsável pela criação de sua própria fortuna pessoal e, para tanto, é necessário desenvolver a sua Consciência de Prosperidade, a fim de criar uma base de idéias positivas, que também incluem o dinheiro.

O que é, de Fato, o Dinheiro?

Por que quando falamos em dinheiro todos prestam mais atenção, com os ouvidos atentos, os ânimos acirrados? Por que os parentes brigam e todos mudam emocionalmente? Um pedaço de papel pelo qual milhares de pessoas estão em guerra. Como podemos transcender essa luta?

O valor do dinheiro é representado por você, com todas as transações implicadas com relação a ele; o valor do dinheiro é determinado pelo número de zeros na nota, e ZEROS NÃO SÃO NADA.

Um pedaço de papel que carrega muita energia. Se essa ***grande energia*** está sendo usada negativamente (negação = ódio), ela torna-se destruidora como qualquer outra energia; porém, se está sendo usada positivamente (positivo = amor) torna-se construtiva, criadora.

NEGAÇÃO = ÓDIO = DESTRUIÇÃO = MORTE
AFIRMAÇÃO = AMOR = CONSTRUÇÃO = VIDA

O dinheiro, um simples pedaço de papel, é a maior energia de amor, de comunicação, de relacionamento entre os homens; é uma dádiva do Universo que nos foi dada; é um presente da Existência ao mundo. É o dar e receber — TROCA. Se você diz "É meu", você fica estagnado. Podemos dar e receber com ódio — TROCAR ÓDIO. Podemos dar e receber com amor — TROCAR AMOR.

O dinheiro está representando o ódio dos homens; por isso está sendo visto como motivo de lutas, mobilizador de emoções conflitantes, desarmonizador de ambientes, gerador de medo e de intranqüilidade nas pessoas.

Se "o pensamento é criativo", então o pensamento "*o dinheiro representa o ódio*" é apenas um pensamento, e podemos mudar nosso pensamento. Portanto, se mudamos o pensamento para "*o dinheiro representa o amor*", tudo o que está ligado ao dinheiro também mudará. Assim, pense: **"O dinheiro representa o AMOR",** e ele será motivo de união, de equilíbrio das emoções, da harmonia dos ambientes, do eliminador do medo e trará a paz para cada pessoa.

A mente é ilimitada e pode produzir fortuna com a mesma facilidade que produz miséria. Acredite: ***uma das leis básicas da mente é a "Lei do Incremento".*** Se você se concentra no prazer de tudo o que você consegue com o dinheiro, seu dinheiro aumentará e sua diversão também. Se você se concentra na dor provocada pelo seu dinheiro, isso só aumentará a sua dor.

Devemos passar a pensar que "o dinheiro representa o amor", então seremos canais de energia, canais da energia do dinheiro, facilitadores do movimento do Amor, já que dinheiro é o mesmo que AMOR. Precisamos deixar esses canais "purificados" para que essa energia possa fluir. "Eu trabalho para ganhar dinheiro" é o que costumamos falar, e, se ganhamos dinheiro, então ***recebemos*** algo que nos é ***dado.*** Desse modo você precisa saber ***dar*** esse dinheiro, já que o ***recebeu. Dar e receber é a grande sabedoria. Receba e dê*** dinheiro com ***amor e tranqüilidade***, e você se tornará um canal para o livre fluxo dessa energia chamada dinheiro.

Nossa proposta é criar a consciência de prosperidade, que é muito mais do que só ganhar dinheiro. É criar uma consciência de Imortalidade Física ou de não-mortalidade, pois, assim, estamos criando uma consciência de saúde, de Divindade, de espiritualidade, de Amor ao Trabalho, de Amor à Vida. É fazer com que você tenha consciência de sua respiração, pois só o ato de respirar o faz realmente viver; e se você vive realmente ou intensamente, você ama a si mesmo e, se é assim, você se torna imortal, não deseja se matar, só quer o que for melhor para você mesmo e é o que você receberá, pois você só busca coisas que lhe dão vida.

É importante, portanto, selecionar boas idéias, seminários, cursos, livros ou sua própria conexão pessoal com o Ser Infinito, e pôr em prática essas idéias por meio das afirmações. Uma boa afirmação é: ***"Eu mereço ser próspero e rico."*** Você tem de ter Auto-Estima suficiente para se convencer de que você merece isso. Portanto, independentemente do que você tiver, você desfrutará. A afirmação mais poderosa que você pode usar para aumentar seus ganhos é:

"Eu,__________, sinto-me feliz quando estou na presença de outras pessoas."

Seja mestre do seu dinheiro e não deixe que ele seja o seu mestre, porque o dinheiro sempre segue as suas instruções. Se você não gosta de seu modo de se relacionar com o dinheiro, mude suas instruções e faça dele o seu melhor amigo ou o seu melhor sócio, ***porque quanto mais você se preocupa com o dinheiro, menos dinheiro você ganha e mais preocupado você fica.***

Abra o seu Ser e permita a si mesmo uma renovação na sua mente, pois esse é o começo de uma nova relação baseada no seu próprio poder, que está no seu interior, esperando para ser usado pelas **Quatro Leis da Riqueza.**

As quatro leis da riqueza

Existem quatro importantíssimas leis ligadas ao dinheiro que você precisa conhecer e pôr em prática, se quiser criar uma Consciência de Prosperidade na totalidade.

1. A LEI DO GANHO
2. A LEI DO GASTO
3. A LEI DA POUPANÇA
4. A LEI DO INVESTIMENTO

1. A Lei do Ganho

Três valiosas afirmações para a Lei do Ganho:

"Eu, __________, mereço ser próspero e rico."

(Você também pode usar outras palavras como rico, abundante, afluente, generoso, etc.)

"Meu trabalho ou meu prazer pessoal são os canais pelos quais eu, __________, alcanço a riqueza infinita da economia de meu país para meu uso pessoal."

"Minha conexão pessoal com a Inteligência Infinita, o Ser Infinito e a Manifestação Infinita é bastante adequada para produzir para mim uma enorme fortuna pessoal."

Nossa conexão pessoal com a Inteligência Infinita é a idéia mais valiosa no Universo. Você pode ganhar qualquer quantia que conseguir imaginar a partir dessa única idéia. Você tem um suplemento infinito dessa idéia, desse produto dinâmico. Você pode vendê-la por todo o mundo e não há problema em conseguir clientes com esse negócio. A idéia negociada é luz e é fácil de carregar. ***Aprender a vender idéias por dinheiro é algo básico para chegar à prosperidade.***

"Toda riqueza é criada pela sua mente, fora do seu espírito." Deixe isso penetrar em sua mente. Reserve muitíssimo tempo para o pensamento e a imaginação. Você tem de criar seus objetivos fora de sua realidade presente. Ser criativo é divertido!

A **lei do ganho** diz respeito a toda riqueza humana criada pelo Infinito Espírito Eterno. Então, a iluminação espiritual é a chave para compreender a natureza da mente. Usar o poder da mente com afirmações e compreender os "inibidores" da mente — chamados no Rebirthing de "os oito grandes"* — é a chave para a Consciência de Prosperidade.

A **lei do ganho** ativa o poder da mente ou o espírito de sua vida com pensamento criativo e imaginação e o faz aplicar suas boas idéias de maneira prática no mundo real.

"Dinheiro não é riqueza. Riqueza são idéias, bens e serviços." Você nunca vai ganhar muito dinheiro trabalhando só por dinheiro. É fantástico! Você só passará a ganhar muito dinheiro quando renunciar ao dinheiro como motivação. ***O mais importante é verificar o que você realmente gosta de fazer na vida, observar quais as coisas que suscitam o seu prazer e fazê-las***, o que você sempre quis fazer com o seu tempo e pensar em como ganhar dinheiro fazendo isso.

Quando você ama o que faz,
as pessoas sentem prazer em pagá-lo por isso.
mas, se você faz o que não gosta,
de que vale o seu dinheiro?

Se você espera economizar bastante dinheiro para o futuro, esse futuro nunca chegará.

A lei do ganho significa que devemos produzir mais idéias, mercadorias ou serviços do que nós necessitamos para consumo pessoal, para que tenhamos algo para negociar.

O primeiro passo para você ganhar dinheiro é aumentar sua auto-estima, fazendo o que você gosta, pois ***o importante para ganhar dinheiro não é o tempo que você gasta para ganhá-lo e sim a qualidade de seus pensamentos.*** A riqueza não surge do exterior, mas de sua satisfação em fazer o que você gosta; interiormente, você cria uma consciência de prosperidade e esse estado faz com que a vida lhe ofereça espontaneamente a riqueza exterior correspondente.

Em nosso sistema econômico, você pode ganhar qualquer dinheiro como quiser. Faça uma lista das coisas que mais lhe dão prazer na vida. Isso estimula sua imaginação e é com ela que se ganha dinheiro. As pessoas que trabalham por dinheiro em nosso sistema econômico gastam quarenta horas semanais durante muitos anos e acabam sem nenhum dinheiro aos 65 anos, tendo de viver da aposentadoria. Isso é ter uma ***consciência de miséria.*** Por favor, afaste-se cada vez mais disso, e vá construindo, aos poucos, sua consciência de prosperidade; comece a

* Ver Capítulo 3 — "Psicologia Espiritual".

fazer um trabalho de que você realmente goste e com o qual sinta prazer; isto é, se você não pode mudar logo, mude devagar.

Existem pessoas que ganham muito dinheiro, mas estão infelizes espiritualmente; outras estão na falência, mas estão felizes espiritualmente. Esses são desequilíbrios sérios; você pode ter tudo o que quiser, porque quando você trabalha no que gosta, você trabalha com amor, você está em união com Deus, com a Existência ou com o Ser Infinito, pois é Ele quem possui toda a riqueza do Mundo; quanto mais você realizar o seu trabalho ***com amor,*** mais você estará trabalhando para Deus, servindo à Humanidade e nada lhe faltará, porque o mundo é abundante em tudo.

As pessoas que têm triunfado no jogo do dinheiro são as que não trabalham por ele; ao passo que as que trabalham por dinheiro "falam mal" dos que não trabalham por dinheiro, pois estes têm mais dinheiro.

Para você ganhar dinheiro você não precisa trabalhar muito, "dar duro", ter diploma; o que importa realmente é *a qualidade de seus pensamentos aliada ao que você faz com amor.* O dinheiro é simplesmente um pedaço de papel com símbolos e números, você pode conseguir tudo o que quiser sem usar dinheiro, bastando elevar a qualidade de seus pensamentos, pois o universo o apóia em tudo o que você pensa.

O importante é criar a consciência de prosperidade, pois a riqueza se cria com a mente humana, e a sua mente tem um poder ilimitado para criar idéias que valem um milhão de dólares; portanto, quanto mais riqueza se cria, mais riqueza existe.

Observe a abundância do Universo, os grãos de areia da praia, as gotas do oceano, as estrelas no céu e as inúmeras idéias que sua mente pode criar para você desfrutar sua Consciência de Prosperidade. Abra sua mente, seu coração e se conecte à Eterna Fonte da prosperidade, escolhendo pensamentos adequados, semeando os pensamentos de riqueza em sua mente, regando-os e tendo paciência até colher os frutos, pois, em se ***plantando, tudo dá.***

Lembre-se: *Se você pode sobreviver sem dinheiro, então você pode ganhar muito dinheiro.*

PRÁTICAS PARA A LEI DO GANHO

- **A maneira mais fácil de ganhar dinheiro é fazer aquilo que se gosta.** Portanto, faça uma lista das dez coisas que dão mais prazer a você; escolha duas e pense como você pode ganhar dinheiro com elas.
- **Anote todos os seus pensamentos negativos sobre TRABALHO, DINHEIRO E ÊXITO** num caderno e torne **esses pensamentos positivos** transformando-os em poderosos "Mantras". Repita-os sempre que surgirem fatores limitantes em sua vida. Faça esse exercício sempre e veja o que acontece! **Essa é a mais valiosa das afirmações do Universo para você ganhar dinheiro:**

"Minha conexão pessoal com a inteligência infinita
é suficientemente adequada para me proporcionar
uma enorme fortuna pessoal."

(Se você está ligado com a Inteligência Infinita, você tem acesso a todas as outras idéias do Universo.)

MAIS AFIRMAÇÕES DA LEI DO GANHO

"Meu trabalho é como um funil com o qual eu extraio do conduto da Infinita Riqueza da Economia mundial o que necessito para satisfazer minha vontade pessoal."

"Eu já tenho uma consciência de êxito com relação ao dinheiro."

"A vida sempre me oferece tanta bondade quanto eu estou disposto a aceitar."

"As pessoas gostam de me pagar em dinheiro porque eu faço aquilo de que gosto."

"Eu gosto de criar prosperidade para quem me dá dinheiro."

"Já não tenho de me apegar às idéias errôneas de meus pais sobre ganhar dinheiro."

"Já tenho consciência de superávit."

2. A Lei do Gasto (ou Dar ou Trocar)

Existem três afirmações para a lei do gasto:

"Cada real que eu gasto volta para mim multiplicado."
"Meus ganhos, agora, excedem minhas despesas."
"Quanto mais disposto estou para fazer os outros prosperar,
mais dispostos estão os outros para me fazer prosperar."

Tudo no Universo é negociável.

O dinheiro foi feito para ser gasto; ele tem a peculiaridade de se multiplicar ao ser gasto. A Lei do Gasto consiste na arte de negociar.

Observe a primeira afirmação: "Cada real que eu gasto volta para mim multiplicado."

Quando eu pago um real a Marcelo por uma mercadoria, ele pega o seu real e paga a Antônio, e este paga a Maria, e assim sucessivamente, até que se tenham realizado dez transações. Assim, a décima pessoa recebe o meu real e paga a mim, ou seja: eu recupero o meu real e ainda tenho a mercadoria de Marcelo pelo valor de outro real. Todo mundo é mais rico em um real, porque todos ganharam e gastaram o meu real, ganhando, portanto, o equivalente a um real do que gastaram. De maneira superficial, parece que não foi criada riqueza e sim que ela só se moveu ao você adquirir o objeto material ou serviço considerados importantes por você, porém, sem que tenha sido produzido algo para vender à décima pessoa. O consumo e um contínuo processo de intercâmbio incrementam a produção. Gastar dinheiro é em verdade uma função produtiva.

Leonard Orr define o **lucro** como "A *criação de uma nova riqueza pelo desejo próprio de negócio individual*".

Marcelo vende a R$ 1,00 o livro que custou a ele R$ 0,50. Quando eu dou o real, seu livro passou a valer o dobro.

Se cada uma das dez pessoas tivesse uma mercadoria que custasse cinqüenta centavos e a vendesse por um real, em conjunto a transação teria convertido cinco reais de mercadoria em dez reais de riqueza. De maneira arbitrária, cinco reais teriam surgido do nada em nossa riqueza. Assim, portanto, toda vez que você põe seu dinheiro em circulação, você cria mais riqueza pessoal.

A Lei do Gasto inclui: negociar, fazer orçamento, a lei do aumento, a eficácia de carregar uma nota de R$100,00, práticas básicas sobre generosidade e crédito, como trocar nossa produção e a qualidade e a quantidade da nossa riqueza pessoal. Você está trocando suas idéias, mercadorias e serviços pelo dinheiro das pessoas. Outras pessoas têm o dinheiro que você não tem. Quando você está no fim do recebimento da Lei do Gasto, você está vendendo. Já que as pessoas adoram gastar dinheiro, quando você está vendendo, você está dando às pessoas uma oportunidade de fazer o que elas gostam. ***Pessoas de vendas são distribuidoras de prazer!***

Gastar é dar

Para você se tornar um milionário trabalhando com uma margem de 10% de lucro, você tem de criar nove milhões de reais para outras pessoas. Isso significa que todas as pessoas que estão se tornando milionárias estão criando dinheiro para você. Se você tem o objetivo de se tornar milionário, e todas as pessoas com quem você faz negócio ganham só R$ 5.000,00 ao ano, você terá de fazer negócios com muita gente para conseguir ganhar um milhão. Quando se tem um milhão, a única coisa que se tem a fazer é gastá-lo. Nosso sistema multiplica-o ainda mais depressa, porque, se você deposita seu dinheiro num banco, numa caderneta de poupança e o usa em empréstimos, eles gastariam esse dinheiro pelo menos uma vez, enquanto você recebe juros por ele. O banco empresta a uma pessoa que tem um projeto viável, e essa pessoa o gasta.

O valor do dinheiro é determinado pelo comprador e pelo vendedor em cada transação, e esse valor volta a ser negociado durante cada uma dessas transações.

Os milionários não só apreciam o dinheiro, mas são os que fazem os melhores negócios com ele. Isso se dá porque eles não sentem vergonha do ponto de vista econômico.

Os pobres, em geral, não fazem negócios, pois lhes falta amor-próprio, e o dinheiro os envergonha. Definitivamente, *o valor de todas as coisas é intuitivo*.

Observe a segunda afirmação: "Meus ganhos, agora, excedem minhas despesas."

Essa afirmação é certa para você neste momento, pois, se você tem dinheiro no bolso, no banco ou onde quer que seja, é que está lhe sobrando dinheiro. Portanto, seus ganhos excedem, **agora**, suas despesas. Porém, com que freqüência você reconhece essa afirmação de que lhe está sobrando dinheiro? Provavelmente, você está declarando que seus pagamentos superam suas receitas, e, se observar com carinho, você verá que não é bem assim. A prova é o que você tem no seu bolso ou no banco, por pouco que seja. Na consciência de cada pessoa sempre há algo que sobra de sua fortuna pessoal. Nesse momento, você tem *superávit* de dinheiro. Se você se concentra nesse *superávit*, ele se estenderá a todos os seus assuntos econômicos. Por outro lado, se você se concentra no *déficit*, ele também se estenderá, ainda que com menos facilidade, pois é mais difícil ampliar o *déficit* do que o *superávit*, porque o *superávit* está em harmonia com a natureza. Se o *superávit* não se harmonizasse com a natureza, não haveria o Universo. Portanto, preste atenção: Em que você tem se concentrado? Nas despesas? Nas faturas? Elas têm crescido?

PRÁTICAS PARA A LEI DO GASTO

- ***A Lei fundamental da mente é a Lei do Incremento.***
  Sendo assim, você é mestre, obviamente, em desenvolver uma "*Consciência de* Superávit". Se você se concentra no seu *superávit*, ele aumenta. Outra maneira de expressar essa Lei Metafísica é a seguinte: ***"Tudo aquilo em que você pensa se expande."***
- ***"O Jogo das Porcentagens do Pressuposto Mensal."***
  O modo de dominar esse conceito é praticar este pequeno jogo. Uma de suas finalidades é demonstrar para si mesmo que *você cria dinheiro* e que, com imaginação, pode resolver seus problemas econômicos.
- ***Use sua imaginação para solucionar seus problemas financeiros.***
  Faça uma lista de todas as coisas com as quais você quer gastar dinheiro: aluguel ou condomínio, comida, transportes, diversões, autoconhecimento, faturas, roupas. (Não inclua nada que seja para emergências — não queira estar preparado para elas, sejam de que tipo for.)
- ***Estabeleça o percentual dos ganhos que você dedica a essas coisas.***
  Suponha que você ganha mil reais por mês e que você gasta 20% em comida, outros 20% no aluguel ou condomínio, etc. *Mude*, no começo do mês, pelo menos duas porcentagens. Concentre-se nas coisas com as quais gasta dinheiro e escolha qual você quer mudar. Você pode aumentar a porcentagem de sua moradia em 25%, criando um *superávit* de 5%. Você pode aumentar ou diminuir o percentual em cada coisa que quiser. Sendo assim, você pode ganhar no jogo e gerar um *superávit* que é resultado do que você pode colher de todos os *superávits* amplia-

dos. Com sua imaginação, você pode criar uma maneira de comer melhor, gastando a metade do dinheiro. Existem milhares de idéias. Uma delas é ligar para sete amigos e lhes perguntar se não querem convidá-lo para jantar com eles uma vez por semana. Se você tem boa auto-estima, não será difícil. Outra idéia é combinar com esses sete amigos que cada um receba os outros seis em casa para jantar uma vez por semana, ou você convidar dez amigos seus para jantar na sua casa e cobrar deles menos do que gastariam se tivessem ido a um restaurante.

- ***Atenção com as coisas com que você gasta o seu dinheiro prioritariamente.***
  O que é mais importante? Moradia, geralmente, é aquilo com que você mais gasta de toda a lista. Compare isso com os livros e seminários de autoconhecimento. Por exemplo, você poderá utilizar este livro sempre pela mesma quantia que pagou. Lembre-se de que o dinheiro gasto com o autoconhecimento é o bem mais valioso que você pode usufruir. O medo em se exceder nos gastos o leva a só gastar dinheiro com coisas que visem uma valorização por parte de outras pessoas, e isso está de acordo com o consumo. *O mais importante é que você gaste com coisas que são verdadeiramente boas para você e que o deixem feliz sem que se sinta culpado.* Quando você diz que não tem dinheiro para participar de um seminário de autoconhecimento ou para comprar um livro para desenvolvimento pessoal, você está diminuindo sua auto-estima ao afirmar: "*Eu não sou um bom investimento.*"
- ***A melhor maneira de gastar dinheiro é investir em você mesmo por meio do autoconhecimento.***
  O seu desenvolvimento pessoal é a principal prioridade. Acredite nisso. Siga estas dicas. Leonard Orr as segue e também nós as estamos seguindo, e está dando certo.
- ***O princípio dos cem reais.***
  Outra técnica importante para aumentar sua consciência de prosperidade é levar em sua carteira uma nota de R$ 100,00 ou ir acumulando até que você tenha a nota de R$ 100,00. Existe, porém, a condição de que você não gaste essa nota até que seja capaz de repô-la imediatamente. Isso significa que você terá sempre R$ 100,00 e, assim, começará a pensar como uma pessoa "rica". Toda vez que você abrir a carteira, você verá os R$ 100,00 e se acostumará a levar sempre dinheiro de sobra. Quando você for capaz de repor essa nota, gaste-a e ponha os outros R$ 100,00, para que você possa ensinar à sua mente que você não perdeu algo e que você tem capacidade de repor o que gastou. O fato de você levar uma nota de R$ 100,00 na carteira o põe numa posição de força, porque você não tem de gastar esse dinheiro; e toda vez que você abrir a carteira, não sentirá medo de perder uma quantidade de dinheiro. Como os pensamentos são criativos, você estará, assim, se preparando para a "riqueza". Portanto, toda vez que você abrir a cartei-

ra e vir os R$ 100,00 pense: "*Eu tenho R$ 100,00, eu tenho dinheiro de sobra.*" Desse modo, você sempre tem dinheiro e perde a consciência de pobreza, de roubo e de medo das pessoas. Ninguém vai querer roubá-lo nem você vai perder a carteira, pois é o pensamento que cria as situações na sua vida. Se você não está pensando em nenhuma dessas coisas e tem uma posição de força, você tem o domínio de todos esses acontecimentos.

- **É sempre importante ter em mente que tudo o que se gasta, se dá.** Sempre que chegar uma conta para você pagar, diga para si mesmo a seguinte afirmação: "*Que ótimo! Eu tenho uma oportunidade para gastar.*" Agradeça a todas as suas contas. Se você considerar uma perda pagar uma conta, você acabará tendo problemas. "*Quanto mais você dá, mais você recebe.*" Suas contas são um acordo com a Existência; você a está pagando. Pague todas as suas faturas atrasadas, negocie-as, pois elas são uma dádiva em sua vida. Isso ajuda a desenvolver sua consciência de prosperidade.
- **Você pode aumentar seus ganhos com uma suposição realista.** Quase todo mundo supõe que a sua riqueza se baseia nos seus ganhos. Se você ganha no "*Jogo da suposição*" de que seus ganhos aumentarão dentro de três a seis meses, eles passarão a aumentar nesse prazo em função de suas suposições. E isso acontecerá automaticamente. Se você aumenta sua suposição em 10%, sua mente começa a gerar dinheiro, na rua ou onde quer que seja, de uma maneira mística e mágica. ***Quando a sua mente aceitar que seus ganhos são superiores aos seus gastos e você aumentar seus gastos, sua mente fará surgir o dinheiro necessário para manter esse equilíbrio.***

MAIS AFIRMAÇÕES SOBRE A LEI DO GASTO

"*Eu, ___________, tenho dinheiro em abundância e fluente* cash *pessoal.*"

"*Toda a quantia que eu, ___________, gasto volta para mim multiplicada.*"

"*Meus ganhos agora excedem minhas despesas.*"

"*Quanto mais desejo prosperidade para os outros, mais os outros desejam a minha prosperidade. Quanto mais as outras pessoas desejam me fazer prosperar, mais desejo fazê-las prosperar.*"

Obviamente, é muito mais fácil para as pessoas em nossa sociedade dar do que receber. Essa é a parte mais dura para as pessoas: **receber.** Pois, se você fosse um bom recebedor, você seria rico. Se todos fossem bons recebedores, todos seriam ricos! Então, todos estão dando. Você tem medo de receber... de receber amor! Isso porque você não sabe receber amor nem de si mesmo. Você não sabe se amar. Portanto, você não sabe como é ser amado! Desse modo, você se fecha para não receber esse amor, e mesmo quando o dá, dá economicamente, isto é, sem deixar "rasto" para receber o que está oferecendo! ***A única coisa que o faz ser capaz de poder permanecer pobre é dar mais do que receber.*** O mundo precisa de mais recebedores. Isso é uma mente expandida! ***É sempre mais fácil para todos nós comprar do que vender, até que possamos descobrir o prazer e a beleza de vender, de receber e fornecer um serviço.***

Quanto mais você dá, mais você recebe.
Quanto mais você recebe,
mais você deseja dar.

Como você está agora? Você tem distribuído mais idéias do que recebido? Você sempre oferece mais serviços do que recebe? Você distribui mais mercadorias ou bens do que recebe?

3. A Lei da Poupança ou da Economia

Existem duas importantes afirmações para a Lei da Poupança:
"Uma parte de tudo o que eu ganho é para eu guardar."
"Todos os dias meus ganhos aumentam, esteja eu trabalhando, me divertindo ou dormindo."

Se você tem dinheiro numa caderneta de poupança, seu dinheiro está aumentando a cada dia, mesmo que você esteja trabalhando, jogando ou dormindo; quer dizer, a todo momento o seu dinheiro está rendendo e isso prova a verdade dessas duas afirmações. À medida que sua mente aceita a Lei da Poupança, nessa escala tão elementar, isso passará a todos os outros âmbitos.

A maneira de pôr em prática a Lei da Poupança ou da Economia é contar ao menos com seis cadernetas de poupança.

AS SEIS CONTAS DE POUPANÇA

1. **Conta das Grandes Compras:** para qualquer propósito.
2. **Investimento de Capital:** depositar pelo menos R$ 1,00 por mês.
3. **Ganho Anual:** só se retira dinheiro se for para um investimento.
4. **Independência Financeira:** o dinheiro fica aqui para sempre — esse é o segredo para a riqueza.
5. **Conta de Gastos Fluídicos:** contas a pagar, deixe o dinheiro nessa caderneta por 1 mês.
6. **Taxas e impostos:** tudo o que o governo cobra de você.

1. Conta das Grandes Compras:

Para qualquer propósito. O objetivo desta caderneta é que ela esteja sempre vazia, o que é muito difícil quando você tem as outras cinco poupanças.

Quando você tem uma verdadeira consciência de prosperidade, você cria o dinheiro que quer sacar da caderneta de poupança antes de você chegar ao banco.

Esta é uma conta para você usar livremente no que você precisar; uma conta para ser usada no seu dia-a-dia, nas suas despesas pessoais, no lazer ou para presentear outras pessoas.

2. Investimento de Capital:

Depositar pelo menos R$ 1,00 por mês. Esta caderneta é para você ter um capital para investir. Você não pode retirar dinheiro dela a não ser para investir.

O objetivo desta caderneta é que o dinheiro trabalhe para você, pois o lucro do seu trabalho é importante para que você invista em outra coisa e, quanto mais você investir, mais você terá lucro. Você sempre deverá investir seu lucro novamente, até ter vários investimentos; você deve depositar esses lucros nas suas outras cadernetas, e é importante que você as movimente.

Todas as pessoas têm, em algum momento, pensado em possuir ações, imóveis ou um investimento qualquer. O objetivo desta conta é reunir o capital para você realizar esses investimentos; por isso, você só pode sacar dinheiro desta conta para realizar investimentos que lhe propiciem uma porcentagem maior de benefícios. Esta conta deverá ser sempre regida por essa regra.

3. Ganho Anual:

Só se retira dinheiro se for para investimento. Esta conta tem dois objetivos: o primeiro consiste em acumular um ganho anual que lhe permita ter um ganho equivalente a um ano de reserva; você poderá tirar um ano de descanso sem trabalhar a qualquer momento que desejar. O segundo objetivo consiste em utilizar a conta do ganho anual como sua conta básica de retiradas, isto é, você deposita todos os seus ganhos na sua conta de ganho anual, e logo retira algum, por exemplo, retira 90% (sempre menos do que depositou) para despesas corriqueiras, isto é, para depositar nas outras cinco cadernetas de poupança. Você poderá fazer uma transferência semanal de sua conta de poupança para a sua conta corrente. Isso faz com que você tenha uma nova mentalidade e aumente sua consciência de prosperidade, porque você tem a possibilidade de pagar a si mesmo. O que sobrar, você deixa na conta anual até que você possa ficar um ano sem se preocupar com dinheiro; assim, você não precisará mais ficar deprimido com relação a dinheiro e poderá, então, pensar em outros problemas emocionais que tiver, se tiver, e resolvê-los para que você possa, cada vez mais, desfrutar a vida totalmente. O mais importante é você saber quais são os seus gastos mensais para que fique tranqüilo e tenha essa quantia mensal garantida, podendo aplicar o resto de seus ganhos nas outras contas.

4. Independência Financeira:

O segredo para a riqueza. *O dinheiro fica aqui para sempre.* Esta é a conta mais importante; sua finalidade é acumular ganhos suficientes para que você possa viver de seus rendimentos, trabalhando ou não. Para que esta conta dê certo, você precisará seguir duas regras: **1) *Nunca mexa no que você deposita. O dinheiro que você deposita aqui deve ficar nesta conta para sempre.* 2) *Você deve gastar 90% da porção de juros regularmente (10% você reinveste nela), mesmo que seja para depositar nas outras contas.*** Você nunca vai precisar mexer mesmo, pois sua consciência de prosperidade vai aumentar cada vez mais.

5. Conta de Gastos Fluídicos:

Contas a pagar. Deixe o dinheiro nela por um mês. Nesta conta você põe tudo o que você recebe de lucro e não mexe por um período de 24 horas. Depois desse período, você pode retirar o dinheiro para usar no seu dia-a-dia ou aplicar em outra conta. Você não pode deixar o dinheiro parado nesta conta por mais de trinta dias, e deve usá-lo para suas despesas ou para um projeto novo.

6. Taxas e impostos:

Tudo o que o governo cobra de você. Esta conta é usada para pagar suas despesas, contas, taxas e impostos governamentais. Assim, você dorme tranqüilo, sem preocupações com essas cobranças costumeiras — regras sociais em todos os países do mundo.

Cada uma dessas seis contas de poupança vem confirmar a segunda afirmação: "*Todos os dias meus ganhos aumentam, esteja eu trabalhando, me divertindo ou dormindo*", pois, se você tem uma caderneta de poupança, se esta afirmação se torna matematicamente verdade na sua conta de poupança e você continua a usar a afirmação, isso se tornará verdade em cada área da sua vida. Cada uma dessas contas de poupança é um modelo mental destinado a estimular várias máquinas de dinheiro em sua mente, máquinas que criarão um montão de dinheiro para você. Quando sua reputação está aumentando, sua renda está aumentando. Quando outras pessoas estão falando sobre você e seus produtos, enquanto você está trabalhando, se divertindo ou dormindo, eles estão aumentando a sua renda.

MAIS AFIRMAÇÕES SOBRE A LEI DA POUPANÇA

"Todos os anos meu dinheiro aumenta mais depressa do que gasto."

"Eu tenho o direito de me dar permissão para me tornar rico ou para fazer qualquer coisa que queira."

"Eu mereço ser rico, próspero e bem-sucedido."

"Todo meu suprimento imediato vem da Inteligência Infinita, que é Eterna, Divina, Imortal e sem limites."

4. A Lei do Investimento

Existem duas afirmações importantes para explicar a Lei do Investimento:

"Todos os meus investimentos são lucrativos."

"Parte de meus ganhos se converte em riqueza permanente ou independência financeira, em gastos correntes, reinvestimento em capital e em reservas."

A resposta para os seus problemas financeiros é a **imaginação.** A sua mente o ajuda a tornar facilmente rentáveis todos os seus investimentos. Tudo aquilo em que você se concentra, se incrementa. Se a sua mente se concentra no fato de que 50% da sua renda será aumentada, isso é o que realmente vai acontecer.

A lei é usar o que você produziu no passado ou no presente para aumentar a produção atual. Você também pode usar a produção de outras pessoas para aumentar a sua produção atual ou usar sua produção para aumentar a de outras pessoas.

Os princípios básicos do investimento são: ***lucro e abundância***. A lei do investimento abarca esses dois princípios, o mercado de valores ("o capitalismo das pessoas"), o real estado e um conceito revolucionário para libertar as pessoas dos males das taxas e dos governos opressivos. Essa é uma nova idéia, é um "*comitê de Prosperidade*".

De fato, o mercado de capitais é realmente uma forma de socialismo. É interessante o fato de os socialistas estarem contra o mercado de capitais, bem como não podemos compreender por que muitos são contra o auxílio em dinheiro do governo, pois isso torna os homens locais ricos! Os recebedores do auxílio governamental não ficam ricos, mas os homens de negócios ficam. *Já é tempo de aperfeiçoar o pensamento das pessoas sobre dinheiro e economia.*

Investir em pessoas que amam o seu trabalho é o empreendimento mais real e eficiente; não é um "*esquema de fazer dinheiro*". Geralmente os "*esquemas de fazer dinheiro*" não funcionam, pois as pessoas, nesse caso, são motivadas pelo dinheiro e não pelos hábitos, pelo prazer e pelo amor. As pessoas gostam de fazer o que é fácil para elas, não o que gera dinheiro, e com isso adquirem a certeza de que estão construindo um ciclo de retorno imediato para todos os seus empreendimentos.

Sua mente criará todos os investimentos lucrativos ou metade de seus investimentos lucrativos. Depende do objetivo que você cria. Sua mente pode tornar realidade qualquer objetivo que você criar. Se você começa com o objetivo de tornar lucrativa apenas metade dos seus investimentos ou de que eles todos não podem ser lucrativos, então, isso é o que a sua mente criará. Comece, portanto, com o objetivo de tornar lucrativos todos os seus investimentos, e isso é o que sucederá.

Você deve reinvestir uma parte dos seus lucros. Se você põe uma parte dos seus lucros em reservas ou em outros tipos de investimentos ou se você põe uma parte dos lucros em gastos corriqueiros, esses lucros serão eternamente reinvestidos e farão a você um grande bem pessoal. Agora, se você reinveste uma parte de seus lucros numa independência financeira, então você converte seus ganhos numa riqueza permanente.

Você precisará dividir os lucros de cada investimento que fez em suas contas em quatro categorias e aplicar uma parte em cada uma destas:

1. Gastos
2. Investimentos
3. Conta de Poupança de Investimento
4. Conta de Independência Financeira

1. **Gastos:** deposite parte de seus lucros em sua conta de gastos ou de grandes compras; isso beneficia sua consciência de prosperidade, pois você se beneficia de seu investimento no presente e não no futuro, que não existe.
2. **Investimentos:** se você aplica parte de seus lucros em seu capital original (ou Investimento de Capital), ele aumentará sempre mais.
3. **Conta de Poupança de Investimento:** pondo parte de seus lucros em sua conta de Investimento de Capital, seus investimentos serão diversos.
4. **Conta de Independência Financeira:** depositando parte de seus lucros em sua conta de Independência Financeira, eles se tornarão uma riqueza permanente nessa conta.

Não tenha medo de investir seu dinheiro — incremente sua mente e o dinheiro fará o que sua mente comandar. Trabalhe juntamente com a afirmação: "*Todos os meus investimentos são lucrativos*" e observe o que acontecerá.

MAIS AFIRMAÇÕES PARA A LEI DO INVESTIMENTO

"A vida me recompensa com abundância."
"Eu gosto de ser auto-suficiente economicamente."
"Quanto mais rico me torno, mais aumento a minha riqueza."

Ao dominar essas afirmações, você contribuirá ainda mais para a sua consciência de prosperidade. Elas deverão ser discutidas e minuciosamente trabalhadas com fita cassete e com respostas emocionais durante todo o tempo necessário para a realização de sua vida mais próspera.

Se quiser você pode dar ou vender a um amigo ou cliente uma cópia deste capítulo sobre Dinheiro. Isso fará com que você contribua para o aumento de pessoas mais conscientes com relação à prosperidade e ao dinheiro em nossa sociedade. Você pode dividir os lucros que você obtém com esses investimentos e pôr uma parte em cada uma de suas seis cadernetas de poupança.

AS CINCO BARREIRAS MAIS COMUNS QUE DIFICULTAM O DESENVOLVIMENTO DA SUA RIQUEZA

1. Medo da Pobreza

2. **Medo de Crítica**
3. **Medo de Perda de Amor** — ciúme (ame a si próprio primeiramente)
4. **Medo por sua Saúde** (tudo é criado pelo pensamento; para ter saúde você precisa ter pensamentos saudáveis)
5. **Medo de envelhecer** — estude a filosofia da Imortalidade Física.

Negociação

Quando você tem consciência de prosperidade, dinheiro e boas idéias, mercadorias e serviços vêm a você. Conserve os olhos e a imaginação abertos. Não se limite devido ao sistema de dinheiro no que concerne à sua prosperidade pessoal. Um dos propósitos da negociação é torná-lo capaz de dar e receber. Não se preocupe sobre quanto dinheiro é trocado nisso.

Se você compartilhar essa experiência ou informações com pessoas, você dominará a informação; isso funcionará para você e você poderá ganhar muito com isso. O que você obtém depois não é só dinheiro, mas idéias, mercadorias e serviços de outras pessoas. Afinal de contas, você está negociando sua criatividade e sua produção pelas mesmas coisas de outras pessoas.

Riqueza são idéias, bens ou mercadorias e serviços. Dinheiro é simplesmente um significado de troca de riqueza. A permuta também funciona. É sempre possível contornar o sistema de dinheiro para manifestar seus objetivos.

Todo o dinheiro que você não tem outras pessoas têm. Você obtém o dinheiro de outras pessoas fornecendo a elas idéias, mercadorias e serviços pelos quais elas querem pagar.

Aprender a arte da negociação pela experiência
é a essência do jogo do dinheiro.

Negociar é um aspecto essencial da comunicação humana. Já que o dinheiro é o jogo mais popular na cidade e as pessoas gastam grande parte de seu tempo jogando, faz sentido aprender a negociar.

Negociar é o processo de fazer e refazer acordos. Negociação é o processo de comunicação que é concluído com uma combinação que resulta na satisfação de ambas as partes. Negociar é desejar saber mais sobre o que você quer do que reclamar sobre o que você tem.

Não são necessários poder e intimidação para se negociar. O Universo é justo e responde a todos os nossos desejos. Quando estamos motivados para negociar também em benefício do outro, não precisamos trilhar o caminho da intimidação para termos sucesso. Ao negociar, você pode sentir e receber apoio e cooperação de seus amigos, associados, clientes e credores, se você fizer isso de acordo com todas as partes. Negociar pode ser sempre divertido e fácil se você tiver em mente os benefícios para ambas as partes. Só o que se requer é a capacidade de mudar os contextos e analisar a situação de acordo com o ponto de vista de cada um.

É incrível, mas negociar parece fazer com que a maioria das pessoas se sinta incomodada. É de muita ajuda conhecer a negociação e sentir a verdade com relação a cada um de seus sentimentos quando você completa sua negociação, por exemplo, sobre esse tema. Esses sentimentos têm inibido seu sucesso financeiro durante toda sua vida até agora. Então, reserve algum tempo, o quanto quiser, mesmo agora, para verbalizá-los, discuti-los e livrar-se deles.

Agora, pergunte a si mesmo:

- Quanto essas idéias valem para mim?
- Qual o valor que eu recebi por essas informações?
- Quanto dinheiro estou desejando e estou apto a pagar como um símbolo de valor?

Reserve um tempo com cada uma dessas valiosas questões.

Quando você ensina as Leis da Prosperidade às outras pessoas, você está dando uma consulta de negócio profissional que vale pelo menos R$ 100,00. O preço é determinado pela negociação. A negociação implica o desejo de dar livremente as coisas valiosas que você recebeu na vida, assim como a vontade de confiar no amor de outras pessoas por seu apoio, sucesso e abundância financeira.

O propósito da negociação é ser hábil em ambos os lados para ganhar.

Se você cobra o preço que você pede, não deverá ser uma imposição psicológica ou uma pressão financeira sobre as pessoas. Ao deixar as pessoas pensarem sobre o preço da consulta, você aprende tanto sobre elas quanto sobre si mesmo.

Use sua intuição para tornar o processo de negociação parte da consulta. Se as pessoas têm dificuldade de dar a você muito dinheiro, mostre a elas como isso reforça o medo de falência e a consciência de pobreza. Se elas querem dar mais a você do que realmente podem pagar, independentemente da culpa de receber seus serviços, mostre a elas como a boa vontade para receber é essencial para a consciência de prosperidade.

Você deve fazer uma série de consultas com algumas pessoas, negociando o preço toda vez até que elas desenvolvam bem o sentido de valor próprio e a prosperidade para pagar o total de R$ 100,00. Ninguém deverá sentir nenhuma pressão; acabe com toda preocupação com dinheiro; seja livre e deixe cada um fazer uma livre escolha para "jogar" com dinheiro agora. Faça disso um hábito e o jogo do dinheiro será sempre agradável.

Não só o passar esses ensinamentos o fará aprender a negociar, mas, em qualquer situação de compra e venda na sua vida, você estará apto a negociar da mesma maneira, discutindo o preço até que você e as outras pessoas envolvidas na negociação desenvolvam bem o sentido de valor próprio e a prosperidade para pagar o total estipulado na transação.

Sua boa vontade para negociar é uma demonstração da sua motivação para servir, ensinando proporcionalmente à qualidade e quantidade de seu serviço.

Lembre-se: sua capacidade de receber é proporcional à sua capacidade de dar. Negocie livre e generosamente. Sinta prazer com isso!

Qual o valor que você recebeu graças a essas informações? Quanto em dinheiro você está apto e quer trocar neste momento por esse valor que você recebeu? R$ 1,00; R$ 10,00; R$ 25,00; R$ 50,00; R$ 100,00; R$ 300,00; R$ 500,00; R$ 1.000,00 ou mais?

Se você acha que a consulta vale mais do que você pode dar neste momento, facilite as coisas para você e complete essa transação no presente. Complete a transação agora.

Somente quando todos nós tivermos aprendido como atualizar nossas divinas inspirações é que o mundo será beneficiado e a economia do Planeta Terra verdadeiramente prosperará.

AFIRMAÇÕES PARA NEGOCIAÇÃO

"Eu, __________, tenho o direito de dizer não às pessoas sem perder o seu amor."

"Quando eu, __________, sinto o sim, eu, __________, digo sim, quando eu, __________, sinto o não, eu, __________, digo não."

"É fácil para mim dizer a verdade."

"Eu, __________, sempre busco saber o que quero, peço o que quero, busco receber exatamente o que quero e sinto prazer recebendo o que desejo receber."

"Sempre procuro fazer acordos que atendam aos meus propósitos."

IV. PASSOS PARA A AUTO-ESTIMA, RELACIONAMENTO COM AMOR E CONSCIÊNCIA DE PROSPERIDADE

Como liberar sua mente

- DIETA DO PERDÃO

(Este é o exercício dos 70 x 7)

Escrever setenta vezes por dia, durante sete dias, cada item abaixo:

1) PERDOAR VOCÊ
2) PERDOAR MÃE
3) PERDOAR PAI
4) PERDOAR DEUS OU QUALQUER PESSOA

Exemplo:

"Eu, __________, me perdôo completamente."
"Eu, __________, perdôo minha mãe completamente."

"Eu, __________, perdôo meu pai completamente."
"Eu, __________, perdôo a Deus completamente."
"Eu, __________, perdôo a __________ completamente."

- **CRIAR UM CONTEXTO (OU PENSAMENTO) ADEQUADO PARA TODAS AS ÁREAS DA SUA VIDA: AMOR — SAÚDE — TRABALHO — DINHEIRO — SEXO — RELAÇÕES — EMOÇÕES, ETC.**

Para mudar qualquer resultado que você queira, basta mudar suas crenças ou pensamentos com relação a esse resultado. Pois, lembre-se:

O pensamento é criativo.
O pensamento produz resultados.
A mente regula o corpo.

Se o resultado que você está obtendo em qualquer uma dessas áreas é negativo, questione-se: *Que pensamento está me levando a esse estado?*

Sente-se ou deite-se confortavelmente. Pratique as vinte respirações conectadas.

Faça a si mesmo cada uma das perguntas abaixo para pesquisar que pensamento o está levando a esse resultado. Então, responda com o primeiro pensamento que lhe vier à mente, sem julgamentos, a cada uma dessas questões, uma de cada vez, quantas vezes você achar necessário para eliminar todos os pensamentos negativos com relação a cada questão:

O motivo por que tenho este estado é ....
As vantagens que este estado me traz são ....
Os medos que tenho em eliminar este estado são ....
Os medos que tenho de novas mudanças ou energias são ....

Escolha a resposta mais forte para você em cada uma das questões e torne-a positiva, e trabalhe do modo como foi explicado no capítulo sobre as afirmações.

- **Criar contextos de celebração da vida.**
- **Ouvir fitas adequadas.***
- **Ler literatura imortalista, de renascimento e outras afins.****
- **Fortalecer cada vez mais o seu desejo de viver por meio de afirmações de amor, vida, saúde e imortalidade física.**

---

* Nós temos várias fitas de Auto-Estima, Consciência de Prosperidade, Mantras de Dinheiro e outras, para você adquirir se desejar. Entre em contato conosco através do endereço fornecido no final do livro e atenderemos seu pedido.

** Temos outros livros sobre esses temas. Entre em contato conosco.

- **Mapa do tesouro:** Numa cartolina, faça uma colagem de seus objetivos, colocando o seu retrato, todas as pessoas envolvidas; colar, sempre, a foto de um mestre para você estimular seu subconsciente a afirmar e realizar seus objetivos.
- **Visualizar seus objetivos acontecendo, todas as manhãs ao acordar, à noite ao se deitar e sempre que tiver oportunidade durante o dia.**
- **Visualizar sua criança interior:** conversar com sua criança interior — você quando era criança — e saber o que ela quer, uma vez por semana.
- **Gratidão:** agradecer a tudo o que acontece a você; confiar em que tudo o que acontece com você é para o seu bem, porque é uma etapa necessária para atingir a próxima.
- **Ser uma pessoa de verdade, simplicidade e amor.**
- **Realizar no mínimo uma sessão de Rebirthing a seco, no fogo, ou na água, por semana, com um mínimo de uma hora de respiração conectada** (depois de ter se submetido às sessões iniciais recomendadas de Rebirthing com um Rebirther reconhecido pela Rebirthing Multiversity International, California, EUA).
- **Anotar ou gravar suas afirmações com os seus objetivos**
- **Ouvir as fitas* de:**
- Mantras de dinheiro
  Consciência de Prosperidade
  Auto-Estima
  OM NAMAHA SHIVAYA
- **Realizar as técnicas de purificação espiritual diariamente:**
  — Banho duas vezes ao dia, no mínimo;
  — Meditação;
  — "OM NAMAHA SHIVAYA" — pronunciar interiormente para acalmar a mente;
  — Vinte respirações conectadas, no mínimo uma vez ao dia;
  — Acender uma vela e queimar um incenso em seu ambiente todas as manhãs ao acordar;
  — Alimente-se com alimentos saudáveis e naturais.
- **Ter em seu quarto os quatro elementos do universo:** ***terra, ar, fogo, água.*** Represente-os por meio de uma vela, de uma planta na água ou terra, incenso e um copo de água. O ar já está presente. É só respirar conscientemente.
- ALIMENTAÇÃO NATURAL.
- **Jejuar uma vez por semana:** só líquidos.
- **Estar em contato consciente com a natureza**, pelo menos uma vez ao dia. Isso o faz trocar o seu Prana com o Prana Universal. Você estará sempre imortal.
- **Participar de seminários e cursos de Rebirthing e imortalidade física.**

- **Fazer parte da Rebirthing Multiversity International — uma comunidade imortal.***
- **Praticar a respiração conectada:** diariamente.
- **Dar presente às pessoas:** quando sabemos dar, estamos prontos para receber. E quando estamos prontos a receber, aumentamos nosso poder para dar.
- **Servir à humanidade sem esperar recompensas.**

PRÁTICAS PARA A CONSCIÊNCIA DE PROSPERIDADE

1. Domine a capacidade de tomar decisões.
2. Use a imaginação.
3. Ponha em prática as idéias criativas.
4. Autovalor.
5. Automerecimento.
6. Auto-estima.
7. Escrever 10 minutos de pensamentos pela manhã e torná-los positivos.

AFIRMAÇÕES PARA DESENVOLVER UMA CONSCIÊNCIA DE PROSPERIDADE:

"Eu, __________, estou feliz com o que tenho e com o que sou agora."
"Eu, __________, agradeço por tudo o que já possuo."
"Eu, __________, escolho ter qualidade em tudo na minha vida."
"Eu, __________, perdôo a mim e a todos ao meu redor."
"Deus está em mim, __________, tanto quanto está em tudo ao meu redor."

"Eu, __________, sou parte da Mente Única Universal, que contém tudo nela mesma, e eu, __________, compartilho essa vasta riqueza do Universo."

"Minha mente prospera por meio da mente Universal em seu centro."

"Todos os canais estão abertos em minha mente para o Guia Divino neste lugar e tempo onde eu, __________, devo receber a prosperidade que já está na minha mente."

"Eu, __________, aceito e reconheço que a prosperidade é um estado natural e parte de minha mente e vida."

"Qualquer bloqueio é parte do passado que eu, __________, libero neste momento, abrindo minha mente para a prosperidade agora e sempre."

* Consulte-nos para maiores detalhes.

CONSCIÊNCIA PLENA

Somos todos filhos da Terra
Somos todos brotos de sementes
Filhos dos filhos, dos filhos, dos filhos
Força Divina de raios "solterrares"
Cópula fecunda...
Mistura de Sol e Mar, Céu e Terra,
Fogo e Água, Calor e Ar.

Flores do Universo
Ventos a soprar
Cores diversas
Tipos variados
Rosas, Margaridas, Cravos,
Amor-Perfeito... um Perfeito Amor.
Vermelhos, rosas, amarelos, verdes.
Filhos do mesmo Centro
Brotos de sementes fecundas
Força Divina, Mãe da Natureza.

Homens... Flores do Universo,
Ar... venham respirar
Luzes... tentem visualizar
Somos todos brotos da terra,
Cópula fecunda...
Mistura de Sol e Terra, Mar e Céu.
Ventos a soprar
Cores diversas
Raças variadas
Preto, branco, amarelo, vermelho,
Louro, moreno ou ruivo,
Filhos todos do mesmo Centro,
Força Divina da Mãe Terra.

Humanos... Brotos de sementes fortes
Caule crescendo
Que se transforma em tronco,
Árvores firmes e esguias,
Raízes profundas e seguras.
Arborizem, floresçam, frutifiquem
Transmutando o ambiente
Ame-o, consagre-o
Como árvore perene
Sejam Eternos...

Força Divina... Homem-Deus,
Produza a mais forte energia
e destrua os mais diferentes males.
Permita a presença de outros troncos
para desviar os ventos perversos,
Tão Divino, tão forte como cada "Você".
Apenas mais uma força
na linha de barreira,
Estremecendo galhos
Entrelaçando raízes.

Força Divina... Deus-Homem,
Deixe o forte vento do mal
Em velocidade,
Vir, bater, se desfazer,
E suavemente, a brisa a soprar...
Espalhando levemente
Por todos os extremos cósmicos
A Leveza, a Serenidade, a Paz
A Divina Harmonia,
Permitindo ao Infinito Supremo
Mostrar a Força Bela e Viva
Que Ele lhe quer Dar.

Om Namaha Shivaya
Unmani
Portugal, 1991

16

O Universo como Organismo, Não como Organização

- *O que é o trabalho?*

Viver é estar aqui, presente.
Meditar é fazê-lo presente.
Medite a cada segundo.

Na atual sociedade, o trabalho é visto como tudo que dá desprazer. Ouvimos dizer que necessitamos de horas de prazer ou lazer. Para você, o trabalho sempre deve envolver ganho de dinheiro. Isso é o que denominamos um "trabalho negociável" ou uma "negociata" — no qual você trabalha tanto quanto você produz dinheiro, tanto quanto você gasta dinheiro. Você pode entender que fazer compras é um trabalho? Na verdade, tudo o que envolve dinheiro é uma negociata.

TRABALHO É TODA AÇÃO,
CRIATIVA OU FUNCIONAL.

A partir dessa afirmação ou pensamento, você pode ter prazer em qualquer trabalho, basta você trabalhar "com gosto" e perceber que toda ação é vida, e vida é prazer. Se você não age não há movimento; se não há movimento, não há vida. Logo, se você não age, está morto. Tudo na vida é uma diversão; você pode estar trabalhando e "não estar fazendo nada", só se divertindo.

- *O que é uma equipe?*
  (ação em conjunto)

Se vocês sofrem, eu sofro.
Se vocês estão felizes,
eu estou feliz.

Você pode formar uma equipe a partir do seu **Ego** — para sentir-se mais valorizado e poderoso.

Você pode formar uma equipe a partir do seu próprio poder. Você **já é** PODEROSO, não precisa se esforçar para isso e nem dar mostras desse esforço. SUA NATUREZA É PODER.

BASTA VOCÊ SER.

A partir do seu **Ego**, você vai querer "pisar" os outros para garantir o poder.

A partir do seu **Ser**, você vai perceber o poder não só em você, como perceber o poder de cada um à sua volta e amar a si e a cada um por isso.

- *Quem é você?*

Cada coisa viva é um *Organismo*.
Cada coisa morta é uma *Organização*.

Você já notou que tem uma equipe dentro de você?

O primeiro passo para entender uma equipe é entender a si próprio — o seu próprio corpo. Ele é a sua casa. Observe como funciona. Ordene "a casa do seu corpo" tal como o seu corpo, e ela funcionará tão bem quanto ele.

Seu corpo é como uma máquina, mas você não é uma máquina, porque você tem o seu **Ser**, *"a alma de seu corpo"*.

Seu corpo traz em si uma equipe; são muitos órgãos trabalhando com um só objetivo: manter o seu **Ser** — **espírito** enquanto corpo. Isso é um **ORGANISMO.**

Você precisa sentir cada órgão do seu organismo, perceber-lhe a presença, a cooperação com cada outro, seu poder e unidade e fortalecê-lo a todo momento. Cada órgão é responsável pela saúde do organismo.

CORPO-MENTE-ESPÍRITO
UMA EQUIPE INTERDEPENDENTE
com um só objetivo:
VIVER.

Toda essa equipe (corpo) é mantida por outra equipe:

ÁGUA — AR — TERRA — FOGO = UNIVERSO
(relacionamento)

Cada um necessita do outro para funcionar como Universo. Todos *interdependendo* uns dos outros.

- *Onde está você?*

Ser independente,
mas consciente do organismo
interdependente em que vivo.

Vida é organismo. Nosso corpo é um organismo. Ele nos foi dado para que o olhemos e compreendamos, e compreendamos todo o UNIVERSO, pois o próprio Universo é um ORGANISMO. Tudo é **ENERGIA.** Tudo gerou-se de uma grande ENERGIA, que explodiu e se subdividiu em partes: nós. Somos essa Energia, somos tão poderosos quanto ela. Somos essa energia.

Somos parte dessa Energia ou Totalidade ou Universo ou Deus, como queira chamar. Somos o Total, pertencemos a ELE. Parece que não estamos NELE, mas somos ELE. Somos um em nós mesmos. Como uma grande bola de mercúrio que se divide em pequenas bolas, todas iguaizinhas à grande, com o mesmo poder, cada uma se dividindo em muitas, tal como a maior. Todas poderão se unir outra vez e se tornar uma só novamente. Só precisamos nos conscientizar disso.

Para nos conscientizarmos, temos de perder o medo dessa conscientização, perder o medo de mudar e deixar de funcionar como Ego — parar de achar que somos independentes e não necessitamos um do outro.

Todos somos necessários e interdependentes um do outro neste Planeta. Nada é independente. TODOS SOMOS INTERDEPENDENTES.

Perceba isso: todos somos valiosos neste conjunto Planetário. Todos somos necessários, temos valor igual; se um falha, todos falham. Por isso, cada um de nós é único e importante. Cada peça do relógio é necessária para o seu funcionamento. **Eu não sou melhor do que você, nem você é melhor do que eu.** Eu sou você, tanto quanto você é você e Eu sou Eu. A minha função é tão importante quanto a sua.

Como acontece com o seu próprio corpo, se um órgão adoece, seu corpo todo adoece.

Tudo neste planeta é interdependente. Compreenda isto: **TUDO.**

TUDO É UNIÃO E COOPERAÇÃO.

Só há organismos trabalhando em razão do **MAIOR ORGANISMO — O UNIVERSO.**

Se Você Quer Viver "Sozinho", Você Não é Nada;
é TUDO Mas Não é Nada.
Sozinho, o Que é o Cérebro ou o Coração?
Sozinha, o Que é uma Gota do Oceano?

- *Quem somos nós?*

Muitas pequenas idéias se unem
e formam uma grande idéia.

Eu devo ser importante enquanto EU, mas devo cooperar com você.

Somos um conjunto celular. Cada um de nós é uma célula. Se uma célula adoece, muitas adoecerão.

Tudo o que ocorre é para nos mostrar o que é a vida.

Se uma célula adoece, ela produz o **câncer** e tudo adoece. Temos de vencer o câncer, enquanto ciência, e venceremos juntos o **"Câncer da Vida"** — o **"Sistema Social"** — a ORGANIZAÇÃO.

Eu — **enquanto grupo** — devo ser importante para o meu grupo e cooperar com o outro grupo para uma maior produção, não só para mim, mas para todo o UNIVERSO. *Este é o nosso interesse e a* ***Missão*** *neste Planeta:* **Preservá-lo e trabalhar por ele e NÃO destruí-lo.**

Cada um trabalhando por todos e
todos trabalhando por um:
isso forma a humanidade.

- *O que é viver?*

Você não precisa sofrer
para justificar que está vivendo.

Você não precisa se "machucar" para perceber que vive.

Você pode se permitir o prazer. Você **tem** de se permitir o prazer.

Você pode difundir o prazer. Você **deve** fazer isso.

Você não necessita ser **"Sério"** para demonstrar que está trabalhando. Você não necessita sofrer porque está trabalhando.

Tudo **pode** ser uma diversão! **Não:** tudo É uma diversão. ***Divirta-se com a vida!***

Tudo deve ser observado. ***Esteja alerta.***

"Tudo é Nada — Faça Tudo, Não Fazendo Nada."

A vida é simples. Seja simples. A vida é PRESENTE. Esteja presente no SEU presente.

O passado é passado. O passado é pesado. O presente é leve.

A vida e o desejo de viver sempre são muito fortes. "*Se você escolhe outra alternativa que não seja* ***Ser você mesmo,*** *então está negando toda a sua vida, está escolhendo a morte.*"

Afirme a vida.
Positive a sua vida!

- *O que é movimento?*

Hoje, neste momento, digo-lhe quem **Sou**.
Esta é a graça da vida.

Vida é Movimento. O Universo está em constante Movimento.

Movimento significa ***Tensão*** X ***Relaxamento; Tensão*** X ***Relaxamento.***

Quando ocorre: ***Tensão + Tensão + Tensão + Tensão***; quando o corpo reclamar, pedindo relaxamento, este será relativo à quantidade de tensão. Se esta é demais, pode ser TOTAL = MORTE.

- *O que é Energia?*

Eu sou o fogo, o ar, a terra, a água.
Eu sou o alimento do Universo.

Alma do seu corpo. Alma do Universo, força da Terra, combustível do Movimento.

Tudo se mescla. Tudo interage. Um dá energia para o outro. Um supre a energia do outro. Um recebe a energia do outro.

Tudo é energia. Tudo é interdependência.

Você precisa ser **flexível** para permitir o fluxo dessa energia em seu organismo. Você precisa permitir a flexibilidade em si e na sua **equipe** "orgânica", para que ocorra o fluxo livre de energia pelo grupo.

Precisa saber tensionar e saber relaxar energeticamente e regularmente para abastecer o movimento em si e em torno de si.

Precisa saber liberar e captar energia do seu corpo ou do seu grupo; do seu corpo para outro corpo ou para outro grupo, a fim de abastecer o movimento em torno do mundo.

A energização do seu corpo precisa estar em harmonia com a energização do Universo.

Tudo é Troca. Dar e Receber. Receber e Dar.

- *O que é consciência?*
  (Consciência = "Com-ciência")

Se todos estão dormindo,
como posso funcionar?
Órgãos deste **Grande Organismo...**
Acordem!

Tomar conhecimento do REAL.

A consciência é o **Poder do Homem;** é acender a luz na escuridão da mente; é a percepção da consciência; é ver os fatos como são — o verde realmente verde, o vermelho realmente vermelho.

Ter consciência é estar presente no presente.

Estamos sempre relembrando o passado para realizar projetos não-realizados, que fizemos para certo futuro — isso é o que se denomina KARMA. Só vivendo completamente no presente podemos eliminar o Karma ou a programação de vida.

CORPO HUMANO

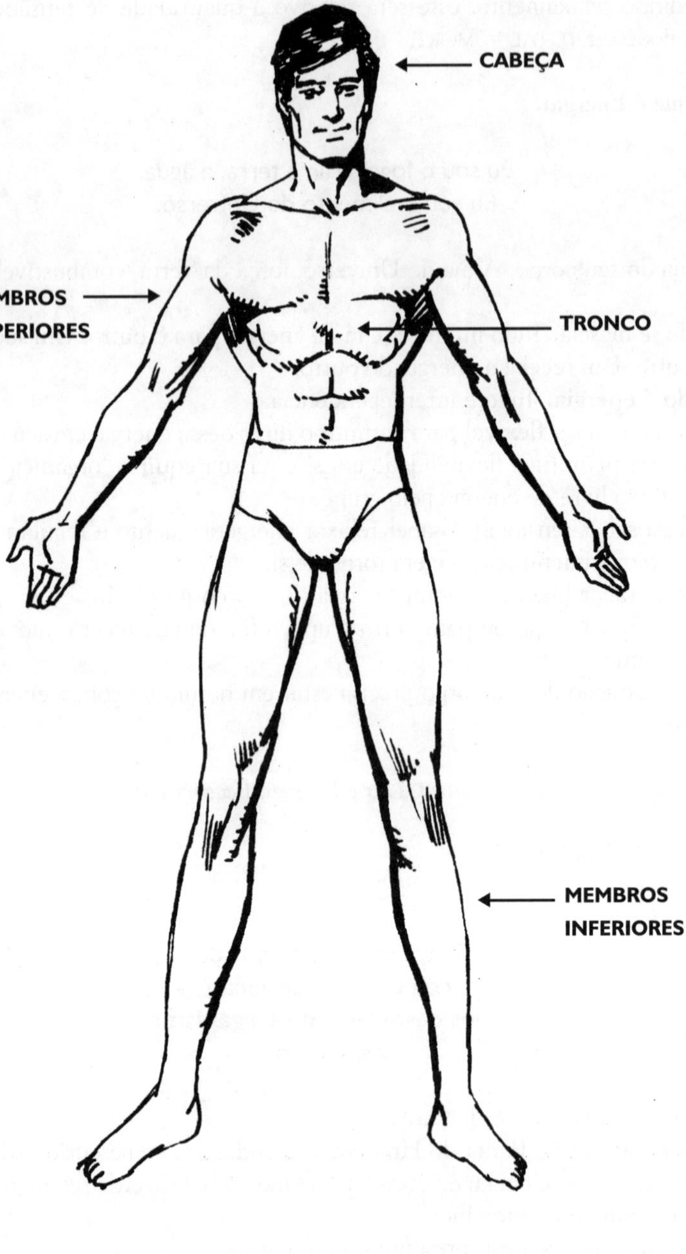

ORGANIZANDO UM ORGANISMO

"Qual é a alma do negócio?
Negócio também tem alma."

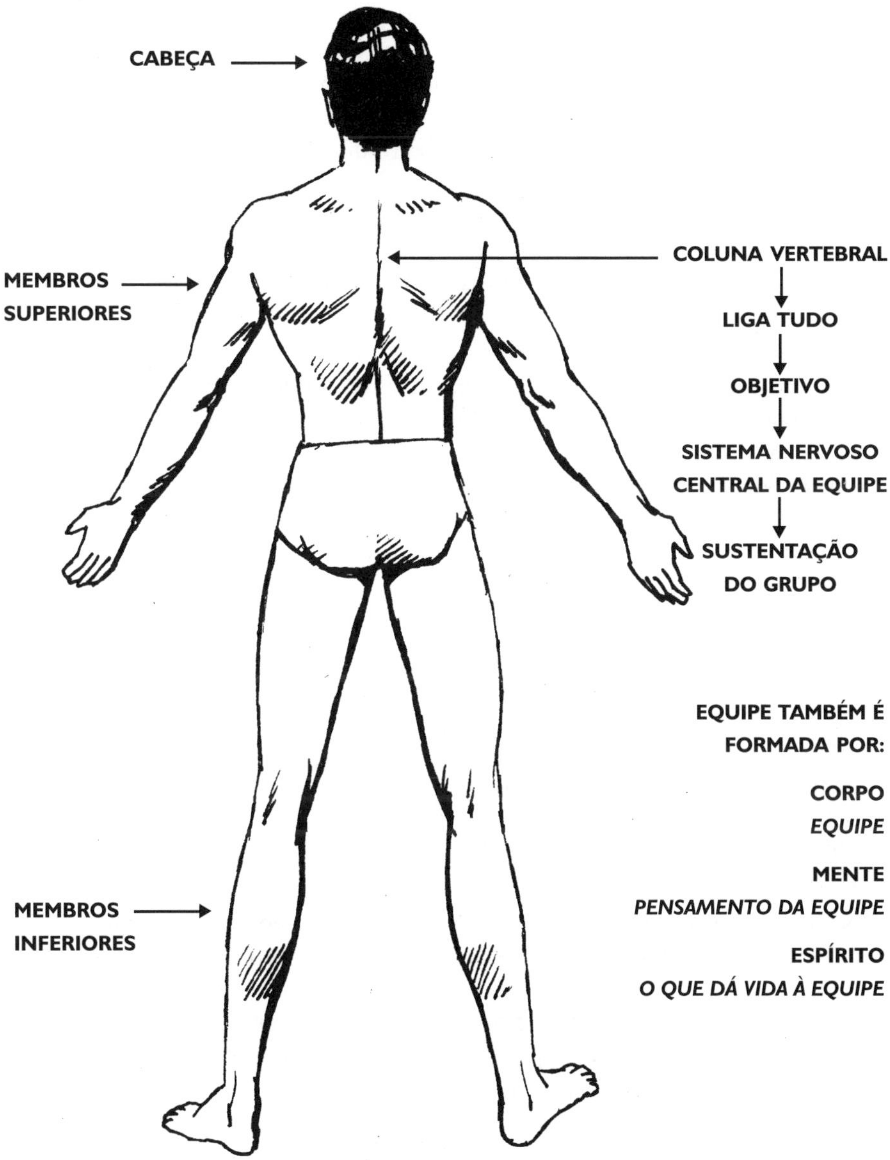

O primeiro passo para a Conscientização Total é nos conscientizarmos do "*nosso" mundo* — **nosso corpo.**

Assim, começamos a compreender o mundo, o Universo; quando nascemos, o primeiro passo para esse conhecimento foi tomar conhecimento do nosso corpo. O Sistema Social atual incute em nós, desde a mais tenra idade, a idéia de que "*somos peças de uma máquina*" e nos afasta, assim, do nosso **próprio Ser.** Agora, temos de começar novamente do primeiro passo — tomando consciência do nosso corpo.

A criatividade é espontânea. Ela surge com o SER.

Com a conscientização, o SER desponta e tudo novamente é criativo de modo espontâneo em nós e para nós.

Não se pode esquecer a coluna vertebral num corpo de equipe — ela é que sustenta o corpo.

O **Ego** não pode existir. Quando existe, acontece a:

HIERARQUIA, que leva à ORGANIZAÇÃO.

Esquecer que "*EU sou o presidente*".

Mesmo que EU seja o cabeça, o líder, não esquecer que existe o resto do corpo; cabeça sem corpo não existe, é nada, é morta e solta no espaço. O mesmo se pode dizer de um corpo sem cabeça.

Isso pode ser dito também de cada órgão interno responsável pelo funcionamento do corpo.

O organismo de uma equipe se compõe de parte externa e parte interna (que compõe cada setor). Cada parte do "corpo" da equipe é dividido igualmente como o nosso **corpo**. É sempre assim, em tudo na vida: ***um sai do outro, um sai do outro, um sai do outro...***

CABEÇA: *subdividida em cérebro, cerebelo...*
TRONCO: *subdividido em sistema respiratório, digestivo, etc.*
MEMBROS: *subdivididos em superiores e inferiores, e cada um destes se subdivide.*

Todo o corpo é alimentado pelo Sistema Circulatório, que gera **ENERGIA** em todo o corpo dessa equipe. Esse sistema circulatório numa equipe é o **RELACIONAMENTO, a COMUNICAÇÃO, o sangue do corpo: *isso não pode estagnar.*** Não se deve gerar tensões, pois a tensão deixa o sangue estagnado e cria bloqueios.

Tudo deve ser comunicado. ***A comunicação é o sistema circulatório do relacionamento.*** "*Deixar correr e aceitar* SENTIMENTOS — ALMA DO CORPO — CONSCIÊNCIA."

De todos os sentimentos, o que tem de ser mais forte é o sentimento natural do Homem — o fator substancial da Existência —, o **AMOR.**

O Amor Libera. O Ódio Bloqueia.

Quando o Amor circula, surge espontaneamente a responsabilidade, pois ninguém é condenado, ninguém é criticado nem julgado, e surge o respeito. ***"Ninguém está por cima, ninguém está por baixo."***

Seu amor-próprio traz o amor por cada um **como ele é.**

O respeito por si mesmo traz o respeito por cada um **como ele é.** *"Eu me amo, eu me aceito, eu me aprovo. Amo você, aceito você, aprovo você."*

Se me amo, ajo de maneira positiva. Se o amo, você age de maneira positiva em relação a mim.

"Eu amo vocês; vocês sabem disso, vocês sentem isso. Como podem agir de maneira negativa?" (Osho).

VOCÊ **É** POSITIVO — ISSO É NATURAL.

Você tem emoções e, numa equipe, há as emoções próprias de cada um, da mesma maneira que em você. Você tem de fortalecer o AMOR no seu próprio corpo; assim, você reforça o AMOR no corpo de sua equipe, porque essa é a emoção mais forte, que traz movimento, vida; é o que transmite energia positiva à equipe. VIDA É AMOR, É POSITIVIDADE.

- *Os elementos do organismo*

Ar, água, terra, fogo:
todos elementos interdependentes
do mesmo universo,
numa interligada unidade,
entrelaçados num perfeito
Relacionamento.

Esses são os elementos presentes em todos os organismos, elementos do "grande organismo" — o UNIVERSO. Elementos presentes em cada pequeno Universo. Presentes em mim, em você.

FOGO, AR, ÁGUA, TERRA, RELAÇÕES

Estão em você enquanto indivíduo; estão no grupo enquanto grupo orgânico:

AR → **RESPIRAR**
ÁGUA → **RELAXAMENTO**
FOGO → **VIDA**
TERRA → **PRESENTE (chão)**
RELAÇÕES → **AMOR**

E tudo começa com o AR
RESPIRAR

Seguindo as Leis da Natureza, vocês se tornam mais positivos, mais poderosos — não é conquistar a natureza; é estar com ela.

Essa é a linguagem do Homem "Orgânico".

- *A saúde do organismo*

O pensamento é criativo.
Crie-o apenas com positividade.

O pensamento tem um forte poder sobre você, sobre sua vida e sobre tudo o que está à sua volta.

Quanto mais elevado o pensamento, mais elevada a sua vida.

Seus resultados são os seus Mestres:

pensamentos positivos ———→ resultados positivos
pensamentos negativos ———→ resultados negativos

"A arma só é importante de acordo com a pessoa que a empunha. Se Gautama Buda empunha uma arma, seu uso não será o mesmo que se Adolf Hitler a estivesse empunhando." (Osho) O valor da arma depende do pensamento de quem a está segurando. A arma é inocente. A arma é neutra.

Tudo é neutro. Tudo é inocente. Você é inocente. Eu sou inocente. Tudo depende da maneira como você pensa sobre si mesmo ou como eu penso sobre mim mesmo. Tudo depende da maneira como você pensa sobre mim ou eu sobre você.

Tudo depende do pensamento,
e o pensamento pode ser mudado.

Pensamentos negativos são expressos no corpo na forma de ***tensão*** (*no corpo da equipe também*).

Está provado que em geral temos 50.000 pensamentos por dia. Precisamos saber "comer" esses pensamentos ou eles nos "comerão".

Pensamentos positivos atraem pensamentos positivos + pensamentos positivos + pensamentos positivos + ... que Relaxam + Relaxam + Relaxam + Relaxam + ... Que tranqüilizam. Que diminuem o fluxo de pensamentos mais e mais e mais...

Pensamentos negativos atraem + pensamentos negativos + pensamentos negativos + pensamentos negativos + ... que Tensionam + Tensionam + Tensionam + Tensionam + ... Que "neurotizam". Que aumentam o fluxo de pensamentos mais e mais e mais...

Pensamentos positivos aumentam a energia corporal.
Pensamentos negativos a diminuem.

Você precisa "purificar" seus pensamentos tanto no nível consciente quanto no nível do subconsciente.

Tudo está relacionado ao Sistema Nervoso, à mente. Todo o meu corpo reflete o estado de minha mente. Em uma equipe, se o OBJETIVO ou "Sistema Nervoso" irradia energia positiva, a "alma do negócio" está viva, tranqüila, positivada.

- ***Como positivar a sua vida e, conseqüentemente, a sua equipe***

Tudo é sempre um pensamento.
Qual o pensamento que está
causando essa condição?

1. RELACIONAMENTO: ***relacionar-se com você mesmo para relacionar-se com o outro.*** A única maneira de aceitar o amor de outra pessoa é primeiro aceitar-se a si mesmo. O amor está relacionado com a auto-aprovação. Tudo o que você pensa e faz é um passo para o sucesso ou o fracasso, tudo só depende de como ou do que você pensa. Se tudo o que você pensa é construtivo e faz com amor, é um passo certo para o sucesso; mas se tudo o que você pensa é destrutivo e faz com ódio, é um passo certo para o fracasso. Se você ama muito a si mesmo, dá oportunidade para que os outros o amem. Se você não se ama, ou se até mesmo se odeia, dá oportunidade para que os outros o odeiem.

Aceitar a si próprio e a cada um como ele é é o primeiro princípio para o relacionamento com amor.

Afirmações para um relacionamento com amor:

"Eu, __________, me amo, me aceito, me aprovo como sou.
Eu, __________, o amo, o aceito, o aprovo como você é."

2. SÍNDROME DA DESAPROVAÇÃO DOS PAIS: ***você tem de purificar seu pensamento em relação a seus pais.*** O relacionamento com seus pais se reflete nas suas relações — cria um programa de vida.

3. PADRÃO DE VINGANÇA: ***inconscientemente, você deseja vingar seus pais ou irmãos em outros.*** VOCÊ TEM DE **PERDOAR** a si e aos outros. Você é **INOCENTE**, eles são **INOCENTES.**

SOMOS TODOS INCONSCIENTES. PRECISAMOS
"ACORDAR" PARA NOS TORNAR CONSCIENTES.

4. NEGAÇÃO: *você tem de deixar partir o* NÃO *do seu pensamento.*

5. O OUTRO REFLETE O SEU INTERIOR: ***a vida é seu espelho. O outro é seu espelho.*** O que você vê é reflexo do seu interior. Observe e perceba como você está, como estão os seus pensamentos. Positive-os. Troque o seu interior e seu reflexo será belo de se ver!

6. AMOR: ***faça tudo com amor.*** *Nunca faça aquilo que não ama. Tenha ainda mais amor quando faz o que ama.*

7. AUTO-ANÁLISE: ***recorde e faça as coisas que gostava de fazer quando pequeno.***

8. ENAMORE-SE DE CADA PARTE DO SEU SER: ***enamore-se de cada uma de suas células.***

9. RESPIRE: ***pratique Rebirthing diariamente. Purifique seu corpo, seu espírito.***

10. IMORTALIDADE FÍSICA: ***reforce sua vida a cada dia, a cada minuto.*** *Se você está vivo, sua urgência de vida é muito mais forte do que sua urgência de morte. Salve a sua vida, ame a si mesmo!*

ALGUNS PADRÕES DE PODER EM SUA VIDA:

1. AMAR (amor, nosso primeiro apetite)
2. RESPIRAR
3. MEDITAR
4. BANHOS
5. RELACIONAR-SE COM AMOR
6. ORDEM
7. CRER NA SUA INTUIÇÃO
8. ESTAR PRESENTE NO PRESENTE
9. CONFIAR NA VIDA
10. ESTAR UNIDO AO UNIVERSO
11. AGRADECER A TUDO O QUE LHE OCORRE
12. PERDOAR A SI E A TODOS
13. NÃO JULGAR NEM CRITICAR
14. SERENIDADE E JOVIALIDADE
15. SILÊNCIO E OBSERVAÇÃO
16. SERVIR À HUMANIDADE

Todos esses padrões nos relaxam e nos fazem viver intensamente.

Lembre-se sempre: ***"Sou responsável por cada uma das minhas experiências."***

A Conscientização Corporal é necessária para se perceber o nível de tensão existente no nosso organismo. Saber relaxar totalmente é um aprendizado necessário para o funcionamento perfeito de todo o corpo físico. Da mesma maneira, o relaxamento em relação à equipe é um aprendizado necessário para o perfeito funcionamento do grupo. Quando houver tensão, pare e RESPIRE — pratique as 20 respirações conectadas conscientes de energia, e tudo será melhor. Acredite, realize e veja como trazem resultados positivos.

"Eu não sou nada
eu me permito SER
e vou SENDO.
*deixo-*ME *surgir.*
Vai desaparecendo o ego
e surgindo o SER
tal e qual ele é — TOTAL."

Unmani
Om Namaha Shivaya

17

Manual do Rebirther

COMO ENCONTRAR O SEU REBIRTHER E CONFIAR NA SUA EFICIÊNCIA

Um Profissional de Rebirthing ou Rebirther é uma pessoa capacitada para servir seus clientes em Rebirthing com Verdade, Simplicidade e Amor, sendo reconhecida por sua divindade em função de sua integração no Ser Infinito.

O Rebirther é um profissional que:

- Submeteu-se a um curso de formação profissional em Rebirthing e ao processo de cura de si mesmo, de acordo com os critérios e pré-requisitos relatados no *Manual do Profissional de Rebirthing,* Capítulo 18 a seguir.
- Domina todos os tópicos necessários para sua excelente formação, o que o prepara para uma total compreensão do que acontece ao seu cliente durante uma sessão.
- Respeita o cliente tendo um local adequado, com todas as facilidades exigidas para um completo e verdadeiro Rebirthing.
- Obedece à seqüência das entrevistas e recomendações descritas no Capítulo 18 *(Manual do Profissional de Rebirthing)*, apesar de poder criar situações novas de acordo com a necessidade de cada cliente, mas respeitando as diretrizes fundamentais.
- Dignifica o Rebirthing, respeitando e entendendo que se trata de um processo divino e, portanto, guiado pela Inteligência Infinita.
- Proporciona facilidades ao cliente, ajudando-o a entregar-se aos cinco elementos, usando as técnicas ensinadas para a realização de cada elemento, de acordo com o explicado no *Manual do Profissional de Rebirthing.*
- Respeita o cliente de acordo com o que foi descrito na relação Rebirther/ Rebirthee, no *Manual do Profissional de Rebirthing.*
- Verifica e segue os detalhes importantes para ser um excelente Rebirther — (ler explicativo no *Manual do Profissional de Rebirthing)*.

Use também sua intuição em relação aos Rebirthers com quem você entrar em contato, a fim de que se sinta à vontade para entregar-se confiante ao processo, e possa vir a ter uma ótima relação energética. Você poderá trocar de Rebirther se desejar, se não se sentir em sintonia com ele, apesar de ser mais aconselhável que você tenha um mesmo Rebirther durante as 10 sessões.

Você poderá também escolher aprender as 10 sessões de Rebirthing "a seco" com um Rebirther do sexo masculino, por exemplo, e as 10 sessões do Rebirthing em água quente com um Rebirther do sexo feminino ou vice-versa. E alternar seguir Rebirthers de sexo diferente em cada modalidade se assim desejar. Isso é positivo, por simular o relacionamento com o "pai" e com a "mãe", e por curar traumas revividos em relação a cada um deles.

Algumas boas dicas para que você tenha grande sucesso e excelente transformação com o processo do Rebirthing:

1. Procure empenhar-se em terminar todo o processo prescrito e recomendado e excelentes transformações certamente serão sentidas.
2. Recomenda-se que você tenha sessões individuais antes das sessões em grupo.
3. Não deixe de experimentar as sessões em grupo; elas são importantes para seu desenvolvimento interior e para a compreensão total dos relacionamentos.
4. A etapa final das sessões recomendadas é aprender a "Rebirth" ou renascer a si mesmo. Não deixando de continuar a praticar diariamente, você perceberá o que irá acontecer com você; ficará surpreso com a sua iluminação.
5. Se desejar tornar-se um profissional de Rebirthing, não se intimide; procure-nos, ou a qualquer profissional credenciado pelo Rebirthing Multiversity Internacional, para se informar como realizar seu desejo.
6. Procure participar de seminários e *workshops* sobre o tema e, se possível, procure envolver-se no Seminário de Um Ano, para compreender melhor o processo de relacionar-se com uma comunidade espiritual.
7. Deixe-se guiar pela Inteligência Infinita até um Mestre Espiritual, no seu caminho pessoal rumo à Iluminação.
8. ***Procure ler este livro mais de uma vez.*** Isso é importante porque, a cada momento do seu processo, com suas mudanças, você estará pronto a perceber melhor cada ponto e aproveitar as técnicas e exercícios mais profundamente.
9. Procure ler o livro *Autobiografia de um Yogue*, de Yogananda Paramahansa, especialmente o capítulo 33, que versa sobre Babaji.
10. Se tiver condições, venha conosco ao Herakhan Babaji Ashram e ao Osho Ashram, na Índia. Uma vez ao ano seguimos para lá, durante as festas das comunidades. Consulte-nos sobre isso. Antes, porém, junte-se a nós na Comunidade do Rebirthing Multiversity International. Escreva-nos e lhe daremos todas as informações necessárias.

18

Manual do Profissional de Rebirthing

O objetivo dos nossos cursos de formação profissional é fazer com que o novo Rebirther possa colocar-se imediatamente a serviço de seus clientes de forma efetiva. Os Rebirthers que completarem o Curso de Formação Profissional de Rebirthing pela Rebirthing Multiversity International — Califórnia, EUA — adquirem de forma consistente resultados de alta qualidade com seus clientes, sejam grandes terapeutas ou não, tenham uma intuição superior ou não. Podem oferecer um alto nível de rendimento a seus clientes. Para obter resultados de tão alta qualidade, o Rebirther não necessita de nenhum outro tipo específico de formação ou de experiência. A única coisa que você necessita é um compromisso real com respeito ao seu crescimento espiritual, com respeito ao serviço aos demais e com respeito a seu curso de Rebirthing profissional.

O que você pode conseguir com a formação de profissionais em Rebirthing?

- Uma profissão liberal de nível internacional.
- Aumentar sua sensibilidade, realizando um trabalho com o qual você contribui para a paz e harmonia mundial.
- Aumentar seu êxito pessoal, ampliando suas possibilidades de crescimento interior.
- Saber se purificar física, mental e espiritualmente, para se tornar um Ser consciente.
- Liderar palestras, cursos, seminários e sessões individuais.

REGRAS PARA SER UM EXCELENTE PROFISSIONAL DE REBIRTHING

Tudo o que você deve procurar saber para ser um excelente profissional de Rebirthing (Rebirther) e poder oferecer o melhor para o seu cliente:

1. ***Ter se submetido a um processo de autocura do Curso de Formação de Profissionais de Rebirthing, no Rebirthing Multiversity International, com os seguintes pré-requisitos:***

Um mínimo de:

- 10 sessões de *Rebirthing a seco.*
- 10 sessões de *Rebirthing em água quente.*
- 10 sessões de *Rebirthing em água fria.*
- 10 sessões de *Rebirthing na frente do fogo.*
- 10 sessões de *Rebirthing na frente do espelho.*
- 10 sessões de *Rebirthing em grupo.*
- 10 sessões de *Rebirthing "olho no olho"*
- 5 sessões de ensinamento de *Rebirthing dinâmico.*

2. ***Ter domínio completo dos seguintes tópicos:***

- História e Evolução do Rebirthing.
- A Ciência Metafísica do Rebirthing.
- Psicologia Espiritual.
- Respiração Consciente.
- As Vinte Respirações Conectadas.
- Liberação da Respiração, Síndrome da Hiperventilação, Tetania.
- Os Cinco Elementos do Rebirthing.
- O que acontece numa sessão de Rebirthing.
- Filosofia da Imortalidade Física.
- Técnicas de Purificação Espiritual.
- Princípios Metafísicos do Rebirthing, Lei Pessoal e Padrões Familiares.
- Origens Pré-Natais, o Nascimento e suas Influências.
- Princípios Psicológicos Abordados no Rebirthing: Sentimento; Condicionamentos ou Hábitos; Emoções.
- Auto-Estima.
- Relações com Amor.
- Consciência de Prosperidade.
- Abundância de Dinheiro.
- Universo como Organismo, não como organização.
- Meditação.
- Ética e Integridade Profissional.
- Técnicas de Consultas.
- Liderança de Seminários, *Workshops* e Palestras.

3. *Ter local adequado para receber seu cliente:*

- Espaçoso.
- Ventilado.
- Não muito frio nem muito quente.
- Limpo.
- Com banheiro, som, colchonete, cobertores; lenços de papel, espelho, etc.
- Com os quatro elementos presentes no ambiente: **água** (um copo de água ou plantas aquáticas); **fogo** (uma vela acesa), **terra** (incenso, terra no vaso de planta); **ar** (obviamente, em toda parte).
- Com retratos dos mestres Babaji e Osho, para energização ambiental e para lembrá-lo de que você é um imortal e vive na Verdade, na Simplicidade e no Amor.

4. ***Divulgar o Rebirthing por meio de planfletos, propaganda, jornais, palestras ou por qualquer outro modo criativo que dignifique o Rebirthing.***

FRENTE AO CLIENTE

(Nas Sessões de "Rebirthing a seco")

No primeiro contato: só "visita" e entrevista.

- ***Explicar claramente o que é o Rebirthing:*** (você poderá oferecer uma sessão de experiência para comprovar o método, se desejar).
- ***Explicar claramente o que não é o Rebirthing:*** *que não é terapia, nem religião, nem psicologia, nem ginástica, nem hipnose, nem substitui nenhuma dessas atividades.*
- ***Explicar claramente o preço da consulta:*** a forma de pagamento, o preço que cobra, de acordo com o que acha que o produto vale, seja em consulta, seja em seminário, etc.
- ***Explicar quanto tempo de consulta:*** de 1h30 a 3h00 de consulta; em geral, 1h30 para respirar e 1h30 para relaxar e compartilhar sobre como foi a sessão.
- ***Explicar o número de sessões: a seco*** — 10 sessões, no mínimo; ***e em água quente*** — 10 sessões, no mínimo, são de fato necessárias. As outras sessões são subseqüentes, e o cliente poderá seguir ou não com o processo, dependendo do aprofundamento que desejar. **Uma sessão por semana é o ideal.**
- ***Explicar que muito material será ativado*** e que isso poderá ser durante as sessões — o que é mais comum — mas que, durante a semana, muito material será ativado também, e que é importante trazer isso às consultas, de preferência por escrito. **A base de todo o trabalho: verdade, simplicidade e amor.** Portanto, avise ao cliente que o fundamento do trabalho é a sinceridade, com ele mesmo e com relação ao Rebirther. Quanto mais transparência houver, mais você estará seguro em suas emoções com relação ao cliente.

- ***Explique que você lhe dará trabalhos para fazer em casa***, como leitura dos capítulos deste livro e certos exercícios para ajudar a ativar e transformar negatividades.
- ***Responder ao questionário da "anamnese".***
- ***Ensinar as vinte respirações conectadas***, para que a pessoa pratique durante toda a semana, até a 1ª sessão.
- ***Oferecer este livro e determinar a leitura dos oito primeiros capítulos***, um apoio para o cliente, para a próxima e primeira consulta: **Introdução e Capítulos de 1 a 7**: *História e Evolução do Rebirthing; A Ciência Metafísica do Rebirthing; Psicologia Espiritual; Respiração Conectada Consciente; As Vinte Respirações Conectadas; Liberação da Respiração; Síndrome da Hiperventilação; Tetania; Os Cinco Elementos do Rebirthing; O que Acontece numa Sessão de Rebirthing.*

1ª sessão:
- Tirar dúvidas e explicar tudo o que foi lido.
- Explicitar relembrando, detalhadamente, como respirar na 1ª sessão, as reações físicas prováveis e os cinco elementos do Rebirthing.
- Deitado em colchonete, realizar a respiração circular conectada de 1h30 a 2h.
- Observar reações físicas e emocionais.
- Observar o padrão de respiração e os "truques da mente".
- Dar apoio para cada elemento ser atingido sem dificuldade.
- Depois da sessão: questionar sobre o que foi sentido, vivido ou visualizado.
- Determinar a leitura do Capítulo 8, antes da 2ª sessão: *Longevidade até Imortalidade Física.*

2ª sessão:
- Tirar dúvidas e explicar tudo o que foi lido.
- Explicitar relembrando detalhadamente como respirar na 2ª sessão, as reações físicas prováveis e os cinco elementos do Rebirthing.
- Respiração circular conectada, de 1h30 a 2h.
- Observar reações físicas e emocionais.
- Observar o padrão de respiração e os "truques da mente".
- Dar apoio para cada elemento ser atingido sem dificuldade.
- Depois da sessão, questionar sobre o que foi sentido, vivido ou visualizado.
- Determinar a leitura do Capítulo 9, antes da 3ª sessão: *Técnicas de Purificação Espiritual.*

3ª sessão:
- Tirar dúvidas e explicar tudo o que foi lido.
- Respiração circular conectada e os cinco elementos do Rebirthing, de 1h30 a 2h.
- Observar reações físicas e emocionais.
- Observar o padrão de respiração e os "truques da mente".
- Dar apoio para cada elemento ser atingido sem dificuldade.
- Depois da sessão, questionar sobre o que foi sentido, vivido ou visualizado.

- Determinar a leitura do Capítulo 10, antes da 4ª sessão: *Os Princípios Metafísicos do Rebirthing: Lei Pessoal e Padrões Familiares.*

4ª sessão:
- Tirar dúvidas e explicar tudo o que foi lido.
- Respiração circular conectada e os cinco elementos do Rebirthing, de 1h30 a 2h.
- Observar reações físicas e emocionais.
- Observar o padrão de respiração e os "truques da mente".
- Dar apoio para cada elemento ser atingido sem dificuldade.
- Depois da sessão, questionar sobre o que foi sentido, vivido ou visualizado.
- Determinar a leitura do Capítulo 11, antes da 5ª sessão: *As Origens Pré-Natais, o Nascimento e suas Influências.*

5ª sessão:
- Tirar dúvidas e explicar tudo o que foi lido.
- Respiração circular conectada e os cinco elementos do Rebirthing, de 1h30 a 2h.
- Observar reações físicas e emocionais.
- Observar o padrão de respiração e os "truques da mente".
- Dar apoio para cada elemento ser atingido sem dificuldade.
- Depois da sessão, conversar sobre o que foi sentido, vivido ou visualizado.
- Determinar a leitura do Capítulo 12, antes da 6ª sessão: *Princípios Psicológicos Abordados no Rebirthing: Sentimento, Condicionamentos ou Hábitos, Emoções.*

6ª sessão:
- Tirar dúvidas e explicar tudo o que foi lido.
- Respiração circular conectada e os cinco elementos do Rebirthing, de 1h30 a 2h.
- Observar reações físicas e emocionais.
- Observar o padrão de respiração e os "truques da mente".
- Dar apoio para cada elemento ser atingido sem dificuldade.
- Depois da sessão, conversar sobre o que foi sentido, vivido ou visualizado.
- Determinar a leitura do Capítulo 13, antes da 7ª sessão: *Considerações — Auto-Estima.*

7ª sessão:
- Tirar dúvidas e explicar tudo o que foi lido.
- Respiração circular conectada e os cinco elementos do Rebirthing, de 1h30 a 2h.
- Observar reações físicas e emocionais.
- Observar o padrão de respiração e os "truques da mente".
- Dar apoio para cada elemento ser atingido sem dificuldade.
- Depois da sessão, conversar sobre o que foi sentido, vivido ou visualizado.
- Determinar a leitura do Capítulo 14, antes da 8ª sessão: *Relações com Amor.*

8ª sessão:
- Tirar dúvidas e explicar tudo o que foi lido.
- Respiração circular conectada e os cinco elementos do Rebirthing de 1h30 às 2h.

- Observar reações físicas e emocionais.
- Observar o padrão de respiração e os "truques da mente".
- Dar apoio para cada elemento ser atingido sem dificuldade.
- Depois da sessão, conversar sobre o que foi sentido, vivido ou visualizado.
- Determinar a leitura do Capítulo 15, antes da 9ª sessão: *Consciência de Prosperidade.*

9ª sessão:
- Tirar dúvidas e explicar tudo o que foi lido.
- Respiração circular conectada e os cinco elementos do Rebirthing, de 1h30 a 2h.
- Observar reações físicas e emocionais.
- Observar o padrão de respiração e os "truques da mente".
- Dar apoio para cada elemento ser atingido sem dificuldade.
- Depois da sessão, conversar sobre o que foi sentido, vivido ou visualizado.
- Determinar a leitura dos Capítulos 15 e 16, antes da 10ª sessão: *Abundância de Dinheiro; O Universo como Organismo, não como Organização.*

10ª sessão:
- Tirar dúvidas e explicar tudo o que foi lido.
- Respiração circular conectada de 1h30 a 2h.
- Observar reações físicas e emocionais.
- Observar o padrão de respiração e os "truques da mente".
- Dar apoio para cada elemento ser atingido sem dificuldade.
- Depois da sessão, conversar sobre o que foi sentido, vivido ou visualizado.
- Orientar sobre as sessões em água quente antes da 1ª sessão de Rebirthing em água quente.

Em qualquer sessão, procure respirar, acompanhando a respiração do cliente e entrar também nos cinco elementos, dando-lhe assim força para continuar a respirar e entrar nos cinco elementos, o que é excelente também para que você possa ir compreendendo o que está acontecendo no momento com o "renascido", pois assim você troca energia com o cliente.

Para ativar cada elemento do Rebirthing:

1. **Para o 1º elemento — respiração consciente:** fazer ***um círculo grande no peito do cliente***, quando você quiser dizer a ele que respire profunda e longamente; fazer ***um círculo pequeno no peito do cliente,*** quando quiser dizer a ele que respire rápida e superficialmente.

2. **Para o 2º elemento — relaxamento total:** ***tocar um dos ombros do cliente***, como sinal para relaxar.

3. **Para o 3º elemento — consciência nos detalhes: *tocar o cliente nos dois ombros***, como sinal de que se torne alerta ao seu corpo.

4. **Para o 4º elemento — integração até o êxtase:** você terá de escolher em que contexto ou afirmação você quer integrá-lo (ver lista abaixo).

5. **Para o 5º elemento — "haja o que houver, tudo é perfeito":** escolha algumas expressões para ativar esse elemento (ver lista abaixo).

Técnicas para o 1º elemento

(Escutar cuidadosamente se há pausas entre a inalação e a exalação, se há sinais de agitação, retenção da inspiração ou força na expiração)

(Observação: o que está entre parênteses diz respeito a como você deve agir; o que está fora dos parênteses é o que você deve dizer.)

- (Tome uma forte inspiração.)
- "Respire."
- "Respire como se sua vida dependesse desta respiração."
- "Deixe que a gravidade cuide da expiração." (Se o cliente dorme, respire mais forte e ruidoso.)
- "Deixe que a inspiração flua da expiração e que a expiração flua da inspiração."
- "Relaxe a expiração." (Respire no ritmo que você deseja que o Rebirthee respire.)
- "Mais ar."
- "Mais depressa."
- "Mais profundo."
- "Deixe que o ritmo da respiração assuma o comando."

Técnicas para o 2º elemento

(Observe se há tensão na mandíbula, se o paciente aperta as mãos, se está com as pernas cruzadas, inquieto e movendo-se)

- "Relaxe, deixe seu corpo aderir ao chão."
- "Deixe tudo partir, solte seu corpo."
- "Relaxe seu desejo de estar inquieto."
- "Observe as partes do corpo que estão tensas e ame-as também."

Técnicas para o 3º elemento

(Questionário para ser usado a cada sessão, falando-se em voz baixa)

- "Procure sentir seu corpo. O que está ocorrendo com você?"
- "O que sente? Onde sente? Onde não sente?"

- "Você pode perceber o limite desde onde sente até onde não sente?"
- "Esta é uma sensação, emoção ou dor especial? Tem alguma forma especial?"
- "É no lugar onde não sente sensações? O que sente?"
- "É possível determinar textura nessa sensação?"
- "É tranqüila, tensa ou sutil?"
- "Tem a mesma intensidade em toda a região sentida?"
- "Como essa sensação afeta o seu corpo?"
- "Como afeta o equilíbrio do corpo? Parte esquerda ou direita como estão?"
- "Seus pensamentos estão afetados?"
- "São sensações incômodas ou agradáveis?"
- **Estados de espírito:** "É prazeroso ou não? Essas sensações lembram alguma emoção ou uma combinação de emoções ou tem mais de um estado de espírito? Há alguma sensação ou emoção que você não é capaz de descrever em palavras ou em formas? Como você se sente em relação a essa(s) sensação(ões)?"
- **Compreensão associativa:** "É um sentimento, uma sensação, uma emoção ou imaginação? *É algo típico de adulto ou de criança?* Se é um sentimento infantil, você se sente capaz de trocá-lo no seu corpo? Se é um sentimento de adulto, você precisa mudar essa forma de sentimento?"
- "Você está desfrutando? O que o impede de desfrutar o momento? Por que não desfrutar ainda mais?"
- Aprenda a descobrir mais coisas a cada sessão.

Técnicas para o 4º elemento

(Ou para mudar todo um contexto negativo para positivo)

Essas são técnicas para você, Rebirther — profissional de Rebirthing — usar, falando em voz baixa durante as sessões, para facilitar o cliente a realizar o 4º elemento — a integração até o êxtase. Você poderá escolher um dos contextos abaixo para cada sessão e usá-lo quando necessário.

1. *Esteja agradecido por existir como você é, inclusive com tudo o que você está sentindo agora.*
2. *Tudo na vida sempre tem um lado positivo e outro negativo, procure perceber o que há de positivo no que você está experienciando de negativo e agradeça por isso.*
3. *As coisas são como são, goste você ou não. Renda-se a isso.*
4. *Bem dentro do seu Ser existe algo que o faz compreender, gostar e aceitar este momento: vá bem fundo e tente encontrar esse algo.*
5. *Ame incondicionalmente cada parte do seu Ser.*
6. *Ame incondicionalmente cada detalhe desta experiência.*
7. *Não faça comparações; viva cada detalhe intensamente.*
8. *Deixe que Deus o guie; entregue-se completamente.*
9. *Isto é apenas um* ***contexto*** *escolhido por você: se o que você está sentindo agora é bom ou mau, agradável ou desagradável, tudo só depende de que mude o contexto.*
10. *Ao sentir esta experiência, você está se curando; agradeça por poder sentir.*

11. *Você está julgando tudo negativamente; não se repreenda, ache engraçado e veja o lado positivo de sua vivência aqui e agora.*
12. *Perceba o quanto é benéfico tudo o que lhe está acontecendo agora.*
13. *Lembre-se, você é responsável por tudo o que acontece em sua vida.*
14. *Esteja agradecido por estar ativando essa lembrança.*
15. *Aprovar-se e aceitar-se como você está agora é a chave das mudanças positivas.*
16. *Usufrua rapidamente deste momento antes que você o integre.*
17. *Lembre-se: isso o faz se conhecer ainda mais.*
18. *Tire o melhor de toda esta experiência.*
19. *Tudo isso o põe em unidade com Deus.*
20. *Tudo o que você está vivendo agora fortalece o seu poder interior.*

Técnicas para o 5º elemento

(Use uma das seguintes expressões. Uma expressão basta)

- "Muito Bem!"
- "Fantástico!"
- "Tranqüilo!"
- "Fenomenal!"
- "Perfeito!"

RELAÇÃO REBIRTHER / REBIRTHEE

- *O cliente deve estar presente e descansado no final da sessão.*
- *Estar atento para não ver no cliente aquilo de que você necessita.*
- *Receber é muito mais enriquecedor do que dar.*
- *Antes de ensinar,* OUÇA.
- *Ter em mente que você está dando* **atenção** *ao cliente e não* **atendendo-o.**
- *Esteja pronto para aprender mais com o cliente que ensinar.*
- *Ao dar, partimos da nossa ambição, do nosso ponto de vista. Haja como profissional, mas receba, esteja aberto para aprender.*
- *Haja o que houver, apóie sempre o cliente.*
- *É melhor respirar e integrar a si mesmo antes da sessão com um "cliente complicado", procurando descobrir por que esse cliente "mexe" tanto com você.*
- **Cuide de si mesmo**, *para trabalhar com energia.*
- **Crie constantemente, mas numa mesma linha.**
- *Pratique alguma técnica do 4º elemento.*
- *Você pode inventar muitos recursos de apoio, criar; não tenha medo de compartilhar isso.*
- *Tenha contato livre com o seu interior, com o seu sentimento.*
- **Não faça uma sessão com música**. *A atenção vai para a música e não para o que está ocorrendo no momento.*
- **Deixe que seja o cliente quem descubra tudo**.
- *Quando o cliente disser que está tudo bem, diga: "Desfrute cada vez mais, e observe o que observa e onde desfruta mais."*

- *Pode-se ensinar como usar o esquema dos cinco elementos em qualquer momento que for necessário ou desejado.*
- *Lembre sempre ao seu cliente: quanto mais forçada a respiração, mais tetania ocorre.*
- *A respiração plena e rápida é para liberar da consciência o que está reprimido, fechado.*
- *Procurar ver se é importante para você e para o cliente falar, tocar, etc., durante a sessão. Você tem total autonomia durante a sessão, mas procure deixar o cliente o máximo com ele mesmo.*
- ***Saber como** falar ao cliente durante a sessão também é importante.*
- *Procure apoiar o que está ocorrendo.*
- *Em vez de "invadir" o cliente, pergunte o que está se passando.*
- *Oriente-o para realizar as vinte respirações conectadas associadas aos cinco elementos no seu cotidiano.*
- ***Aprenda e ensine que nós podemos mudar qualquer contexto.***
- ***Caso você tenha um cliente que fala muito:** intercale 30 minutos respirando com 30 minutos falando. Marque o tempo. É uma boa técnica. Esteja bastante relaxado para este caso.*
- ***Se você tiver um cliente que não respira, que dorme:** ponha-o sentado para respirar. Se isso não resolver, coloque-o de pé para respirar. Isso sempre o manterá desperto, não deixando mais que ele suprima as emoções e, conseqüentemente, a respiração. Lembre a seu cliente de que ele veio a você para respirar, não para dormir.*
- *O treinador também deve estar respirando e procurar entrar nos cinco elementos durante a sessão, fiando-se, assim, totalmente no que o paciente sente.*

ÉTICA E INTEGRIDADE PROFISSIONAL

- *Você precisa estar sempre bem para cada sessão e em toda a sessão.*
- *Se um cliente vier com um problema concreto cuja solução não está ao seu alcance, mande-o a um especialista.*
- *Saiba que "Você não é um terapeuta, você é um treinador".*
- *"Você pode cooperar, dar elementos, mas não diga que pode curá-lo."*
- *"Você pode apenas ensinar e dar elementos para curá-lo."*
- *Um profissional de Rebirthing não pode se responsabilizar por uma doença.*
- ***Profissional é o que experimenta, não o que ensina.***
- *Procure conhecer suas razões para tocar ou falar com o cliente — **tocar e falar demais não é ser profissional.** Por isso, busque a razão por que está fazendo isso.*
- *Você tem de ser profissional — amar muito. Carinho e amor é liberdade, independência — **mais** — reconhecimento.*
- ***Não permita que seu relacionamento com o cliente inclua sensações e emoções sexuais* — Rebirthing não é um encontro sexual.** *Lembre-se: o cliente é mais fraco que o profissional, pois você está trabalhado e compreende a si mesmo mais do que o cliente, que está apenas começando; por isso **você tem de conhecer o espaço e o que está fazendo.** Energia com carícias não é bem recebida quando acompanhada de "maldade".*
- ***Quando sentir algum ressentimento — ver e entender o porquê.** É importante que esse ressentimento não afete o seu relacionamento com esse "Ser Humano". Se*

você tem um ressentimento, ele está aí, e você tem elementos para mudá-lo; isso não pode alterar sua relação com o cliente. Se a pessoa resiste, é problema dela, não seu; não confunda. Continue ajudando; mas, se ela não "quebra" a resistência, não se impressione; o problema é dela, não seu.

- *Às vezes, a relação tem muito que ver com os seus sentimentos, com o seu interior. Observe isso também. Entre em contato consigo mesmo e veja os cinco elementos numa consulta de Rebirthing consigo mesmo.*
- ***Para saber se a sessão está completa:*** *a respiração deve estar livre, tranqüila e silenciosa; o corpo do cliente deve estar completamente relaxado; uma boa quantidade de material deve ter sido integrado. Saiba que algo de maravilhoso sempre ocorreu dentro dele — do cliente — quando esteve pelo menos 1h30 respirando, mesmo que ele lhe diga que nada sentiu.*
- ***Procure dar ao cliente poder, não dependência.***
- ***Lembre-se sempre****: se você está oferecendo esse serviço, ele deve ser excelente e você deve estar esplêndido; portanto,* ***tome um banho antes e depois da sessão para que sua energia esteja constantemente pura.***

Mais alguns bons lembretes para você ser um excelente Rebirthing:

- Analise a si mesmo.
- Aprenda a usar o melhor da sua imaginação.
- Confie e use a todo instante sua intuição.
- É importante melhorar a qualidade de seus pensamentos com relação a si mesmo, com respeito ao que você quer fazer e o que você quer ter; é isso que melhorará a qualidade da sua vida.
- Procure ir ampliando seus valores para melhorar sua vida.
- Observe o contexto que você está criando sobre cada coisa ao seu redor.
- Todo contexto é morto, não tem nenhum poder; é esse universo físico pelo que se move em forma ordenada que eu posso criar por mim mesmo.
- Através do físico, você não cria nada; através da mente, você pode criar tudo o que quiser. Todo pensamento provém de uma Inteligência Criativa ou Energia Criativa; relaxe, torne-se um canal para que a Energia Criativa flua através de você, no momento da sessão e em todos momentos da sua vida.
- Você também poderá criar outras afirmações, além das citadas acima, que o ajudem a integrar sentimentos de acordo com o que você sente de seu cliente ou de sua relação com o cliente.
- Se você não sentiu nenhuma empatia com o cliente, você tem de respirar e deixar integrar, para verificar o que acontece; reconheça que essa é uma oportunidade para você crescer interiormente. Você sabe que tipo de serviço pode oferecer. Se você realizou um excelente curso de formação, você está totalmente preparado para isso. Porém, talvez você ainda precise de um terapeuta, e o cliente poderá desempenhar esse papel; ele pode ser um "curador". O importante é você ver como você lida com as emoções do cliente. Fique ciente de que basta a sua energia para alimentar o cliente e de que uma sessão de Rebirthing não é uma sessão sentimental. **Rebirthing não é dirigir a energia,**

mas deixá-la fluir. Como treinador, você deve estar pronto para aceitar tudo o que se apresentar.

- Tornar a **pessoa livre** é a intenção do Rebirthing.
- **Permitir que a pessoa seja autônoma,** esse é o ponto mais importante no Rebirthing.

PRÉ-REQUISITOS INTERNACIONAIS PARA UM PROFISSIONAL DE REBIRTHING

Segundo Leonard Orr

1. Ter capacidade para produzir os resultados requeridos em seus clientes, tais como: fazê-los completar suas consultas; liberar as tensões corporais; liberar as condições relacionadas com o trauma de nascimento.
2. Com relação a si mesmo: ter superado o seu próprio ciclo nascimento-morte e a síndrome da desaprovação paterna.
3. Ter a capacidade de trabalhar sem a aprovação exterior de seus clientes e colegas no que diz respeito ao seu bem-estar e sentimento de sucesso.
4. Ter a capacidade de criar seminários bem-sucedidos de Rebirthing.
5. Ter a capacidade de criar afirmações produtivas.
6. Ter a capacidade de viver bem numa comunidade espiritual.
7. Ter a capacidade de se integrar sem esforço e prazerosamente no universo físico.
8. Ter outra motivação que não seja o dinheiro, a fama e o poder egóico.
9. Ter a capacidade de se manter confiante e competente enquanto está ajudando, ou curando, a si mesmo.
10. Ter confiança em sua intuição.
11. Respeitar e valorizar a divindade de si mesmo, dos clientes e dos colegas.
12. Ter completado o Seminário de Um Ano ou ser atualmente um membro dele, ou ter participado de um número significativo de seminários.
13. Ter vontade de continuar se envolvendo e treinando como um Rebirther.
14. Viver de maneira bem-sucedida, inclusive financeiramente, como um Rebirther.
15. Suportar as qualidades dos Rebirthers do Rebirthing Internacional e dos membros do Rebirthing Internacional.
16. Ter a capacidade e a vontade de criar grupos de apoio para seus clientes nas áreas em que você trabalha.
17. Obter o acordo por escrito de dez Rebirthers do Rebirthing Internacional.
18. Ter participado de um Treinamento de Rebirthing num centro de treinamento, como o Rebirthing Multiversity Inernational.

ANAMNESE

(Para você realizar com seu cliente na sessão de entrevista)

Peça ao seu cliente que responda ao seguinte questionário. Explique a ele que as respostas dadas o ajudarão a compreender melhor seu Rebirthing e que tudo o que for respondido será estritamente confidencial.

História Clínica Confidencial do Cliente

Nome: ______________________________ Sexo: __________
Endereço: ______________________________ Bairro: __________
Cidade: ______________________ CEP: __________
Tel. Residência: ______________ Tel. Trabalho: ______________
Profissão: ______________ Ocupação: ______________
Data de Nascimento: ______________________

- Onde você nasceu? Cidade ______________ Estado ______________
  País ______________
- Em que local? Hospital ( ) Casa ( ) Outro ______________
- Em que época do ano? ______________________
- Você foi: ( ) Querido? ( ) Planejado? ( ) Por ambos os Pais?
  Se não, por quê? ______________________
- Você tem irmão(s)? ( ) Mais velho(s)? ( ) Mais novo(s)?
  Quantos?______________________
- Ocorreu algum(ns) aborto(s) ou morte fetal antes de você nascer? Se houve, explique. ______________________
- O que seus pais ou outras pessoas lhe contaram sobre quando sua mãe estava grávida de você? Alguma complicação? ______________
- Você sabe algo sobre o seu parto? ______________________
- Seu parto, ou nascimento, foi normal? ______________________
- Outro tipo de parto?: ( ) gêmeos ( ), prematuro ( ), retrógrado ( ), a fórceps ( ), de face ( ), de nádegas ( ), virado manualmente enquanto estava no útero ( ), cordão enrolado no pescoço ( ), placenta prévia ( ), cesariana ( ), induzido ( ), RH fator azul bebê ( ), troca de sangue ( ), deformidades ( ), parto seco ( ), parto natural ( ), outros comentários ______________
  ____
- Sua mãe teve algum problema específico quando você nasceu? ( ) Sim ( ), Não ( ), Outros ( )
- Hemorragia ( ) Infecções ( ) Depressão pós-parto ( )
- Seu pai estava presente quando você nasceu? ( ) Sim ( ) Não
- Ele estava no hospital? ( ) Sim ( ) Não
- Se não, onde ele estava? ______________________

- Seus pais queriam ter um menino ou uma menina? ____________________
- Você foi amamentado? ( ) Sim ( ) Não
- Durante quanto tempo? ____________________
- Se não, por quê? ____________________
- Como seu irmão mais velho sentiu a sua chegada? ____________________
- Alguns outros comentários sobre sua concepção, a gravidez da sua mãe e seu nascimento? ____________________
- Você teve alguma doença durante a infância? Em caso afirmativo, explique. ____________________
- Você teve alguma doença mais tarde, na puberdade ou adolescência? Em caso afirmativo, explique. ____________________
- Você sofreu algum acidente ou foi molestado quando criança? ____________________
- Você teve algum trauma emocional quando era criança? ____________________
- Houve alguma(s) morte(s) na sua família enquanto você estava crescendo? Em caso afirmativo, escreva o nome da pessoa. ____________________
- Seus pais se divorciaram? Caso tenham se divorciado, você estava com quantos anos quando isso aconteceu. ____________________
- Como você se descreveria como criança? ____________________
- Descreva sua mãe (começando com o que você não gostava nela). ____________________
- Descreva seu pai (começando com o que você não gostava nele). ____________________
- Como você gostaria de descrever seus relacionamentos durante a sua fase de crescimento? ____________________
- Alguns comentários importantes sobre um pai (ou mãe), substituto, avô ou avó, ou pessoas que tomaram conta de você? Você está casado? Vivendo com alguém? Descreva o seu companheiro. ____________________
- Há algum problema significativo? ____________________
- Você tem problemas sexuais? ____________________
- Como está o seu relacionamento? ____________________

PARA MULHERES:

- Quantas vezes você ficou grávida? ____________________
- Quantos partos teve? ____________________
- Algum problema durante o nascimento ou com a criança? ____________________
- Algum problema ginecológico? ____________________
- Como é sua menstruação? ( ) Dolorosa ( ) com Cólicas ( ) Regular.
- Hoje você tem algum problema com seu corpo ou teve recentemente? Em caso afirmativo, descreva-o. ____________________
- Histórico de doenças: ____________________
- Teve alguma tensão maior, dores ou sintomas? ____________________
- Quais são os seus maiores medos? ____________________

- Você está atualmente, ou já esteve recentemente, sob cuidados psiquiátricos ou psicológicos? ______
- De que seminários ou treinamentos de Rebirthing ou ligados a essa área você já participou? ______
- Qual é o seu pensamento MAIS negativo sobre si mesmo? ______
- Qual é o seu pensamento MAIS negativo sobre a vida? ______
- Qual é o seu pensamento MAIS negativo sobre relacionamentos? Você tem algum pensamento negativo sobre respiração? ______
- O que você já ouviu falar sobre Rebirthing (Renascimento)? Você tem alguma pergunta a fazer sobre Rebirthing? ______
- Você entende os conceitos de: "O Pensamento é Criativo" e "Imortalidade Física"? ______

INFORMAÇÕES CONFIDENCIAIS DO CLIENTE

(Responder depois das 10 sessões a seco,
antes de começar as sessões na água quente)

1. Depois das 10 primeiras sessões a seco, como você está se sentindo? ______
2. Como estão sendo, para você, as sessões de Rebirthing? ______
3. Estão claros para você os três tipos de respiração conectada? ______
4. Você se sente seguro ao realizar essas respirações conectadas, ou ainda precisa de seu Rebirther como guia? ______
5. Você compreende e tem praticado as 20 respirações conectadas? Com que freqüência? ______
6. Você leu ou tem lido com freqüência os conceitos de Psicologia Espiritual, Purificação Espiritual e Imortalidade Física? Você os compreende? Tem algo a questionar? ______
7. Você tem escrito afirmações, tem ouvido fitas contendo afirmações e tem compreendido a razão delas? ______
8. Você admite que "O Pensamento é Criativo" e o reconhece como uma Lei Universal? ______
9. Você tem pesquisado sobre suas tradições familiares, sobre seu nascimento ou sua infância, ou até mesmo tem procurado saber como seus parentes morreram, com que idade, para compreender ainda mais a sua história? Em caso afirmativo, o que é possível revelar? ______
10. Tem praticado as técnicas de Purificação Espiritual já aprendidas? ______
11. Você tem a lista das 100 coisas que quer ser, ter e fazer? ______
12. Você tem tornado positivos os 10 minutos de pensamentos? Sente resultados expressivos? ______
13. Você já está ciente de sua "Lei Pessoal". Já a transformou em sua Lei Eterna e a tem praticado? ______

14. Você se sente pronto para começar suas sessões de Rebirthing em água quente?
____

15. Está ciente de que serão 10 sessões de respiração conectada consciente, realizadas na água quente? _______________

FORMULÁRIO PARA SER USADO PELO REBIRTHER DURANTE E DEPOIS DA SESSÃO

(Este formulário contém anotações importantes para sua maior compreensão no decorrer do processo)

Nome: _______________
Data: _______________ Sessão: _______________

1. Descreva o estado de ânimo do cliente antes e depois da sessão:
____
2. Descreva os padrões de respiração durante esta sessão:
____
3. Descreva os padrões de conscientização nesta sessão:
____
4. Descreva qualquer ponto essencial da sessão:
____
5. Outros comentários (descrição geral da sessão):
____
6. Comentários mais importantes feitos pelo cliente nesta sessão:
____
7. Afirmações recomendadas: _______________
8. Algum trabalho indicado: _______________
9. Leituras recomendadas: _______________
10. Treinamentos recomendados: _______________

Data da Próxima Sessão: _______________

FORMULÁRIO PARA AS SESSÕES POSTERIORES

(Você terá um entendimento maior com as anotações deste formulário)

1. Revisão da história original do nascimento e da anamnese do cliente:
____
2. Revisão da sessão mais recente: _______________
3. Revisão de afirmações feitas na última sessão: _______________
4. Comentar resultados, retrocessos ou problemas na vida desde a última sessão:
____

19

Sobre Meditação

O QUE É MEDITAÇÃO?

Meditação é uma ciência prática baseada em princípios universais da natureza humana que todos nós partilhamos.

A Meditação é a primeira e mais conhecida arte espiritual. É uma prática que transcende o dogma das religiões. O propósito da meditação é guiar-nos rumo à perfeição, ao entendimento de que nós somos unos com o Infinito.

Para Shree Babaji: "*Meditação é uma forma particular de concentração da mente que só pode ser aprendida através de iniciação. Esses são ensinamentos trazidos para o mundo para encontrarmos a realização da Verdade Divina.*"

Para Osho, "*Meditação significa* ***conscientização.*** *É a porta que abre nossa capacidade para o Amor, o relacionamento, a criatividade e a expansão*".

De acordo com Osho, e com todos os mestres do Oriente, não existe outra porta ou outro caminho para isso. Meditação é um estado de consciência pura sem conteúdos, é um estado de não-mente, porque você só pode alcançar a meditação pondo a mente de lado, sendo calmo, indiferente, observando o movimento da mente, mas sem se identificar com ela, sem pensar que você é a mente. Assim, Meditação é ter consciência de que você não é a mente, chegando a ter momentos de silêncio, de total pureza, durante os quais nada o perturba, tudo se mantém sereno. Nesse estado de tranqüilidade, você percebe quem você é e conhece o mistério da Existência. Desse modo, num dia abençoado, a meditação se torna o seu estado natural. Meditação não é concentração. Na concentração, há alguém se concentrando num determinado objeto. Na meditação, não há ninguém dentro e não há nada fora. Durante a meditação, você não precisa acreditar em nada, basta ser o que a natureza é. A concentração é humana, a meditação, Divina.

Para o mestre tibetano Nyoshul Khen Rinpoche, "*Meditação é o caminho para nos trazer de volta a nós mesmos, onde nós podemos sentir nosso Ser total e deleitar-nos com ele, além de todos os padrões habituais*".

Para o mestre Yogue Parahamansa Yogananda, "*Meditação é uma profunda concentração em Deus ou em um de seus aspectos; praticada diariamente, produz excelentes resultados em todos os níveis do seu Ser — Físico, Mental, Emocional e Espiritual —, o que o conecta aos seus próprios poderes interiores de vitalidade, clareza e amor. Quando realizada profundamente, ela o conecta também a Deus e a seu poder infinito*". Ele nos diz ainda: "*Meditação não é algo novo; você já veio ao mundo com isso. Mente é algo novo; meditação é sua natureza, seu Ser. Portanto, como pode ser algo difícil?*"

A qualidade de observação, de estar consciente, alerta, é a Meditação. Qualquer coisa que você faça conscientemente, em detalhes, é Meditação. ***Cada situação em sua vida pode ser uma Meditação se você permanecer alerta e observador.*** Na meditação, você se torna consciente do caminho que leva do mundo exterior para o mundo interior. Quando conhecer esse caminho, você poderá, a qualquer momento, voltar-se para o interior.

Nosso Mestre em Metafísica, Paul Master, nos diz: "*Meditação é aprender a viver naturalmente e estar em contato consigo mesmo e ter controle sobre si mesmo. Viver naturalmente significa ser sensível aos recursos da natureza e da inteligência inatas. Ter o controle de si mesmo significa ter controle dos níveis interiores da sua mente.*"

Na meditação você se torna presente, não vai a lugar nenhum, você fica onde está. Trata-se de sensibilidade total, de ter consciência dos detalhes. Na meditação você não faz nada, torna-se silencioso, completamente silencioso; é um sono consciente que pode lhe proporcionar maravilhosos vislumbres. Você se deleita com o próprio Ser, não tem mais vontades nem pensamentos; você abandona a mente, volta para "casa", para o aqui e o agora.

Meditação é um crescimento, não uma adição; é um florescimento. Meditação não é um método indiano; não é só uma técnica. Não se pode aprender isso. Não é algo que possa simplesmente ser acrescentado a você como você está agora; só pode vir para você por meio de uma transformação básica, uma mutação. O amor não pode ser acrescentado; ele se desenvolve em você, na sua totalidade. Você deve se desenvolver por meio da meditação.

A pessoa que realmente medita está relaxada, é brincalhona, transforma a vida numa diversão, numa brincadeira. A pessoa que medita tira muito prazer da vida — ***vive intensamente cada momento.*** Portanto, Meditação não é algo destinado a torná-lo sério, triste, morto ou quase morto, sombrio; não é para você perder o significado do que é festa, brincadeira, celebração; a Meditação não tem em si algo das igrejas.

Meditação não é algo que você faça de manhã e pronto. Meditação é como a respiração. Você não pode respirar pela manhã e acabou — isso é impossível. Meditação é algo que você deve viver a cada momento da sua vida. Não é uma fuga, um escape; você deve usá-la no seu cotidiano; você deve fazer do seu meio de vida uma meditação.

Dhyana ou Zen simplesmente significa ***esvaziar-se de todo tipo de pensamento***; tornar-se silencioso, silêncio absoluto, exterior e interior; estar em profunda paz, não pensar em nada; ter total consciência do momento, porque só por meio dessa conscientização você estará apto a ver a verdade. Meditação não significa meditar ou refletir sobre algo. Meditação, portanto, não serve para fortalecer o ego, não faz parte do ego; meditar é matar o ego, faz parte do Divino; é uni-lo ao Divino.

O Mestre tibetano Sogyal Rinpoche afirma: *"Agora, você poderá ver por que eu chamo a Meditação de a verdadeira prática da paz, a verdadeira não-agressão e não-violência, o real e maior desarmamento."*

Meditação, portanto, não é um meio.

Meditação é o único caminho real para a união de seu ser com o ser de Deus.

A meditação o torna consciente dos "fatores da infelicidade" que atrapalham nossa vida; ela o faz perceber a "Unidade da Vida", a grandeza e o poder da existência em si mesmo e ao seu redor. Meditar faz você perceber a sua força e o seu próprio poder Divino; o leva a perceber a beleza, o amor, a não-violência, a harmonia do Universo, e a desfazer crenças na impossibilidade, nas dificuldades, nas agressões da vida. Meditar transforma sua vida numa união consciente dos aspectos intrínsecos humanos no campo físico ou material, mental e espiritual. Meditando, você achará o caminho para se libertar e se conectar com a Energia Divina e, assim, realizar tudo o que você tem de realizar nesta vida, com prazer e celebração.

Observe como as pessoas estão completamente envolvidas com a vida mundana. Não há tempo para dormir, não há tempo para sonhar, não há tempo para amar. Só há tempo para negócios, tempo para dinheiro. Todos estão muito ocupados e obstinados em ganhar e acumular matéria. Você não sabe mais o que come, o que bebe, por onde anda, em que trabalha. Você não observa detalhes, só se preocupa com as aparências. Você só tem olhos para o mundo exterior, para o mundo material. Então, você começa a perceber que as aparências enganam e vê a si mesmo como um robô. Começa a sentir desconfiança, medo, dúvida, etc.; nesse momento surge a infelicidade.

Você pode ser muito rico materialmente, você pode ter muito dinheiro! Mas, se você se sente pobre, a vida para você não tem graça. Você viaja, gasta, se diverte, mas se sente incompleto. Não sabe o porquê disso. Você se sente infeliz, se trata mal, não quer saber o que seu corpo e sua mente precisam de melhor e o que o seu espírito pede. Você simplesmente faz, não sabe o que nem por quê. Você tem de fazer o que todo mundo faz. Seu "pensamento é criativo" e você, inconscientemente, nega seus pensamentos e se sente atraído pelo que causará a sua morte. Seu nascimento foi marcante, traumático — desse modo, você sempre ficará com a sensação de querer morrer. Essa é a urgência de morte, um dos fatores responsáveis pela busca de situações destruidoras da sua natureza; porque no fundo seu inconsciente acredita que "a vida é um sofrimento e que você prefere morrer".

A meditação é o único caminho, o único remédio para a urgência de morte e os outros fatores.

A meditação é a porta para o autoconhecimento, sem dúvidas nem medo. É abrir-se a si mesmo; é tomar consciência de que "*você é responsável por tudo o que lhe acontece, porque o seu pensamento é criativo*"; é tomar consciência de que "*o passado é o que passou, o futuro não existe — é o presente de amanhã; e o presente está aqui belo, real e puro; o importante é desfrutá-lo*".

O **Rebirthing**, depois da integração e da eliminação de todos os nossos "traumas e memórias" e de começarmos a respirar por nossa própria conta sem a ajuda de um Rebirther, torna-se **uma maravilhosa técnica de Meditação**, se realizada diariamente, que nos leva à verdadeira meditação e, por meio dela, à Iluminação, que é o seu verdadeiro objetivo e o do Rebirthing.

A meditação o ajuda a amar-se totalmente como você é; desse modo, você gosta de se cuidar, não quer mais violentar-se; o ajuda a abandonar todas as perversões; o traz para sua natureza. A meditação o torna muito inteligente pois o conecta com a Sabedoria Divina; o torna responsável por você mesmo e pela humanidade; portanto, propicia uma bençāo para si mesmo e para a existência. Mesmo uma pequena prática diária de meditação dará resultados incríveis e imediatos. Meditar não serve de fuga, mas é uma maneira de livrar sua mente das preocupações, de proporcionar entendimento claro, de achar soluções para problemas, respostas para preces.

Ao meditar diariamente, você consegue identificar qual nível de consciência você está expressando e como isso está influenciando a sua vida; você percebe como ajustar-se com a sua mente subconsciente (o grau mais alto de consciência — o nível do Divino); a meditação o faz entrar em harmonia, integrar-se com o subconsciente mesmo quando você não está meditando; desse modo, sua mente inconsciente não influenciará mais suas ações de maneira negativa ou destruidora. Meditar liberta, torna-o livre, feliz, tranqüilo, confiante, sorridente; um celebrador da vida. Você passa a viver intensamente cada minuto da sua vida, porque meditar o faz presente em cada momento; torna-o iluminado, cheio de Luz!

Meditar o faz despertar para uma vida total.

EU SOU DEUS

"Minha vida,
'Meu Ego' cria a minha vida.
Toda minha vida é feita pelo 'Meu Ego'
É inventada pelo 'Meu Ego'.
Cada pequeno acontecimento
É criado pelo 'Meu Ego'.
O que está acontecendo agora,
O que acontecerá depois,
Não importa o que acontecer
Tudo sempre é feito pelo 'Meu Ego'.
Pelo 'Meu Ego', não por 'MIM',
Porque EU *não sou o 'Meu Ego',*
EU *não sou a minha mente.*
'Meu Ego' é criado pela minha mente.
EU *não sou as minhas emoções,*

Porque as minhas emoções são formadas
pela minha mente.
EU *não sou a minha vida,*
Porque a minha vida é criada pela minha mente.
Portanto, EU *não sou culpado*
por nenhum acontecimento,
EU *sou livre e feliz sempre.*
EU *não estou aqui e agora,*
Estou em todos os lugares e para sempre,
EU *não estou identificado*
com este corpo e com esta vida.

Se este corpo quer agir por si mesmo,
Se este corpo deseja agir separado de 'MIM',
EU *simplesmente o observo,*
EU *simplesmente o sigo,*
EU *simplesmente digo Sim.*
É como se EU *estivesse fazendo isso,*
É como se fosse EU.
Mas este não sou EU.
Este é o 'Meu Ego'.
EU *o estou vendo.* EU *o estou observando.*
Ele não me vê.
Quando ele se apodera do corpo,
Ele nem se importa comigo.
Ele ME *esquece,*
Porque ele não vê nada,
Porque ele não sabe nada.
Ele é um prisioneiro
dos acontecimentos ao seu redor.
Ele não é Real.
Ele não é Livre.
Ele é criado pela mente.
EU *não sou a mente.*
EU SOU LIVRE!
EU *estou em todos os lugares a todo instante.*
Enquanto o 'Meu Ego' não desaparecer,
Enquanto a minha mente não se desfizer,
EU *não posso aparecer..."*

Om Namaha Shivaya
Unmani
Rio, Brasil, 1996

OM NAMAHA SHIVAYA

BABAJI

20

Sobre os Mestres

BABAJI — O MESTRE IMORTAL

Babaji — Mestre Imortal Yogue, também é conhecido como ***Bhagwan Herakhan Bihari.***

Babaji é um *Maha Avatar Imortal* e *Mestre Imortal Yogue*, que conquistou a morte. Seu corpo nunca nasceu, nunca morreu nem foi enterrado. Ele foi um mestre yogue em sua primeira vida e conquistou a morte. Seu corpo físico nunca "voltou ao pó". Seu corpo nunca morreu nem nunca foi enterrado. Como Maha Avatar e Mestre Yogue, ele tem a capacidade de converter seu corpo em Luz. É capaz de desmaterializar seu corpo, ir aonde quiser no Universo na velocidade do pensamento e voltar a materializar seu corpo físico onde quiser. Ele teve muitas materializações. É, portanto, um Mestre Espiritual Imortal que tem a capacidade de materializar ou desmaterializar seu corpo à vontade. É capaz de comandar o processo de envelhecimento ou rejuvenescimento. Ele alcançou a Vida Eterna do espírito, da mente e do corpo. Ele tem milhões de anos, ainda que seu corpo permaneça jovem. Ele nunca perdeu sua divindade.

De acordo com o sistema hindu, os seres humanos ao longo de toda a criação têm sido classificados em diferentes classes como ***Jnanis, Yogues, Siddhas e Avatares,*** dependendo principalmente de seus desenvolvimentos espirituais. Um ***Jnani*** é uma pessoa extremamente ilustrada, que conhece muito bem os Vedas, Shastra, etc... Eles podem dar conselhos sensatos baseados em seus conhecimentos. Um ***Yogue*** é uma pessoa que adquiriu certos poderes espirituais, como o controle sobre o corpo e que se elevou ao nível dos seres espirituais. Para chegar a esse nível, não precisa ser apenas um Jnani, mas ele também deve ter praticado várias formas de Yoga, como a meditação e a austeridade. Quando um Yogue alcança um nível bem alto no que se refere à espiritualidade, obtém certos poderes sobrenaturais, que podem realizar diversos tipos de milagres. Nesse nível, ele é chamado de ***Siddha.*** Um Siddha não só realiza milagres em benefício de si próprio, como aparecer e desaparecer onde e quando quiser, como também pode realizar milagres para benefício de outros, como, por exemplo, curar as pessoas e fazer coisas se materializarem. Acima de todas essas classes estão os ***Avatares,*** que são encarnações de diversas divindades, ainda que possam ter a forma e o comportamento exterior semelhante aos de quaisquer Seres humanos comuns. Só podem ser reconhecidos pelos outros por meio da devoção. Às vezes, eles podem não projetar a própria sombra ou não deixar pegadas quando andam. No corpo, levam todas as marcas sagradas propícias. Suas ações não se limitam a um determinado número de pessoas; destinam-se a toda raça humana.

Entre os ***avatares***, alguns são mortais e uns poucos são imortais. No primeiro caso, abandonam seu corpo ao final de sua missão, ao passo que, no segundo, conservam seus corpos o tempo todo. Assim, Rama e Krishna pertenceram ao primeiro caso, e Baba Boraknath e Jesus Cristo, ao segundo. Os Imortais ainda conservam seu corpo original, mas a causa de seu poder espiritual se mantém invisível. Os avatares mortais são encarnações de *Vishnu*; os avatares imortais, encarnações de *Shiva*.

Maha significa o Mais Supremo; ***Maha Avatar*** significa, portanto, ***A Divina Encarnação Mais Suprema.***

Babaji é a personificação de "***Satya, Saralata, Prema" —Verdade, Simplicidade e Amor.*** Jesus Cristo foi um de seus discípulos. Babaji tem salvado o mundo todas as vezes que ele precisa de um salvador e tem treinado muitos salvadores do mundo, trabalhando em silêncio na maioria das vezes. Babaji sempre chama as pessoas que estão prontas para seus ensinamentos, mesmo sem estar visível. Babaji gosta de pessoas evoluídas espiritualmente. Ele quer ensinar a elas tão logo quanto possível. Assim, chamou Leonard Orr e a nós, Unmani e Nishkam, e outros do mundo todo para que viéssemos até ele para receber graça e instrução definitivas. Ele tem guiado nosso desenvolvimento durante muitas vidas e nos tem "plantado" como sementes da verdade, simplicidade e amor neste planeta. Nós temos oferecido iluminação, amor e práticas de purificação espiritual para todos ao nosso redor. Somos seus representantes no governo espiritual do mundo e, por meio de seus ensinamentos das técnicas de purificação espiritual, incrementamos a paz, o amor e a sabedoria na cidade de Deus, na Terra.

Os princípios e as práticas de Babaji são simples e eficazes. Se você começar agora e os trabalhar um a um até que se tornem fáceis de realizar, uma vida feliz e produtiva estará garantida. Comece a cantar OM NAMAHA SHIVAYA — o nome eterno de Deus —, o Maha Mantra, que significa "*eu reverencio o Deus que há em mim e em todas as coisas*". É como chamar o supremo nome de Deus. Faça planos para visitar Herakhan Baba Ashram, para estar diretamente com a energia de Babaji.

Em sua primeira vida humana, Babaji alcançou a vida eterna do espírito, da mente e do corpo, em sua consciência, num nível prático. Ele tem sempre consciência da Unidade do Espírito e da Matéria. Ao final de sua primeira estada na Terra, que foi há mais de mil anos, ele ascendeu, levando seu corpo consigo. Babaji tem a capacidade de converter seu corpo numa bola de luz e viajar para qualquer lugar no Universo. Em suas duas últimas materializações, chegou a ser conhecido em sua forma física como Herakhan Baba ou Haidakhan Baba. Babaji também é conhecido como Mahamunindra Bhagwan, Lama Baba, Maha Avatar Babaji e Triyambak Baba. Quando Leonard Orr o conheceu, em seu último corpo físico, ele passava a maior parte de seu tempo na aldeia de Herakhan, nas colinas aos pé do Himalaia, no estado de Uttar Pradesh, Índia.

Baba significa Pai; **Ji** significa Supremo que governa. **Babaji significa o Pai Supremo que governa.** Herakhan vem de uma palavra que significa terra, ar, água, fogo e som. Herakhan Baba significa o pai de um manancial de terra, ar, água, fogo e movimento ou luz. A quinta qualidade é chamada som, luz, movimento, éter, substância ou mesmo energia. Babaji é espírito, mente e corpo em Unidade.

Os corpos físicos de Babaji parecem mudar rapidamente, como se pode observar nas fotografias anexadas. Cremos que isso ocorra porque ele processa o karma de seus discípulos. O corpo de Babaji foi desmaterializado em 1922. Ele o deixou levitando e o transformou em luz, como Jesus. Seu último corpo voltou materializado em forma adulta em 1970 numa caverna. "*Estar cercado de Babaji em sua forma física é uma experiência totalmente maravilhosa. Ele preenche o meu espírito, a minha mente e o meu corpo com todo o prazer e glória divinos que eu sou capaz de sentir*" — nos diz Leonard Orr.

Babaji veio ao mundo como Shiva; depois, como Ram; então, como Krishna, quando anunciou: "*Eu sou o não-nascido e não-morrido, Senhor de todos os que respiram*"; depois, como Goraknath (antes de Cristo). Assim ele ensinou a Imortalidade Física. No Nepal, ele veio como Gophand (ainda existe um ashram construído por ele no Nepal); depois, veio como Bhartraji, em Bhartara, entre Alwar e Jaipur, em Rajisthan, onde, também, construiu um ashram que existe até hoje; posteriormente, veio como Munindra, quando Jesus o visitou em Benares — onde Jesus o reconheceu imediatamente como o Pai Eterno em forma humana. Babaji deu a Jesus um "mundum", isto é, raspou sua cabeça antes de ele começar a ser um mestre. Moisés e Elijah também vieram ver Babaji em Benares. Entre 1800 e 1922, Babaji foi chamado Herakhan Baba e Brahmachari Baba e ficou mais na Vila Herakhan. Entre 1924 e 1958, ele morou como simples yogue na Vila Dhanyon, perto de Almora, U. P., como Goraknath.

Sambasadashiva é o poder essencial da criação. A vida no Universo é uma representação teatral onde o "diretor e autor é Deus" — ***Sambasadashiva***. Como qualquer diretor, ele permanece nos bastidores e só surge em cena quando há necessidade de assistir seus atores em seus papéis. Com exceção das pessoas espiritualmente evoluídas, como os jnanis, yogues e siddhas, os seres humanos encontram dificuldade em reconhecer o "diretor", mesmo quando ele está entre eles.

Desde tempos imemoriais, Sambasadashiva tem estado no cenário humano e tem tomado parte ativa na criação. Sua mais antiga presença, recordada em nossa época, é na forma de "Babaji".

Durante o outono de 1861, Babaji deu o "Darshan" a um militar de Engenharia do Governo Britânico em Ranikhet,U. P., Índia, Shri Shymacharan Lahiri. Babaji o iniciou no Kriya Yoga e o fez conhecedor de suas vidas anteriores, em que foi discípulo de Babaji. Depois, Lahiri alcançou um alto nível siddha e chegou a ser muito conhecido em Benares, Índia, como Lahiri Mahasaya. O encontro com Babaji e os milagres realizados por Lahiri Mahasaya foram publicados no livro *Autobiografia de um Yogue,* por Paramahansa Yogananda, que foi um discípulo de Shri Yukteschwar Giri, que, por sua vez, foi discípulo de Babaji. Yogananda também recebeu o darshan de Babaji e, de acordo com os relatos de seu livro, Babaji sempre tem a forma de um jovem. Lahiri Mahasaya relata como Babaji foi conhecido durante esse tempo por vários nomes, tais como "Triambak Baba".

E foi por meio desse livro que Babaji ficou conhecido no Ocidente. Sabe-se que Babaji é o histórico Shiva da literatura religiosa Hindu. Nessa forma original humana, ele se realizou plenamente. Melhor dizendo, ele nunca perdeu a plenitude de sua divindade.

Babaji é a eterna manifestação de Deus em forma humana; é o Senhor Shiva, e Shiva é uma palavra sânscrita que significa Deus em português. Há sempre um só Babaji. Shiva ou Deus, o Espírito Todo Puro existe antes das religiões, antes das pessoas.

Babaji é, com certeza, o maior adepto da psicanálise. De uma perspectiva cósmica e eterna, ele pode nos transformar rapidamente, se quisermos conhecer e praticar seus ensinamentos.

O alcance da visão e da relação prática com Babaji está determinado pelo alcance da purificação espiritual de cada um. O Yoga é a ciência da vida, e Babaji é um mestre Yogue Total.

Todas as pessoas — você, eu ou nós — são Espírito, Mente e Corpo. Nós somos todos formas de Deus. Nós todos temos todo o potencial divino. Nós todos somos Babaji, em certo sentido, e não há diferença em nossa natureza essencial como Espírito, Mente e Matéria. No entanto, a nossa consciência interior sabe como Babaji é a memória consciente de toda a criação, incluindo a concepção e a história de cada alma humana. E também Babaji, em seu corpo, tem todos os poderes deste universo criado e além dele.

Em outras palavras, Babaji, em forma humana, tem todos os poderes de Deus.

Bhole Baba Ki Jai
Om Namaha Shivaya

OSHO

Nunca nasceu — Nunca morreu. Somente visitou este Planeta Terra entre 11 de dezembro de 1931 e 19 de janeiro de 1990.

Osho — Mestre Imortal que visitou este Planeta Terra e viveu como qualquer mortal, passando por todas as experiências que a vida possa nos oferecer — nascimento, crescimento, família, escola, universidade, trabalho, riqueza, morte corporal — para nos mostrar que, mesmo com a vida repleta de luxúria, riqueza e avanços tecnológicos que estamos tendo em nossa era, não precisamos nos tornar robôs ou nos identificar com todas as máquinas que temos criado, e podemos estar totalmente integrados à sabedoria e unidos à Existência, como ele gosta de se referir, ou Deus, nos tornando ainda mais criativos em cada situação que deparamos. Mostrou-nos que não precisamos renegar coisa alguma deste mundo para sermos espirituais e eternos; ao contrário, que devemos aprender a *"estar neste mundo, e não deixar o mundo estar em nós, isto é, nunca permitir que o mundo penetre no nosso Ser"*. Devemos aprender a meditar para que saibamos fazer isso a cada minuto de nossa vida, pois, como ele define: *"Meditar é como respirar, você não pode separar uma hora por dia para respirar ou morrerá, então, você não pode separar só uma hora por dia para meditar, ou não viverá integralmente. Meditar é estar aqui, presente."*

OSHO — O MESTRE DA MEDITAÇÃO;
O BUDA DO MUNDO ATUAL,
MESTRE DOS MESTRES — NOSSO MESTRE.

Osho foi quem nos iniciou em uma vida de Meditação.

Eu, Unmani — nome pelo qual Osho me chamou como sannyasin —, fui primeiramente "chamada" para conhecer o Yoga. Depois de seguidos anos de movimentação com o corpo, e sensível o bastante para sentir o que o corpo nos quer dizer em todos os momentos, formei-me em psicologia e pude perceber como guardamos memórias traumáticas em todo o nosso corpo, como ele fala em cada segundo de nossa vida, que nós só nos referimos à mente como se ela pertencesse apenas à cabeça, e que tudo o que pensamos está em nosso cérebro. Então, comecei a me questionar: Doença? Sofrimento? Tudo vem do sistema nervoso. Tudo vem da mente.

Assim, quando encontrei ou "fui chamada" para o Yoga, algo moveu-me interiormente com tal força, que me entreguei de corpo e alma a todo esse maravilhoso processo de integração com Deus, com o Universo. Foi aí que Osho me "sentiu" e começou a enviar-me a todos os lugares e a todas as pessoas que acelerariam o meu desenvolvimento rumo ao autoconhecimento, ao caminho da Energia Pura, da Iluminação. Foi assim que me vi, num dia de 1989, em Poona, Índia, ao encontro de Osho, e sendo por ele orientada com respeito a todos esses mistérios e experiências pelas quais tenho passado em minha vida, desde que vivi em Poona durante algum tempo. Foi aí que minha vida se transformou por completo, durante o encontro com o Divino. *Osho pôs-me no caminho de Babaji e do Rebirthing.* Osho enviou-me a todos os templos de Babaji, na Índia; enviou-me ao Pico Neelakantan — a 21.600 pés de altura — acima do templo mais importante de Babaji, no Vale de Badrinath, onde Babaji atingiu sua imortalidade, lugar aonde fui atraída a subir e iluminadamente me sentir totalmente Deus, antes mesmo de ter tomado conhecimento do Movimento do Rebirthing — do qual Babaji é o grande mestre e a Imoralidade Física é ensinada. Osho falou-me em pessoa para que eu seguisse cada passo que me seria mostrado naquele momento e que eu observasse. Dois anos depois é que fui entender o porquê de ele ter-me enviado àquele lugar. Dois anos depois, eu estava em Portugal e Sondra Ray me enviou um prospecto seu, sem que eu soubesse como ela descobrira que eu me encontrava lá, convidando-me para ir a um seminário seu — "Seminário de Imortalidade Física" —, do qual eu ouvia falar pela primeira vez naquele momento. Foi então que entrei em contato com o Rebirthing, que transformou ainda mais a minha vida. Bem significativo, não acham? Dá para entender, então, o que é a vida? Por que devemos estar alertas para compreender todas as mensagens que a vida tem para nos mandar? Osho foi e é o meu encaminhador, o meu mestre. Eu o respeito e o amo. Por isso falo aqui sobre Osho, sobre quem ele realmente é.

Osho surgiu para mim, Nishkam — nome sannyas com o qual Osho me agraciou —, efetivamente em 1982, quando pela primeira vez li o livro *Semente de Mostarda*, leitura que, a princípio, parecia paradoxal, mas, com o tempo, pude entender que realmente se tratava da semente de mostarda, a grandeza de uma semente pequena, que dá origem a uma árvore frondosa, como é a mostardeira. Nesse livro Osho comparava divinamente a semente com o crescimento espiritual do ser humano. Hoje, analisando essa semente que foi plantada em meu coração pelas palavras de Osho, certamente posso ver a árvore maravilhosa que cresceu dentro de mim, que me transformou numa pessoa íntegra, divina, imortal e sem limites. Desde criança, eu sentia essa semente do crescimento interior presente e não a compreendia; porém, com o passar dos anos e pela própria evolução da vida, tive o pressentimento de que algo místico era possível. O poder da realidade é realmente dirigido por nossas tendências kármicas evolutivas; vamos rumo ao que queremos e em todas as situações de nossas vidas atraímos tudo o que a nossa evolução cósmica nos oferece e, de acordo com as nossas crenças, aceitamos ou não esse fluxo de vida; criamos o nosso próprio sucesso ou fracasso, com aquilo em que acreditamos; por isso, uma atitude mental de constante evolução biopsicoespiritual é uma abertura para novos rumos, um caminho para uma reflexão constante sobre o que a vida está nos oferecendo e o que estamos aceitando. Com o meu desenvolvimento, pude perceber que, desde a minha infância, eu já recebia comunicação intuitiva do Mestre Osho; mais tarde, pude observar que muitas pessoas receberam esses *insights*; cada um tomou o seu rumo para concluir sua evolução, o que é primordial a todos. Foi por meio de Osho e de seu ensinamento sobre a meditação que passei a ter consciência da minha respiração. Foi nesse momento que começou toda a influência de Osho, sobre mim, para me levar ao encontro do Rebirthing, que, segundo Osho é uma das técnicas mais avançadas de auto-ajuda existentes atualmente no mundo. A liberação da respiração é um fator fundamental; segundo Osho, quando liberamos nossa respiração, estamos prontos para liberar-nos de nossas emoções, repressões e traumas, que estão bloqueando a respiração. Foi Osho mais uma vez quem me enviou a Babaji, em Herakhan Babaji Ashram, na Índia, para entrar em contato com a Imortalidade Física e a Purificação Espiritual, o que, naquela época, "virou pelo avesso" toda a minha vida. O Osho em minha vida foi realmente um turbilhão de amor, emoções e de aventuras, e isso continuará a acontecer, pois a Existência é divina e trabalha a nosso favor. A única coisa que devemos fazer é praticar o primeiro ensinamento do Osho: **Meditar** e praticar o Rebirthing, para uma auto-análise, e deixar que as coisas aconteçam. A Divina Natureza sabe o caminho que você deve seguir. Relaxe e deixe as coisas acontecerem. O mestre certo aparecerá em sua vida. Obrigado Osho, meu mestre, meu renascedor.

Osho — O Mestre Tântrico

Osho foi o mestre que nos ensinou a ver o nosso mestre interior; ele foi, é e sempre será Tudo e, ao mesmo tempo, Nada.

Todos estamos imersos no mundo, enfeitiçados por sua beleza percebida pelos nossos olhos e nossos ouvidos, sentida pelo nosso toque, nosso paladar e nosso olfato; acreditamos que o mundo é só isso, que nada mais existe, e ficamos vivendo esse sonho, essa ilusão, achando que tudo vem de fora de nós, tudo é apenas o que se nos apresenta. Esse é o maior desafio que a Inteligência Infinita nos apresenta: devemos **viver o que os nossos sentidos captam ou viver o que a nossa consciência percebe?** Essa é a decisão mais importante que temos de tomar.

Nossos sentidos nos põem apenas em contato com nossa mente, mas nossa consciência nos põe em contato direto com nosso coração, nosso sentimento. E disso é o que temos medo. Por isso, muitos de nós vivemos para fora, no mundo da mente, no mundo do tempo, revivendo o passado e planejando o futuro. São poucas as vezes em que atingimos a dimensão do não-tempo, do presente, somente nos momentos de perigo repentino, ou de repentina beleza, ao nos encontrarmos com um amante ou diante do inesperado.

Poucas pessoas buscam, ou buscaram, estar fora do mundo do tempo, fora do mundo da mente, de sua competitividade e ambição, e começam a viver no *mundo do não-tempo, no mundo da não-mente — no além da mente.* Babaji, Lao-tsé, Gautama Buda, Jesus Cristo, Boddhidharma ou, mais recentemente, George Gurdjieff, Ramana Maharish, J. Krishnamurti, foram os poucos que atingiram esse estado e conseguiram partilhar suas experiências. Poucos são os que atingem o objetivo de partilhar suas experiências com as outras pessoas. Os que o fizeram, ou fazem isso,

Pico Neelakantan — 21.600 pés de altitude — Vale de Badrinath — Índia
"O Pico da Imortalidade" onde Babaji atingiu sua Imortalidade
(Badrinat — 1989)

são vistos como excêntricos ou malucos. Geralmente, são chamados de "filósofos", depois de deixarem seus corpos. E, com o tempo, tornam-se mitos, representando o nosso anseio coletivo de nos desenvolver além do normal, de ir além do ritual diário de nossa vida.

Osho foi um dos que descobriram como viver sua vida na dimensão do não-tempo, da não-mente. Osho, desde a sua mais tenra infância, teve a sensação de que o mundo não é só esse que vemos fora de nós. Ele nos diz que, aos 21 anos de idade, em 21 de março de 1953, alcançou a iluminação total e encontrou para sempre a dimensão do presente. A partir de então, dedicou sua vida a provocar outras pessoas a procurarem a mesma porta, a fim de "pular fora" do mundo do passado e do futuro e descobrir por si mesmos o mundo da eternidade.

Osho diz: "*Nem sequer posso dizer que pertenço à Existência, pois sou simplesmente uma parte dela. Quando uma flor desabrocha, eu desabrocho com ela; quando o sol se levanta, eu me levanto com ele. Sou um verdadeiro existencialista.*"

Desde sua infância na Índia, Osho foi um espírito independente e rebelde, sempre desafiando as tradições sociais, políticas e religiosas. Estava claro, portanto, que ele não seguiria as regras convencionais do mundo ao seu redor. Osho sempre preferia passar pela experiência da verdade por si mesmo, em vez de aceitar crenças e conhecimentos vindos de outras pessoas ou de outras fontes.

Nos primeiros sete anos de sua vida, ele teve a grande oportunidade, que poucas crianças têm, de viver com seus avós maternos, que lhe deram a liberdade de ser ele mesmo, de usufruir o que realmente veio ser neste mundo. Quando criança, sempre preferiu estar sozinho e passar longas horas sentado quietamente à beira do lago, explorando o que estava ao seu redor. Ele conta que, nessa época, a morte de seu avô materno teve um profundo efeito em sua vida, que fez com que seu Ser tomasse a firme decisão de descobrir aquilo que, na vida, nunca morre. Assim, quando voltou a se unir a seus pais e à sua família, e quando começou a freqüentar a escola, isso lhe deu coragem para desafiar todos os esforços de seus pais e dos adultos à sua volta no sentido de moldá-lo de acordo com as idéias deles com respeito ao que ele deveria ser, pois ele estava firmemente centrado em si mesmo.

Desse modo, Osho cresceu e nunca abandonou a controvérsia. **Para Osho, a verdade não pode estar compromissada, ou não é a verdade**. Ele completa: "*A verdade não é uma crença, mas uma experiência.*" Por isso, ele nunca pede às pessoas que acreditem no que ele fala, mas, melhor que isso, que elas passem pela experiência e vejam por si mesmas se o que ele está dizendo é verdade ou não.

Osho estudou filosofia na Universidade de Sagar e, ao completar seus estudos, passou alguns anos ensinando na Universidade de Jabalpur. Depois dessa época, viajou pela Índia dando palestras, desafiando líderes religiosos ortodoxos em debates públicos e encontrando pessoas em todos os lugares por onde passava. Durante esse período, Osho sempre leu muito tudo o que podia para melhorar sua compreensão dos sistemas de crenças, da psicologia e do homem contemporâneo. E declarou: "*O homem moderno está tão aborrecido com as tradições modernistas do passado e a ansiedade da vida moderna, que ele terá de se entregar a um processo de purificação antes que possa descobrir o 'não-pensamento' — o estado de relaxamento da meditação.*"

Foi a partir desse conceito, por volta de 1960, que Osho criou a técnica da meditação que denominou **MEDITAÇÃO DINÂMICA.** Ele começou, então, a realizar campos de meditação pela Índia, dando palestras para os participantes e conduzindo pessoalmente as sessões da meditação que ele havia desenvolvido.

Muitos indianos foram iniciados por Osho no neo-sannyas, e, nos anos de 1970, os primeiros ocidentais começaram a ouvir falar de Osho. Uma comunidade foi criada em 1974 ao redor de Osho em Poona, Índia, e foi grande o número de visitantes vindos de todas as partes do mundo. Muitos dos ocidentais que vieram eram terapeutas que buscavam algo que pudesse transformar as profundezas da psique humana, pois acreditavam que as terapias ocidentais que conheciam eram limitadas. Osho os incentivou a trabalhar com suas terapias na comunidade, contribuindo com suas habilidades e desenvolvendo-as no contexto da meditação.

Existe uma grande diferença entre as terapias desenvolvidas no Ocidente e os trabalhos de autoconhecimento do Oriente. Osho explica que, no Oriente, há uma profunda compreensão de que a mente por ela mesma, ou melhor, nossa identificação com ela, é o problema; enquanto as terapias ocidentais se restringem a tratar a mente e sua psicologia. As terapias podem ser úteis no sentido de liberar as emoções reprimidas e o medo das pessoas e de ajudá-las a ver a si mesmas mais claramente — como nos estágios de catarse das meditações que Osho desenvolveu. Mas, enquanto não nos desligamos do mecanismo e das projeções da mente e de seus desejos e medos, não podemos dar o "pulo do gato" a fim de cair em outra dimensão — a dimensão da não-mente. Qualquer terapia, portanto, deveria ir além das limitações da mente, junto com a perda da identificação, e permitir que nos tornássemos "testemunhas", como acontece na meditação.

No final de 1970, a comunidade de Poona cresceu e ficou conhecida como o centro mais importante do mundo em termos de técnicas de terapia, e milhares de pessoas vinham de todas as partes para participar de grupos de terapia e de meditação, para aprender novas técnicas para alcançar a saúde mental e física, para sentar com Osho e ouvir seu discurso de todas as manhãs e para contribuir para a vida da comunidade ou para retornar a seus países e liderar centros de meditação.

Osho diz: "*Minha mensagem é uma ciência da transformação; portanto, só os que estão prontos a morrer como são e a renascer como algo que nem podem imaginar... somente essas pessoas corajosas estarão prontas para ouvir e dar, assim, o primeiro passo rumo ao renascimento. Minha mensagem não é uma comunicação verbal, mas é apenas a morte para o renascimento.*"

Entre 1981 e 1985, foi construída uma comunidade-cidade — Rajneeshpuram — em seus 126 km^2, no meio do deserto a leste de Óregon, nos EUA. Foi uma experiência, segundo a qual o mais importante na vida em comunidade era construir um "oásis no deserto". Durante um curto espaço de tempo, 5.000 pessoas da comunidade restauraram riachos, construíram lagos e reservatórios, desenvolveram uma agricultura auto-suficiente e plantaram milhares de árvores, transformando o solo castigado em maravilhosa terra produtiva. Nesse período, Osho se encontrava em uma fase de silêncio e de isolamento do mundo, exceto por suas visitas diárias à comunidade.

Foi criada em Rajneeshpuram a Universidade de Meditação Internacional Rajneesh, na qual foram realizados diversos Programas de Meditação e Terapia. As modernas facilidades da Universidade e seu ambiente de proteção tornaram possíveis um aprofundamento e a expansão de seus programas, os quais nunca tinham sido possíveis antes. Cursos mais longos e treinamentos foram desenvolvidos e atraíram um grande número de participantes, incluindo pessoas que já estavam estabelecidas profissionalmente no mundo e que queriam aumentar sua capacidade profissional e compreender mais a si mesmas. Anualmente, havia os festivais para festejar o "Dia do Mestre", o que acontecia todo mês de julho, e eles atraíam muito mais de 20.000 pessoas, que se sentavam na presença de Osho e o saudavam em suas visitas diárias.

Mas essa nova experiência era muito provocadora em sua linguagem, muito diferente do que a sociedade dos EUA permitia; portanto não foi vista com bons olhos nesse país; em pouco tempo, organizações e fundamentalistas cristãos "privativamente fundados" juntaram suas forças à pressão dos grandes grupos de uniformizados governamentais para tentar impedir que Rajneeshpuram pudesse continuar seu caminho. Os residentes eram alvo de agressão física e verbal sempre que viajavam pelas cidades vizinhas, e várias corporações se envolviam, dando início a longas batalhas judiciais. A secretária pessoal de Osho, que dirigia os negócios no Rajneeshpuram, durante seu período de retiro da vida pública, começou a reagir às características de seus oponentes, atacando-os com zelo mortal e regulando a comunidade com mão de ferro, isto é, com agressividade.

Durante esse período, Osho, interrompendo seu silêncio, fez um pequeno pronunciamento, no qual enfatizou os valores fundamentais de obediência e fé cega do Cristianismo, seus métodos de repressão e culpa e suas manifestações de fanatismos e violência. Ele falou sobre liberdade, responsabilidade e reverência pela vida, desafiando claramente os inimigos da comunidade a dar mais atenção a fim de manter sua própria constituição e a vir e ver eles mesmos as experiências da comunidade.

Depois de todas essas acusações, a secretária de Osho, que tinha uma longa lista de crimes e más ações, algumas contra seus inimigos exteriores, mas muitas contra os residentes da própria comunidade, finalmente deixou a comunidade. Com isso, funcionários públicos locais, do estado e federais, usaram a oportunidade para mover ação contra a cidade e estruturas comunitárias, preenchendo cobranças contra as corporações e ameaçando apoderar-se de todos os bens.

Osho foi acusado de responsável pelas más ações da secretária, encarcerado e mantido na prisão, sem oportunidade de fiança, foi posto em um avião, algemado e acorrentado, como um violento prisioneiro, e arrastado para fora do Estado. As alegadas cinco horas de viagem estenderam-se por cinco dias. Durante esse período, Osho foi registrado sob nome falso e, durante dois dias, não pôde se encontrar com seus advogados. Durante os dois dias em Oklahoma, Osho foi envenenado com tálio, que foi espalhado na cama da prisão e que penetrou na sua pele, o que, segundo os médicos, é fatal. Depois desse período, Osho começou a piorar progressivamente de saúde.

Por causa do aviso de seus advogados, que temiam pela sua vida, permitiu-se que ele fosse deportado dos EUA, invocando-se, para isso, as leis da imigração. Ele embarcou, seguindo de país a país, num total de 21 países, que se negaram a aceitar sua entrada ou o deportaram sem explicação, depois de uma pequena estada, devido à pressão do Departamento do Estado americano. Ele retornou a Índia em meados de 1986, onde foi imediatamente recebido por centenas de discípulos e amigos vindos de todas as partes do mundo.

Osho voltou para Poona em janeiro de 1987, onde realizava palestras duas vezes ao dia. Ele declarou que a comunidade de Poona deveria ser um "oásis do século XXI". O moderno "padrão" de ar condicionado e facilidades da América foram instalados e desenvolvidos na Índia. Em poucos meses, a comunidade de Poona tinha, novamente, começado um programa repleto de atividades e estava se expandindo para além de sua previsão anterior. De todo o Oriente vinham cada vez mais pessoas, principalmente do Japão — e a presença delas trouxe um grande enriquecimento, sobretudo dos programas de saúde e artes marciais. As artes visuais e manuais também floresceram junto com a nova "Escola de Mistérios". A escolha de Osho pelo nome de "Multiversity" (Multiversidade) a essa diversificação e expansão foi refletida em um apoio para todos os programas.

A meditação, a partir de então, foi ainda mais enfatizada, e cresceu ainda mais — houve uma constante no tema dos discursos de Osho, e ele desenvolveu e introduziu muitas novas meditações terapêuticas, incluindo "No-Mind", a "Mystic Rose" e "Born Again" [Nascer Novamente].

Gradualmente, em meados de 1987, Osho começou a se retirar das atividades públicas. Sua saúde se debilitou ainda mais e o afastou dos discursos e seus períodos de ausência eram cada vez maiores. Por volta de 1988, um novo elemento foi introduzido por ele em seus discursos: Osho começou a guiar sua audiência em três estágios de meditação ao final de cada uma de suas palestras. Ele fez seu último discurso em abril de 1989, respondendo a questões e comentando sobre sutras zen. Nos meses seguintes, toda vez que sua saúde permitia, ele vinha à tardinha sentar-se com seus discípulos e amigos meditando com música ou em silêncio, depois do que ele se retirava para seu quarto e seus discursos tinham de ser assistidos em videoteipes.

Osho deixou seu corpo em 19 de janeiro de 1990. Poucas semanas antes dessa data, perguntaram-lhe sobre o que aconteceria ao seu trabalho quando ele se fosse. Ele respondeu: "*Minha confiança na Existência é absoluta. Se há alguma verdade no que eu estou dizendo, ela sobreviverá... As pessoas que permanecerem interessadas no meu trabalho simplesmente carregarão a tocha, mas sem impor nada a ninguém... Eu permanecerei como fonte de inspiração para o meu povo. E isso é o que a maioria dos sannyasins sentirão. Eu quero que eles cresçam por eles mesmos — que desenvolvam por si mesmos qualidades como o amor, ao redor do qual, nenhuma igreja pode ser criada; como consciência, e não monopólio de ninguém; como celebração, desfrutando e mantendo olhos novos como os de criança... Eu quero que meu povo se conheça a si mesmo e não esteja de acordo com ninguém mais. E o caminho está dentro.*"

Os discursos de Osho foram gravados, publicados em mais de 650 títulos e traduzidos em mais de trinta línguas.

A comunidade de Poona, Índia, vêm se desenvolvendo cada dia mais de acordo com as orientações por ele deixadas; milhares de pessoas todos os dias e durante o ano todo estão presentes, participando das meditações e de centenas de programas e cursos oferecidos na "Multiversity". Lá, o amor está presente em toda parte, o respeito por cada um é sentido sem distinção, incondicionalmente. A atmosfera cheira a Verdade, Simplicidade de Ser e Amor.

Obrigado Osho, você está e sempre estará em nossos corações.

Antes de ele deixar seu corpo, Osho ditou a inscrição para seu Samadhi — o mármore e a cripta de vidro espelhado contendo suas cinzas. Ela diz:

OSHO

Nunca nasceu — Nunca morreu
Somente visitou este Planeta Terra entre 11 de dezembro de 1931
e 19 de janeiro de 1990

Final

VERDADES NATURAIS DA VIDA

- "O PENSAMENTO É CRIATIVO": *ESTA É A GRANDE VERDADE DA VIDA.*

- O PODER ESTÁ NOS PENSAMENTOS QUE SE ENCONTRAM NO SEU SUBCONSCIENTE. Se no subconsciente estão pensamentos negativos, destrutivos e mentirosos, assim como esses pensamentos, sua vida também será negativa. Se nele há pensamentos positivos, construtivos e verdadeiros, de acordo com eles, sua vida será positiva. **Liberte-se dos pensamentos negativos e você descobrirá o segredo da vida.**

- VOCÊ É O QUE VOCÊ PENSA no decorrer da sua vida. ***Pense de maneira construtiva e a construção e a evolução se seguirão na sua vida. Pense de modo destrutivo e a destruição e a involução se seguirão na sua vida.***

- Sempre que você sugerir algo à sua mente subconsciente ou que buscar uma solução para um problema, ENTRE EM CONTATO COM SEU SUBCONSCIENTE. SÓ ELE TEM AS RESPOSTAS CORRETAS.

- Não tente achar nenhum tesouro fora de si mesmo. O MAIOR TESOURO ESTÁ DENTRO DE VOCÊ. ***Tudo está dentro de você, não fora.***

- TUDO É CONSTRUÍDO NA SUA MENTE SUBCONSCIENTE. Ela registra todas as coisas que lhe acontecem. Ela é a "engenheira" do seu corpo. Deixe as afirmações penetrarem no seu subconsciente; assim, ele o curará. Faça suas afirmações todas as noites, antes de dormir, e pela manhã, ao acordar, e você entrará profundamente em contato com o seu subconsciente; assim, ele o atenderá.

- TODO PENSAMENTO É UMA CAUSA. TODO HÁBITO OU CONDICIONAMENTO É UM EFEITO.

- Por meio do AMOR E DA SENSIBILIDADE, transmita à sua mente subconsciente tudo o que desejar e você obterá a resposta.

- Tudo o que sua mente consciente determina, seu subconsciente aceita. Assim, como o Universo, SEU SUBCONSCIENTE DIZ *SIM* A TUDO O QUE VOCÊ PENSA, pois ele é parte do Universo. Portanto, nunca diga: "*Não sou capaz disso ou daquilo*"; ou "*Isso está além do que posso fazer*". Afirme sempre: "*Eu sou capaz de tudo*" ou "*Nada está além de meu poder*".

- Lembre-se sempre: VOCÊ TEM O PODER DA ESCOLHA. Se você pode escolher a saúde e a felicidade, por que escolher a doença e a infelicidade? Se pode ser amoroso, por que ser grosseiro e violento?

- Tudo o que você pensa passa antes pela sua mente consciente. O "ANJO DA GUARDA" DA SUA VIDA É A SUA MENTE CONSCIENTE. Conecte e deixe entrar em sua mente consciente apenas pensamentos de sucesso e deixe-os penetrar no seu subconsciente, pois eles têm o poder de criar positivamente a sua vida e, assim, ela se transformará.

- Afirme que algo já É para você, pois SÓ O PRESENTE ESTÁ PRESENTE E É GRAVADO NO SEU SUBCONSCIENTE.

- O ÚNICO PODER SOBRE SI MESMO É O PODER DO SEU PRÓPRIO PENSAMENTO. Não viva através de sugestões e afirmações de outros. **Afirme sempre:** "*Não há nenhuma pessoa, lugar ou coisa que exerça poder sobre mim. Sou Livre.*"

- SUAS PALAVRAS SÃO A EXPRESSÃO DE SEUS PENSAMENTOS. Observe o que diz, corrija o que diz e corrigirá seu pensamento ou vice-versa. Nunca afirme: "*Eu não posso*", "*Vou fracassar*", "*Tudo sempre dá errado comigo*", "*Não tenho dinheiro para viver*", "*Vou ficar com 'tal' doença*", etc... nem por brincadeira. Lembre-se: **sua mente subconsciente faz com que todas as coisas se transformem em verdade, pois diz Sim a tudo o que pensa ou diz.** Sua mente subconsciente não distingue o que é brincadeira do que não é.

- TUDO NA NATUREZA SIMPLESMENTE É O QUE É. NADA NA NATUREZA É FEITO PARA O MAL OU PARA O BEM. TUDO SIMPLESMENTE É. Tudo só depende de como você usa as forças da natureza, se para destruir ou construir.

- SUPERE O SEU MEDO, CONFIE NAS ETERNAS VERDADES E PRINCÍPIOS DA VIDA e não se ligue à ignorância e às superstições, que são mero reflexo do seu medo.

- CONFIE NA ORIENTAÇÃO DIVINA, e seu subconsciente se unirá às verdades substanciais da Divina Existência.

- VISUALIZAR E SENTIR SEUS PENSAMENTOS E AFIRMAÇÕES são decisões e ordens dirigidas ao subconsciente que com certeza obterão respostas positivas.

- CONVENÇA SUA MENTE DE QUE VOCÊ PODE TUDO E DE QUE VOCÊ É CAPAZ DE TUDO. Convencer sua mente de alguma coisa é pensar sobre essa coisa, e o pensamento traz resultados.

- CONFIAR — ESSA É A LEI DA VIDA. Nunca acredite em coisas que venham prejudicá-lo, machucá-lo ou diminuir sua auto-estima. Confie no poder do seu subconsciente, que lhe dá a intuição, a inspiração, a união, a força, a harmonia, a cura e a prosperidade.

- TRANSFORME SUA VIDA MUDANDO SEUS PENSAMENTOS. Se tudo o que foi criado na sua vida foi criado a partir de seus pensamentos, então tudo é uma questão de pensamento, e pensamento é possível mudar; transformando-os, transformamos nossa vida.

Todos nós do Rebirthing transformamos a nossa vida,
Você pode transformar a sua!

Om Bhaskaraya Namaha
Om Namaha Shivaya

EXERCÍCIOS DE AUTO-APOIO

(Para você fazer uma auto-análise que o apoiará na sua vida atual)

1. Fortaleça o seu desejo de viver

- Faça as sessões de Rebirthing com um Rebirther reconhecido pela REBIRTHING MULTIVERSITY INTERNATIONAL.
- Faça afirmações de fortalecimento de vida.
- Participe de seminários avançados do Rebirthing.
- Leia literatura imortalista.

2. Auto-Análise

- Questione sua mente até descobrir a causa inconsciente de algo que tenha acarretado um resultado indesejado. Crie logo uma afirmação para mudar sua mente.

3. Metas

- Faça a lista das:
  100 coisas que você quer ser;
  100 coisas que você quer fazer;
  100 coisas que você quer ter.

4. Afirmações

- Escreva 3 afirmações 20 vezes ao dia:
  uma para a Lei Eterna;
  uma para a Auto-Estima;
  outra à sua escolha.
- Ouça fitas de afirmações.

5. Ferramentas Visuais

- Faça o mapa do tesouro.
- Faça a visualização semanal da sua "criança interior".

6. Acordo

- O acordo básico deve ser o de dizer a verdade o mais rápido e o mais freqüentemente possível.

7. Jogos

- O jogo diário dos "20 Passos para estar além da mente".
- Jogo da "verdade". Escreva sem tirar o lápis do papel:
  "20 coisas que eu poderia fazer para melhorar a minha vida."
- Escreva a cada dia:
  "20 coisas que eu posso fazer para que aconteça tudo o que eu quero."
  "20 coisas que eu quero fazer e para as quais nunca tenho tempo."
  "20 coisas para ser feliz HOJE."
  "20 coisas que posso fazer para descansar."

8. Reconhecimento

- Perceber que a voz do Amor é o reconhecimento verbal a si mesmo e aos outros.

9. Gratidão

- Quanto mais você tem uma atitude de gratidão, mais tem pelo que agradecer.

10. Perdão

- Faça a "Dieta do Perdão".
- Escreva cartas do que gostaria de dizer a seus pais e que nunca disse.

11. Serviços de Apoio

- Sirva-se a si mesmo limpando sua casa, seu armário e seu carro.
- Encontre formas divertidas para apoiar seu companheiro, seus filhos e seus amigos. Por ex.: diga que os ama.
- Apóie organizações que sirvam à humanidade e que promovam o conhecimento consciente.

12. Fortaleça o seu dia-a-dia

- Entre em contato com a
  REBIRTHING MULTIVERSITY INTERNATIONAL.
  68316 Pasada Rd, Cathedral City, California, 92234 — USA
  Tel.: (760) 322-1914
  E-mail: Rebirthingmi@aol.com

- Participe dos programas da
  REBIRTHING MULTIVERSITY INTERNATIONAL.
  Ligue para ***(760) 322-1914*** ou escreva um e-mail para Rebirthingmi@aol.com a fim de receber apoio, informações e se desejar tornar-se um Rebirther reconhecido pela *RMI — Rebirthing Multiversity International.*

(O que descobri sobre mim mesmo através desta leitura? Em que me transformei? Em que me apoiei?)

Sobre os Autores

Ma Prem Unmani e Sw Bodhi Nishkam têm, juntos, mais de 30 anos de experiência em terapias holísticas, tendo trabalhado em diversos países.

Ma Prem Unmani formou-se em Psicologia na Pontifícia Universidade Católica do Rio de Janeiro, Brasil, tendo se especializado em Psicologia Clínica; posteriormente, complementou seus estudos em terapias holísticas — corpo-mente-espírito — aprofundando-se em Yoga e Yogaterapia na Índia, Espanha e EUA; em Terapia das Zonas Reflexas dos Pés, na Espanha; em Massagem Terapia e Terapia Corporal nos EUA; em Meditação pelo Oshodham em Poona, Índia; em Ciência Metafísica, EUA; na Terapia dos Florais de Bach e em Shiatsuterapia, no Brasil; Mestra em Reiki nos EUA, em Nutrição Holística nos EUA; tornou-se também Trainer da Academia de Anthony Robbins pela Mastery University and Trainer Academy Anthony Robbins Research, Califórnia e Havaí, EUA; e em Profissional de Rebirthing, Purificação Espiritual, Vivation e Loving Relationship Training na Espanha, EUA e Índia. É vegetariana e naturalista há mais de 20 anos.

Sw Bodhi Nishkam, professor de Educação Física formado pela Universidade Gama Filho, Rio de Janeiro, Brasil; especializado em Fisioterapia no Brasil; em Terapias Holísticas e em Medicina Oriental: Shiatsu, Acupuntura, Dietética e Alimentação Natural, Fitoterapia, Manipulação Vertebral no Rio de Janeiro, Brasil; em Terapia das Zonas Reflexas dos Pés na Espanha; em Ciência Metafísica, EUA; em Terapia da Respiração no Brasil; Mestre em Reiki nos EUA; em Nutrição Holística nos EUA. Tornou-se também Trainer da Academia de Anthony Robbins pela Mastery University and Trainer Academy Anthony Robbins Research, Califórnia e Havaí, EUA; e em Profissional de Rebirthing, Purificação Espiritual, Vivation e Loving Relationship Training na Espanha, EUA e Índia. É vegetariano e naturalista há mais de 20 anos.

Ma Prem Unmani e Sw Bodhi Nishkam têm, juntos, mais de 10 anos de experiência de treinamento e trabalho em Rebirthing, Vivation, Purificação Espiritual e Relacionamentos com Amor, tendo feito treinamentos com os fundadores do Rebirthing Leonard Orr (EUA, Espanha e Índia), Sondra Ray (Espanha e EUA) e Jaume Guash (Espanha) e Herakhan Babaji Ashram (Índia); juntos, trabalharam com sessões individuais e em grupo — Workshops, Seminários e Cursos de Formação de Profissionais em Rebirthing — pelo Brasil, Portugal, Espanha e EUA.

Há três anos, especializaram-se em Ciência Metafísica, depois de terem tido toda a base dessa ciência através do Rebirthing, e tornaram-se Ministros Metafísicos pela University of Metaphysics, em Los Angeles, Califórnia, da qual são membros, e tornaram-se Mestres em Reiki pelo Institute of Alternative Therapies, na Flórida, EUA, e em Nutrição Holística pela National Association of Certified Natural Health Professionals, nos EUA, para tornarem-se canais mais abertos para a divindade, e, assim, melhor oferecer suas energias às pessoas que com eles entrarem em contato.

Em 1989, Ma Prem Unmani passou um tempo no Ashram do Osho em Poona, Índia, participando dos aprendizados sobre as Meditações Terapêuticas de Osho e sobre Massagens Psíquicas, tendo ali recebido seu *sannyas* durante esse período.

Entre 1990 e 1993, estiveram em Portugal, onde realizaram sessões individuais e seminários de Rebirthing, Yoga e Yogaterapia, Acupuntura e Shiatsu na Universidade de Coimbra e no Porto; e na Espanha, em Barcelona, na Universidad Catalana de Yoga, onde residiram e ofereceram seus serviços.

Foi durante esse período que entraram em contato com Sondra Ray em Madri, Espanha, e iniciaram um maior aprofundamento na área do Rebirthing, participando de todos os Seminários por ela oferecidos e do seminário de Purificação Espiritual realizado nesse mesmo país por Leonard Orr, que os convidou a acompanhá-lo até a Índia, a fim de aprenderem as Técnicas de Purificação no Herakhan Babaji Ashram, período em que passaram por uma grande experiência nesse lugar tão puro e divino no alto do Himalaia (afastado de tudo, localizado a duas horas de caminhada através do Rio Ganges, ou quatro horas pelas montanhas). Ali eles descobriram como são importantes os banhos conscientes, que ali são feitos em plena nascente do Rio Ganges. Também fizeram a purificação e o ritual sagrado realizado todas as manhãs em frente ao fogo e as reuniões em frente ao AARTI — mantras — cânticos com palavras em sânscrito, feitos em reverência ao Divino —, as meditações oferecidas no alto da montanha todas as manhãs e tardes, meditações que são transformadoras e que nos põem em união direta com Deus.

Em 1992, participaram da Eco-Rio 92 com o tema ***Purificação Espiritual e Ambiental para a Imortalidade Física na Nova Era,*** apresentando esse tema que já começa se tornar tão atual e ao qual devemos começar a dar atenção para que nos tornemos parte do grupo de tão alto pensamento. (E como todo pensamento gera resultado, podemos estar certos do resultado dessa crença.)

Entre os anos de 1995 e 1996, viveram na Califórnia, no Circle of Friends em Boulevard, San Diego, EUA, onde dirigiram a área de terapias naturais e meditações terapêuticas e realizaram sessões individuais e em grupo de Rebirthing e grupos de Meditações Catárticas.

No começo de 1996, trazem o Circle of Friends para o Brasil, de acordo com o Mestre Murshid Isa, do Circle of Friends — EUA, e passam a oferecer seus conhecimentos aos seus conterrâneos, quando decidem começar a transformar em livros suas experiências, para que todos tenham a oportunidade de entrar em contato com essa maravilhosa técnica que nos põe a serviço da humanidade e, portanto, em união direta com o Ser Infinito, elevando nossa vida ao mais alto nível. O Circle of Friends do Brasil é a associação mantenedora da Rebirthing Multiversity International.

Unmani e Nishkam são atualmente ordenados pelo Circle of Friends como Ministros Metafísicos da Church of Clear Light e diretores presidentes da Rebirthing Multiversity International — centro de estudos e tratamentos naturais e em todas as áreas que nos renascem para o novo milênio — 2000 — uma Nova Era.

Circle of Friends — uma associacão americana sem fins lucrativos; escola de Yoga e ensinamentos orientais — Taoístas e Sufistas;

Church of Clear Light — setor do Circle of Friends responsável pelos ensinamentos metafísicos e meditações;

Rebirthing Multiversity International — setor da Church of Clear Light, responsável pelo oferecimento de cursos profissionais, workshops e seminários de Rebirthing e áreas afins.

Cursos e Seminários Oferecidos pela RMI — Rebirthing Multiversity International

CURSO DE FORMAÇÃO DE PROFISSIONAIS EM REBIRTHING — O NOVO YOGA

O Curso de Formação de Profissionais em Rebirthing — o Novo Yoga — oferecido pela **RMI** — *REBIRTHING MULTIVERSITY INTERNATIONAL* — aborda todos os itens descritos no Capítulo do *Manual do Profissional de Rebirthing*, abrangendo experiências em todas as modalidade de sessões de Rebirthing. Exige-se conhecimento e prática do candidato à profissionalização. O certificado só é conferido aos participantes que demonstram capacidade e total interesse, compreensão e respeito por esse processo terapêutico tão eficaz.

Ao futuro profissional dessa área ensina-se como realizar de maneira competente os seminários sobre todos os temas do Rebirthing ou sobre algum outro aspecto de sua criatividade.

SEMINÁRIOS OFERECIDOS

- Seminário de Treinamento Básico em Rebirthing.
- Seminário de Consciência de Prosperidade.
- Seminário de Auto-Estima.
- Seminário de Amor e Relacionamento.
- Seminário de Purificação Espiritual.
- Seminário de Longevidade até a Imortalidade Física.
- Seminário de Respiração e Espiritualidade.

- Como se Tornar um Profissional de Êxito.
- Seminários de Um Ano (Encontros Mensais).
- Programas de Dez Semanas.
- Programas de Seis Meses.

(Caso seja do seu interesse, podemos enviar-lhe informações mais detalhadas sobre os seminários.)

Todos esses seminários irão acelerar sua compreensão e seu processo, e lhe darão uma "família espiritual", como aquela tão sonhada por você.

EXPERIÊNCIA EM REBIRTHING

Você poderá estar conosco a qualquer momento para passar pela experiência do Rebirthing durante cinco dias ou mais, se desejar. Comunique-se e peça informações sobre como isso pode ser possível.

DEZESSEIS ETAPAS PARA A SAÚDE TOTAL

Dezesseis etapas para a SAÚDE TOTAL com base no Rebirthing e no Yoga. Abordagem das melhores modalidades para a Conscientização e Reeducação em busca de uma saúde integral. Flexibilidade física e mental. Avaliação Metafísica da sua vida. Reconhecimento e liberação de suas emoções negativas. Desintoxicação Física, Mental e Espiritual. Relacionamento Pessoal e Social. Meditação para o "Despertar". Aprenda a alcançar e manter o equilíbrio orgânico. Método Grupal Psicossomaterápico, a fim de ajudá-lo a ver a VERDADE, oferecido em seis módulos. Formação para terapeutas profissionais realizada numa fase mais avançada, com certificado de graduação.

CURSO DE FORMAÇÃO DE PROFISSIONAIS EM UNMANI YOGA

Unmani Yoga é uma ramo do Yoga Tradicional ensinado na Índia. Curso oferecido em três níveis, abordando todos os ensinamentos essenciais do Unmani Yoga, como os básicos, intermediários e avançados: asanas (posturas yóguicas), seus benefícios e contra-indicações, filosofia do Unmani Yoga, anatomia e fisiologia aplicada no Unmani Yoga, pranayamas (respirações yóguicas), mudras, kriyas, relaxamento e meditação. Orientação para os textos antigos yóguicos. Aprenda a desenvolver *workshops* e seminários de Unmani Yoga, dominando a dinâmica de grupos e estratégias de *marketing* profissional para manter um Centro de Unmani Yoga.

Certificado de graduação como Profissional de Unmani Yoga:

TODOS OS CURSOS SÃO CONVENIADOS COM O CIRCLE OF FRIENDS E COM REBIRTHING MULTIVERSITY INTERNATIONAL — CALIFÓRNIA — EUA.

Bibliografia

Babaji. *Blessings and Precepts.* Haidakhandi Samaj, Haidakhan, Nainital, Índia, 1990.

________. *Babaji's Teachings.* York Printers, Shri Bhagwan Herakhan Wale Baba.

________. *Teachings of Babaji.* Haidakhandi Samaj, Haidakhan, Nainital, Índia, 1990.

Borysenko, Joan. *Minding the Body, Mending the Mind.* Bantam Books, Nova York, EUA, 1988.

Chopra, Deepak, Dr. *A Cura Quântica.* Editora Best Seller, São Paulo, Brasil, 1989.

________. *Conexão Saúde.* Editora Best Seller, São Paulo, Brasil, 1987.

________. *As Sete Leis Espirituais de Sucesso.* Editora Best Seller, São Paulo, Brasil, 1994.

Clason, George S. *The Richest Man In Babylon.* A Signet Book, Nova York, EUA, 1988.

Foundation for Inner Peace. *A Course in Miracles.* Foundation for Inner Peace, Califórnia, EUA, 1992.

________. *Choose Once Again.* Foundation for Inner Peace, Califórnia, EUA, 1981.

Hay, Louise. *Love Yourself, Heal Your Life.* Hay House, Carson, Califórnia, EUA, 1990.

Holmes, Ernest. *The Science of Mind.* G. P. Putnam's Sons, Nova York, EUA, 1988.

Kelly, John e Verny, Thomas, Dr. *La Vida Secreta del Niño Antes de Nascer.* Ediciones Urano, Barcelona, Espanha, 1988.

Kriyananda (Walters, Donald J.). *The Essence of Self-Realization — The Wisdom of Paramahansa Yogananda*, Crystal Clarity Publishers, Nevada, Califórnia, EUA, 1990.

Laut, Phil. *Money is My Friend.* Vivation Publishing Co., EUA, 1989. [*O Dinheiro é Meu Amigo*, Editora Pensamento, São Paulo, 1992.]

Lao-Tzu. *The Way of Life According to Lao Tzu.* Traduzido por Witter Bynner, Capricorn Books, Nova York, USA, 1944.

Lawson, Jack. *La Mística del Dinero.* Ediciones Obelisco, Espanha, 1990.

Leonard, Jim e Laut, Phil. *Rebirthing, The Science of Enjoying All Your Life.* Trinity Publications, Califórnia, 1983.

Maltz, Maxwell. *Liberte sua Personalidade*, Summus Editorial, São Paulo, Brasil, 1960.

Mandel, Bob e Ray, Sondra. *Nacimiento y Relaciones.* Mandala Ediciones, S.A., Madri, Espanha, 1989.

Mandel, Bob. *Terapia a Corazón Abierto.* Mandala Ediciones, S.A., Madri, Espanha, 1990.

Murphy, Joseph, Dr. *O Poder Cósmico da Mente.* Editora Record, Rio de Janeiro, Brasil, 1965.

________. *O Poder do Subconsciente.* Editora Record, Rio de Janeiro, Brasil, 1963.

________. *1001 Maneiras de Enriquecer.* Editora Record, Rio de Janeiro, Brasil, 1966.

Orr, Leonard e Ray, Sondra. *Rebirthing in the New Age.* Celestial Arts, Califórnia, EUA, 1977.

Orr, Leonard. *Rebirthing, Respiracion Consciente.* Colección Nueva Era, International Inspiration University Leonard Orr, Barcelona, Espanha, 1989.

________. *Physical Immortality, The Science of Everlasting Life.* Inspiration Univesity, Califórnia, EUA, 1986.

________. *The Commom Sense of Physical Immortality.* I Am Alive Now In the World, Califórnia, EUA.

________. *Physical Immortality.* I Am Alive Now In the World, Califórnia, EUA.

________. *Physical Immortality for Christians.* Inspiration University, Califórnia, EUA.

________. *Money*. Inspiration University, Califórnia, EUA.

________. *Eternal Life According to Jesus Christ and God the Father.* Inspiration University, Califórnia, EUA.

________. *The Energy of Success.* Prosperity International, Califórnia, EUA, 1990.

Osho. *The Book, An Introduction to the Teachings of Osho.* Series I, II, II, Academy of Rajneeeshism, EUA, 1984.

________. *Journey Toward the Heart — Discourses on the Sufi Way.* Rajneesh Foundation, Poona, Índia, 1976.

________. *Meditation: The First and Last Freedom — A Practical Guide to Meditation.* Osho International Foundation, Gütersloh, Alemanha.

________. *Tao — The Three Treasures.* Rajneesh Foundation International, Oregon, EUA, 1976.

________. *O Livro Orange — Técnicas de Meditação.* Editora Cultrix, São Paulo, Brasil, 1993.

________. *Além das Fronteiras da Mente.* Editora Gente, São Paulo, Brasil, 1990.

________. *Meu Caminho, o Caminho das Nuvens Brancas.* Tao Editora, São Paulo, Brasil.

________. *A Nova Criança.* Editora Mandarino, Rio de Janeiro, Brasil.

________. *Êxtase: A Linguagem Esquecida.* Global Editora, São Paulo, Brasil, 1982.

Owles, Lois. *Plant a Money-Tree.* Library of Congress Card, EUA, 1991.

Ray, Sondra. *Celebration of Breath.* Celestial Arts, Califórnia, EUA, 1983.

Robbins, Anthony. *O Poder Sem Limites.* Editora Best Seller, São Paulo, Brasil, 1987.

Schunyam. *Mensagens de Babaji.* Marcel de Smet, Zink, Munte, Bélgica, 1982.

Sisson, P. Colin. *Rebirthing Made Easy.* Total Press, Singapore National Printers Ltd., Cingapura, 1985.

Yogananda, Paramahansa. *Autobiography of a Yogi.* Self-realization Fellowship, Los Angeles, Califórnia, EUA, 1993.

A Tradição do Yoga

HISTÓRIA, LITERATURA, FILOSOFIA E PRÁTICA

Georg Feuerstein

A *Tradição do Yoga*, ao contrário de muitos outros livros, apresenta uma visão renovadora e amadurecida do Yoga. Embora conserve uma perspectiva profundamente hindu, não cede à tentação do exclusivismo. Delineia não só o caminho, mas também o que encontraremos ao trilhar esse caminho até o fim.

Enquanto outros autores vêem no Yoga uma miríade de técnicas que devem ser praticadas e levadas à perfeição caso se queira atingir um nível espiritual mais elevado, o dr. Feuerstein tem uma percepção intuitiva daquilo que foi revelado pelos *rishis* da Índia: o Yoga não é algo que fazemos, mas algo que somos e em que nos tornamos. Sem essa consciência todo-abrangente, o Yoga assemelha-se a um sol sem calor e sem luz.

A tradição é a preservação do que melhor houve no passado, portanto, podemos estar certos de que os conselhos e orientações aqui apresentados, todos com base nos ensinamentos tradicionais do Yoga, foram utilíssimos aos nossos antepassados, aos antepassados destes e às muitas gerações que os precederam por milhares de anos.

EDITORA PENSAMENTO

IOGA E SAÚDE

Selvarajan Yesudian e Elisabeth Haich

Este manual se destina principalmente àqueles que, não podendo freqüentar uma escola especializada de ginástica iogue, desejem não obstante praticá-la por si mesmos, em casa, para auferir os muitos benefícios que ela pode comprovadamente propiciar. Escrito por dois mestres no assunto, IOGA E SAÚDE já foi publicado em diversos idiomas — húngaro, alemão, inglês, francês, italiano e espanhol —, obtendo sempre o maior sucesso, dada a forma simples, idônea e eminentemente prática com que alcança iniciar o leigo nos princípios e exercícios fundamentais da Ioga, desde as práticas respiratórias, que constituem a base do sistema, até as várias posturas corporais que servem para ativar e regularizar o funcionamento dos vários órgãos. O volume traz numerosas fotografias dos exercícios, o que facilita a sua correta execução pelo aprendiz.

YOGA PARA O CORPO, A RESPIRAÇÃO E A MENTE

Um guia para a reintegração pessoal

A. G. Mohan

A yoga combina movimento com respiração consciente no intuito de aliviar a mente da tensão diária a que está sujeita e de aumentar a força e o vigor do corpo. A visão de Mohan é orientada pela respiração. Ele se concentra no relaxamento do corpo por meio de uma respiração apropriada, de uma atitude mental correta e de movimentos fluidos que aumentam a flexibilidade do corpo, assim como a força e a estabilidade interior.

Neste livro, o autor explica com clareza a filosofia da yoga, a meditação e as diversas posturas, assim como a respiração adequada (*pranayama*), permitindo que qualquer pessoa tenha uma profunda sensação de relaxamento e bem-estar. Mais de 300 ilustrações e fotografias ajudarão o leitor a desenvolver seus próprios exercícios de yoga a partir de vinte asanas essenciais, que podem ser adaptadas à estrutura física, à idade, ao nível de preparo físico, bem como à experiência de cada um.

* * *

A. G. MOHAN é um mestre de yoga internacionalmente famoso. Sua abordagem baseia-se em dezoito anos de estudos intensos com o grande Shri Krishnamacharya. Atualmente, ele vive em Madras, na Índia, com sua mulher, Indra. O casal mantém uma clínica para terapia com a yoga. Os Mohans dão cursos em todo o mundo e treinam instrutores na Europa e Estados Unidos.

EDITORA PENSAMENTO

CONCENTRAÇÃO E MEDITAÇÃO

Sri Swami Sivananda

Sri Swami Sivananda, nascido na ilustre família do sábio Appayya Dikshita e de alguns outros santos e sábios renomados, tinha uma queda natural para a vida devotada ao estudo e à prática do Vedanta. Seu desejo de servir a todos e seu sentimento inato de união com toda a humanidade levaram-no primeiramente a se dedicar ao estudo e ao exercício da medicina. Nesse sentido, certo de que as pessoas necessitavam de um conhecimento correto, mais do que de qualquer outra coisa, editou um jornal sobre problemas de saúde. Contudo, depois de algum tempo, renunciou à carreira da medicina para se dedicar inteiramente ao ministério espiritual. Frutos dessa segunda fase de seu apostolado foram a construção do Sivananda Ashram, a fundação da Academia Forest de Ioga e da Sociedade da Vida Divina.

A divulgação do conhecimento espiritual e das técnicas da Ioga passou, então, a ser o seu objetivo principal. Autor de mais de 300 volumes, com discípulos espalhados por todo o mundo, a leitura de seus livros tem como resultado certo o crescimento espiritual do leitor e a obtenção de um estado de quase bem-aventurança.

Concentração e meditação — obra que se coloca entre as mais importantes de Swami Sivananda, por ter como tema central as duas atividades que constituem o núcleo principal da Ioga — é um livro de leitura obrigatória para todos os pesquisadores e estudantes que se dedicam à prática da Ioga e da meditação em geral.

EDITORA PENSAMENTO